Thomas Ostendorf
Das Internationalisierungsverhalten von Handwerksbetrieben
– Entscheidungsprozesse und Strategien –

GÖTTINGER HANDWERKSWIRTSCHAFTLICHE STUDIEN

Herausgegeben von Prof. Dr. Wolfgang König
und Prof. Dr. Gustav Kucera

BAND 54

VERLAG MECKE DRUCK · DUDERSTADT · 1997

Das Internationalisierungs-verhalten von Handwerksbetrieben

– Entscheidungsprozesse und Strategien –

von

Thomas Ostendorf

VERLAG MECKE DRUCK · DUDERSTADT · 1997

Gedruckt als Veröffentlichung des Seminars für
Handwerkswesen an der Universität Göttingen
Forschungsinstitut im Deutschen Handwerksinstitut e.V.

Die Deutsche Bibliothek – CIP Einheitsaufnahme

Ostendorf, Thomas
Das Internationalisierungsverhalten von Handwerksbetrieben : Entscheidungsprozesse und Strategien / von Thomas Ostendorf. – Duderstadt : Mecke, 1997
(Göttinger handwerkswirtschaftliche Studien ; Bd. 54)
(Veröffentlichung des Seminars für Handwerkswesen an der Universität Göttingen, Forschungsinstitut im Deutschen Handwerksinstitut e.V.)
Zugl.: Göttingen, Univ., Diss.
ISBN 3-932752-05-8

ISBN 3-932752-05-8

VERLAG MECKE DRUCK · 37115 DUDERSTADT · 1997
Tel. 0 55 27/98 19 22 · Fax 0 55 27/98 19 39

Gesamtherstellung: MECKE DRUCK UND VERLAG · 37115 DUDERSTADT

Geleitwort

Die Globalisierung macht auch vor Handwerksbetrieben nicht halt. Seit Jahren ist bekannt, daß dieses Betriebsgrößenspektrum ein gewisses Momentum an grenzüberschreitenden Beziehungen aufweist. In den meisten zum Thema vorliegenden Studien hat die Ermittlung der bloßen Exportquote im Vordergrund gestanden, ohne daß ein theoretischer Bezug hergestellt wurde. Somit bestehen beträchtliche Lücken bezüglich der Entscheidungsprozesse von kleinen und mittleren Einheiten, die einen gewissen Grad der Internationalisierung mehr oder weniger bewußt angestrebt haben, denn es darf nicht von vornherein erwartet werden, daß die studierten Verhaltensweisen von multinationalen Unternehmen in jedem Fall richtungsweisend sind.

Thomas Ostendorf macht es sich nun zur Aufgabe, diese Lücken zu füllen, indem er insbesondere die qualitativen Aspekte der Internationalisierung von Handwerksbetrieben theoretisch und empirisch eingehend untersucht. Auf der Basis umfangreicher Interviews mit bereits erfolgreich grenzüberschreitend tätigen handwerklichen Unternehmern konzentriert er seine Analyse auf die Entscheidungsprozesse der Betriebsinhaber im Rahmen des Auslandsengagements. Der Autor kommt dabei zu völlig neuen Erkenntnissen über die dynamische Entwicklung des Auslandsgeschäfts auf einzelbetrieblicher Ebene. Der Wissensstand wird revolutioniert mit weitreichenden Implikationen für die Abschätzung und Mobilisierung des Internationalisierungspotentials im Handwerk.

Theorie und Praxis werden mit dieser Arbeit zur Kenntnis nehmen müssen, daß es den typischen Exporteur im Handwerk nicht gibt, sondern daß das grenzüberschreitende Engagement der betreffenden Einheiten vielschichtig ist. Dies hat Thomas Ostendorf nicht nur aufgedeckt, sondern er hat auch geschickt gezeigt, wie man sich in Zukunft analytisch mit der Internationalisierung des Mittelstandes auseinandersetzen muß.

Göttingen, im September 1997 Prof. Dr. Wolfgang König

Vorwort

Bei der Fertigstellung dieses Buches haben mich einige Menschen unterstützt, denen ich an dieser Stelle danken möchte. In besonderer Weise gilt dies für meinen Doktorvater Prof. Dr. Wolfgang König, der die vorliegende Arbeit angeregt und betreut hat. Sein Ideenreichtum und Erfahrungsschatz haben mir sowohl wissenschaftlich als auch persönlich wichtige Impulse gegeben. Ferner möchte ich Herrn Prof. Dr. Gustav Kucera für die Übernahme des Zweitgutachtens und für viele interessante Diskussionen danken.

Die vorliegende Studie konnte in dieser Form nur erstellt werden, weil sich zahlreiche handwerkliche Unternehmer uneigennützig zur Mitarbeit bereit erklärten. Ihnen danke ich für die Zeit, die sie mir opferten, und für die Offenheit, mit denen sie meine Fragen beantworteten. Der Kontakt zu den Betrieben wurde in den meisten Fällen von Mitarbeitern der an der Befragung beteiligten Handwerkskammern hergestellt, denen ich hiermit ebenfalls danken möchte.

Während der Dissertation war ich am Seminar für Handwerkswesen an der Universität Göttingen beschäftigt, wo mir die persönliche Atmosphäre und die Unterstützung der Kolleginnen und Kollegen den notwendigen Rückhalt für meine Arbeit gaben. Ihnen gilt mein Dank. In diesem Zusammenhang möchte ich vor allem Dr. Klaus Müller erwähnen, der in zahlreichen Gesprächen meine Gedanken in die richtige Richtung lenkte und mir immer wieder Ansporn gab, sowie Elke Berghäuser, die mich mit ihrem persönlichen Zuspruch jeden Tag von neuem aufmunterte.

Wichtige inhaltliche Impulse habe ich weiterhin Dipl.-Vw. Ralf Paquin, Dr. Annette Rudolph und Dr. Thorsten Winkelmann zu verdanken. Mein Freund Wolfgang Beckermann M. A. hat die Last auf sich genommen, das Manuskript Korrektur zu lesen, und mir all die Jahre geholfen, den Blick für die Dinge jenseits der Volkswirtschaft zu wahren.

Ein besonderer Dank gilt schließlich meiner Familie für ihre Unterstützung. Meine Frau Yuko Ishikawa gab mir durch ihre Liebe, ihre Geduld und ihr Verständnis Ruhe und Rückhalt. Meinem Bruder Sven verdanke ich wertvolle Anregungen aus der handwerklichen Praxis. Meinen Eltern bin ich dankbar für ihr Vertrauen und für die großzügige und verständnisvolle Förderung der Arbeit, ohne die meine Promotion nicht möglich gewesen wäre.

Göttingen, im September 1997 Thomas Ostendorf

Inhaltsverzeichnis

Seite

Abbildungsverzeichnis XIV

Tabellenverzeichnis XVI

Abkürzungsverzeichnis XVII

A Grundlegung 1

1. Einleitung 1

1.1 Problemstellung und Zielsetzung 1
1.2 Methodik und Datengrundlage 3
1.3 Aufbau der Untersuchung 5

2. Begriffliche Abgrenzung und Charakterisierung des Untersuchungsgegenstandes 7

2.1 Das Handwerk 7
2.1.1 Qualitative Charakterisierung des Handwerks 7
2.1.2 Untersuchungsrelevante Klassifizierung des Handwerks 8
2.2 Internationalisierung von Unternehmen 12

B Das prinzipielle Auslandsengagement von Handwerksbetrieben 14

1. Zur internationalen Wettbewerbsfähigkeit des Handwerks 14

1.1 Theoretische Ansätze 14
1.1.1 Die traditionelle Außenhandelstheorie 14
1.1.2 Die Theorie der firmenspezifischen Wettbewerbsvorteile 17
1.2 Einzelwirtschaftliche Handlungsspielräume 20
1.3 Die Rolle der Mesoebene 25

2. Die internationalen Aktivitäten der Handwerksbetriebe 35

2.1 Einführung: Das Spektrum Markt, Hierarchie, Kooperation 35
2.2 Die Bedeutung einzelner Internationalisierungsformen für das Handwerk 39
2.2.1 Export 39
2.2.2 Grenzüberschreitende Kooperationen 42
2.2.3 Ausländische Direktinvestitionen 46
2.2.4 Internationaler Technologietransfer 49

3. Zusammenfassung 51

C Entscheidungsprozesse bei der Internationalisierung von Handwerksbetrieben 53

1. Grundsätzliche Entscheidungsspielräume im Hinblick auf relevante theoretische Ansätze 54

1.1 Der strategische Ansatz 54
1.1.1 Theoretische Grundlagen 54
1.1.2 Die Bedeutung der Unternehmensstrategie 56
1.1.3 Der Einfluß der Unternehmerpersönlichkeit auf die strategische Ausrichtung 59
1.2 Der Transaktionskostenansatz 65
1.2.1 Theoretische Grundlagen 65
1.2.2 Die Bedeutung der Transaktionskosten im Internationalisierungsprozeß 70

2. Die spezifische Situation des Handwerksbetriebes 75

2.1 Handwerkliche Strategie und Unternehmerpersönlichkeit beim Auslandsengagement 75
2.2 Prinzipielle Überlegungen zur Form des handwerklichen Auslandsengagements 78
2.3 Die Rolle der Handwerkskammern bei der Internationalisierung 81

3. Zusammenfassung der theoretischen Analyse und Anforderungen an die angewandte Forschung 84

D Empirische Analyse des Internationalisierungsverhaltens von Handwerksbetrieben 90

1. Grundzüge des Untersuchungsmodells 90

1.1 Die Internationalisierung als dynamischer Entwicklungsprozeß 90
1.2 Untersuchungshypothesen zum handwerklichen Internationalisierungsverhalten 94

2. Situationsanalyse international tätiger Handwerker 97

2.1 Allgemeine Strukturmerkmale der international tätigen Handwerksbetriebe 97
2.2 Die firmenspezifischen Wettbewerbsvorteile 106
2.2.1 Fertigungsprozesse und Leistungsangebot 106
2.2.2 Personal und Betriebsorganisation 113
2.3 Das Wettbewerbsumfeld 120
2.3.1 Die Konkurrenzsituation 120
2.3.2 Die Nachfragebedingungen 124
2.4 Zusammenfassung 129

3. Determinanten des Internationalisierungsverhaltens 130

3.1 Die Abgrenzung der Rolle der Transaktionskosten 130
3.1.1 Transaktionskostenarten im handwerklichen Internationalisierungsprozeß 131
3.1.1.1 Ex-ante Transaktionskosten 131
3.1.1.2 Ex-post Transaktionskosten 135
3.1.2 Die Wahl der Internationalisierungsform 138
3.1.2.1 Die Bedeutung der Transaktionskosten 139
3.1.2.2 Der Einfluß strategischen Verhaltens 147
3.2 Der Einfluß der Unternehmerpersönlichkeit 150
3.2.1 Unternehmertypen in grenzüberschreitend tätigen Handwerksbetrieben 150
3.2.2 Zusammenhang zwischen Unternehmerpersönlichkeit und Internationalisierungsstrategie 158
3.2.2.1 Aktive versus passive Internationalisierung 158
3.2.2.2 Das strategische Vorgehen verschiedener Unternehmertypen 161

3.3 Die Bedeutung des Unternehmensstandortes: Grenzregion und Binnenland 166
3.3.1 Standortspezifische Merkmale der international tätigen Handwerksbetriebe 166
3.3.2 Der Einfluß des Unternehmensstandortes auf die Internationalisierungsstrategie 172
3.3.2.1 Der Einstieg in das Auslandsengagement 172
3.3.2.2 Die Auswahl der ausländischen Zielmärkte 176
3.3.2.3 Die Form des Auslandsengagements 180
3.3.3 Typische Charakteristika des regionsspezifischen Internationalisierungsverhaltens 182
3.4 Zusammenfassung 185

4. Dynamische Prozesse im Verlauf der grenzüberschreitenden Tätigkeit 186

4.1 Veränderungen in der Absatzpolitik 186
4.2 Auswirkungen betrieblicher Lernprozesse auf das handwerkliche Internationalisierungsverhalten 187
4.2.1 Die Unternehmensstrategie 188
4.2.2 Die firmenspezifischen Wettbewerbsvorteile 190
4.2.3 Mitarbeiter und betriebliche Organisation 192
4.3 Zusammenfassung 194

5. Fazit der empirischen Analyse 195

E Analyse der Fördermaßnahmen für die Internationalisierung von Handwerksbetrieben 202

1. Der Förderbedarf grenzüberschreitend tätiger Handwerksbetriebe 203

2. Fördermaßnahmen der Handwerksorganisationen 206

2.1 Die Unterstützung des betrieblichen Auslandsengagements 207
2.1.1 Exportberatung 207
2.1.2 Beteiligung an internationalen Messen 211
2.1.3 Grenzüberschreitende Kooperationen 212
2.2 Kammerpartnerschaften 214
2.3 Der Einfluß auf politischer Ebene 216

3. Öffentliche Förderprogramme 217

3.1 Unterstützungsmaßnahmen auf Bundesebene 218
3.2 Aktivitäten der Bundesländer 220
3.3 Förderung durch die EU 223

4. Bewertung der internationalisierungsbezogenen Fördermaßnahmen aus einzelbetrieblicher Sicht 225

4.1 Die Unterstützung der Handwerksorganisationen 225
4.1.1 Die Exportberatung 226
4.1.2 Sonstige Fördermaßnahmen 230
4.2 Die öffentliche Förderung 231
4.2.1 Die Transparenz der öffentlichen Förderpolitik 232
4.2.2 Die Effizienz der Programmabwicklung 233

5. Zusammenfassung 235

F Schlußbetrachtung 237

Anhang 240

I. Interviewleitfaden 241
II. Charakteristika der befragten Unternehmen 256

Literaturverzeichnis 264

Abbildungsverzeichnis

Seite

Abb. 1:	Das Handwerk nach Tätigkeitsschwerpunkt und Absatzgebiet	9
Abb. 2:	Die firmenspezifischen Wettbewerbsvorteile der Handwerksbetriebe	24
Abb. 3:	Außerbetriebliche Bestimmungsfaktoren firmenspezifischer Wettbewerbsvorteile	26
Abb. 4:	Alternative Koordinationsarten im Rahmen der Internationalisierung	36
Abb. 5:	Schwerpunkt des Management- und Kapitaleinsatzes im Internationalisierungsprozeß	38
Abb. 6:	Tätigkeit der Handwerksbetriebe in verschiedenen Absatzregionen	40
Abb. 7:	Vierfelder-Matrix des strategischen Verhaltens	58
Abb. 8:	Beeinflussung der Internationalisierungsstrategie durch Lernprozesse	93
Abb. 9:	Handwerkskämmerbezirke der befragten Handwerksbetriebe	97
Abb. 10:	Betriebsgrößenklassen der befragten Unternehmen	98
Abb. 11:	Der Zusammenhang zwischen Betriebsgröße und Auslandsumsatz	99
Abb. 12:	Betriebe nach Tätigkeitsschwerpunkt	100
Abb. 13:	Leistungsangebot im Ausland	102
Abb. 14:	Dienstleistungen im Ausland	103
Abb. 15:	Die bedeutendsten firmenspezifischen Wettbewerbsvorteile	107
Abb. 16:	Das Leistungsangebot als Wettbewerbsvorteil	109
Abb. 17:	Technologiegehalt der exportierten Produkte und Dienstleistungen	110

Abb. 18: Entstehung von Innovationen und neuen Produkten 111
Abb. 19: Die Basis der Wettbewerbsvorteile 114
Abb. 20: Maßnahmen zur Erhaltung der Wettbewerbsvorteile 115
Abb. 21: Wettbewerbsintensität im In- und Ausland 121
Abb. 22: Qualitativer Unterschied zwischen Inlands- und Auslandsnachfrage 125
Abb. 23: Gründe für den Absatzerfolg im Ausland 127
Abb. 24: Probleme zu Beginn der Internationalisierung 133
Abb. 25: Wahl der Internationalisierungsform zu Beginn des Auslandsengagements 139
Abb. 26: Realisierte und geplante Internationalisierungsformen im Verlauf des Auslandsengagements 143
Abb. 27: Standortspezifische Merkmale des Internationalisierungsverhaltens 184

Tabellenverzeichnis

		Seite
Tab. 1:	Stärken-Schwächen-Profil verschiedener Unternehmertypen	61
Tab. 2:	Phasenschema der Internationalisierung	91
Tab. 3:	Theoretische Hypothesen zum handwerklichen Internationalisierungsverhalten	95
Tab. 4:	Anforderungen an die Auslandsqualifikation der Mitarbeiter	118
Tab. 5:	Motive, Fähigkeiten und kognitive Stile der Unternehmertypen	153
Tab. 6:	Spezifische Merkmale der in die Befragung einbezogenen Unternehmertypen	156
Tab. 7:	Zusammenhang zwischen Unternehmertyp und strategischer Ausrichtung zu Beginn des Auslandsengagements	162
Tab. 8:	Betriebe nach Tätigkeitsschwerpunkt und Herkunftsregion	169
Tab. 9:	Aktiver und passiver Beginn der Internationalisierung nach Regionen	173
Tab. 10:	Zeitpunkt der Aufnahme des Auslandsengagements nach Betriebsgründung	174
Tab. 11:	Zahl der belieferten Länder zu Beginn des Auslandsengagements	177
Tab. 12:	Zielregionen der handwerklichen Internationalisierung	179
Tab. 13:	Die Phasen der handwerklichen Internationalisierung	200
Tab. 14:	Inanspruchnahme von Unterstützungsleistungen	227
Tab. A.1:	Allgemeine Strukturmerkmale der befragten Handwerksbetriebe	256
Tab. A.2:	Ausgewählte Charakteristika des Internationalisierungsverhaltens der befragten Unternehmen	260

A Grundlegung

1. Einleitung

1.1 Problemstellung und Zielsetzung

Die internationale Verflechtung weiter Bereiche der Wirtschaft schreitet zunehmend voran - das HWWA berichtet von einer jährlichen Zuwachsrate des internationalen Handels von ca. 10 % (vgl. HWWA 1995, S. 207 f.). Immer mehr Länder gliedern sich verstärkt in die internationale Arbeitsteilung ein - die mittel- und osteuropäischen Nationen ebenso wie viele Länder Asiens sowie Lateinamerikas - und gewinnen dabei Marktanteile insbesondere aufgrund ihrer niedrigen Produktionskosten. Das Resultat ist ein intensivierter Konkurrenzkampf für Unternehmen, die in hochentwickelten Ländern produzieren. Deutschland ist als traditionell bedeutende Exportnation, als geographisches Verbindungsglied zwischen Ost- und Westeuropa und als Land mit den meisten Nachbarn in Europa in den zunehmend auf internationaler Ebene geführten wirtschaftlichen Wettbewerb in besonderer Weise eingebunden. Auch deutsche Handwerksbetriebe werden von dieser Entwicklung tangiert und müssen sich zur Wahrung ihrer Überlebensfähigkeit mit diesen Herausforderungen auseinandersetzen.

Traditionell ist das Handwerk in erster Linie auf lokale bzw. regionale Märkte ausgerichtet. Im Zuge der wirtschaftlichen Globalisierung eröffnen sich für die Handwerksbetriebe aber ebenfalls auf ausländischen Märkten vielversprechende Absatzchancen. Allerdings birgt die wirtschaftliche Integration auch Gefahren, weil immer mehr Unternehmen auf internationaler Ebene operieren und ebenfalls lokale bzw. regionale Märkte, also die angestammte Bastion der Handwerker, zu erobern versuchen. Diese Tendenz zur **internationalen Vernetzung der Märkte** dürfte sich weltweit fortsetzen. Ein Handwerksbetrieb kann sich also nicht in eine lokale Nische zurückziehen und dort auf ökonomische 'Unverwundbarkeit' hoffen, sondern er muß alle relevanten Märkte, auf denen sich Absatzmöglichkeiten bieten, aktiv bearbeiten, um nicht von der Konkurrenz verdrängt zu werden.

In dieser Hinsicht wurden jedoch **im Handwerk erhebliche Defizite** festgestellt. Das Seminar für Handwerkswesen an der Universität Göttingen hat in einer Studie zwar ein erhebliches Exportpotential im Handwerk nachgewiesen, zugleich wurde aber deutlich, daß diese Möglichkeiten kaum genutzt werden (vgl. Sauer 1991, S. 231 f.). Offensichtlich zieht das Gros der exportfähigen Handwerksbetriebe eine aktive Internationalisierung nicht ins Kalkül. Im Rahmen des eingangs skizzierten, internationalen wirtschaftlichen Umfeldes muß dieses (Nicht-)Verhalten der Handwerksbetriebe als bedenklich gewertet werden.

In diesem Zusammenhang ist es die Intention der vorliegenden Studie, die **qualitativen Aspekte der Internationalisierung** von Handwerksbetrieben aufzuzeigen. Als Untersuchungsobjekt fungieren dabei handwerkliche Unternehmen, die bereits erfolgreich grenzüberschreitend tätig sind, um anhand dieser Beispiele die Chancen und Probleme des Auslandsengagements im Handwerk zu verdeutlichen.

Bislang liegen vorwiegend quantitativ orientierte Arbeiten zur Internationalisierung von kleinen und mittleren Unternehmen (KMU) vor, die sich in der Regel mit den Erfolgsfaktoren des Exports beschäftigen (vgl. Chetty/Hamilton 1993, S. 26 ff.). Es gibt hingegen relativ wenige Studien zum Thema, welche die Bedingungen und kausalen Prozesse des Auslandsengagements untersuchen und dabei auf die besonderen Gegebenheiten in Handwerksbetrieben eingehen. Gerade diesen qualitativen Aspekten kommt jedoch eine wesentliche Bedeutung für das Verständnis des handwerklichen Internationalisierungsverhaltens zu.

Aus diesem Grund wird in der vorliegenden Untersuchung die grenzüberschreitende Tätigkeit von Handwerksbetrieben auf qualitativer Basis analysiert. Die allgemeine Zielsetzung ist dabei, die **Entscheidungsprozesse** im Rahmen der handwerklichen Internationalisierung offenzulegen und Erkenntnisse über die Beweggründe und die im Zusammenhang damit gewählten Strategien zu gewinnen.

Im speziellen soll herausgestellt werden, welche inner- und außerbetrieblichen Faktoren die strategischen Entscheidungen beeinflussen, wer die relevanten Entscheidungsträger sind und warum die jeweilige Vorgehensweise im Rahmen des Auslandsengagements von den Betrieben gewählt wurde. Desweiteren werden die Voraussetzungen für die Internationalisierung aufgezeigt, wobei der Schwerpunkt auf den firmenspezifischen Wettbewerbsvorteilen liegt. Im Detail wird darüber hinaus die Internationalisierungsformenwahl der grenzüberschreitend tätigen Handwerksbetriebe analysiert. Insgesamt soll sich daraus ein umfassendes Bild der international aktiven Handwerker ergeben.

Um der Heterogenität des Handwerks Rechnung zu tragen, werden die Erfahrungen von Unternehmen aus verschiedenen Branchen, Regionen und Betriebsgrößenklassen in die Untersuchung einfließen.

1.2 Methodik und Datengrundlage

Die vorliegende Untersuchung der Internationalisierungsverhaltens von Handwerksbetrieben zielt auf die Analyse der relevanten Entscheidungsprozesse innerhalb der Unternehmen ab. Eine quantitative Erhebung im Sinne einer Aufzählung der Häufigkeit bestimmter Ausprägungen kann ein derartiges Ziel nicht befriedigend erreichen, denn die komplexen betrieblichen Entscheidungsstrukturen können in ihrer Vielschichtigkeit mit einem derartigen Verfahren, das ein hohes Maß an statistischer Generalisierung voraussetzt, nur unzulänglich erfaßt werden. Daher wurde im Rahmen dieser Arbeit ein **qualitativer Ansatz** auf der Basis von Einzelfallbetrachtungen angewandt, um aus den beobachteten individuellen Verhaltensmerkmalen mit Hilfe **analytischer Generalisierung** auf allgemeine Muster zu schließen (vgl. dazu auch Chetty 1996, S. 74).

Als Methode der Datenerhebung wurden **Tiefeninterviews** gewählt, die sich dadurch auszeichnen, daß auch Bedeutungsstrukturen offengelegt werden können, die dem Befragten u. U. selbst nicht bewußt sind bzw. waren (vgl. Lamnek 1989, S. 80). Daher eignet sich diese Methode für die Untersuchung des Internationalisierungsverhaltens von Handwerksbetrieben besonders, weil die den Entscheidungen zugrunde liegende Motivation in den Interviews durch gezieltes Nachfragen aufgedeckt werden kann.

Bei der Befragung handelte es sich um ein **halb-standardisiertes Verfahren**. Das heißt, daß der Datenerhebung zwar ein Interviewleitfaden[1] zugrunde lag, die Reihenfolge und Formulierung der Fragen aber im Einzelfall davon abweichen konnte (vgl. Lamnek 1989, S. 47). Der Vorteil dieser Vorgehensweise bestand darin, daß die Befragung eher den Charakter eines Gesprächs annahm, so daß ein **interaktiver Prozeß** zwischen dem Forscher und dem Befragten zustande kam, wobei der Fragesteller jedoch ausschließlich anregend-passiv wirkte. Dadurch

---

[1] Der in den Befragungen verwendete Interviewleitfaden ist in Anhang I abgedruckt.

konnten fast alle Interviews in einer vertraulichen, freundschaftlich-kollegialen Atmosphäre stattfinden, die zu einer relativ großen Offenheit der Handwerker auch bei sensiblen Fragen führte. Dazu trug sicherlich auch bei, daß die Befragung in der Regel in den Geschäftsräumen der Interviewpartner stattfand.

Zur Fundierung der Analyse wurden insgesamt 34 Intensivinterviews[2] mit handwerklichen Entscheidungsträgern geführt, von denen 33 Inhaber bzw. Geschäftsführer des Unternehmens waren; in einem Fall konnte die Verkaufsleiterin des Betriebes, die auch für den Export zuständig ist, für die Befragung gewonnen werden. Die Interviews erstreckten sich jeweils über einen Zeitraum von ca. zwei bis drei Stunden. Die Antworten wurden schriftlich protokolliert und anschließend detailliert ausgewertet. Angesichts dieser relativ kleinen Datengrundlage erhebt diese Studie keinen Anspruch auf Repräsentativität; die Intention ist vielmehr, durch die Untersuchung ausgewählter Einzelfälle typische Internationalisierungsstrukturen im Handwerk beispielhaft aufzuzeigen.

Der Kontakt zu den Unternehmen wurde von den Handwerkskammern Osnabrück-Emsland, Hildesheim, Düsseldorf, Trier und der Handwerkskammer des Saarlandes hergestellt. Die Vermittlung der Handwerkskammern hat in den meisten Fällen dazu beigetragen, bei den Interviewpartnern eine Vertrauensbasis zu schaffen, welche die Offenheit der Unternehmer zusätzlich förderte. Zwei der befragten Betriebe aus dem Handwerkskammerbezirk Oldenburg erklärten sich darüber hinaus aufgrund einer persönlichen Kontaktaufnahme des Autors zum Interview bereit. Die Umfrage wurde von August bis November 1996 durchgeführt.

Die gewählte Methode der Tiefeninterviews setzte voraus, daß der Interviewer die Äußerungen des Befragten vor dem Hintergrund einer bestimmten theoretischen Vorstellung betrachtete, damit er in der Lage war, durch gezielte Fragestellungen die relevanten Aspekte des Internationalisierungsverhaltens näher zu beleuchten (vgl. Lamnek 1989, S. 80). Der grundsätzlich kommunikative Charakter dieser Vorgehensweise kann dazu führen, daß Interpretationen des Forschers in die Da-

[2] Die wesentlichen Charakteristika der befragten Unternehmen sind in Anhang II tabellarisch aufgeführt.

tenerhebung mit einfließen[3] (vgl. Lamnek 1988, S. 23 f.). Bei der Interviewauswertung wurde jedoch versucht, diese 'Störgröße' so weit wie möglich zu beseitigen.

Die Analyse der empirischen Daten kann demzufolge nicht getrennt von den theoretischen Grundlagen, auf denen die Interviewfragen basieren, erfolgen. Es ist vielmehr notwendig, die theoretischen Gedankengänge bei der Auswertung und Strukturierung der beobachteten individuellen Verhaltensweisen wieder aufzunehmen[4] (vgl. Chetty 1996, S. 76 f.).

1.3 Aufbau der Untersuchung

Aus der im vorigen Kapitel skizzierten methodischen Vorgehensweise ergibt sich folgender Aufbau der Arbeit:

Nachdem in Teil A das Untersuchungsziel umrissen, die Methodik vorgestellt und die begrifflichen Grundlagen geschaffen wurden, werden in Teil B und C die theoretischen Grundlagen für die empirische Analyse geschaffen, die in Teil D unter Bezugnahme auf die Ergebnisse aus den vorigen Kapiteln durchgeführt wird. Basierend auf den Resultaten der Erhebung konzentriert sich Teil E dann auf die Bewertung relevanter Fördermaßnahmen. Darauf aufbauend kann in Kapitel F das Fazit der Arbeit gezogen werden. Im einzelnen sind die jeweiligen Teile der Untersuchung wie folgt strukturiert.

In Teil B wird das **prinzipielle Auslandsengagement** des Handwerks dargestellt. Der Schwerpunkt der Analyse liegt dabei zum einen auf der grundsätzlichen Wettbewerbsfähigkeit der Handwerksbetriebe, zum anderen auf einer Darstellung der bisherigen internationalen Aktivitäten handwerklicher Unternehmen. Letztere bedient sich dabei der empiri-

---

[3] Popper hat zu diesem Dilemma, das sich bei persönlichen Interviews nicht vermeiden läßt, in einem etwas anderen Zusammenhang geschrieben: „Empiricists usually believed that the empirical basis consisted of absolutely 'given' perceptions or observations of '*data*', and that science could build on these *data* as if on rock. In opposition, I pointed out that the apparent 'data' of experience were always interpretations in the light of theories, and therefore affected by the hypothetical or conjectural character of all theories" (Popper 1963, S. 387, Hervorhebungen im Original).

[4] Auch Payson hebt in seiner Kritik am Empirismus vieler Ökonomen die Notwendigkeit einer Gegenüberstellung der erhobenen Daten mit den relevanten Theorien hervor: „Economists need to understand that data are necessary but not sufficient for a study to be scientific" (Payson 1997, S. 264).

schen Ergebnisse aus relevanten Veröffentlichungen, ergänzt um prinzipielle Erwägungen.

Daraufhin leitet Teil C auf theoretischer Basis Hypothesen zum internationalisierungsbezogenen Entscheidungsverhalten in Handwerksbetrieben ab, die später der Fundierung der empirischen Analyse dienen sollen. In diesem Zusammenhang wird die Relevanz des **strategischen Ansatzes** und der **Transaktionskostentheorie** für das handwerkliche Auslandsengagement überprüft. Der strategische Ansatz bezieht sich dabei auf die langfristige Positionierung des Betriebs im internationalen Wettbewerb, während die Transaktionskostentheorie auf die kurz- bis mittelfristige Kostenminimierung ausgerichtet ist. Aufbauend auf diese Theorien wird dann die spezifische Situation in den Handwerksbetrieben erläutert.

Die Untersuchung in Teil D nutzt die gewonnenen theoretischen Erkenntnisse, um die umfangreichen Daten aus der Befragung zu einer **detaillierten empirischen Analyse** des handwerklichen Internationalisierungsverhaltens zu verdichten. Im Rahmen dessen werden zunächst die Grundzüge des empirischen Untersuchungsmodells verdeutlicht. Danach wird eine Situationsanalyse der in die Befragung einbezogenen Betriebe durchgeführt, wobei neben den allgemeinen Strukturmerkmalen die firmenspezifischen Wettbewerbsvorteile und das Konkurrenzumfeld der Unternehmen im Mittelpunkt stehen.

Den Schwerpunkt der empirischen Analyse bildet jedoch die Untersuchung der Determinanten des handwerklichen Internationalisierungsverhaltens. Im Vordergrund stehen in diesem Zusammenhang die Transaktionskosten, der Einfluß der Unternehmerpersönlichkeit sowie die Bedeutung des Unternehmensstandortes. Zum Abschluß des empirischen Teils werden schließlich die firmeninternen dynamischen Prozesse untersucht, die das Auslandsengagement auslöst.

Teil E der Arbeit beschäftigt sich anschließend mit den internationalisierungsspezifischen **Fördermaßnahmen** für Handwerksbetriebe. Untersucht werden dabei sowohl die Maßnahmen der Handwerksorganisationen als auch jene der verschiedenen öffentlichen Institutionen. Die darauf folgende Bewertung der jeweiligen Programme aus einzelbetrieblicher Sicht basiert auf den Angaben der Interviewpartner aus der empirischen Befragung. Die Arbeit endet mit einer Zusammenfassung der wichtigsten Ergebnisse.

2. Begriffliche Abgrenzung und Charakterisierung des Untersuchungsgegenstandes

2.1 Das Handwerk

2.1.1 Qualitative Charakterisierung des Handwerks

Das Handwerk ist ein außerordentlich **heterogener Wirtschaftsbereich**, dessen ökonomische Charakteristika einer einheitlichen Definition nicht leicht zugänglich sind. Ein bindender Rahmen ist die **Legaldefinition** des Gesetzes zur Ordnung des Handwerks, die besagt, daß ein Gewerbebetrieb dann ein Handwerksbetrieb ist, „(...), wenn er handwerksmäßig betrieben wird und vollständig oder in wesentlichen Tätigkeiten ein Gewerbe umfaßt, das in der Anlage A zu diesem Gesetz aufgeführt ist" (Handwerksordnung § 1 Abs. 2, Satz 1). In Anlage A der Handwerksordnung sind zur Zeit 127 Gewerbe aus sieben Gruppen aufgeführt, deren Ausübung unter die Bestimmungen des Gesetzes zur Ordnung des Handwerks fällt. Für die vorliegende Arbeit ist diese Legaldefinition des Handwerks nur unter empirischen Gesichtspunkten von Bedeutung, denn sie grenzt die Gruppe der Unternehmen ab, aus denen das Sample ausgewählt wird, das im Rahmen dieses Forschungsvorhabens bezüglich des Internationalisierungsverhaltens befragt und untersucht wird.

Für die theoretische Behandlung des Themas ist dagegen die qualitative Charakterisierung des Handwerks von entscheidender Bedeutung (vgl. Beckermann 1980, S. 15 f.), denn die qualitativen handwerksspezifischen Merkmale sind die wesentlichen Faktoren, die dem handwerklichen Auslandsengagement die spezifische Prägung geben. Gleichzeitig ist die Herausarbeitung der speziellen Eigenschaften des Handwerks aber auch weitaus schwieriger als eine rein legalistische Betrachtungsweise, denn die 127 Handwerksgewerbe kommen - wie bereits erwähnt - aus sieben verschiedenen Berufsgruppen.

Die Heterogenität der unter den Begriff 'Handwerk' subsumierten Tätigkeiten wird allein schon aus der Diversität dieser handwerklichen Gewerbegruppen deutlich, die im folgenden aufgelistet sind: Bau- und Ausbaugewerbe, Elektro- und Metallgewerbe, Holzgewerbe, Bekleidungs-, Textil- und Ledergewerbe, Nahrungsmittelgewerbe, Gruppe der Gewerbe für Gesundheits- und Körperpflege sowie der chemischen und Reinigungsgewerbe sowie schließlich die Gruppe der Glas-, Papier-, keramischen und sonstigen Gewerbe. Eine Herausarbeitung gemeinsamer

Charakteristika ist angesichts dieser Verschiedenartigkeit sehr schwierig.

Eine **qualitative Definition** des Handwerks hat Gutersohn geliefert, indem er versuchte, „das Handwerk als die Art der wirtschaftlich selbständig betriebenen Stoffbearbeitung zu umschreiben, die, auf die Erbringung stärker oder schwächer abzuwandelnder Leistungen ausgerichtet, vorzugsweise der Erfüllung differenzierter, häufig individualisierter Versorgungsanliegen dient. Dabei setzen diese Leistungen ein vorab durch persönliche Vermittlung zu erwerbendes fachliches Können voraus" (Gutersohn 1977, S. 159).

Allerdings stellt diese Definition allein auf die Stoffbearbeitung ab und genügt damit für das moderne Handwerk nicht mehr. Die Leistungspalette eines Handwerksbetriebes reicht heute von der Produktherstellung über Beratung, Handel und Montage bis zu Wartung und Reparatur und umfaßt somit sowohl die Produktion als auch die Bereitstellung entsprechender Dienstleistungen (vgl. Mugler 1993, S. 20). Als wesentliches Merkmal der Handwerksbetriebe bleibt aber trotz dieses erweiterten Leistungsspektrums die **Ausrichtung der Produktion auf den speziellen Bedarf der Abnehmer** festzuhalten, der durch Serienproduktion nicht gedeckt werden kann.

Über dieses Charakteristikum hinaus ist als weiteres besonderes Merkmal das formalisierte Ausbildungssystem des Handwerks zu erwähnen. Hier ist neben dem dualen Lehrlingsausbildungssystem v. a. der große Befähigungsnachweis als conditio sine qua non für die Gründung eines Handwerksbetriebes von Bedeutung. Mit diesen hohen Ausbildungsanforderungen für eine Tätigkeit im Handwerk wird zum einen sichergestellt, daß der Verbraucher auf die Qualität handwerklicher Arbeit vertrauen kann (vgl. Kucera/Stratenwerth 1990, S. 73 f.). Zum anderen werden dadurch die Grundlagen für die Wettbewerbsfähigkeit der Handwerksbetriebe gelegt, denn ein hoher Ausbildungsstand der Mitarbeiter vergrößert c. p. das Leistungspotential des Unternehmens.

2.1.2 Untersuchungsrelevante Klassifizierung des Handwerks

Das Handwerk ist, wie bereits erläutert, ein sehr heterogener Wirtschaftsbereich; nicht jede Handwerksbranche eignet sich gleichermaßen für eine internationale Tätigkeit. Um die Grundlagen für die Untersuchung des handwerklichen Internationalisierungsverhaltens zu schaffen, soll das Handwerk daher zunächst in verschiedene Sektoren unterteilt werden, deren grundsätzliche Eignung für ein Auslandsengagement danach analysiert wird. Für eine entsprechende Klassifizierung bieten sich sechs Gruppen an, die sich - wie in Abbildung 1 dargestellt ist - jeweils nach Leistungsstruktur und Absatzgebiet unterscheiden (vgl. König/Müller 1990, S. 39 f.)

Abb. 1: Das Handwerk nach Tätigkeitsschwerpunkt und Absatzgebiet

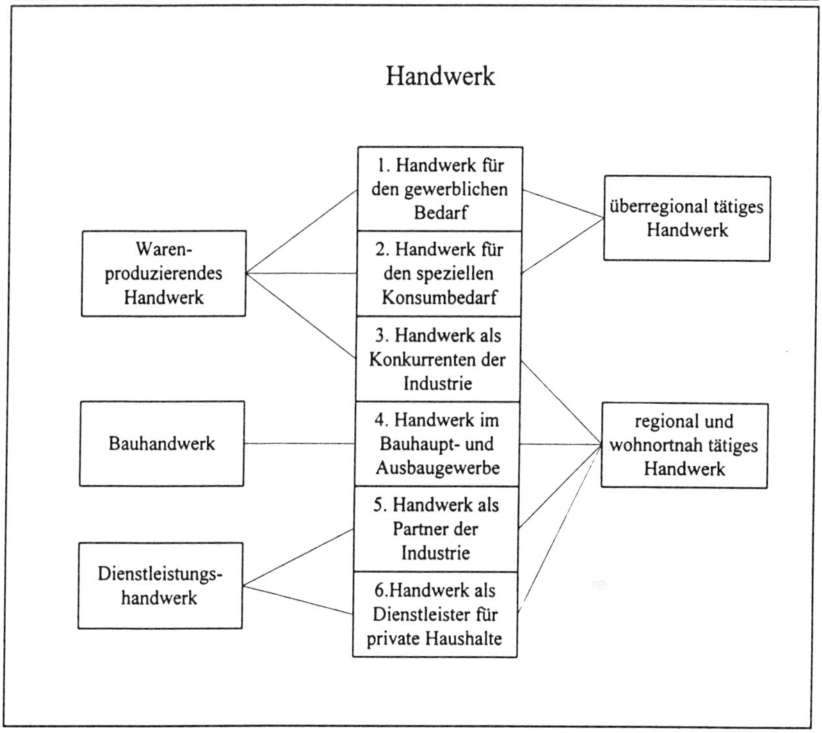

Quelle: König/Müller 1990, S. 40

Grundsätzlich läßt sich das Handwerk bezüglich seines **Leistungsspektrums** in zwei Tätigkeitsschwerpunkte aufteilen:

- **Produktion** von Gütern,
- Erbringung von **Dienstleistungen**.

Die Produktion von Gütern ist der Schwerpunkt des warenproduzierenden Handwerks, das auf die Erstellung von Sachgütern und die Veredelung fertiger Rohprodukte oder Fabrikate ausgerichtet ist (vgl. König/Müller 1990, S. 41). In der Regel bedienen warenproduzierende Handwerksbetriebe sowohl gewerbliche als auch private Abnehmer, so daß in diesen Fällen die Einordnung nach dem Schwerpunktprinzip erfolgt. Einige Handwerke bedienen vor allem den gewerblichen Bedarf, wie z. B. alle Zulieferhandwerke und diejenigen, die Investitionsgüter herstellen. Zwei weitere Gruppen stellen Konsumgüter her: Zum einen die Betriebe, die für den speziellen Konsumbedarf produzieren, wie beispielsweise Kunsthandwerker, und zum anderen Handwerker, die in Konkurrenz zur Industrie stehen, wie z. B. Bäcker und Fleischer.

Aus der Gruppe des warenproduzierenden Handwerks sind die Betriebe, die den gewerblichen Bedarf bzw. den speziellen Konsumbedarf bedienen, in der Regel überregional tätig. Der Grund hierfür ist die Spezialisierung vieler Unternehmen aus dieser Gruppe auf vergleichsweise kleine Nischenmärkte, deren Absatzpotential auf dem regionalen bzw. wohnortnahen Markt[5] nicht ausreicht. Damit eignen sich diese Betriebe grundsätzlich auch für eine grenzüberschreitende Tätigkeit, denn durch ihren überregionalen Absatz haben sie gezeigt, daß ihr Leistungsangebot auch beim Vertrieb über größere geographische Entfernungen wettbewerbsfähig ist.

Die Handwerksbetriebe, die mit ihrem Leistungsangebot in Konkurrenz zur Industrie stehen, sind dagegen vorwiegend regional und wohnortnah tätig. Zu dieser Gruppe gehören u. a. Bäcker, Fleischer und Tischler, deren Produkte in einigen Marktsegmenten im direkten Wettbewerb mit industriell gefertigten Waren stehen, die beispielsweise im Lebensmittelsektor über Supermärkte oder bei den Schreinerprodukten über Möbel- und Heimwerkermärkte vertrieben werden.

[5] Als wohnortnah wird ein Markt mit einem Absatzradius von bis zu 30 km bezeichnet (vgl. König/Müller 1990, S. 56).

Das geographisch begrenzte Absatzgebiet der Handwerker aus dieser Gruppe ist zum einen dadurch begründet, daß sie häufig verderbliche Waren herstellen, die nur mit einem relativ hohen Aufwand über größere Entfernungen transportiert werden können. Zum anderen ist oftmals ein enger Kontakt zum Kunden in diesen Branchen wichtig, wenn etwa ein Tischler ein maßgefertigtes Werkstück für seinen Kunden produziert. Darüber hinaus ist die Unternehmensdichte in diesen Handwerkszweigen relativ groß, so daß der Kunde in der Regel einen entsprechenden Betrieb am Ort vorfindet. Die Kosten der Überbrückung einer größeren Entfernung würden dann das Produkt derart verteuern, das es gegenüber der lokalen Konkurrenz nicht mehr wettbewerbsfähig wäre. Nur wenn sich ein Handwerker aus dieser Gruppe durch ein besonderes Leistungsangebot bzw. eine ungewöhnlich hohe Qualität auszeichnet, lohnt sich eine überregionale und damit auch eine internationale Tätigkeit (vgl. König/Müller 1990, S. 42).

Das Dienstleistungshandwerk ist dagegen in der Regel überwiegend regional bzw. wohnortnah tätig. Zu unterscheiden ist in dieser Gruppe ein Angebot von personen- im Gegensatz zu sachbezogenen Dienstleistungen. Personenbezogene Dienstleistungen werden in erster Linie für den Bedarf privater Haushalte erstellt; zu nennen ist in diesem Zusammenhang v. a. das Friseurhandwerk. Für die in diesem Bereich tätigen Betriebe dürfte eine Internationalisierung mit großen Schwierigkeiten verbunden sein, weil der direkte Kontakt zum Kunden konstituierendes Merkmal ihres Leistungsangebots ist. Daher würde ein Auslandsengagement die Präsenz vor Ort (d. h. eine Direktinvestition) bedingen.

Sachbezogene Dienstleistungen werden als Folge der Anschaffung von technischen oder anderen Gütern gewöhnlich früher oder später nachgefragt (vgl. Kleine 1976, S. 18). Der Abnehmerkreis umfaßt dabei sowohl private als auch gewerbliche Kunden. Häufig sind solche Dienstleistungen mit einem Handelsbetrieb kombiniert, wie z. B. im Falle eines Uhrmacherbetriebes oder eines Radio- und Fernsehtechnikers, die industriell hergestellte Produkte sowohl verkaufen als auch gegebenenfalls für ihre privaten Kunden reparieren (vgl. König/Müller 1990, S. 44 f.). Auch hier ist im allgemeinen ein direkter Kundenkontakt notwendig, so daß sich der Absatzradius wiederum auf den wohnortnahen und regionalen Markt beschränkt.

Allerdings können sachbezogene Dienstleistungen auch überregional bzw. international angeboten werden, wenn der Umfang des einzelnen

Auftrags hinreichend groß ist, um die damit verbundenen Transport- und Reisekosten zu rechtfertigen. Dies dürfte nur bei der Montage, Installation und Instandhaltung größerer Maschinen für gewerbliche Kunden der Fall sein.

Einen Sonderfall innerhalb dieser Klassifizierung stellt das Baugewerbe dar. Es wird zwar in der Wirtschaftsstatistik zum 'Produzierenden Gewerbe' gezählt, allerdings gehört die Erbringung von Dienstleistungen, vor allem in den Ausbaugewerben, wesentlich zu ihrem Tätigkeitsfeld (vgl. König/Müller 1990, S. 45). Damit sind die Unternehmen aus dieser Gruppe in erster Linie auf dem regionalen Markt aktiv.

Eine besondere Rolle in Bezug auf die Internationalisierung spielt das **grenznahe Handwerk**. Als grenznahes Handwerk werden diejenigen Betriebe definiert, deren wohnortnaher Markt in zwei oder mehr Ländern liegt (vgl. König/Müller 1990, S. 56). Für diese Unternehmen sollte es relativ leicht sein, auch dann auf den benachbarten Auslandsmärkten tätig zu werden, wenn sie nicht zur Gruppe des überregional tätigen Handwerks zählen, zumal häufig auch die sprachliche (z. B. mundartliche) sowie kulturelle Nähe zwischen den jeweiligen Grenzregionen das Engagement erleichtern. Insbesondere ist es dadurch für sie auch einfacher, sachbezogene Dienstleistungen wie Montage, Wartung und Reparatur im Nachbarland zu erbringen. Binnenländische Handwerksbetriebe dürften im Gegensatz dazu größere Probleme bei der Internationalisierung haben. Demzufolge müssen mit Handwerksbetrieben in den Grenzregionen und im Binnenland zwei weitere untersuchungsrelevante Gruppen gebildet werden.

2.2 Internationalisierung von Unternehmen

Unter Internationalisierung soll in der vorliegenden Arbeit der Prozeß der zunehmenden Einbindung eines Unternehmens in die internationale Geschäftstätigkeit verstanden werden (vgl. Welch/Luostarinen 1988, S. 36). Diese Definition beinhaltet sowohl die aktive Auslandsmarktbearbeitung durch nationale Firmen als auch das vermehrte Auftreten ausländischer Konkurrenten auf den nationalen Heimatmärkten der Unternehmen. Für die aktive Auslandsmarktbearbeitung lassen sich dabei zwei grundsätzliche Zielsetzungen unterscheiden (vgl. Sauer 1991, S. 26):

- **Ressourcenorientierte Motive** sind mit einer Senkung der Produktionskosten verbunden, z. B. durch *Import* preisgünstiger Vorleistungen oder durch *passive Lohnveredelung*, die der Ausnutzung des internationalen Arbeitskostengefälles dient.
- **Absatzorientierte Motive** sind hingegen auf eine Verbreiterung der Absatzbasis gerichtet, z. B. durch *Export*, eine *grenzüberschreitende Kooperation* oder eine *ausländische Direktinvestition.*

Im Rahmen dieser Arbeit soll auf eine nähere Behandlung der ressourcenorientierten Motive für die Internationalisierung verzichtet werden, denn eine Öffnung gegenüber ausländischen Beschaffungsmärkten geht nicht notwendigerweise mit einer aktiv auf transnationale Märkte ausgerichteten Geschäftspolitik einher (vgl. König 1987, S. 4). Damit stellt diese Form des Auslandsengagements eher eine defensive Strategie zur Stärkung der heimischen Wettbewerbsfähigkeit dar als eine Form der aktiven Bearbeitung ausländischer Märkte.

B Das prinzipielle Auslandsengagement von Handwerksbetrieben

In diesem Abschnitt der Untersuchung soll die prinzipielle Fähigkeit des Handwerks zu einer grenzüberschreitenden Tätigkeit diskutiert werden. Im Vordergrund steht die Frage, über welche international verwertbaren Wettbewerbsparameter die Handwerksbetriebe grundsätzlich verfügen.

Ausgangspunkt der Analyse ist dabei zunächst die Untersuchung der Ansätze der traditionellen Außenhandelstheorie und der modernen Theorie der firmenspezifischen Wettbewerbsvorteile auf ihre Relevanz für die handwerkliche Internationalisierung. Aufbauend auf dieser theoretischen Grundlage sollen dann die einzelwirtschaftlichen Handlungsspielräume zur Schaffung von Wettbewerbsvorteilen im Handwerk und die Möglichkeiten zu deren Verwertung auf internationaler Ebene diskutiert werden. Ferner wird verdeutlicht, welche Rolle überbetriebliche Einflußfaktoren in diesem Zusammenhang spielen. Im dritten Abschnitt wird dann die prinzipielle Bedeutung einzelner Internationalisierungsformen für das handwerkliche Auslandsengagement erläutert.

1. Zur internationalen Wettbewerbsfähigkeit des Handwerks

1.1 Theoretische Ansätze

1.1.1 Die traditionelle Außenhandelstheorie

Die Grundvoraussetzung für den internationalen Waren- bzw. Dienstleistungsverkehr ist die Existenz bestimmter Bedingungen, die es vorteilhafter erscheinen lassen, gewisse Leistungen von ausländischen Anbietern zu beziehen als von heimischen Produzenten. Denn: „In the absence of special features, the enterprises operating in a country are likely to be national firms, for national firms are likely to have advantages over foreigners“ (Hymer 1976, S. 34). Da sich in der Realität eine zunehmende globale Verflechtung der Wirtschaft beobachten läßt, müssen besondere Bedingungen (‘special features’) existieren, die erlauben, daß nationale Unternehmen nicht nur die heimischen Märkte bearbeiten, sondern auch international erfolgreich tätig sind.

Mit der Frage, welche Bedingungen herrschen müssen, damit ein grenzüberschreitender Austausch von Gütern und Dienstleistungen stattfindet, beschäftigt sich schon seit langem die traditionelle **Außenhandelstheorie**. Ricardo war Anfang des 19. Jahrhunderts der erste Ökonom, der versucht hat, den Handel zwischen Nationen durch die Existenz **komparativer Vorteile** zu erklären. Sein Modell basiert auf länderspezifischen Unterschieden in der Produktivität, die für die relativen Preisunterschiede bei den betrachteten Gütern[1] in den jeweils Handel treibenden Ländern verantwortlich sind. Ein Land exportiert diejenigen Güter bzw. Leistungen, die es aufgrund seiner hohen Produktivität effizienter als andere Länder herstellen kann, während es Güter, die andere Länder günstiger herstellen können, von diesen importiert (vgl. Hesse 1977, S. 379 f.).

Im 20. Jahrhundert entwickelte dann Ohlin, aufbauend auf den Arbeiten von Heckscher, das sogenannte **Faktorproportionentheorem** (oder auch Heckscher-Ohlin-Theorem), das besagt, daß die Außenhandelsströme von der länderspezifischen Ausstattung mit Produktionsfaktoren (v. a. Arbeit und Kapital) abhängen (vgl. Krugmann/Obstfeld 1991, S. 68). Ein Land exportiert diejenigen Güter, die die Produktionsfaktoren vergleichsweise intensiv nutzen, mit denen das Land im Vergleich zu anderen Länder relativ reichlich ausgestattet ist (vgl. Rose/Sauernheimer 1992, S. 389).

Allerdings zeigten Studien[2], daß nicht nur die Menge der vorhandenen Produktionsfaktoren eine entscheidende Bedeutung für die Außenhandelsströme hat, sondern daß in vielen Fällen die Qualität der Faktoren die bestimmende Größe ist. So ist z. B. die Außenhandelsstruktur mancher Länder nicht durch die Verfügbarkeit eines großen Arbeitskräftepotentials zu erklären, sondern vielmehr durch die besonders hohe Qualifikation der im Land tätigen Arbeitskräfte. Das in dieser Weise erweiterte Faktorproportionentheorem wird als **Neo-Faktorproportionentheorem** bezeichnet (vgl. Rose/Sauernheimer 1992, S. 390).

---

1 Riccardo bezog sich in seinem Beispiel auf die Herstellung rohstoffintensiver Güter.

2 Leontief bezweifelte die Folgerungen des Faktorproportionentheorems, da er mit Hilfe von Input-Output-Studien nachweisen konnte, daß der Arbeitsgehalt der US-Importe geringer als jener der US-Exporte ist, während er zu einem umgekehrten Schluß für den Kapitalgehalt kam. Dieser Befund wird seither als **Leontief-Paradox** bezeichnet (vgl. dazu Rose/Sauernheimer 1992, S. 389).

Eine Weiterentwicklung des Faktorproportionenansatzes ist schließlich die **Produktzyklus-These**[3]. Sie postuliert, daß Länder, die besondere Fähigkeiten in der Produktion technologieintensiver Güter haben, diese herstellen und exportieren sollten. Produkte hingegen, die bereits ausgereift sind und deren Herstellung dementsprechend geringere technologische Anforderungen stellt, sollten von Ländern exportiert werden, deren Produktionsverfahren weniger entwickelt sind (vgl. Altmann 1993, S. 8 f.).

Die Ansätze der traditionellen Außenhandelstheorie gehen also von den nationalen Wettbewerbsvorteilen der am Handel beteiligten Länder als Bestimmungsgründe des internationalen Güteraustausches aus. Diese Theorien bestimmen auch weite Teile der gegenwärtigen politischen Diskussion, die sich darauf konzentriert, wie man in Vorbereitung auf den „coming economic battle" (Thurow 1992) zwischen den Nationen Wettbewerbsvorteile herausarbeiten kann.

Allerdings zeigen die internationalen Güterströme, daß - im Widerspruch zu den traditionellen Theorien - vor allem Länder mit ähnlichen Faktorausstattungen einen Großteil des Welthandels untereinander abwickeln, und daß darüber hinaus der firmeninterne Handel zunehmend an Bedeutung gewonnen hat (vgl. Gilroy 1992, S. 467). Einige Ökonomen sind daher der Meinung, daß die traditionelle Außenhandelstheorie zur Erklärung der heutigen weltwirtschaftlichen Realität nicht mehr ausreicht, da der internationale Wettbewerb nicht zwischen Volkswirtschaften, sondern zwischen Unternehmen ausgetragen wird (vgl. z. B. Straubhaar 1994, S. 534). Die internationale Arbeitsteilung ist nach ihrer Auffassung durch die Internationalisierung der Produktion und durch vielfältige Formen des Auslandsengagements gekennzeichnet. Dieser Prozeß wird durch den dynamischen Wettbewerb gleichwertiger Produzenten in vergleichbar hochentwickelten Ländern in Gang gehalten (vgl. Preusse 1990, S. 89). Borner konstatiert in diesem Zusammenhang: „competitiveness is firm-specific" (Borner 1986, S. 75).

---

3 Die Grundlagen für die Produktzyklus-These legte Vernon (vgl. dazu Vernon 1966 und 1979).

1.1.2 Die Theorie der firmenspezifischen Wettbewerbsvorteile

Ein Teil der theoretischen Diskussion über die internationale Wettbewerbsfähigkeit hat sich - nicht unumstritten (vgl. Trabold 1995 a, S. 181 f.) - in den vergangenen Jahrzehnten auf die firmenspezifischen Wettbewerbsvorteile konzentriert. Dieser Grundgedanke geht vor allem auf Hymer zurück, der postulierte: „Because a firm possesses advantages, its business enterprise in the foreign country would be profitable“ (Hymer 1976, S. 46).

Die Frage nach der internationalen Wettbewerbsfähigkeit sollte demnach auf mikroökonomischer Ebene beantwortet werden, wobei allerdings berücksichtigt werden muß, daß die Meta- und die Makroebene einen bedeutenden Einfluß auf die firmenspezifische Wettbewerbsfähigkeit ausüben. Die verschiedenen staatlichen Ebenen bewirken durch die Veränderung gesellschaftlicher und makroökonomischer Standortdeterminanten Verschiebungen der unternehmerischen Wettbewerbsfähigkeit im internationalen Rahmen (vgl. Eßer u. a. 1995, S. 187 ff.). Der Einfluß des Staates beschränkt sich dabei nicht auf das Steuer- und Abgabensystem, sondern beeinhaltet auch die Bereitstellung materieller und immaterieller Infrastruktur sowie des Bildungs- und sozialen Sicherungssystems und v. a. auch die Gestaltung der Wettbewerbsordnung (vgl. Gries/Hentschel 1994, S. 422).

Um auf einem ausländischen Markt erfolgreich zu operieren, muß ein Unternehmen die mangelnde „Kenntnis der besonderen Umstände von Ort und Zeit“ (Hayek 1952, S. 107), also Wissensnachteile in Form von fehlenden Informationen über Wirtschaft, Sprache, Kultur, rechtliche Bestimmungen, Politik usw. des fremden Landes ausgleichen. Oder wie schon Adam Smith erkannte: „In the home-trade his [des Kaufmanns, d. V.] capital is never so long out of his sight as it frequently is in the foreign trade of consumption. He can know better the character and situation of the persons whom he trusts, and if he should happen to be deceived, he knows better the laws of the country from which he must seek redress“ (Smith 1796, S. 178).

Der Unternehmer kann diese Defizite im Auslandsgeschäft durch Eigenschaften kompensieren, die ihm **firmenspezifische Wettbewerbsvorteile** gegenüber den dort ansässigen Anbietern verschaffen (vgl. dazu auch Dunning 1988, S. 15). Kappich definiert derartige Wettbewerbsvorteile „als strategisch verwertbare Potentiale (...), deren konsequente

Nutzung es u. a. auch möglich werden läßt (bei entsprechender 'Vorteilshöhe'), die gerade zu Beginn eines konkreten internationalen Engagements in der Regel auftretenden Nachteile (gegenüber eventuell vorhandenen einheimischen und/oder dort bereits etablierten ausländischen Konkurrenten) des Operierens in einem fremden Umfeld zu kompensieren bzw. sogar zu überkompensieren" (Kappich 1989, S. 46, Hervorhebungen im Original).

Die Basis dieser Wettbewerbsvorteile bilden bestimmte **Kernfähigkeiten**, die das Unternehmen definieren und zu marktmäßig verwertbarem Potential entwickeln muß. Hierbei baut der Betrieb im Rahmen der Internationalisierung auf die Fähigkeiten und Erfahrungen auf, die ihm bislang schon einen Wettbewerbsvorteil auf seinen angestammten Märkten sicherten.

Die Kernfähigkeiten einer Unternehmung sind jedoch in der Regel nicht eindimensional strukturiert, z. B. in Form eines bestimmten technischen Know-hows, sondern sie bestehen aus verschiedenen, in jedem Betrieb in besonderer Weise zusammenwirkenden Faktoren. Diese können neben technischem Wissen auch Managementfähigkeiten sowie Ausbildung und Motivation des Personals umfassen. So reicht etwa in Handwerksbetrieben die Beherrschung einer bestimmten Technologie zum Markterfolg allein nicht aus, denn es muß darüber hinaus das Managementpotential vorhanden sein, welches das Verwertungspotential dieser Technologie erkennt und dann auch nutzt. Außerdem benötigt die international tätige Unternehmung genügend ausgebildete und motivierte Mitarbeiter, die diese Technologie ständig weiterentwickeln, damit der Wettbewerbsvorteil des Unternehmens auch auf längere Sicht bestehen bleibt (vgl. Kappich 1989, S. 46).

Um sich von ihren internationalen Konkurrenten abzuheben, müssen die im Ausland engagierten Handwerksbetriebe die Kernfähigkeiten ausbauen, die sie langfristig und nachhaltig in die Lage versetzen, flexibler und schneller als andere wettbewerbsfähige Lösungen anzubieten. Das erfordert eine strategische Planung seitens der Geschäftsführung (Prahalad/Hamel 1990, S. 89), denn die Kernfähigkeiten einer Unternehmung müssen dazu nicht nur identifiziert und definiert, sondern auch innovativ an veränderte Ansprüche angepaßt werden, um dem Betrieb auch zukünftig einen Wettbewerbsvorsprung zu erhalten.

Die Kernfähigkeiten eines Betriebes lassen sich nicht pauschal bestimmen; jedes Unternehmen besteht aus einer speziellen Verbindung von Human- und Kapitalressourcen, die in geeigneter Weise kombiniert werden müssen, um betriebliche Kernfähigkeiten zu schaffen. Gerade im Fall der klein- und mittelbetrieblich strukturierten Handwerksbetriebe ist es in diesem Zusammenhang wichtig, das Unternehmen in seiner Gesamtheit zu betrachten, denn Kernfähigkeiten können sich nur im Zusammenspiel der verschiedenen betrieblichen Funktionen entwickeln, zwischen denen in kleineren Firmen eine besonders starke Interdependenz besteht (vgl. Porter 1991, S. 62 ff.). Mit Hilfe der Kernfähigkeiten kann das Unternehmen dann national und international verwertbare, firmenspezifische Wettbewerbsvorteile entwickeln, deren Ausprägung auch von den Standortfaktoren am Sitz des Unternehmens wesentlich beeinflußt wird.

Die Basis der Kernfähigkeiten eines Betriebes sind **Wissen und Können**, beides Elemente, die nicht allgemein zugänglich sind, sondern einen *proprietären* Charakter aufweisen (wie z. B. Patente) und darüber hinaus durch Forschung und Entwicklung geschaffen werden müssen (vgl. Borner 1984 a, S. 484). Dieses Wissen und Können ist aber nicht auf rechtlich schützbare Eigentumsrechte beschränkt, sondern umfaßt beispielsweise auch Erfahrungen mit der Lösung bestimmter Problemsituationen, die im Verlauf der Firmengeschichte bzw. des beruflichen Werdegangs von den einzelnen Mitarbeitern gemacht wurden.

Für die nachhaltige Aufrechterhaltung und Weiterentwicklung der firmenspezifischen Wettbewerbsvorteile ist es deshalb wichtig, **betriebsinterne Lernprozesse** in Gang zu halten und einen firmenspezifischen Know-how-Aufbau bei Forschung und Entwicklung, Marketing, Bildung und Ausbildung sowie im Management voranzutreiben (vgl. Borner 1984 a, S. 485). Die Kernfähigkeiten und damit auch die firmenspezifischen Wettbewerbsvorteile müssen dabei dem betrieblichen Zielsystem untergeordnet sein, um eine zweckgerichtete Entwicklung der Wissens- und Könnenskomponenten zu gewährleisten.

Die Kreation, Aufrechterhaltung und Weiterentwicklung von firmenspezifischen Wettbewerbsvorteilen setzt demnach zunächst einmal eine gründliche Bestandsaufnahme und **strategische Planung** des Managements voraus, bevor der spezielle Wissens- und Könnensvorsprung des Unternehmens marktmäßig verwertet werden kann. Besondere Bedeutung gewinnt dieser Punkt im Hinblick auf die Internationalisierung, denn hier spielt es eine entscheidende Rolle, daß das Management - bevor es sich für ein Auslandsengagement entscheidet - prüft, ob genügend freie betriebliche Kapazitäten für die Durchführung dieser strategischen Alternative zur Verfügung stehen (vgl. Sohn 1984, S. 500 f.). Denn vor allem zu Beginn verursacht eine Internationalisierungsstrategie hohe Kosten und bindet Kapazitäten, so daß bei ungenügenden betrieblichen Ressourcen das Geschäft auf den angestammten Heimatmärkten leiden könnte (vgl. Roth 1994, S. 36).

1.2 Einzelwirtschaftliche Handlungsspielräume

Die Produktionsweise des Handwerks zeichnet sich durch ihre besondere **Humankapitalintensität** aus. Das bedeutet, daß für Handwerksbetriebe - mehr noch als für andere Unternehmen - das Wissen und Können der dort tätigen Menschen die wesentliche Quelle der unternehmensspezifischen Kernfähigkeiten bildet. Zu unterscheiden ist dabei zwischen den Fähigkeiten der angestellten Mitarbeiter und der Qualifikation der Unternehmensleitung, die in den meisten Fällen der Betriebsinhaber allein übernimmt. Das Zusammenspiel dieser Faktoren bei der Verwertung des Wissens- und Könnenspotentials, das in jedem Unternehmen in unterschiedlichen Ausprägungen vorhanden ist und auch jeweils firmenspezifisch kombiniert wird, ergibt die für einen Handwerksbetrieb charakteristischen Kernfähigkeiten.

Die Überschaubarkeit aufgrund der im allgemeinen relativ geringen Betriebsgröße[4] handwerklicher Unternehmen hat für die dispositive Tätigkeit der **Unternehmensleitung** den Vorteil, daß der Inhaber im allgemeinen vollständig über alle Vorkommnisse im Betrieb informiert ist. Er kann somit z. B. sehr gut beurteilen, ob für ein Auslandsengagement genügend freie betriebliche Kapazitäten vorhanden sind und inwiefern die Mitarbeiter gegebenenfalls für eine grenzüberschreitende Tätigkeit (Montage etc.) qualifiziert sind. Daher ist er in der Lage, die geeigneten strategischen Entscheidungen im Rahmen der Internationalisierung zu treffen und deren Rückwirkungen auf seine Firma vergleichsweise gut abzuschätzen. Allerdings hängt es wesentlich vom Ausbildungsniveau des Unternehmers - sowohl in Bezug auf seine technischen als auch seine strategisch-organisatorischen Managementfähigkeiten - sowie von

[4] Die neueste Handwerkszählung vom 31.3.1995 ergab eine durchschnittliche Betriebsgröße von 11 Mitarbeitern im Handwerk (vgl. Veldhues 1996, S. 490).

seinem geschäftlichen Instinkt und Engagement ab, inwieweit die strategischen Entscheidungen das handwerkliche Auslandsengagement zum Erfolg führen.

Die Managementfähigkeiten des handwerklichen Unternehmers sind weiterhin bei der Führung der Mitarbeiter von entscheidender Bedeutung. Die **Mitarbeiter** stellen in Handwerksbetrieben aus zwei Gründen eine wesentliche Quelle der Kernfähigkeiten dar: Zum einen sind sie durch die fundierte theoretische und praktische Ausbildung im Rahmen des dualen Ausbildungssystems befähigt, aktiv das Innovationspotential des Unternehmens zu stärken und die hohe Qualität der Produkte zu gewährleisten. Zum anderen sind die Handwerksbetriebe aufgrund ihrer personalintensiven, auf individuelle Kundenwünsche abgestellten Produktionsweise kaum fähig, durch Kapitalinvestitionen in einem nennenswerten Umfang Produktivitätsfortschritte zu realisieren, welche die preisliche Konkurrenzfähigkeit erhöhen würden, so daß die Wettbewerbsvorteile im wesentlichen auf der Leistungsfähigkeit der Mitarbeiter gründen. Wenn das Mitarbeiterpotential aufgrund von Defiziten im Personalmanagement - z. B. durch einen patriarchalischen Führungsstil, der in Klein- und Mittelbetrieben immer noch häufig anzutreffen ist - nicht optimal genutzt wird, sind die Kernfähigkeiten und damit auch die Wettbewerbsvorteile in Gefahr.

Durch die Überschaubarkeit von Handwerksbetrieben ist ein intensiver **Informationsaustausch** zwischen Unternehmensleitung und Mitarbeitern möglich. Unternehmerische Entscheidungen (wie z. B. der Schritt ins Auslandsengagement) können durch personalisierte Kommunikation leicht für die Mitarbeiter transparent gemacht werden, was wiederum in der Regel positive Rückwirkungen auf die Leistungsmotivation und Weiterbildungsbereitschaft (z. B. die Teilnahme an Sprachkursen) hat (vgl. Jennings/Beaver 1997, S. 64 f.). Darüber hinaus kann ein intensiver Dialog zwischen Unternehmensleitung und Belegschaft, der die unternehmerischen Ziele klar darlegt, das Innovationspotential der Mitarbeiter, z. B. in Form von Verbesserungsvorschlägen, fördern (vgl. Norddeutsches Handwerk 1995, S. 10). Insgesamt sollte ein sensibles Personalmanagement zu einer höheren Zufriedenheit und zu einer besseren Identifikation der Mitarbeiter mit dem Unternehmen beitragen. Unter diesen Voraussetzungen trägt die Unternehmensleitung dazu bei, die Fähigkeiten der Mitarbeiter in marktmäßig verwertbare Wettbewerbsvorteile umzuwandeln.

Der hohe Anteil der arbeitsintensiven Fertigung in Verbindung mit der guten und umfassenden Ausbildung der Mitarbeiter befähigt den Handwerksbetrieb, rasch und flexibel auf **differenzierte Kundenwünsche** zu reagieren. Somit können die Handwerker individualisierte, auf den Abnehmerbedarf zugeschnittene Leistungen anbieten. Dieser Aspekt wird noch dadurch verstärkt, daß handwerkliche Unternehmen oftmals einen relativ kleinen Kundenstamm bedienen, zu dem sie engen Kontakt halten. Dadurch kennen sie die Probleme und Wünsche ihrer Klientel verhältnismäßig gut und können diesen Wettbewerbsvorteil ausspielen, indem sie z. B. auch unaufgefordert mit innovativen marktnahen Problemlösungen an ihre Abnehmer herantreten.

Es muß allerdings an dieser Stelle betont werden, daß Innovationen im Handwerk nicht generell mit der Erfindung vollkommen neuer Produkte bzw. Produktionsverfahren gleichgesetzt werden können. Stattdessen richtet sich das handwerkliche Innovationspotential gewöhnlich auf die Bereitstellung von Gütern und Dienstleistungen, die sich u. U. nur geringfügig von standardgemäßen Produkten unterscheiden (vgl. Gutersohn 1977, S. 157 f.). Ergänzend dazu bieten die Handwerksbetriebe häufig in einem erheblichen Umfang **Serviceleistungen** an, z. B. in den Bereichen Engineering, Beratung, Montage, Installation, Wartung und Reparatur. Dieser Faktor muß in die Bewertung der internationalen Konkurrenzfähigkeit des Handwerks einbezogen werden, denn angesichts der zunehmenden Tertiarisierungstendenzen in der Wirtschaft begründet dieses Dienstleistungsangebot auch auf den internationalen Märkten einen bedeutenden Wettbewerbsvorteil.

Die Analyse der handwerklichen Wettbewerbsvorteile deutet also angesichts des Mitarbeiterpotentials und der arbeitsintensiven Fertigungsstrukturen auf eine **flexible und auf individuelle Kundenbedürfnisse zugeschnittene Produktion** als die wesentliche Kernfähigkeit der Handwerksbetriebe hin. Um bei der Erfüllung der speziellen Kundenwünsche einen Vorsprung gegenüber der Konkurrenz zu erlangen, muß sich das Unternehmen jedoch in der Regel auf ein bestimmtes Abnehmersegment konzentrieren. Die dadurch gewonnenen Erfahrungen mit den Anforderungen dieses Kundenkreises an das Produkt- und Dienstleistungsangebot führen zu einem betriebsspezifischen Wissens- und Könnensvorteil bei der Bearbeitung dieses Marktsegmentes.

Der Handwerker sollte seine Kernfähigkeiten demnach auf eine Marktnische ausrichten, um einen - auch international verwertbaren -

Wettbewerbsvorteil zu schaffen. Die **Nischenstrategie** weist eine Reihe von Vorteilen auf (vgl. Mugler 1993, S. 222):

- Vermeidung des zunehmenden Preiswettbewerbs auf Massenmärkten,
- Erzielung von Marktmacht („kleines Monopol"), die den Preissetzungsspielraum vergrößert,
- hohe Bedürfnisbefriedigung mit enger Kundenbindung,
- überschaubare Kundenstruktur,
- effiziente Gestaltung der marketingpolitischen Instrumente.

Ein wesentlicher Nachteil der Nischenstrategie ist allerdings, daß sich der Handwerksbetrieb damit in eine konjunkturelle Abhängigkeit von einem eng umrissenen Marktsegment begibt. Durch die Ausrichtung seiner Kernfähigkeiten auf die Anforderungen dieses Kundenkreises ist er bei einer Absatzflaute in diesem Markt nicht in der Lage, auf ein alternatives Abnehmersegment auszuweichen. Mit Hilfe der Internationalisierung läßt sich jedoch in einem gewissen Umfang eine konjunkturelle Stabilisierung erreichen, denn die damit verbundene Länderdiversifikation vermindert tendenziell die Anfälligkeit für Absatzschwankungen auf einem einzelnen Markt.

Für die klein- und mittelbetrieblich strukturierten Handwerksbetriebe ist die Konzentration auf ein anspruchsvolles Kundensegment allerdings mit der Gefahr verbunden, daß bei den Abnehmern aufgrund der geringen Betriebsgröße des handwerklichen Lieferanten u. U. Gefühle der Unsicherheit, z. B. bezüglich der Einhaltung von Lieferterminen oder im Hinblick auf die Innovationsfähigkeit, entstehen können (vgl. Mugler 1993, S. 216). Dies kann den Kundenbeziehungen insbesondere auf internationaler Ebene schaden, denn eine ausgezeichnete Reputation ist gerade bei auswärtigen Abnehmern von hervorragender Bedeutung. Hier hängt es wiederum von den Fähigkeiten des handwerklichen Managements ab, ob eine langfristig stabile Absatzbasis im Ausland geschaffen werden kann.

Die Wettbewerbsvorteile eines derart heterogenen Wirtschaftsbereiches wie dem Handwerk lassen sich sicherlich nur schwer pauschal charakterisieren. Aus der bisherigen Diskussion lassen sich jedoch einige wesentliche **wettbewerbsbestimmende Merkmale** des Handwerks herausfiltern, die auch die internationale Konkurrenzfähigkeit beeinflussen. Als Basis der handwerklichen Wettbewerbsvorteile wurden das Wissen und Können der Mitarbeiter und der Unternehmensleitung determiniert. Die daraus resultierende Kernfähigkeit des Handwerks ist die Befriedigung differenzierter Kundenbedürfnissse.

Abb. 2: Die firmenspezifischen Wettbewerbsvorteile der Handwerksbetriebe

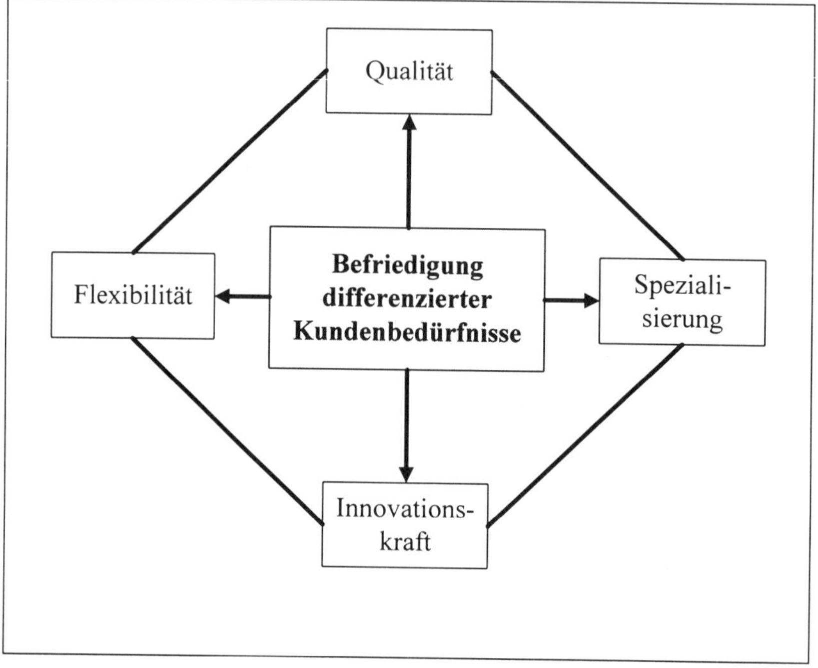

Diese jeweils firmenspezifisch kombinierten Faktoren befähigen die Handwerksbetriebe einerseits zu innovativen Problemlösungen und gewährleisten andererseits die hohe Qualität des Produkt- und Dienstleistungsangebots. In Verbindung mit der grundsätzlich relativ geringen Betriebsgröße ermöglichen sie darüber hinaus eine schnelle und flexible Reaktion auf die Kundenbedürfnisse. In Abbildung 2 werden die handwerklichen Wettbewerbsvorteile daher unter die Oberbegriffe **Qualität**, **Flexibilität**, **Spezialisierung** und **Innovationskraft** subsumiert.

Wie die theoretische Diskussion im vorherigen Kapitel gezeigt hat, hängen die Wettbewerbsvorteile eines handwerklichen Unternehmens und die Probleme im Rahmen der Internationalisierung aber nicht ausschließlich von betrieblichen Faktoren ab. Einen wesentlichen Einfluß hierauf hat auch das überbetriebliche Umfeld, das wiederum u. a. vom Staat und besonders in Deutschland auch von den Kammern geprägt wird. Diese außerbetrieblichen Einflüssen auf den unternehmerischen Wettbewerbsvorteil sollen daher im folgenden untersucht werden.

1.3 Die Rolle der Mesoebene

Jede Unternehmung agiert in einem bestimmten Umfeld, dessen wirtschaftliche, geographische, soziologische, geschichtliche, kulturelle und politische Eigenheiten die betrieblichen Aktivitäten prägen. Bestimmend ist hierbei vor allem das heimatliche Umfeld in der angestammten Region. Auch die firmenspezifischen Wettbewerbsvorteile, welche die internationale Konkurrenzfähigkeit der Unternehmen determinieren, werden demnach hierdurch beeinflußt.

Porter hat in einer breiten empirischen Studie vier wesentliche Faktoren herausgearbeitet, die auf überbetrieblicher Ebene die international verwertbaren Wettbewerbsvorteile des einzelnen Unternehmens positiv oder auch negativ beeinflussen können (vgl. Porter 1991, S. 95 ff.). Diese vier Elemente - **Faktorbedingungen**, **Nachfragebedingungen**, **Unternehmensstrategie-Struktur-Wettbewerb** sowie **verwandte und unterstützende Branchen** - stehen in einem sich wechselseitig verstärkenden Verhältnis zueinander. Sie werden außerdem vom Staat und von zufälligen Ereignissen beeinflußt. Aufgrund der besonderen Verhältnisse im deutschen Handwerkssektor soll hier, abweichend von Porter, das Kammersystem als zusätzlicher wesentlicher Bestimmungsfaktor des handwerklichen Umfeldes hinzugefügt werden. Die Zusammenhänge werden in Abbildung 3, von Porter wegen der besonderen Darstellungsform 'Diamant' genannt, veranschaulicht.

Porter hat dieses System zwar zur Erklärung von nationalen Wettbewerbsvorteilen entwickelt, seine Analyseeinheiten sind aber die Wirtschaftsbranchen, deren Keimzelle der einzelne Betrieb darstellt. Folglich beeinflussen diese Bestimmungsfaktoren die Wettbewerbsvorteile der Unternehmen in direkter oder indirekter Weise.

Abb. 3: Außerbetriebliche Bestimmungsfaktoren firmenspezifischer Wettbewerbsvorteile

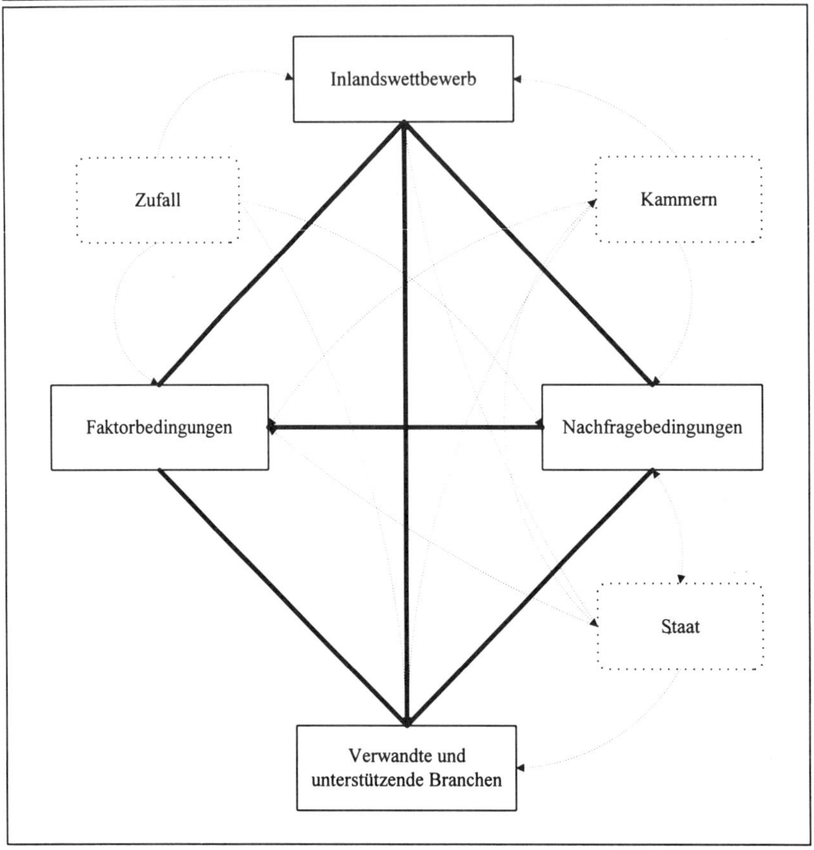

Quelle: Porter 1991, S. 151, mit eigenen Ergänzungen

In Bezug auf die **Faktorbedingungen** ist die Möglichkeit des Zugriffs auf hochwertiges Humankapital und auf Wissensressourcen für die Unternehmen in einer modernen, hochtechnisierten Wirtschaft die wichtigste Voraussetzung dafür, auf internationaler Ebene einen nachhaltigen Wettbewerbsvorsprung zu erlangen (vgl. dazu Mankiw u. a. 1992, S. 434 f. sowie Fayissa 1996, S. 380 f.). Nur ein gut ausgebildetes, technisch versiertes Personal und der Zugang zu neuesten wissenschaftlichen Erkenntnissen aus Universitäten und anderen Forschungseinrichtungen versetzen die Firmen in die Lage, einen Wettbewerbsvorteil durch innovative Produkte und Produktweiterentwicklungen zu schaffen bzw. aufrechtzuerhalten.

Besondere Bedeutung erhalten diese Faktoren bei einer dynamischen Betrachtung, denn technologische Neuentwicklungen können in der Regel relativ schnell von den Konkurrenten kopiert werden; der Aufbau eines Wissenspools, der diese Innovationen kreiert, erfordert dagegen langfristige Investitionen. Die Basis für ein entwicklungsfähiges Humankapital legt dabei der Staat durch die Bereitstellung entsprechender Einrichtungen für die schulische, berufliche und universitäre Ausbildung. Den Unternehmen kommt dann die Aufgabe zu, das Wissen der Mitarbeiter für den Aufbau internationaler Wettbewerbsvorteile zu verwenden.

Der Faktor **Humankapital** ist einer der wesentlichen Standortvorteile Deutschlands, denn das deutsche Bildungs- und insbesondere das berufliche Ausbildungssystem zeichnen sich durch eine hohe Qualität aus und genießen deshalb auch international einen hervorragenden Ruf. Einige der sich abzeichnenden Tendenzen in diesem Bereich geben jedoch vor allem für das Handwerk Anlaß zur Besorgnis. So sind in jüngster Zeit Klagen über das Niveau der schulischen Bildung zu vernehmen[5] (vgl. FAZ 1996, S. 1); dies könnte in eine zunehmende Erosion der Qualifikation der Schulabgänger münden, die sich wiederum negativ auf die internationale Wettbewerbsfähigkeit deutscher Unternehmen auswirken dürfte (vgl. Economist 1997 b, S. 21 ff.).

Teilweise sind diese Entwicklungen schon im dualen Ausbildungssystem spürbar, denn die Vermittlung von Grundkenntnissen z. B. in Deutsch und Mathematik, die auf den allgemeinbildenden Schulen ungenügend gefestigt wurden, nimmt in den Lehrplänen der Berufsschulen einen zunehmenden Raum ein (vgl. Institut der Deutschen Wirtschaft 1997, S. 2). Die Folge ist, daß dem Fachunterricht weniger Aufmerksamkeit geschenkt werden kann. Diese Entwicklung könnte dazu führen, daß das Handwerk bei mangelnder theoretischer Ausbildung der Nachwuchskräfte angesichts des dynamischen technischen Fortschritts gegenüber der internationalen Konkurrenz ins Hintertreffen gerät.

---

[5] Zur Problematik der Messung von Ausbildungsqualität und geeigneter Maßnahmen zur Verbesserung derselben vgl. Hanushek 1996, S. 25 ff. sowie Bates 1997, S. 85 f.

Weiterhin ist bedenklich, daß der handwerkliche Nachwuchs in der Regel ein relativ niedriges Bildungsniveau aufweist (vgl. ZDH o. J., S. 174). Da die handwerkliche Produktion in vielen Bereichen technologisch anspruchsvoller wird - z. B. durch die Computerisierung der Fertigung - ist die Steigerung der Attraktivität des Handwerks für höher qualifizierte Kräfte wie Abiturienten sowie Hoch- und Fachhochschulabsolventen notwendig, um international im Wettbewerb bestehen zu können. Daß dies insbesondere auch für das Auslandsengagement der Handwerksbetriebe von entscheidender Bedeutung ist, belegen Studien, die eine positive Korrelation zwischen der Akademikerquote in Klein- und Mittelbetrieben und der Exportquote festgestellt haben (vgl. Roux 1984, S. 450).

Grundsätzlich verfügt das Handwerk in Bezug auf das Humankapital jedoch über gute Voraussetzungen für den internationalen Wettbewerb, wenn es den Betrieben gelingt, gut ausgebildete Mitarbeiter zu gewinnen. Aus- und Weiterbildung müssen darüber hinaus ständig an die Anforderungen einer globalisierten Wirtschaft angepaßt werden (vgl. Franz/Zimmermann 1996, S. 401).

Im Hinblick auf die sich verkürzenden Innovationszyklen und die hohe Technologieintensität sowohl der Fertigung als auch der Produkte stellt das **Kapital** einen weiteren maßgeblichen Produktionsfaktor dar. Der Zugang zu Fremd- oder Eigenkapital gestaltet sich für Klein- und Mittelbetriebe aber häufig schwierig. Hier sind zwei Gründe von Bedeutung: Zum einen befinden sich die Handwerksbetriebe in der Regel in Besitz von Familien, die ihre Kontrolle über das Unternehmen nicht eingeschränkt sehen wollen und darum externe Eigenkapitalgeber scheuen.

Aber selbst wenn die handwerklichen Unternehmer fremden Anteilseignern nicht ablehnend gegenüberstehen, ist es schwierig, neues Eigenkapital zu bekommen, da in Deutschland zur Zeit noch kein entwickelter Risikokapitalmarkt für kleinere und mittlere Unternehmen existiert (vgl. Institut der Deutschen Wirtschaft 1996, S. 2). Deshalb kommt gewöhnlich kein zusätzliches Eigenkapital in die Firma. Zum anderen beklagen sich viele Handwerksbetriebe über die restriktive Kreditvergabepolitik der Banken, die sich insbesondere gegenüber kleineren Betrieben bei innovativen Investitionsvorhaben sehr risikoavers verhalten (vgl. Heinrich 1985, S. 122). Die Fremdkapitalbeschaffung gestaltet sich also ebenfalls sehr schwierig.

Die dargestellten Probleme bei der Investitionsfinanzierung von kleineren Unternehmen können das internationale Engagement beschränken. Die Aufnahme einer reinen Exporttätigkeit erfordert allerdings nicht notwendigerweise einen hohen Kapitaleinsatz. Soll die Internationalisierung jedoch ausgebaut werden - z. B. durch ein Joint Venture oder eine Direktinvestition im Ausland - sind grundsätzlich zusätzliche Finanzmittel erforderlich. Angesichts der Risikoaversion der Banken kommt hier das besondere Auslandsrisiko bei der Kapitalbeschaffung noch erschwerend hinzu.

Der zweite wesentliche außerbetriebliche Bestimmungsfaktor des firmenspezifischen Wettbewerbsvorteils nach Porter sind die **Nachfragebedingungen**, die auf dem Heimatmarkt des Unternehmens herrschen. Ausschlaggebend ist hierbei weniger die Quantität als die Qualität der Nachfrage, denn nur hohe Qualitätsanforderungen der Kunden an Waren und Dienstleistungen spornen die Firmen zur Entwicklung fortgeschrittener Produkte an, mit denen sie auf den internationalen Märkten konkurrieren können.

Trotz der Globalisierung der Märkte ist die Nachfrage auf den Heimatmärkten von primärer Bedeutung, denn gerade Klein- und Mittelbetriebe reagieren zunächst auf den Bedarf der heimischen Kunden. Mit deren Verhalten sind sie vertraut und können deshalb auf ihre Bedürfnisse unmittelbar antworten und neue Trends erkennen. Ein internationaler Wettbewerbsvorteil wird dadurch allerdings nur aufgebaut, wenn die heimischen Kunden anspruchsvolle Käufer sind (vgl. Porter 1991, S. 113). Diese Voraussetzung erscheint für die Kunden deutscher Handwerksbetriebe generell erfüllt, denn Deutschland ist eine relativ offene Volkswirtschaft, so daß die hiesigen Verbraucher mit internationalen Produkten und deren Standards vertraut sind.

Darüber hinaus sind die deutschen Konsumenten in einigen Marktsegmenten besonders anspruchsvoll und durchaus auch verantwortlich für neue Trends. So hat sich z. B. in Deutschland schon früh ein ausgeprägtes Umweltbewußtsein herausgebildet, das sich auch auf die Nachfragegewohnheiten ausgewirkt hat. Im Zuge der ökologischen Sensibilisierung der Bevölkerung hat auch der Staat verschärfte Umweltschutznormen erlassen, die dazu geführt haben, daß deutsche Unternehmen bei den Herstellungsverfahren und den Produkten in Bezug auf Energieeinsparung, Umweltschutz und Baubiologie schon früh weit fortgeschritten waren. Diese Entwicklung wirkt sich auch auf die internationale Wettbewerbsfähigkeit von deutschen Handwerksbetrieben positiv aus, wenn die Handwerker diese Trends frühzeitig erkennen und entsprechende Innovationen anbieten (vgl. Müller 1993 b, S. 11)

Als weiteren Einflußfaktor auf die Wettbewerbsfähigkeit hat Porter die Existenz von wettbewerbsfähigen **Zuliefer- und verwandten Branchen** im Heimatland des Unternehmens herausgestellt. In einigen Branchen sind die Handwerksbetriebe selbst in der Regel Zulieferer. Wenn sie aber in der Zulieferpyramide auf einer höheren Ebene angesiedelt sind, z. B. als Lieferant komplexer Komponenten, und damit ihrerseits von Teilezulieferern abhängen, spielt dieser Punkt auch für Handwerksbetriebe eine große Rolle. In diesem Fall können innovative Zulieferer als Teilelieferanten einen wesentlichen Beitrag zur Wettbewerbsfähigkeit des Produkts ihres handwerklichen Abnehmers leisten.

Von der Existenz fortschrittlicher verwandter Branchen können die Klein- und Mittelbetriebe insofern profitieren, als daß dort neu entwikkelte Produkt- oder Prozeßideen in die eigene Produktion übernommen werden können. Das gilt auch für innovative Anwendungen eines altbekannten Produktes bzw. einer gebräuchlichen Produktkomponente. Zunächst setzt dies aber voraus, daß die verwandten Branchen über eine komplementäre Produktpalette verfügen oder ähnliche Komponenten im Produktionsprozeß einsetzen. In diesem Fall können zusätzliche Synergien dadurch ausgenutzt werden, daß bei Aktivitäten wie F&E, Produktion, Vertrieb, Marketing oder Kundendienst kooperativ vorgegangen wird (vgl. Porter 1991, S. 129).

Neuere empirische Studien deuten darüber hinaus darauf hin, daß nicht nur verwandte Branchen des produzierenden Gewerbes positive Auswirkungen auf Unternehmen aus dem verarbeitenden Sektor haben können, sondern daß auch die Existenz eines leistungsfähigen Handels- und Dienstleistungssektors im Heimatland des Unternehmens positive externe Effekte und sektorübergreifende 'Spillovers' auslösen kann (vgl. Felli/Tria 1997, S. 182 f.). Dadurch wird der einzelnen Unternehmung nämlich die Möglichkeit gegeben, bisher selbständig erledigte Handels- und Dienstleistungsfunktionen in diese Branchen auszulagern.

Deutschland dürfte dafür aufgrund seines bedeutenden klein- und mittelbetrieblichen Unternehmenssektors mit einer breit gefächerten Branchenausrichtung - sowohl im verarbeitenden als auch im Dienstleistungsgewerbe - sehr gute Voraussetzungen bieten. Die Grundvoraussetzung dafür, mit Hilfe verwandter und unterstützender Branchen einen Wettbewerbsvorteil zu erlangen, ist allerdings einerseits die intensive Markt- und Branchenbeobachtung seitens der Handwerksbetriebe, um neue Entwicklungen und Innovationen nicht zu verpassen, und andererseits die Bereitschaft zur Zusammenarbeit mit den Unternehmen aus entsprechenden Wirtschaftssektoren.

Besondere Bedeutung mißt Porter in seinem 'Diamant'-System dem **Inlandswettbewerb** zu: „Ohne heimische Konkurrenz neigt ein Unternehmen in einem Land mit Faktorvorteilen dazu, allzu fest auf sie zu bauen und, was noch schlimmer ist, die Faktoren weniger wirtschaftlich einzusetzen“ (Porter 1991, S. 144). Der Vorteil eines intensiven Konkurrenzkampfes auf dem Heimatmarkt ist also, daß das Management zu Effizienz gezwungen ist, die das Unternehmen auch international wettbewerbsfähig macht.

Ein funktionsfähiger Wettbewerb ist allerdings auf die Gründung von neuen Firmen angewiesen, damit laufend Konkurrenten hinzukommen können, die neue Marktchancen aufdecken und ausbeuten. Dies hält den Innovationsprozeß in der Branche im Gange und zwingt die etablierten Konkurrenten ihrerseits, alte Wettbewerbsvorteile weiterzuentwickeln bzw. neue zu schaffen.

Problematisch erscheint in diesem Zusammenhang einigen Kritikern der große Befähigungsnachweis als Zugangsberechtigung für neue Unternehmen im deutschen Handwerk. Sie argumentieren, daß hiermit tendenziell ein Schutzwall für die bestehenden Betriebe gegen Neuzugänge errichtet werde. Dadurch würde ein funktionierender Wettbewerb im Handwerk verhindert, was folglich zu Fehlallokationen und einer Verlangsamung des technischen Fortschritts führen müsse (vgl. Albach 1992, S. 52).

Die Verfechter dieses Marktschließungsargumentes verkennen allerdings die reale Wettbewerbssituation in vielen Handwerksbranchen, denn häufig steht der Handwerksbetrieb in direkter Konkurrenz zu Unternehmen - etwa aus dem Ausland -, die nicht der Handwerksordnung unterworfen sind. Das Handwerk agiert somit nicht in einem wettbewerbsreduzierten Raum, wo es sich Fehlallokationen und Innovationsschwäche leisten könnte, sondern es muß sich den kompetitiven Herausforderungen einer in die internationale Arbeitsteilung eingebundenen Volkswirtschaft stellen (vgl. Kucera/Stratenwerth 1990, S. 91).

Durch die Entwicklung im Bereich der computergesteuerten Fertigung ist auch die Industrie, die sich traditionell durch Massenproduktion auszeichnete, mittlerweile in der Lage, in Märkte für Spezialanfertigungen vorzudringen, die bislang u. a. eine Domäne des Handwerks waren (vgl. Kucera 1996 a, S. 41). Auch hier zeigt sich mithin, daß die Handwerksbetriebe einem starken Inlandswettbewerb ausgesetzt sind, der zu fortlaufenden Innovationen und Effizienzsteigerungen zwingt.

Darüber hinaus ist dem Handwerk durch den Europäischen Binnenmarkt und die Öffnung der Staaten Ost- und Mitteleuropas auf dem Heimatmarkt neue Konkurrenz erwachsen, wodurch sich in einigen Bereichen insbesondere der Preiswettbewerb verstärkt hat. Prominentes Beispiel hierfür ist der Baubereich, wo die heimischen Betriebe über Wettbewerbsverzerrungen durch die Beschäftigung von billigeren Arbeitskräften aus Niedriglohnländern klagen (vgl. Webers 1995, S. 175).

Aber auch das Zulieferhandwerk spürt die Auswirkungen der zunehmenden Grenzöffnung, denn die dadurch ausgelöste verstärkte internationale Kapitalmobilität hat in einigen Fällen zur Auslagerung von Produktionsstätten deutscher Hersteller ins Ausland geführt. Eine weitere Folge ist die Tendenz zum 'Global Sourcing', im Rahmen dessen die heimische Industrie Vorleistungen zunehmend auch von Zulieferern aus Schwellenländern bezieht (vgl. Fieten u. a. 1997, S. 67 f.). Durch diese Tendenzen verliert der Inlandswettbewerb zunehmend an Bedeutung, weil an seine Stelle der internationale Wettbewerb tritt, der die Handwerksbetriebe veranlaßt, Maßnahmen zur fortlaufenden Steigerung der Wettbewerbsfähigkeit zu ergreifen.

Der **Zufall** spielt nach Porter für die Wettbewerbsvorteile insofern eine Rolle als unvorhersehbare Ereignisse, wie z. B. politische Krisen, technologische Durchbrüche oder extreme Konjunkturschwankungen, Veränderungen bei der Wettbewerbsposition hervorrufen, die dazu führen können, daß etablierte Unternehmen ihren Vorteil verlieren, während neue Wettbewerber die Gewinner sind. Gerade bei Klein- und Mittelbetrieben, die relativ selten strategisch geführt werden und deren Aktivitäten stark von der Person des Unternehmers abhängen, spielt der Zufall aber auch unmittelbar, jenseits der 'großen' Umbrüche eine entscheidende Rolle.

Häufig kommen strategische Entscheidungen in Handwerksbetrieben nicht aufgrund langfristiger Planungen mit entsprechender Informationssammlung zustande, da den Unternehmen für eine derartige Vorgehensweise die notwendigen Personal- und Kapitalressourcen fehlen. Statt dessen werden Entscheidungen oftmals ad hoc und intuitiv infolge zufälliger Ereignisse gefällt. So hat z. B. eine Studie des Seminars für Handwerkswesen gezeigt, daß ein handwerkliches Auslandsengagement durchaus von einem Zufall, wie z. B. einer Bekanntschaft während eines Auslandsaufenthaltes oder eines Messekontaktes, angestoßen werden kann (vgl. Sauer 1991, S. 132). In diesen Fällen wägt der handwerkliche Unternehmer die Vor- und Nachteile eines solchen Schrittes oftmals zuvor nicht gründlich ab, sondern nimmt die sich zufällig bietenden Gelegenheit spontan wahr.

Die Rolle des **Staates** ist nach Porter darauf beschränkt, die vier Bestimmungsfaktoren des Wettbewerbsvorteils zu beeinflussen (vgl. Porter 1991, S. 151). Diese Einflußnahme kann positiver oder negativer Natur sein. Subventionen können z. B. die Faktorbedingungen für die Unternehmen erleichtern, auf der anderen Seite führen sie aber zu Verzerrungen des Wettbewerbs, wodurch die Wettbewerbsvorteile vor allem in dynamischer Hinsicht Schaden erleiden. Die gleiche ambivalente Rolle spielt der Staat auch als Nachfrager. Durch die Bestimmung der Wettbewerbsregeln hat der Staat darüber hinaus einen wesentlichen Einfluß auf die Konkurrenz der Unternehmen einer Branche untereinander, aber ebenso auf das Verhältnis zwischen Firmen aus verwandten und unterstützenden Sektoren.

Aus der Sicht der Klein- und Mittelbetriebe und somit auch der Handwerksbetriebe positiv zu beurteilen ist die gesteigerte Aufmerksamkeit, die diesem Wirtschaftssektor auf allen staatlichen Ebenen in den letzten Jahren zuteil wird. Hintergrund dieser Entwicklung ist u. a. die Wahrnehmung der bedeutenden Beschäftigungswirkung dieses Sektors durch die Öffentlichkeit. Obwohl die Fokussierung der Wirtschaftspolitik auf den KMU-Sektor grundsätzlich begrüßt werden muß, darf doch nicht verkannt werden, daß die Flut der Programme und Maßnahmen - gerade auch zur Förderung der Internationalisierung - für Klein- und Mittelbetriebe durchaus auch mit Problemen behaftet ist[6]. Denn die Schwierigkeit für den einzelnen Handwerksbetrieb besteht nunmehr darin, aus den Fördermöglichkeiten auf Landes-, Bundes- sowie europäischer Ebene

6 Es sind sogar u. U. negative Wirkungen von Subventionen auf das einzelne Unternehmen denkbar (vgl. Gonschorek 1996, S. 171).

die relevanten Programme auszuwählen (vgl. Elsser 1994). Angesichts der begrenzten personellen Kapazitäten in kleineren Unternehmen scheint eine umfassende Informationsbeschaffung in diesem Bereich kaum zu bewältigen. Hierzu ist dann die Hilfe externer Berater z. B. aus den Handwerkskammern notwendig.

Die **Kammern** wirken ebenso wie der Staat nur indirekt auf die Wettbewerbsvorteile der Unternehmen. Sie beeinflussen durch Beratung und Seminarangebote die Strategien der Unternehmen. Außerdem sind sie in der Lage, durch Hinweis auf und Vermittlung von Kooperationsmöglichkeiten auf das Verhältnis zwischen Betrieben derselben Branche bzw. verwandter oder unterstützender Branchen einzuwirken. Die Wettbewerbsfähigkeit der Handwerksbetriebe wird aber vor allem durch die Betriebsberatung der Handwerkskammern positiv beeinflußt. Beratungen werden für nahezu alle handwerklichen Fragestellungen und Problembereiche angeboten, z. B. in den Bereichen Betriebswirtschaft, Technik, Export, Denkmalpflege, Umwelt, Messe oder Zulieferwesen (vgl. ZDH 1995, S. 17 ff.).

Im Hinblick auf die Internationalisierung der Handwerksbetriebe kommt der Export- und EU-Beratung durch die Handwerksorganisationen eine besondere Bedeutung zu. Mit dieser Aufgabe sind speziell ausgebildete Fachberater in den Kammern und teilweise auch in eigens eingerichteten Exportberatungsstellen, die jeweils einer Kammer angegliedert sind, betreut. Zur Zielgruppe gehören dabei sowohl bereits im Export tätige Handwerksbetriebe als auch solche Unternehmen, die über ein bislang noch ungenutztes Exportpotential verfügen. Diesen Firmen wird Hilfestellung beim Auslandsengagement durch Beratung und Information geboten (vgl. ZDH 1995, S. 23 f.).

Durch ihre starke Position als Lobbyisten haben die Handwerksorganisationen des weiteren die Möglichkeit, die staatliche Politik etwa im Hinblick auf die Wettbewerbs-, Faktor- und Nachfragebedingungen mitzugestalten. Dabei sind sie auf Landes-, Bundes- und EU-Ebene am politischen Willensbildungsprozeß beteiligt und haben damit auch Einfluß auf die Ausrichtung der wirtschaftspolitischen Rahmenbedingungen, mit denen der Staat auf die firmenspezifischen Wettbewerbsvorteile einwirkt (vgl. Pilgrim 1991, S. 8).

Insgesamt hat dieser Abschnitt gezeigt, daß die Kreation, Aufrechterhaltung und Weiterentwicklung von firmenspezifischen Wettbewerbsvorteilen ein komplexer Mechanismus ist. Der einzelne Betrieb mit seinen spezifischen Eigenschaften steht im Mittelpunkt dieser Strategie, denn die Wettbewerbsvorteile müssen im Unternehmen selbst herausgearbeitet werden. Das außerbetriebliche Umfeld prägt die Entscheidungsfindung durch seinen direkten und indirekten Einfluß allerdings wesentlich.

Sind diese Bestimmungsfaktoren für die firmenspezifischen Wettbewerbsvorteile schon auf nationaler Ebene schwierig mit ihren Interdependenzen zu erfassen, so erreichen sie im internationalen Kontext einen noch höheren Komplexitätsgrad. Insbesondere für Handwerksbetriebe mit ihren begrenzten Ressourcen und ihren besonderen Entscheidungsstrukturen ist es daher schwierig, ihre firmenspezifischen Wettbewerbsvorteile und damit ihre Marktchancen auf internationaler Ebene abzuschätzen. Inwiefern die Handwerksbetriebe in der Lage sind, die grundsätzlich guten Voraussetzungen des Wirtschaftsstandorts Deutschland in ein grenzüberschreitendes Engagement umzusetzen, wird im nächsten Kapitel diskutiert.

2. Die internationalen Aktivitäten der Handwerksbetriebe

2.1 Einführung: Das Spektrum Markt, Hierarchie, Kooperation

Im Rahmen des Auslandsengagements lassen sich markttheoretisch grundsätzlich drei Internationalisierungsformen unterscheiden (vgl. Borner 1984 a, S. 493 f.):

- **Spot-Transaktionen**, bei denen Eigentum, Kontrolle und Risiko der Güter bzw. Leistungen unmittelbar und vollständig auf den Käufer übergehen;
- **hierarchische**, organisationsinterne und durch strategische Transferpreise bewertete **Transaktionen**, bei denen Eigentum, Kontrolle und Risiko innerhalb der konsolidierten Unternehmensgruppe verbleiben;
- **kooperative Transaktionen**, bei denen Eigentum, Kontrolle und Risiko mit einem Kooperationspartner geteilt werden.

Das wesentliche Unterscheidungsmerkmal dieser drei Möglichkeiten ist die **Art der Koordination** der grenzüberschreitenden Transaktionen.

Die klassische Spot-Transaktion im Rahmen des Auslandsengagements ist der Export; hier erfolgt die Geschäftsabwicklung ausschließlich über den Markt, der eine kurzfristige, nicht durch längerfristige Verträge gebundene Durchführung der Transaktion gewährleistet. Auf der entgegengesetzten Seite der Skala internationaler wirtschaftlicher Koordinationsformen steht die Direktinvestition als rein hierarchische, unternehmensinterne Lösung.

Abb. 4: Alternative Koordinationsarten im Rahmen der Internationalisierung

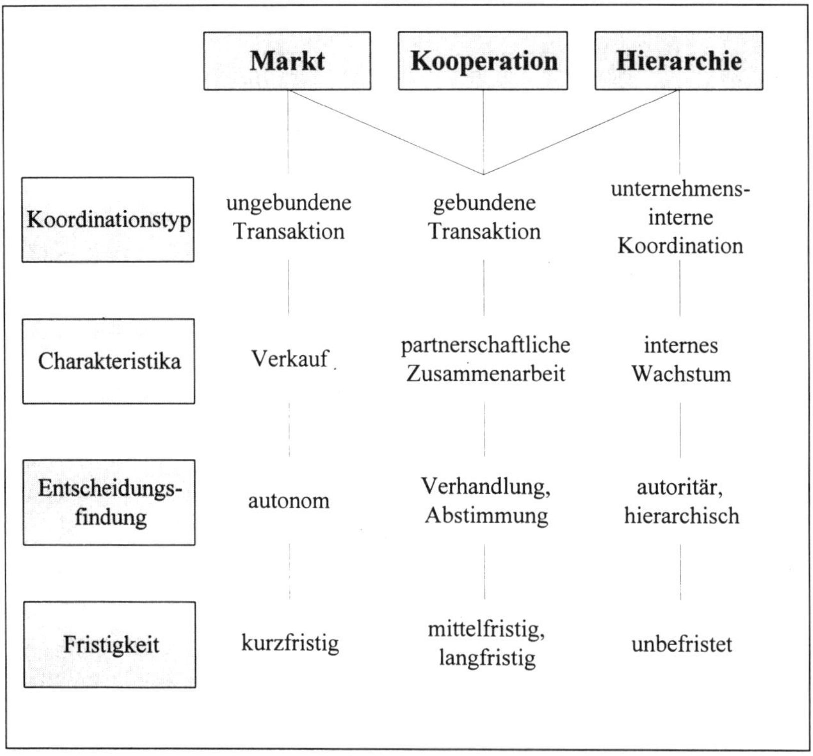

Quelle: In Anlehnung an Kaufmann 1994, S. 177, mit eigenen Ergänzungen.

Zwischen diesen beiden Polen existieren eine Reihe von Zwischenformen, die unter den Oberbegriff der Kooperation subsumiert werden können. Bei der Kooperation vereinbaren die Transaktionspartner, eine bis zu einem gewissen Grade vertraglich verpflichtende Bindung einzugehen und schränken somit ihre ökonomischen Freiheit ein, um dadurch ein bestimmtes Ziel gemeinsam besser zu erreichen als mit Hilfe anderer Koordinationsmechanismen. Abbildung 4 gibt einen Überblick über die Zusammenhänge zwischen Markt, Hierarchie und Kooperation.

Abbildung 4 verdeutlicht, daß die Grenzen zwischen Export, grenzüberschreitender Kooperation und Direktinvestition im Ausland teilweise fließend sind, denn die verschiedenen Formen der grenzüberschreitenden Kooperation beinhalten sowohl marktliche als auch hierarchische Elemente.

So ist beispielsweise ein Joint Venture zwar grundsätzlich den kooperativen Koordinationsformen zuzurechnen, gleichzeitig umfaßt es aber in einigen Fällen (wie z. B. beim Equity-Joint Venture) auch einen Ressourcentransfer ins Ausland und weist somit auch Elemente einer Direktinvestition auf. Bei anderen Kooperationsformen (z. B. Kontrakt-Joint Venture) liegen hingegen eher Tendenzen zu einer marktlichen Koordination vor, denn die Partner vereinbaren nur einen Ressourcentausch bei gemeinsamer Planung der Kooperationsaktivitäten. Allerdings ist der grundsätzliche Koordinationsmechanismus bei einem Joint Venture eindeutig kooperativer Art, denn auch z. B. eine Ressourcenzusammenlegung im Rahmen eines Joint Ventures impliziert eine gemeinsame Entscheidungsgewalt über deren Verwendung. Bei einer Direktinvestition im Sinne einer rein unternehmensinternen Lösung verbleibt dagegen die Verfügungsgewalt ausschließlich beim alleinigen Investor.

Die Entscheidung darüber, welche **Internationalisierungsform** und damit auch welche Art der Koordination der grenzüberschreitenden Transaktionen im Rahmen des handwerklichen Auslandsengagements gewählt wird, hängt von der individuellen Situation des Unternehmens ab. Dabei sind die Kosten, welche die einzelnen Koordinationsformen verursachen, in die Bewertung einzubeziehen. Der Kalkül muß hier dann auch die jeweiligen Anreizmechanismen und administrativen Kontrollmöglichkeiten berücksichtigen, hinsichtlich derer sich die verschiedenen Koordinationsarten unterscheiden (vgl. Williamson 1991, S. 41). Da sich die Entscheidungsgrundlage im Verlauf der Internationalisierung in der Regel ständig verändert, ist diese Entscheidung jedoch keine statische, sondern muß im Zeitablauf immer wieder neu überprüft werden, um der Dynamik der betrieblichen sowie der Umweltbedingungen gerecht zu werden.

Von besonderer Bedeutung bei der Entscheidung über die Internationalisierungsform ist die **Bindung betrieblicher Ressourcen** durch die jeweiligen Alternativen; hier spielt v. a. die Beanspruchung der Management- und Kapitalressourcen eine ausschlaggebende Rolle.

Abb. 5: Schwerpunkt des Management- und Kapitaleinsatzes im Internationalisierungsprozeß

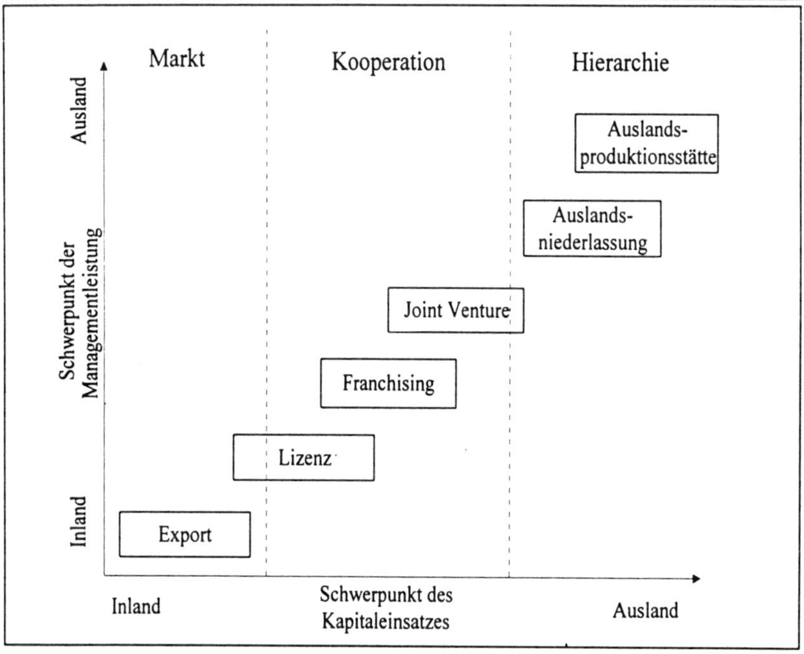

Quelle: In Anlehnung an Meissner/Gerber 1980, S. 224, mit eigenen Ergänzungen.

Wie Abbildung 5 verdeutlicht, verbleibt der Schwerpunkt der Managementleistung und des Kapitaleinsatzes bei den marktmäßigen Koordinationsformen grenzüberschreitender Tätigkeit (v. a. Export) im wesentlichen im Inland. In diesem Fall ändern sich die entsprechenden Anforderungen an den Ressourceneinsatz im Vergleich zum Inlandsgeschäft somit nur geringfügig (vgl. Pleitner 1995, S. 540). Bei den kooperativen Koordinationsformen (z. B. Lizenzvergabe, Franchising oder Joint Venture) verlagert sich der Schwerpunkt dagegen zunehmend ins

Ausland. Bei den hierarchischen Koordinationsformen (Direktinvestition) werden die Management- und Kapitalressourcen schließlich in einem sehr hohen Maße im Ausland beansprucht.

In Abbildung 5 ist wiederum zu beachten, daß die Abgrenzung der Koordinationsmechanismen bei den unterschiedlichen Internationalisierungsformen nicht eindeutig ist; die Grenzen sind fließend und je nach Ausprägung des Einzelfalls zu bestimmen. So ist beispielsweise der Technologietransfer über eine Lizenzvergabe von marktlichen Elementen geprägt, weil häufig über die entgeltliche Überlassung von Knowhow hinaus keine tiefere Zusammenarbeit vereinbart wird. Ein Joint Venture weist hingegen je nach individueller Gestaltung neben den kooperativen auch hierarchische Charakteristika auf, wobei die Mehrheitsverhältnisse innerhalb der Kooperation eine wesentliche Rolle spielen.

Aus den unterschiedlichen Anforderungen der jeweiligen Internationalisierungsform an den Management- und Kapitaleinsatz ergeben sich für das handwerkliche Auslandsgeschäft bedeutende Konsequenzen, denn nur wenn genügend freie betriebliche Ressourcen zur Verfügung stehen, können die Unternehmen von einer marktlichen zu einer kooperativen oder hierarchischen Form des Auslandsengagements übergehen. Wenn diese Voraussetzungen jedoch nicht gegeben sind, müssen sie sich grundsätzlich auf eine weniger ressourcenintensive Internationalisierungsform beschränken.

Im folgenden sollen die für das handwerkliche Auslandsengagement relevanten Internationalisierungsformen kurz charakterisiert und auf ihre empirische Bedeutung für das Handwerk überprüft werden. Die Analyse stützt sich dabei auf die Ergebnisse früherer Studien.

2.2 Die Bedeutung einzelner Internationalisierungsformen für das Handwerk

2.2.1 Export

Zu den absatzorientierten Formen des Auslandsengagements gehört in erster Linie der Export. Er wird definiert als entgeltlicher Übergang von Waren und Dienstleistungen von Inländern an Ausländer (vgl. König 1987, S. 4). Die Exportabwicklung kann direkt oder indirekt erfolgen. Beim **direkten Export** ist das Unternehmen selbst unmittelbar auf dem ausländischen Markt tätig. Den **indirekten Export** wickelt das Unternehmen dagegen entweder über Exporthäuser ab, oder die Produkte gehen als Zulieferteile in die Erzeugnisse anderer Unternehmen ein, die dann ins Ausland verkauft werden. Im Vergleich zu anderen Internationalisierungsformen bindet der Export im allgemeinen relativ wenige betriebliche Ressourcen. Aus diesem Grunde eignet er sich gerade auch für die in der Regel klein- und mittelbetrieblich strukturierten Handwerksbetriebe als Einstieg in das grenzüberschreitende Geschäft.

Abb. 6: Tätigkeit der Handwerksbetriebe in verschiedenen Absatzregionen[7]

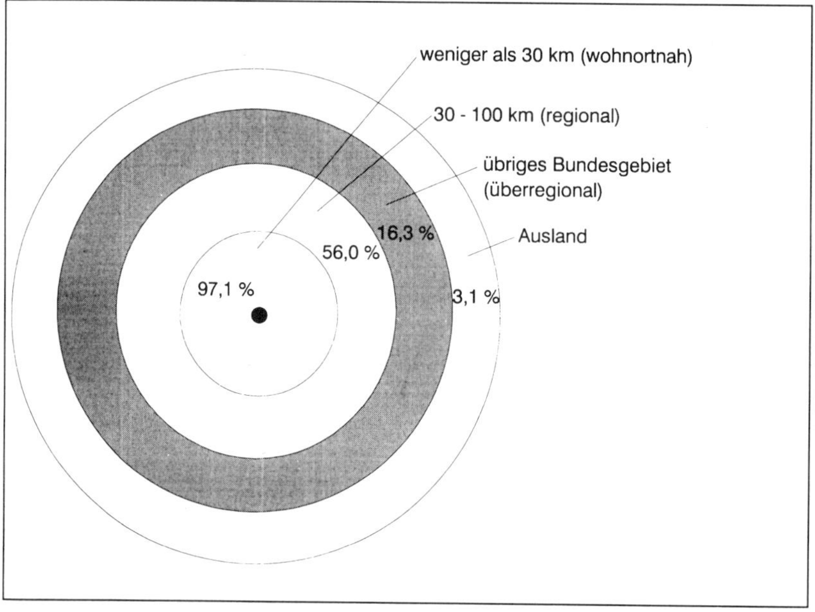

Quelle: Sauer 1991, S. 242; die Angaben zu den im Ausland tätigen Betrieben wurden aktualisiert (vgl. ZDH o. J., S. 80).

Die bislang vergleichsweise geringe Bedeutung des Auslandsmarktes für den handwerklichen Absatz wird aus Abbildung 6 ersichtlich. Wäh-

[7] Die Prozentzahlen übersteigen in der Summe 100, weil die meisten Betriebe in verschiedenen Absatzregionen aktiv sind. Die Schätzungen basieren auf einer Umfrage des Seminars für Handwerkswesen an der Universität Göttingen bei niedersächsischen Handwerksbetrieben in den Jahren 1988/89.

rend der überwiegende Teil der Betriebe lokal bzw. regional tätig ist, vermarktet nur jedes sechste handwerkliche Unternehmen seine Produkte und Dienstleistungen auch überregional, und nur ca. **3 % der Handwerker** sind darüber hinaus im Export tätig (vgl. ZDH o. J., S. 80). Als Internationalisierungsform wählen die Handwerksbetriebe dabei fast ausschließlich den direkten oder indirekten Export, während alternative Wege der Auslandsmarktbearbeitung weitgehend vernachlässigt werden.

Durch die breit angelegte empirische Studie des Seminars für Handwerkswesen, der die obigen Daten zum handwerklichen Export entnommen sind, konnte die theoretische Vermutung bestätigt werden, daß die überregional tätigen, warenproduzierenden Betriebe die Hauptgruppe der handwerklichen Exporteure stellen (vgl. Kapitel A.2.1.2). Die übrigen Handwerksgruppen, die ihren Absatz in erster Linie auf das wohnortnahe bzw. regionale Umfeld beschränken, weisen hingegen eine schwache Ausfuhrtätigkeit auf (vgl. Sauer 1991, S. 85). Ferner belegen die Daten ebenfalls, daß das Auslandsengagement in grenznahen Regionen eine größere Bedeutung hat als im Binnenland (vgl. Sauer 1991, S. 93).

Bemerkenswert ist, daß viele Unternehmen aus dem Befragungspanel die Ausstellung auf einer **internationalen Fachmesse** als Möglichkeit der Kontaktanbahnung mit ausländischen Interessenten nutzten (vgl. Sauer 1991, S. 131). Dies ist ein günstiger Weg, um den durch Such- und Informationskosten im Rahmen des Auslandsengagements entstehenden Mehraufwand - im Vergleich zum Inlandsgeschäft - zu verringern. Insbesondere binnenländischen Unternehmen, die im Gegensatz zu den grenznahen Betrieben in der Regel eine größere kulturelle Barriere zum Ausland überwinden müssen, bietet sich damit eine gute Gelegenheit der grenzüberschreitenden Kundenansprache.

Bei den Motiven für die Ausfuhrtätigkeit dominierten eindeutig - wie beim Export als absatzorientierter Internationalisierungsform nicht anders zu erwarten - die **Umsatzausweitung**. Allerdings führten mehr als die Hälfte der Unternehmen auch die Sicherung des Unternehmensbestandes als Grund für das Auslandsengagement an; diese Betriebe haben Absatzschwierigkeiten auf dem Heimatmarkt und suchen daher nach neuen Vermarktungsmöglichkeiten im Ausland (vgl. Sauer 1991, S. 108).

Diese Strategie birgt jedoch erhebliche Gefahren, da insbesondere der Beginn der Internationalisierung in einem erheblichen Umfang betriebliche Personal- und Kapitalressourcen bindet. Die vom nationalen Markt differierende Situation im Ausland erfordert eine gründliche Vorbereitung der grenzüberschreitenden Tätigkeit; insbesondere ist mit hohen Anlaufkosten (z. B. für Werbung und Informationssammlung) zu rechnen, bevor profitable Exportaufträge gewonnen werden können. Wenn also aufgrund der Probleme auf dem Heimatmarkt die Ressourcenbasis geschwächt ist, bestehen kaum Aussichten auf ein langfristiges, erfolgreiches Auslandsengagement.

Zusammenfassend kann festgehalten werden, daß sich der Export aufgrund der vergleichsweise geringen Ressourcenbeanspruchung für die im allgemeinen klein- und mittelbetrieblich strukturierten Handwerksbetriebe als Internationalisierungsform besonders eignet. Auch wenn zur Zeit der Anteil der exportierenden Unternehmen noch relativ gering ist, dürfte v. a. im überregional tätigen Handwerk noch erhebliches **Exportpotential** liegen (vgl. Sauer 1991, S. 231 f.). Für diese Vermutung sprechen zwei Gründe: Einerseits verfügen die Handwerksbetriebe - wie in Kapitel B.1.2 erläutert - grundsätzlich über international verwertbare Wettbewerbsvorteile. Andererseits haben die überregional tätigen Unternehmen schon Erfahrungen in der Vermarktung ihrer Produkte über größere geographische Distanzen gesammelt; daher dürfte ein Auslandsengagement zumindest hinsichtlich der Entfernung des Absatzmarktes für diese Betriebe kein größeres Problem darstellen (vgl. Müller 1989, S. 25).

2.2.2 Grenzüberschreitende Kooperationen

Eine Mischform zwischen der marktlichen und der hierarchischen Koordinationsform internationaler Transaktionen, also zwischen Export und Direktinvestition, ist die grenzüberschreitende Kooperation. Sie wird definiert als eine längerfristig angelegte Zusammenarbeit zwischen zwei oder mehreren Unternehmen aus verschiedenen Ländern, die über eine rein marktmäßige Geschäftsbeziehung hinausgeht (vgl. Müller 1991, S. 9). Im einzelnen bedeutet dies, daß die Partner einen Teil ihrer Entscheidungsbefugnisse abgeben müssen; reine Lieferbeziehungen fallen nicht unter den Begriff der Kooperation. Die Selbständigkeit der Kooperationspartner bleibt bestehen, denn es werden nur Teilbereiche der unternehmerischen Aktivitäten in die Kooperation eingebracht. Die

Zusammenarbeit ist freiwillig und beendbar, muß also nicht grundsätzlich auf Dauer angelegt sein. Die schriftliche Fixierung der Partnerschaft ist kein konstituierendes Element der Kooperation (vgl. König u. a. 1994, S. 15 f.).

Insgesamt dienen grenzüberschreitende Kooperationen in allen Ausprägungen in erster Linie dazu, durch die Zusammenarbeit **Synergieeffekte** zu realisieren, um die gemeinsame Wettbewerbsposition der Partner für das Auslandsgeschäft zu stärken. In diesem Sinne handelt es sich bei den grenzüberschreitenden Kooperationen um 'strategische Allianzen', die den Wirkungsradius und die Marktmacht der beteiligten Unternehmen durch gemeinsame Bewältigung der Aufgaben und durch Risikoteilung erhöhen sollen (vgl. dazu auch Lingenfelder 1996, S. 188).

Zu unterscheiden sind zwei verschiedene Zielsetzungen, die mit einer 'strategischen Allianz' verbunden sein können: einerseits die **Schaffung neuer Wettbewerbsvorteile**, über die der einzelne Kooperationspartner allein bislang nicht verfügte, durch die Zusammenlegung von Ressourcen der an der Zusammenarbeit beteiligten Firmen (vgl. Contractor/Lorange 1988, S. 19). Vorstellbar sind in diesem Zusammenhang z. B. gemeinsame F&E-Aktivitäten der Partner, die aufgrund der Know-how-Bündelung zu neuen bzw. verbesserten Produkten führen können.

Andererseits können grenzüberschreitende Kooperationen auch auf die gemeinsame **Verwertung** bereits bestehender, **komplementärer firmenspezifischer Wettbewerbsvorteile** der jeweiligen Unternehmen abzielen. In diesem Fall werden durch die Partnerschaft keine neuen Wettbewerbsvorteile aufgebaut, sondern die Verwertung der in den einzelnen Betrieben schon vorhandenen Vorteile wird durch die Zusammenarbeit verbessert. Dies kann z. B. durch gemeinsame Vertriebsaktivitäten der Partner erreicht werden, wobei die Stärkung der Wettbewerbsposition dann auf einer größeren, vereinten Marktmacht bzw. auf einer gegenseitigen Nutzung der Marktkenntnisse des jeweiligen Partners beruht.

Als Mittel zur Erhaltung eines insgesamt geschwächten Unternehmens eigenen sich grenzüberschreitende Kooperationen allerdings nicht, da in diesem Fall der Zwang zur Kooperation so groß ist, daß sehr leicht entweder eine Fusion oder ein Scheitern der Kooperation eintritt (vgl. Endress 1991, S. 25). Ein kooperationswilliges Unternehmen sollte daher über Stärken verfügen, die eine Zusammenarbeit für prospektive Partner verlockend machen und gleichzeitig die eigene Position innerhalb der Kooperation verbessern.

Die grenzüberschreitende Zusammenarbeit kann grundsätzlich für alle Unternehmensbereiche beschlossen werden und gestaltet sich in der betrieblichen Praxis dementsprechend vielfältig. Das Spektrum der möglichen Ausprägungen grenzüberschreitender Kooperationen reicht von eher lockeren Absprachen über eine gemeinsame Forschungs- und Entwicklungstätigkeit bis hin zu einem Joint Venture. Bezüglich der Koordinationsmechanismen decken die verschiedenen Ausprägungen grenzüberschreitender Kooperationen somit eine große Bandbreite von marktnahen bis zu fast hierarchischen Formen ab.

Grenzüberschreitende Kooperationen spielen bislang als mögliche Internationalisierungsform **im Handwerk eine sehr geringe Rolle** und sind auf nur wenige Fälle beschränkt. In einer Studie im Auftrag der EU-Kommission untersuchte das Seminar für Handwerkswesen an der Universität Göttingen in Zusammenarbeit mit Partnern aus fünf Ländern grenzüberschreitende Handwerkskooperationen in der EU[8] (vgl. König u. a. 1994).

Überraschenderweise ergab die Studie, daß v. a. Mikrobetriebe mit bis zu 10 Beschäftigten eine grenzüberschreitende Kooperation eingegangen waren (vgl. König u. a. 1994, S. 26). Als Grund hierfür ist zu vermuten, daß die Handwerksbetriebe durch die Kooperation vor allem betriebsgrößenspezifische Nachteile im Auslandsgeschäft ausgleichen wollten.

Es zeigte sich allerdings, daß die Kooperationsbeziehungen mit zunehmender Betriebsgröße der Partner tendenziell stabiler wurden, während die Mikrobetriebe die Zusammenarbeit relativ häufig wieder beendeten (vgl. König u. a. 1994, S. 27). Das läßt darauf schließen, daß der notwendige Ressourceneinsatz für die Aufrechterhaltung der grenzüberschreitenden Kooperation - insbesondere die erforderliche Managementleistung - von den kleineren Unternehmen nicht bewältigt werden konnte. Es bestätigt sich also, daß kooperative Koordinationsformen transnationaler Tätigkeit das ausreichende Vorhandensein freier betrieblicher Ressourcen voraussetzen.

---

8 Die Partner im Rahmen der Untersuchung kamen aus Deutschland, Luxemburg, Frankreich, Belgien und Dänemark. Das Projekt wurde im ersten Halbjahr 1993 durchgeführt.

Darüber hinaus dürften in vielen Fällen die kleineren Betriebe nicht über einen ausreichenden **Spezialisierungsgrad** und über ein **hohes technologisches Niveau** der Fertigungsprozesse bzw. Produkte verfügen. Dies sind jedoch in der Regel wichtige Voraussetzungen dafür, daß mit Hilfe der Partnerschaft Synergieeffekte realisiert werden können. Insbesondere im Handwerk fehlen diese Merkmale jedoch häufig, so daß nur wenige handwerkliche Unternehmen für eine grenzüberschreitende Kooperation in Frage kommen dürften (vgl. Müller 1993 a, S. 156).

Das Seminar für Handwerkswesen stellte einen engen Zusammenhang zwischen grenzüberschreitenden Kooperationen und der Ausfuhraktivität fest, denn fast alle untersuchten Unternehmen wiesen auch eine relativ lange Exporterfahrung auf (vgl. König u. a. 1994, S. 30 f.). Da die meisten Handwerksbetriebe zuerst exportierten und erst danach eine transnationale Partnerschaft anstrebten, liegt die Vermutung nahe, daß diese Unternehmen ihr internationales Geschäft in einer Art Entwicklungsprozeß zunehmend intensivierten. Sie waren zunächst nur im Export tätig und sammelten dadurch Auslandserfahrung. Erst nach einer gewissen Zeit erfolgreicher Ausfuhrtätigkeit planten sie dann, mit einer grenzüberschreitenden Kooperation ein stärkeres Auslandsengagement einzugehen, dessen Risiken sie aber aufgrund ihrer bereits gesammelten internationalen Erfahrungen relativ gut abschätzen konnten. Diese schon vorhandene Exporterfahrung trug dann zum Erfolg der grenzüberschreitenden Kooperation bei. Die funktionierende transnationale Partnerschaft kann in der Folge wiederum eine wesentliche Intensivierung des Exportgeschäfts nach sich ziehen (vgl. Kaufmann 1993, S. 81).

Allerdings ist diese stufenweise Intensivierung des Auslandsengagements keine zwangsläufige Vorgehensweise der Handwerksbetriebe, denn die Forscher identifizierten auch einige Fälle, in denen die Unternehmen ihr Auslandsgeschäft mit einer grenzüberschreitenden Kooperation begannen, ohne zuvor im Export tätig gewesen zu sein (vgl. König u. a. 1994, S. 30). Zu ähnlichen Ergebnissen kamen auch andere Untersuchungen (vgl. Pleitner 1995, S. 538).

Bezüglich der Gründe für eine Kooperation dominieren die **absatzwirtschaftlichen Zielsetzungen** (vgl. König u. a. 1994, S. 58). Die Handwerksunternehmen strebten nach einer Sicherung und Ausweitung der bisherigen Märkte und wollten die Marktkenntnisse des Kooperationspartners nutzen, um neue Vertriebswege zu erschließen und den Markteintritt zu beschleunigen. Der hohe Stellenwert dieser Ziele liegt vor allem darin begründet, daß die unzureichende Information über ausländischen Märkte für Handwerksbetriebe ein wesentliches Hemmnis für die Internationalisierung darstellt (vgl. Sauer 1991, S. 227).

Für die Stabilität der grenzüberschreitenden Kooperation war schließlich das persönliche Verhältnis zwischen den Partnern von entscheidender Bedeutung (vgl. König u. a. 1994, S. 78). Das fand seinen Widerhall darin, daß ein schriftlicher Kooperationsvertrag im Handwerk eher die Ausnahme war (vgl. König u. a. 1994, S. 73). Die Unternehmer legten größeren Wert auf ein **persönliches Vertrauensverhältnis** als auf die schriftliche Fixierung des Kooperationsvertrages. Streitpunkte sollten in persönlichen Aussprachen und nicht auf juristischem Wege geklärt werden.

Dieses Verhalten entspricht einerseits der Mentalität von Handwerkern, deren Geschäftsgebaren häufig von persönlichen Sympathien geprägt ist. Andererseits spiegelt es die umfassenden Entscheidungskompetenzen des handwerklichen Unternehmers wider, der entsprechende Maßnahmen ohne Rücksicht auf betriebliche Hierarchien autonom und intuitiv anordnen kann (vgl. König u. a. 1994, S. 83). Mit zunehmender Betriebsgröße der Partner und der damit in der Regel einhergehenden größeren Komplexität des Kooperationsgegenstandes kann aber erwartet werden, daß der Bedarf an einer vertraglichen Absicherung steigt (vgl. Kaufmann u. a. 1990, S. 84).

Zusammenfassend läßt sich festhalten, daß die grenzüberschreitende Kooperation im Handwerk auch in Zukunft von untergeordneter Bedeutung sein wird. Dafür spricht die Mentalität der Handwerker, die ihre Eigenständigkeit bewahrt sehen wollen und darum eine Kooperation ablehnen, die ihre Entscheidungsfreiheit einschränkt (vgl. Kucera 1989, S. 222). Wichtiger dürfte allerdings sein, daß aufgrund ihrer Produktionsweise nur wenige Handwerksbetriebe für eine grenzüberschreitende Kooperation grundsätzlich geeignet sind.

2.2.3 Ausländische Direktinvestitionen

Ausländische Direktinvestitionen werden im allgemeinen definiert als eine langfristige Kapitalanlage im Ausland an einer bestehenden bzw. noch zu gründenden Unternehmung (vgl. König 1987, S. 2). Grundsätzlich kann man hierbei zwischen einer 100 %igen Tochtergesellschaft und einem Joint Venture unterscheiden. Bei einem Joint Venture handelt es sich jedoch bereits um eine Zwischenform zwischen hierarchischer und kooperativer Internationalisierungsform, denn diese Art der Direktinvestition bezeichnet ein Gemeinschaftsunternehmen mit Beteiligung eines lokalen Partners.

Das Ziel einer ausländischen Direktinvestition ist die **Erschließung und Sicherung des Auslandsmarktes**, aber auch Kostenüberlegungen können eine bedeutende Rolle spielen (vgl. Deutsche Bundesbank 1997, S. 59). Je nach Zielsetzung kann sie sich auf die Errichtung einer Produktionsstätte oder einer Vertriebsniederlassung im Ausland beziehen. In beiden Fällen ist die Nähe zum Auslandsmarkt ein wesentlicher Grund für die Investition: Mit Hilfe einer **ausländischen Produktionsniederlassung** kann sich der Betrieb auf die besonderen Produktanforderungen sowohl seitens der lokaler Kunden als auch eventuell des nationalen Gesetzgebers (Normen etc.) besser einstellen, als wenn er den Markt aus einer größeren Distanz bearbeiten müßte. Darüber hinaus kann die Unternehmung gegebenenfalls auch von niedrigeren Produktionskosten am ausländischen Standort profitieren.

Ein **ausländisches Vertriebsbüro** hat ebenfalls den Vorteil der Kundennähe, der sich darin manifestiert, daß die lokalen Kunden den ausländischen Hersteller u. U. als heimischen Anbieter anerkennen, wodurch die Akzeptanz der Produkte auf dem Auslandsmarkt c. p. erhöht werden dürfte[9]. Außerdem können die Mitarbeiter der ausländischen Niederlassung - bei entsprechender Sensibilisierung - aufgrund ihrer Präsenz vor Ort relativ schnell die lokalen Markttrends erkennen und diese Informationen an die heimische Zentrale weitergeben, die adäquate Veränderungen veranlassen kann. Vorteilhaft ist in diesen Fällen die Beschäftigung von lokalen Kräften in der Niederlassung, da sie den dortigen Kunden in Bezug auf Mentalität und kultureller Prägung näher stehen. Vertriebsorientierte Direktinvestitionen bauen dabei gewöhnlich auf bereits bestehende Exportaktivitäten in dem Zielland der Investition auf (vgl. Bormann 1996, S. 242).

Insbesondere in Regionen, die sich kulturell sehr stark vom Heimatland unterscheiden, kann eine Direktinvestition die Anpassung an die lokalen

[9] Allerdings besteht bei einer massiven Häufung von ausländischen Direktinvestitionen in einem Land durchaus die Gefahr, daß in der Bevölkerung die Angst vor einer 'Überfremdung' der eigenen Wirtschaft wächst. In diesem Fall wird die Akzeptanz eher negativ beeinflußt (vgl. Lagemann u. a. 1994, S. 256 f.).

Gegebenheiten und damit gleichzeitig die Absatzchancen verbessern. Aber auch in Ländern, die sich in einer gesellschaftlichen oder wirtschaftlichen Umbruchphase befinden, ist eine Präsenz vor Ort - unter Abwägung der politischen und ökonomischen Risiken - angezeigt, um mit Hilfe genauer Informationen über die Veränderungen aus erster Hand frühzeitig die entstehenden Verkaufsmöglichkeiten nutzen zu können. Dies gilt beispielsweise für die in einer Transformationsphase befindlichen Länder Ost- und Mitteleuropas oder die Volksrepublik China[10]. Hier kann außerdem die intensive Zusammenarbeit mit einheimischen Partnern über ein Joint Venture unterstützend wirken, zumal wenn die Partner in die Kooperation auch ihre Marktkenntnisse und Kontakte einbringen (vgl. Lingenfelder 1996, S. 378).

Allerdings ist die Direktinvestition aufgrund ihrer hohen **Ressourcenintensität** - sowohl die Personal- als auch die Kapitalkapazitäten betreffend - mit einem beträchlichen Aufwand verbunden. Darüber hinaus besteht die Gefahr von Informationsasymmetrien zwischen dem ausländischen Investor und dem lokalen Verkäufer des Unternehmens oder sonstiger Vermögenswerte (Bauland etc.). Das kann dazu führen, daß der heimische Veräußerer einen unangemessenen Preis für die Immobilie fordert, weil er entweder den wahren Wert verschleiert oder dem Investor zukünftige gesetzliche Änderungen auf lokaler Ebene verschweigt, die den Wert negativ beeinträchtigen werden. Für den ausländischen Investor resultiert daraus u. U. eine ineffiziente Verwendung seiner Kapitalressourcen (vgl. Gordon/Bovenberg 1996, S. 1059 f.). Darum ist für diese Form der Internationalisierung eine sehr detaillierte und **umfassende Vorbereitung** notwendig, die u. a. Marktstudien, die realistische Einschätzung der eigenen Ressourcen sowie Wirtschaftlichkeitsuntersuchungen einschließt (vgl. Rudhardt 1987, S. 52 ff.).

Aber auch die Managementleistung wird durch eine Direktinvestition in besonderer Weise beansprucht, weil für die Leitung der ausländischen Niederlassung geeignete Mitarbeiter gefunden werden müssen. Dazu werden entweder Managementkapazitäten von heimischen Stammunternehmen abgezogen oder externe Kräfte in Anspruch genommen, die dann wiederum verstärkt kontrolliert werden müssen. Im Hinblick dar-

[10] Die in diesen Ländern bislang realisierten Joint Ventures deutscher Unternehmen sind jedoch häufig nicht vor dem Hintergrund einer größeren Marktnähe gegründet worden, sondern stellen für die Unternehmen aufgrund der dortigen Gesetzeslage oftmals die einzige Möglichkeit des Marktzugangs dar.

auf ist es ein Nachteil, daß in Handwerksbetrieben der Firmeninhaber gewöhnlich alle Leitungsfunktionen auf sich vereint, so daß ihm durch die Gründung einer Niederlassung ein bedeutender Mehraufwand erwächst.

Letztendlich kommt eine ausländische Direktinvestition aus diesen Gründen nur für wenige Handwerksunternehmen in Frage. Allerdings ist es durchaus möglich, daß ein Exportengagement früher oder später auch zu einer Direktinvestition führen kann. Voraussetzung ist jedoch, daß das **Absatzvolumen** im Zielland eine Größe erreicht, die eine solche Maßnahme aus wirtschaftlichen Gründen rechtfertigt (vgl. Groeger 1987, S. 34). Darüber hinaus könnte sich in einem gewissen Umfang vor allem für handwerkliche Zulieferbetriebe eine verstärkte Notwendigkeit zu einer ausländischen Direktinvestition dadurch ergeben, daß die industriellen Abnehmer ihre Produktionsstätten verstärkt in Niedriglohnländer verlagern und vom Zulieferer die - eine örtliche Präsenz bedingende - Just-in-Time Lieferung fordern (vgl. Fieten u. a. 1997, S. 108 f.).

2.2.4 Internationaler Technologietransfer

Eine Sonderform der grenzüberschreitenden Kooperation ist der Technologietransfer, der die entgeltliche Übertragung von wirtschaftlich nutzbarem Wissen technischer und organisatorischer Art bezeichnet (vgl. Peters 1987, S. 141). Grundsätzlich eignet sich jede Form von Wissen zum Technologietransfer, also sowohl Produkt- als auch Produktionsprozeß- und Management-Know-how. Das Hauptmotiv für die Bearbeitung eines Auslandsmarktes mit Hilfe des Technologietransfers ist die **Erschließung zusätzlicher Marktpotentiale** auf der Grundlage bestehender internationaler Kontakte (vgl. Peters 1987, S. 144). Die Ausprägungen und Mechanismen des Technologietransfers sind vielfältig und beliebig kombinierbar, wie die folgenden Beispiele veranschaulichen (vgl. Conzelmann 1995, S. 44)[11]:

---

[11] Die Imitation aufgrund von legaler oder illegaler Produktanalyse seitens des ausländischen Know-how Empfängers stellt zwar ebenfalls eine Form des Technologietransfers dar, soll hier aber nicht in die Definition einbezogen werden, weil damit einerseits keine intendierte Auslandsmarktbearbeitung des Technologiegebers verbunden ist und andererseits das Merkmal der Bezahlung der erworbenen Technologie (gemäß obiger Abgrenzung) fehlt. Gleichwohl darf die reale Bedeutung dieser Form des Technologietransfers im internationalen Geschäftsverkehr nicht unterschätzt werden.

- Vergabe von Lizenzen auf kodifiziertes (z. B. Patente) oder frei verfügbares Wissen,
- Technologie- und Managementberatung,
- Schulung und Einweisung des Personals im Zusammenhang mit dem Export von Kapitalgütern,
- Franchising-Verträge,
- Direktinvestitionen im Ausland, die in der Regel mit einem Know-how Transfer verbunden sind.

Ein wesentlicher Vorteil des internationalen Technologietransfers ist der relativ **schnelle Marktzugang bei geringem Kapitaleinsatz** (vgl. Groeger 1987, S. 36). Aber auch die Personalkapazitäten werden durch diese Internationalisierungsform vergleichsweise wenig beansprucht, weil die Erfahrungen und Kontakte des Technologieempfängers auf dem Auslandsmarkt sowie sein Vertriebsnetz genutzt werden können und dadurch der ansonsten übliche, kundenbezogene Informations- und Suchaufwand weitgehend entfällt. Die schwache Beanspruchung der Unternehmensressourcen durch diese Form der grenzüberschreitenden Kooperation macht den Technologietransfer für die im allgemeinen mit sehr geringen betrieblichen Kapazitäten ausgestatteten Handwerksbetriebe interessant.

Als Zielländer des handwerklichen Technologietransfers dürften in der Regel weniger die hochindustrialisierten Staaten als vielmehr Entwicklungs- und Schwellenländer in Frage kommen, weil das Know-how der Handwerksbetriebe, das auf einer humankapitalintensiven Produktionsweise basiert, insbesondere für schwächer entwickelte, kapitalarme Volkswirtschaften interessant sein dürfte.

Nachteilig wirkt sich beim Technologietransfer allerdings der hohe zeitliche und finanzielle Aufwand in der **Anbahnungsphase** der Kooperation aus (vgl. Peters 1987, S. 146). Es muß nämlich ein Partner gefunden werden, dem der Technologiegeber im Hinblick auf die latente Imitationsgefahr vertrauen kann[12]. Dementsprechend sind die internen Koope-

---

[12] Wenn dieser Unsicherheitsfaktor aufgrund unzureichender patentrechtlicher Absicherungsmechanismen nicht ausgeschlossen werden kann, ist u. U. die ausländische Direktinvestition in Form einer Produktionsstätte, d. h. eine internalisierte Verwertung der firmenspezifischen Wettbewerbsvorteile dem Technologietransfer vorzuziehen (vgl. Cleeve 1994, S. 12).

rationsbedingungen beim internationalen Technologietransfer von entscheidender Bedeutung (vgl. Peters 1988, S. 128). Insgesamt muß bei dieser Art des Auslandsengagements demnach mit erhöhten Transaktionskosten[13] in Form von Informations-, Verhandlungs-, Durchsetzungs- und Kontrollkosten gerechnet werden (vgl. Peters 1987, S. 148).

Die Bedeutung des Technologietransfers für das handwerkliche Auslandsengagement hängt direkt vom Umfang der Ausfuhrtätigkeit des Handwerks ab, da der Technologietransfer in der Regel nicht als eigenständige Internationalisierungsform genutzt wird, sondern dazu dient, bestehende Exportaktivitäten zu stärken und zu schützen (vgl. König 1987, S. 6). Angesichts des bislang relativ geringen Exportengagements im Handwerk kann man also davon ausgehen, daß auch dem Technologietransfer zur Zeit noch keine große Bedeutung zukommt. Allerdings könnte auch diese Form der Auslandsmarktbearbeitung in Zukunft eine größere Rolle spielen, wenn es gelingt, den handwerklichen Export zu intensivieren.

3. Zusammenfassung

Die theoretische Analyse der handwerklichen Wettbewerbsvorteile hat gezeigt, daß die wesentliche Stärke des Handwerks in der individuellen **Befriedigung differierender Kundenanforderungen** liegt. Hierbei ist die im allgemeinen relativ geringe Betriebsgröße handwerklicher Unternehmen von Bedeutung, denn sie ermöglicht die schnelle und flexible Reaktion auf sehr unterschiedliche Bedürfnisse der Abnehmer. Die entscheidende Rolle für die firmenspezifischen Wettbewerbsvorteile kommt jedoch der Qualifikation der Mitarbeiter und der Unternehmensleitung zu, deren Basis die umfangreiche Ausbildung im Handwerk ist. Die Fertigkeiten der Handwerker gewährleisten die Fähigkeit der Unternehmen zu innovativen, individualisierten Problemlösungen und zu einem qualitativ hochwertigen Leistungsangebot.

Beim Aufbau international verwertbarer firmenspezifischer Wettbewerbsvorteile kommt den **überbetrieblichen Einflußfaktoren** eine wesentliche Bedeutung zu. Es hat sich gezeigt, daß der Standort Deutschland in dieser Beziehung eine grundsätzlich positive Wirkung auf die

---

13 Der Einfluß der Transaktionskosten auf das handwerkliche Internationalisierungsverhalten wird ausführlich in Kapitel C.1.2 behandelt.

internationale Konkurrenzfähigkeit der Handwerksbetriebe hat. In Bezug auf die Faktorbedingungen stellt dabei das hohe Ausbildungsniveau des Humankapitals für das Handwerk eine besonders wichtige Voraussetzung hinsichtlich der Schaffung von Wettbewerbsvorteilen dar. Durch den intensiven Inlandswettbewerb und die hohen Ansprüche der heimischen Konsumenten werden die Betriebe darüber hinaus ständig zu Innovationen und Effizienzsteigerungen gezwungen, um in diesem kompetitiven Umfeld überlebensfähig zu sein. Unterstützend wirken dabei die Impulse, welche die Handwerksbetriebe von einer Vielzahl verwandter Branchen bekommen können.

Obwohl diese Faktoren auf eine internationale Wettbewerbsfähigkeit der Handwerksbetriebe hindeuten, ist das handwerkliche Auslandsengagement bislang noch sehr gering ausgeprägt. Nur ca. 3 % der Unternehmen sind grenzüberschreitend tätig, wobei dem Export eine herausragende Stellung zukommt. Alternative Internationalisierungsformen, wie z. B. grenzüberschreitende Kooperationen, ausländische Direktinvestitionen oder der transnationale Technologietransfer, werden hingegen kaum genutzt. Im folgenden soll daher untersucht werden, welchen Entscheidungsspielraum die Handwerksbetriebe grundsätzlich haben, um ihre Wettbewerbsvorteile auch international zu verwerten.

C Entscheidungsprozesse bei der Internationalisierung von Handwerksbetrieben

Die Analyse des handwerklichen Auslandsengagements in Kapitel B hat gezeigt, daß trotz vorhandener, auch international verwertbarer Wettbewerbsvorteile nur ein geringer Teil der Handwerksbetriebe auf Auslandsmärkten tätig ist. In der Regel beschränken sich die grenzüberschreitend tätigen Handwerker dabei auf den Export und scheuen ein tiefergehendes Auslandsengagement.

In diesem Kapitel soll nun versucht werden, auf theoretischer Ebene Erklärungen für dieses Verhalten zu finden. Die Diskussion wird auf die empirische Analyse des Internationalisierungsverhaltens in Abschnitt D hinführen. Das Hauptaugenmerk der theoretischen Erläuterungen liegt auf den Entscheidungsprozessen im Rahmen des Auslandsengagements. Die Ausführungen basieren dabei zum einen auf dem **strategischen Ansatz** und zum anderen auf der **Transaktionskostentheorie**.

Zwei Fragestellungen stehen im Mittelpunkt der Diskussion:

1. Warum wagen nur wenige handwerkliche Unternehmen den Schritt ins Ausland?

2. Warum beschränken sich die international tätigen Handwerker in der Regel auf den Export?

Zur Beantwortung der ersten Frage sollen in Unterkapitel 1.1 die Bestimmungsgründe aufgezeigt werden, welche die strategische Entscheidung für oder gegen eine Internationalisierung in Handwerksbetrieben beeinflussen. Im folgenden Unterkapitel 1.2 wird daraufhin mit Hilfe der Transaktionskostentheorie eine Erklärung für die fast ausschließliche Konzentration der im Ausland tätigen Handwerksbetriebe auf den Export gegeben werden. Diese theoretischen Erkenntnisse sollen in einem nächsten Schritt auf die konkrete Situation in deutschen Handwerksbetrieben übertragen werden. Daraus werden dann im dritten Unterkapitel die Anforderungen an die empirische Forschung abgeleitet.

1. Grundsätzliche Entscheidungsspielräume im Hinblick auf relevante theoretische Ansätze

1.1 Der strategische Ansatz

1.1.1 Theoretische Grundlagen

Die vorherrschenden neo-klassischen Ansätze der Wirtschaftstheorie gehen von der unrealistischen Annahme aus, daß das Unternehmerverhalten auf eine statische, allokative, effizienzorientierte Entscheidungssituation reduziert werden könnte, die aufgrund der markttheoretischen Axiome in ein volkswirtschaftliches Gesamtgleichgewicht mündet. Diese Sicht der Unternehmung als eine **„eindimensionale Optimierungsmaschine“** (Borner 1984 a, S. 481 f.) mit dem ausschließlichen Ziel der Profitmaximierung, die in einem Umfeld reiner Konkurrenz agiert - gekennzeichnet durch homogene Güter, vollständige Markttransparenz, flexible Preise, freien Marktzugang ohne staatliche Interventionen -, kann die vielschichtigen Ausprägungen der wirtschaftlichen Realität, gerade im Hinblick auf die Internationalisierung, nicht befriedigend erklären (vgl. Kappich 1989, S. 11 ff. sowie Borner 1984 b, S. 227). Auch soziales Ansehen, größere Flexibilität der persönlichen Lebensgestaltung, Einbindung der Familie sowie Unabhängigkeit spielen u. a. im Zielsystem der unternehmerischen Entscheidungsträger insbesondere in Klein- und Mittelbetrieben eine bedeutende Rolle (vgl. LeCornu u. a. 1996, S. 2).

Schon Schumpeter wies darauf hin, daß der **„Prozeß der schöpferischen Zerstörung“** (Schumpeter 1950, S. 138) als Voraussetzung für wirtschaftlichen und technologischen Fortschritt nur in einem Umfeld wirken kann, in dem die Unternehmen einen entscheidenden Kosten- und Qualitätsvorteil gegenüber ihren Konkurrenten herausarbeiten können (vgl. Schumpeter 1950, S. 140). Notwendige Bedingung sind allerdings unvollkommene und unvollständige Märkte, denn sie bilden die Grundlage für die Entstehung von Nischen und neuen, ungenutzten Marktpotentialen, die innovativen Unternehmen eine Chance zur Entfaltung geben.

Auch aus gesamtwirtschaftlicher Sicht stellt nicht das Polypol die optimale Wettbewerbsstruktur dar, sondern vielmehr das weite Oligopol mit beschränkter Produkthomogenität und Markttransparenz. Denn unter diesen Umständen wird eine „optimale Wettbewerbsintensität“

(Kantzenbach 1967, S. 137) erreicht, welche die Voraussetzungen für die Entstehung von Innovationen bietet. Nur wenn der Unternehmer erwarten kann, daß er durch eine Innovation zumindest für einen gewissen Zeitraum einen Wettbewerbsvorteil gegenüber der Konkurrenz erhält, wird er zu den damit zusammenhängenden Investitionen bereit sein. Im Polypol ist aufgrund der Axiome der vollständigen Information und der Produkthomogenität qua definitionem die Erlangung eines temporären Wettbewerbsvorsprungs nicht möglich, im Oligopol dagegen schon.

Die Aufgabe des Unternehmers in einem solchen Umfeld besteht darin, Wissens- und Könnensvorsprünge strategisch derart einzusetzen, daß der Betrieb gegenüber seinen Konkurrenten eine **vorteilhafte Wettbewerbsposition** einnehmen kann (vgl. Kogut 1988, S. 321 f.). In diesem Zusammenhang geht es aber nicht um die kurzfristige Profitmaximierung, sondern das strategische Verhalten des Unternehmers ist auf eine langfristig sichere Ertragsbasis durch eine günstige Wettbewerbspositionierung ausgerichtet (vgl. Equihua Zamora 1995, S. 96). Das Ziel ist dabei eine Marktposition, in der das Unternehmer seine Stärken bestmöglich zur Geltung bringen kann und seine Schwächen möglichst geringfügig negativ ins Gewicht fallen (vgl. Porter 1983, S. 57 f.).

In einem funktionsfähigen Wettbewerbsumfeld wird ein derartiges strategisches Verhalten die Konkurrenten zu Aufholprozessen veranlassen, auf die der Unternehmer mit neuen Vorstößen reagieren wird (vgl. Winkelmann 1997, S. 44). Es entsteht dadurch also ein dynamischer Prozeß, in dessen Verlauf der Unternehmer seine Wettbewerbsposition ständig verteidigen und neu erkämpfen muß[1].

Die Ausprägung des strategischen Verhaltens und die Erfolgsaussichten der gewählten Strategie hängen dabei wesentlich von den individuellen Stärken und Schwächen des Unternehmers ab (vgl. Porter 1983, S. 57 ff.). Diesem Aspekt kommt gerade in Handwerksbetrieben eine besondere Bedeutung zu, da der handwerkliche Unternehmer in seinem Betrieb im allgemeinen die alleinige Entscheidungskompetenz in strategischen Fragen besitzt. Folglich rücken die individuellen Merkmale des unternehmerischen Entscheidungsträgers und deren Einfluß auf das

[1] In technologischer Hinsicht kann dies zu einem Innovationswettbewerb führen, der sich aufgrund der dadurch ausgelösten Spillover-Effekte auch auf die Wettbewerbsfähigkeit von Unternehmen aus anderen Branchen positiv auswirken kann, so daß dieser Prozeß gesamtwirtschaftlich durchaus vorteilhaft ist (vgl. dazu z. B. Karunaratne 1997, S. 166).

strategische Verhalten in den Mittelpunkt der folgenden Untersuchung, wobei jedoch zunächst die Bedeutung der Unternehmensstrategie für das Auslandsengagement verdeutlicht werden soll.

1.1.2 Die Bedeutung der Unternehmensstrategie

Die Schaffung und Verteidigung einer günstigen Wettbewerbsposition gegenüber der Konkurrenz setzt eine strategische Planung voraus, um die im Unternehmen vorhandenen Wettbewerbsvorteile zielgerichtet verwerten zu können. Gerade die internationalen Märkte bieten hierfür aufgrund ihrer Komplexität und Größe eine Vielzahl von Chancen; sie bergen aber auch Risiken. Rugman konstatiert daher zu Recht, daß besonders im internationalen Rahmen die **strategische Führung** eines Betriebes die notwendige Voraussetzung dafür ist, daß die firmenspezifischen Vorteile auch langfristig das Überleben des Unternehmens sichern (vgl. Rugman 1986, S. 109).

Insbesondere kleinbetriebliche Unternehmer vernachlässigen diesen Aspekt allerdings häufig und verlassen sich eher auf ihre Intuition. Bei ihnen stehen Zufälle, günstige Gelegenheiten und Opportunismus oft am Beginn des Auslandsengagements, ohne daß vorher eine langfristige Strategie unter Abwägung der Chancen und Risiken entwickelt wurde (vgl. Briemann/Lawson 1984, S. 466 f.).

Intuition und Fingerspitzengefühl sind sicherlich bis zu einer bestimmten Betriebs- und Marktgröße durchaus erfolgreiche Konzepte der Unternehmensführung, denn sie gewährleisten in überschaubaren Situationen Flexibilität und Schnelligkeit bei der Umstellung auf geänderte Rahmenbedingungen. Allerdings gewinnt das wirtschaftliche Geschehen zunehmend an Komplexität; zum einen aufgrund der Globalisierung der Märkte, zum anderen durch immer anspruchsvollere Technologien. Es besteht also die Gefahr, daß der Firmenleitung die Übersicht verloren geht.

Die Folge kann sein, daß der Unternehmer die firmenspezifischen Wissens- und Könnensvorsprünge in vielfältige unzusammenhängende Aktivitäten lenkt, ohne daß er sie zu international verwertbaren Wettbewerbsvorteilen bündelt. Eine strategische Unternehmensplanung führt dagegen die Gedanken, Motive und Aktivitäten in geordneter Weise auf ein Ziel hin.

Die Notwendigkeit strategischer Planung gilt für die Aufnahme eines Auslandsengagements in besonderer Weise, denn bewegt sich der Unternehmer vor der Internationalisierung auf vertrauten heimischen Märkten, so sieht er sich auf ausländischen Märkten völlig neuen Herausforderungen ausgesetzt. Darum muß sich der Firmenleiter die Gründe, Ziele und Auswirkungen dieses Wagnisses im voraus vergegenwärtigen, um Erfolg zu haben.

Strategische Unternehmensplanung in diesem Sinne wird im allgemeinen als Prozeß beschrieben, in dem eine „rationale Analyse der gegenwärtigen Situation und der zukünftigen Möglichkeiten und Gefahren zur Entwicklung von Zielen und Lösungen führt. Ziele und Lösungen (in Form von Strategien) geben an, wie die Unternehmung unter bestmöglicher Ausnutzung der vorhandenen Ressourcen die durch die Umwelt bedingten Chancen wahrnimmt und die Bedrohung abwehrt" (Hunziker 1983, S. 16, Hervorhebungen im Original). Demnach bringt die aus der Unternehmensplanung hervorgehende Unternehmensstrategie zum Ausdruck, „wie eine Unternehmung ihre vorhandenen und potentiellen Stärken einsetzt, um Veränderungen der Umweltbedingungen zielgerichtet zu begegnen" (Hunziker 1983, S. 19).

Die Aufnahme des Auslandsengagements erfordert häufig eine Neuorientierung der Unternehmensstrategie, da der Betrieb in der Regel unter grundlegend veränderten Bedingungen arbeiten muß. Insofern stellt dieser Schritt für das Unternehmen eine **'kritische Wachstumsschwelle'** dar, weil die bislang firmenintern „realisierten Maßnahmen nicht mehr den Anforderungen des gewachsenen Unternehmens entsprechen" (Albach u. a. 1985, S. 45). Solche Situationen stellen besondere Ansprüche an die Unternehmensführung in den Bereichen Planung, Organisation und Kontrolle.

Im Rahmen der Internationalisierungsstrategie müssen die betrieblichen Entscheidungsträger zunächst einmal von neuem fragen, mit welchen Produkten die Unternehmung auf welchen Märkten tätig sein soll. Für eine strukturierte Auswahl der strategischen Alternativen kann die Vierfelder-Matrix des strategischen Verhaltens von Ansoff herangezogen werden (vgl. Abbildung 7).

Abb. 7: Vierfelder-Matrix des strategischen Verhaltens

	Alte Produkte	**Neue Produkte**
Alte Märkte	Marktdurchdringung	Produktentwicklung
Neue Märkte	Marktentwicklung	Diversifikation

Quelle: Ansoff 1966, S. 13

Die verschiedenen Möglichkeiten der strategischen Ausrichtung, die in der Abbildung aufgeführt sind, sollen im folgenden kurz charakterisiert werden (vgl. Meffert 1986, S. 91):

Die Strategie der **Marktdurchdringung** konzentriert sich auf den angestammten Markt, dessen Potential mit der bisherigen Produkt- und Leistungspalette ausgeschöpft werden soll. Obwohl ein Unternehmen mit dieser Strategie nicht in neue Bereiche vordringt, erfordert sie dennoch bei konsequenter Anwendung ein hohes Maß an Aktivität von seiten des Unternehmers, denn es gilt, mit den vorhandenen Kunden höhere Umsätze zu erwirtschaften bzw. im bisherigen Marktsegment neue Kunden zu gewinnen.

Die **Marktentwicklungsstrategie** stützt sich zwar auch auf die gewohnten Produkte und Dienstleistungen, hat aber zum Ziel, neue Märkte zu erobern. Hierunter ist in erster Linie der Vorstoß in neue Absatzmärkte durch regionale, nationale oder internationale Ausweitung der Vermarktungsaktivitäten zu verstehen.

Bei der **Produktentwicklungsstrategie** werden dagegen neue Produkte, Innovationen oder Produktweiterentwicklungen eingesetzt, um den Marktanteil bei den bisherigen Kunden auf den angestammten Märkten zu vergrößern. Hier betritt der Unternehmer mit den neuen Produkten zwar auch Neuland, gleichzeitig bewegt er sich aber auf gewohntem Terrain, da er durch seine bisherige Präsenz im Marktsegment die Bedürfnisse und Wünsche seiner Kunden einschätzen kann.

Diese Sicherheit ist bei der **Diversifikationsstrategie** nicht mehr gegeben, da der Unternehmer nun mit neuen Produkten bisher unbekannte Märkte in Angriff nimmt. Dieser Weg bietet große Chancen, enthält aber gleichzeitig erhebliche Risiken, so daß er von einer starken Position auf den angestammten Märkten flankiert werden sollte.

Im Rahmen der Internationalisierung sind nur die Marktentwicklung und die Diversifikation relevante Strategien, da sie auf die Eroberung neuer Märkte abzielen. Für die Handwerksbetriebe, die mit dem Auslandsgeschäft beginnen, dürfte der Schwerpunkt hierbei allerdings auf der Marktentwicklungsstrategie liegen, weil gerade für Unternehmen ohne Auslandserfahrung eine Diversifikation in unbekannte Märkte mit neuen Produkten eine mit hohen Risiken behaftete Strategie darstellt.

Natürlich schließt die Auswahl einer dieser Basisstrategien die Anwendung einer weiteren nicht aus. Dabei ist allerdings darauf zu achten, daß insbesondere in handwerklichen Unternehmen die betrieblichen Ressourcen begrenzt sind, die bei der Verfolgung der Geschäftsstrategie genutzt werden können. So muß bei einem **Strategiemix** z. B. genügend qualifiziertes Personal vorhanden sein, um alle Marktsegmente ausreichend bearbeiten zu können. Häufig läuft diese Entscheidung dann auf einen „Trade-off" zwischen verschiedenen Basisstrategien hinaus, so daß entweder neue Produkte ins Angebot aufgenommen oder neue Märkte, z. B. im Ausland, erschlossen werden (vgl. Casson 1990, S. 11). Damit wird also schwerpunktmäßig wiederum nur eine Absatzstrategie verfolgt.

1.1.3 Der Einfluß der Unternehmerpersönlichkeit auf die strategische Ausrichtung

Die Entscheidungen über die strategische Ausrichtung des Unternehmens werden in Handwerksbetrieben in der Regel vom Betriebsinhaber bzw. von den Inhabern allein getroffen. Wesentlichen Einfluß auf das

Entscheidungsverhalten hat dabei die **Persönlichkeitsstruktur des Unternehmers**, die von seinen Einstellungen, Werthaltungen, Kreativitätspotentialen und Lernprozessen geprägt ist (vgl. Jennings/Beaver 1997, S. 64). Die individuellen Persönlichkeitsmerkmale wirken sich wiederum stark auf die Risikoeinstellung und das Adaptionsverhalten bei veränderten Umweltbedingungen aus (vgl. Moorhead/Griffin 1989, S. 74 ff.). Diesen Aspekt gilt es besonders im Hinblick auf die Internationalisierung zu analysieren, denn die spezielle Risikosituation und die differierenden Rahmenbedingungen im Ausland erhöhen die Komplexität der Entscheidungsanforderungen.

Eingehende Untersuchungen zur Unternehmerpersönlichkeit im Zusammenhang mit der strategischen Ausrichtung kleinerer und mittlerer Betriebe wurden im Rahmen des STRATOS-Projektes[2] von Forschungsgruppen aus verschiedenen europäischen Ländern durchgeführt. Dabei wurde im wesentlichen zwischen **dynamisch-schöpferischen** und **administrativ-ausführenden** Begabungen unterschieden. Aufgrund dieser Merkmale konnten zwei unternehmerische Grundtypen identifiziert werden: der Pionier und der Organisator[3]. Ferner wurden zwei Zwischentypen herausgearbeitet: Zum einen der Allrounder mit Stärken sowohl im dynamisch-schöpferischen als auch im administrativ-ausführenden Bereich, und zum anderen der Routinier ohne besondere Stärken (vgl. Fröhlich/Pichler 1988, S. 59 ff.). Tabelle 1 verdeutlicht zusammenfassend das Stärken-Schwächen-Profil der jeweiligen Unternehmertypen.

Die beiden unternehmerischen Grundtypen, Pionier und Organisator, sind jeweils von ausgeprägten Schwächen bzw. Stärken im dynamisch-schöpferischen oder administrativ-ausführenden Bereich gekennzeichnet. Die Persönlichkeit des **Pioniers** verbindet Stärken bei dynamisch-schöpferischen mit Schwächen bei administrativ-ausführenden Tätigkeiten. Er neigt zu Extrempositionen, hat eine ausgeprägte Vorliebe für Veränderungen und kümmert sich ungern um Organisation und Kontrolle. Immer an der Spitze neuer Bewegungen, ergeben sich für ihn

---

2 STRATOS steht für 'Strategic Orientation of Small and Medium Sized Enterprises'. Das Projekt wurde von Forschern aus Belgien, Deutschland, Finnland, Frankreich, Großbritannien, den Niederlanden, Österreich sowie der Schweiz bearbeitet.

3 Für einen Überblick über verschiedene Unternehmertypologien vgl. Mugler 1993, S. 22 ff.

große geschäftliche Chancen, aber andererseits führt nicht jede Innovation gleich zu wirtschaftlichem Erfolg, so daß dieser Unternehmertyp auch häufig auf der Verliererseite zu finden ist (vgl. Fröhlich/Pichler 1988, S. 60).

Tab. 1: Stärken-Schwächen-Profil verschiedener Unternehmertypen

	dynamisch-schöpferisch	**administrativ-ausführend**
Allrounder	stark (+)	stark (+)
Pionier	stark (+)	schwach (-)
Organisator	schwach (-)	stark (+)
Routinier	schwach (-)	schwach (-)

Quelle: Fröhlich/Pichler 1988, S. 59

Die Stärken des zweiten Grundtypus, dem **Organisator**, liegen in seinen rationalen, analytischen und organisatorischen Fähigkeiten. Dieser Unternehmer liebt die Ordnung und bevorzugt eine formalisierte Unternehmensführung. Seine konservative Grundhaltung zeigt sich etwa auch an seiner Vorliebe für Familienunternehmen und für einen hierarchischen bzw. patriarchalen Führungsstil (vgl. Fröhlich/Pichler 1988, S. 70).

Die beiden Zwischentypen, Allrounder und Routinier, weisen im Gegensatz zu den Grundtypen ein auffälliges Stärken- bzw. Schwächenprofil auf, wobei die jeweiligen Stärken und Schwächen jedoch weniger stark ausgeprägt sind als beim Pionier und beim Organisator. Die Stärken des **Allrounders**[4] liegen sowohl im dynamisch-schöpferischen als auch im administrativ-ausführenden Bereich. Diese Vielseitigkeit befähigt ihn, verschiedene Unternehmertätigkeiten (vom Design über Kalkulation und Produktion bis hin zum Verkauf) selbst auszuführen. An-

[4] Kirsch (1983, S. 159 f.) bezeichnet einen vergleichbaren Unternehmertyp als 'Architekten', der vorsichtig, analytisch-kalkulierend in neue Geschäftsfelder vorstößt.

dererseits führt dieses Multitalent allerdings auch zu einer gewissen Mittelmäßigkeit (vgl. Fröhlich/Pichler 1988, S. 59). Die verschiedenen Begabungen des Allrounders gehen darüber hinaus mit einem ausgewogenen Interesse an unterschiedlichen Themenbereichen einher, wobei der Allrounder fast immer eine mittlere ausgleichende Position einnimmt (vgl. Fröhlich/Pichler 1988, S. 64).

Ein Unternehmertyp mit ähnlichem Profil wird in anderen Studien als 'Handwerker-Unternehmer' bezeichnet (vgl. Smith/Miner 1983), was darauf hindeutet, daß dieser Typ im Handwerk vergleichsweise häufig vertreten sein könnte. Dafür spricht auch der Aufbau der handwerklichen Ausbildung, denn in den Meisterkursen werden sowohl technische als auch kaufmännische Fertigkeiten vermittelt, was zu einer ausgeglichenen Fähigkeitsstruktur führen dürfte.

Die unternehmerische Tätigkeit des **Routiniers** mit seinen Schwächen sowohl in kreativer als auch in ausführender Hinsicht ist insofern bemerkenswert, als man einer Firma mit einem solchen Manager geringe Erfolgschancen prophezeien würde. Fröhlich und Pichler stellen hierzu auch fest, daß dieser Unternehmer seine Legitimation, einen Betrieb zu führen, weniger aus innovativen oder organisatorischen Fähigkeiten, sondern aus anderen Eigenschaften, wie z. B. aus seiner Bereitschaft, als Inhaber eines Unternehmens persönliche und finanzielle Risiken einzugehen, herleitet (vgl. Fröhlich/Pichler 1988, S. 61). Seine konservative Grundeinstellung ähnelt der des Organisators, und durch seine geringe Veränderungsbereitschaft bildet er den Gegenpol zum Pionier.

Diese Unternehmertypologie ist natürlich ein **abstraktes Modell**, das die Wirklichkeit nur bedingt abbildet. Auch Fröhlich und Pichler stellen dazu fest, daß Unternehmerpersönlichkeiten keine 'eindimensionalen Menschen' sind (vgl. Fröhlich/Pichler 1988, S. 70). Das Entscheidungsverhalten des Unternehmers wird über die charakterlichen Eigenschaften hinaus auch von äußeren Einflußfaktoren wie z. B. Alter, Geschlecht, Ausbildung, Berufspraxis und Einkommen sowie von privaten Umständen wie Familienstand und Kinder geprägt (vgl. Fröhlich/Pichler 1988, S. 73). Für die Untersuchung des Internationalisierungsverhaltens kommen noch weitere Umstände hinzu, die den persönlichen Hintergrund des Unternehmers bilden, wie z. B. Fremdsprachenkenntnisse und Auslandsaufenthalte (vgl. Roux 1984, S. 448 f.). Allerdings ist es für die Anwendbarkeit eines theoretischen Modells notwendig, durch Abstraktion überschaubare Gruppen mit gemeinsamen typenbildenden Charakteristika herauszuarbeiten.

Der STRATOS-Projektgruppe gelang es, mit Hilfe statistischer Methoden Vorlieben der jeweiligen Unternehmertypen für eine bestimmte strategische Grundausrichtung herauszufiltern, so daß tendenzielle Aussagen über die **bevorzugte Strategie eines Unternehmertyps** möglich waren. Wiederum ist hierbei zu beachten, daß nicht nur die unternehmerischen Eigenschaften die Strategieentscheidung beeinflussen, sondern auch firmenspezifische Faktoren wie z. B. Betriebsgröße und Branche (vgl. Fröhlich/Pichler 1988, S. 107).

Insgesamt ergab die Untersuchung, daß die Marktentwicklungsstrategie - nach dem Urteil der Wissenschaftler betriebsgrößenbedingt - nur vergleichsweise selten von den Klein- und Mittelbetrieben gewählt wurde (vgl. Fröhlich/Pichler 1988, S. 107). Die Zuordnung der Absatzstrategien gemäß Ansoff zu den verschiedenen Unternehmertypen zeigte folgende Tendenzen: Die Unternehmertypen Allrounder und Organisator waren bei allen Grundstrategien mit Ausnahme der Marktentwicklungsstrategie relativ gleichmäßig vertreten. Der risikoaverse Routinier setzte dagegen vor allem auf die Marktdurchdringungsstrategie auf den angestammten Märkten und entschied sich seltener für die riskanteren Diversifikations- und Marktentwicklungsstrategien. Die Pioniere waren hingegen überdurchschnittlich häufig auf neuen Märkten aktiv, wobei sie eine Vorliebe für die Diversifikationsstrategie zeigten (vgl. Fröhlich/Pichler 1988, S. 107). In dieses Bild paßt auch, daß sich unter den Exporteuren vorwiegend Pionier-Unternehmer fanden. Allerdings schränken Fröhlich und Pichler auch hier ein, daß die Exportneigung sektoral differiere und abhängig von der Betriebsgröße sei (vgl. Fröhlich/Pichler 1988, S. 111).

Bezogen auf das Internationalisierungsverhalten läßt sich hieraus schließen, daß man kaum erwarten kann, unter den im Ausland tätigen Unternehmern ausgeprägte **Routinier**-Typen zu finden. Es dürfte auch schwierig sein, ihre durch Risikoaversion und eine konservative Grundeinstellung gekennzeichnete Geschäftspolitik mit Hilfe von Fördermaßnahmen dahingehend zu beeinflußen, daß sie eine Internationalisierung anstreben. Vielversprechender erscheinen da schon die **Organisatoren** und die **Allrounder**. Bei ihnen könnten finanzielle und beratende Hilfen die grundsätzlich vorhandene Neigung zur Aufnahme von Auslandsaktivitäten fördern. Die **Pioniere** hingegen bedürfen wahrscheinlich keiner besonderen Anreize, um im Ausland tätig zu werden, denn die Eroberung neuer Märkte und die Wahrnehmung sich bietender Chancen sind für sie ein integraler Teil der unternehmerischen Tätigkeit.

Bemerkenswert erscheinen in diesem Zusammenhang noch einige Ergebnisse der auf das STRATOS-Projekt folgenden INTERSTRATOS[5]-Untersuchungen. Es wurde herausgefunden, daß in den meisten untersuchten Ländern mehr Unternehmer dem Typ des Pioniers als dem des Organisators zuzurechnen sind. Auffällig ist hierbei allerdings, daß in der Betriebsgrößenklasse mit 1-9 Beschäftigten, der die Mehrzahl der deutschen Handwerksbetriebe zuzurechnen sind, die Organisatoren eindeutig vor den Pionieren dominieren, während mit steigender Betriebsgröße die Pioniere zunehmend an Bedeutung gewinnen (vgl. Haahti 1995, S. 22). Wenn man gleichzeitig davon ausgeht, daß vor allem Pioniere international tätig werden, geht dieses Ergebnis einher mit der Feststellung, daß mit zunehmender Betriebsgröße auch das Auslandsengagement steigt (vgl. Sauer 1991, S. 223).

Welche Implikationen diese Erkenntnisse für das handwerkliche Auslandsengagement haben, soll in Kapitel C.2.1 erläutert werden. Zuvor wird jedoch der Transaktionskostenansatz behandelt, der im Rahmen der Internationalisierung komplementär zum strategischen Ansatz betrachtet wird, da der Unternehmer bei seinen strategischen Entscheidungen über geeignete Wege zur Erlangung einer vorteilhaften Wettbewerbsposition auch die damit zusammenhängenden Transaktionskosten in den Kalkül einbeziehen muß (vgl. Kogut 1986, S. 321 f.).

---

[5] INTERSTRATOS steht für 'Internationalization of Strategic Orientations of European Small and Medium Enterprises', durchgeführt in Belgien, Finnland, Großbritannien, den Niederlanden, Norwegen, Österreich, Schweden und der Schweiz.

1.2 Der Transaktionskostenansatz

1.2.1 Theoretische Grundlagen

Die Transaktionskostentheorie - eine der Säulen der Neuen Institutionenökonomie[6] - basiert im wesentlichen auf Überlegungen von Ronald H. Coase, der in einem 1937 veröffentlichten Aufsatz die Frage aufwarf, warum es überhaupt Organisationen in Form von Firmen gebe, wenn - wie es die vorherrschende neoklassische Theorie postulierte - der Markt die wirtschaftlichen Transaktionen mit Hilfe des Preismechanismus befriedigend regeln könne (vgl. Coase 1937, S. 388). Seine Antwort war, daß auch Transaktionen, die über den Markt geregelt werden, Kosten verursachen, insbesondere in Form von Verhandlungskosten (vgl. Coase 1937, S. 390 f.). Coase zog daraus die Schlußfolgerung, daß Unternehmer mit Hilfe von Firmengründungen versuchen, diese Transaktionskosten niedrig zu halten (vgl. Coase 1937, S. 392).

Williamson hat diesen Ansatz in den 70er Jahren wieder aufgenommen und vertieft. Er begründet die Entstehung von Transaktionskosten, die weder Einstandskosten für Inputfaktoren noch Herstellungskosten darstellen, mit bestimmten Annahmen über das Verhalten der Transaktionspartner (begrenzte Rationalität, Opportunismus, Risikoneutralität) und über die Merkmale von Transaktionen (Spezifität, Häufigkeit, Unsicherheit) (vgl. Williamson 1975, S. 22 ff.).

Williamsons Untersuchungen zielen vor allem darauf ab, die Relevanz der Transaktionskosten für die **Wahl der Organisationsform** darzustellen, innerhalb der die wirtschaftliche Aktivität abgewickelt wird (vgl. Williamson 1990, S. 20). Der Grundgedanke dabei ist: „Transaktionskosten werden dadurch eingespart, daß Transaktionen (mit je verschiedenen Eigenschaften) in differenzierender Weise Beherrschungs- und Überwachungssystemen zugeordnet werden (die sich hinsichtlich ihrer Anpassungsfähigkeit und der damit verbundenen Kosten unterscheiden)“ (Williamson 1990, S. 20, Hervorhebungen im Original)[7].

---

6 Weitere Eckpfeiler der New Institutional Economics bilden die Agency Theorie, die Theorie der Verfügungsrechte und die Informationsökonomie (vgl. dazu Elsner 1986).

7 Diese Sichtweise als Erklärungsansatz für die organisatorische Abwicklung von Transaktionen ist aber durchaus nicht unumstritten (vgl. Kay 1992, S. 318).

Transaktionskosten im Sinne dieser Theorie werden als „costs of running the economic system“ (Arrow 1969, S.48) verstanden. Als solche treten sie in vielfältiger Form im täglichen Wirtschaftsgeschehen auf. Damit sind allerdings nicht nur pagatorische Kosten[8] impliziert, sondern allgemein alle Arten von Kosten, die durch ökonomisches Handeln entstehen, wie z. B. Zeitaufwand, Mühe und Opportunitätskosten infolge verpaßter Gelegenheiten[9] (vgl. Fischer 1994, S. 582).

Jede Aktivität, die mindestens zwei Partner involviert, kann als eine Art Vertrag aufgefaßt werden, so daß Vertragsbeziehungen in den Mittelpunkt der transaktionskostentheoretischen Betrachtung rücken. Die kontraktlichen Aufwendungen unterscheidet man in ex-ante- und ex-post-Transaktionskosten (vgl. Williamson 1990, S. 22). **Ex-ante-Transaktionskosten** entstehen zum einen durch Such-, Informations- und Verhandlungsaufwendungen, weil zunächst ein geeigneter Transaktionspartner gefunden und zu Vertragsverhandlungen bewegt werden muß. Zum anderen fallen auch Absicherungskosten in diese Kategorie, denn die Vertragspartner müssen sich auf gegenseitige Vertragstreue verlassen können bzw. diese durch geeignete Maßnahmen absichern.

Zu den **ex-post-Transaktionskosten** gehören insbesondere Fehlanpassungskosten, die bei Abweichungen der tatsächlichen Situation von den ursprünglich festgelegten Richtwerten auftreten (vgl. Williamson 1990, S. 24). Hier müssen dann Verträge angeglichen und Streitigkeiten geregelt werden, um die Fehlentwicklungen ex-post zu korrigieren. In der Folge entstehen Kosten der Implementierung von Beherrschungs- und Überwachungssystemen, die eine (oft außergerichtliche) Beilegung der Differenzen gewährleisten sollen (vgl. Bonus/Weiland 1992, S. 340). Diese Maßnahmen dienen auch gleichzeitig der Durchsetzung verläßlicher Zusagen im vertraglichen Innenverhältnis.

Insgesamt kann man also in Anlehnung an die Phasen einer Transaktion vier verschiedene Arten von wiederkehrenden Transaktionskosten unterscheiden (vgl. Picot 1986, S. 3):

---

8 Der pagatorische Kostenbegriff bezieht sich auf Aufwendungen, die zum Abfluß von monetären Mitteln führen (d. h. Auszahlungen) (vgl. dazu Wöhe 1993, S. 1284).

9 Transportkosten werden dagegen ausdrücklich nicht zu den Transaktionskosten gerechnet. Sie werden in Übereinstimmung mit der neoklassischen Theorie den Produktionskosten zugeordnet (vgl. Richter 1992, S. 52).

- **Anbahnungskosten** (z. B. für die Suche nach Transaktionspartnern),
- **Vereinbarungskosten** (Verhandlungs- und Vertragsformulierungskosten etc.),
- **Kontrollkosten** (für die Überwachung der Vertragsvereinbarungen),
- **Anpassungskosten** (aufgrund von Änderungen der den Vereinbarungen zugrunde liegenden Situation).

Bezüglich des Verhaltens der wirtschaftlichen Akteure nimmt die Transaktionskostentheorie an, daß sie sich, bei grundsätzlich vorausgesetzter Unsicherheit, opportunistisch und nur begrenzt rational verhalten. Unter **Opportunismus** wird hierbei „die Verfolgung des Eigeninteresses unter Zuhilfenahme von List" (Williamson 1990, S. 54) verstanden. Die **begrenzte Rationalität**[10] impliziert hingegen, daß man die Wirtschaftssubjekte als „*intendiert* rational, aber nur *begrenzt*" (Simon 1961, S. xxiv, zitiert nach Williamson 1990, S. 51, Hervorhebungen bei Williamson) annimmt.

Im Zusammenhang mit dem opportunistischen Verhalten der Akteure entstehen **Informationsasymmetrien**, denn die einzelnen Vertragspartner versuchen jeweils durch unvollständige oder verzerrte Informationsweitergabe den Eigennutzen aus dem gemeinsamen Geschäft ohne Rücksicht auf den anderen zu mehren. Dieses Problem wird noch dadurch erschwert, daß die individuelle Neigung zu Opportunismus unterschiedlich stark ausgeprägt ist (vgl. Williamson 1990, S. 54). Teilweise ist die Täuschung des Geschäftspartners sogar geplant, wobei mögliche Konsequenzen, wie Ansehensverlust oder Schadensersatzforderungen, in den Kalkül einbezogen werden; man kann hier also von einem „reflektiert egoistischen Verhalten" (Kappich 1989, S. 83) sprechen.

In einer solchen Situtation tritt eine weitere Asymmetrie auf, nämlich in Bezug auf die Bewertung der Relevanz von Sicherungsmechanismen gegen opportunistisches Verhalten. Derjenige Vertragspartner, der weniger zu Opportunismus neigt, wird die Notwendigkeit zur Absicherung geringer einschätzen, vorausgesetzt er vertraut dem Gegenüber grundsätzlich - was im täglichen Geschäftsverkehr vorausgesetzt werden sollte - und hat bislang keine gravierenden negativen Erfahrungen mit

[10] Die englischsprachige Literatur verwendet dafür den Begriff der 'bounded rationality' (vgl. z. B. Samuelson/Nordhaus 1989, S. 613).

opportunistischem Verhalten gemacht. Eine solche Konstellation würde den Opportunisten sicherlich begünstigen.

Dieses Problem wird durch die Annahme begrenzter Rationalität noch weiter verschärft, denn sie schließt die Existenz umfassender Verträge und damit auch die vollständige Absicherung gegen Opportunismus aus. Weil die Wirtschaftssubjekte aber *intendiert* rational handeln, versuchen sie Transaktionskosten - auch in Form von Opportunismus - durch eine entsprechende Vertragsgestaltung möglichst weitgehend einzusparen. Vollständig erreicht wird das jedoch nicht, weil dem der Zwang zur Sparsamkeit beim Einsatz begrenzter Ressourcen entgegensteht. Dies bezieht sich auf zwei Bereiche: zum einen die Ausgestaltung der Entscheidungsprozesse, zum anderen die organisatorischen Mechanismen der Beherrschungs- und Überwachungssysteme (vgl. Williamson 1990, S. 52). Beide Bereiche können aufgrund der Annahme der *begrenzten* Rationalität nicht derart umfassend ausgestaltet werden, daß alle Transaktionskosten eingespart werden.

Man muß also davon ausgehen, daß Transaktionskosten ein **reales Phänomen** sind, das die effiziente Ausgestaltung vertraglicher ökonomischer Beziehungen einschränkt. Die zugrundeliegenden Transaktionen unterscheiden sich hauptsächlich in drei Aspekten: Faktorspezifität, Unsicherheit und Häufigkeit (vgl. Williamson 1990, S. 59).

Faktorspezifität zeigt sich in Investitionen, die für bestimmte Transaktionen getätigt werden. In der Regel werden sie in Einzweck- und Mehrzweckinvestitionen eingeteilt (vgl. Williamson 1990, S. 61). Einzweckinvestitionen weisen eine hohe Faktorspezifität auf, denn sie werden im Hinblick auf eine bestimmte Transaktionsart mit einem festgelegten Partner durchgeführt, während Mehrzweckinvestitionen für verschiedene Transaktionsarten mit unterschiedlichen Partnern geeignet sind.

Daraus folgt, daß Investitionen mit einer hohen Faktorspezifität riskant sind, weil sie sich nicht ohne (z. T. sehr großen) Wertverlust anderweitig verwenden lassen, falls Verträge gebrochen oder vorzeitig beendet werden. Mit zunehmender Spezifität, die sich sowohl auf das Sach- als auch das Humankapital beziehen kann, erhöht sich die gegenseitige Abhängigkeit der Partner und damit auch das Absicherungsbedürfnis, da im Extremfall ein Nachfrage- bzw. Angebotsmonopol vorliegen kann (vgl. Fischer 1994, S. 583). Hierbei spielt die bereits erwähnte Gefahr opportunistischen Verhaltens eine große Rolle.

Andererseits kann die hohe Faktorspezifität auch zu einem stabileren Vertragsverhältnis führen - ein Prozeß, den Williamson als „fundamentale Transformation“ (Williamson 1990, S. 70 ff.) bezeichnet. Wenn z. B. ein Anbieter eine auf die spezifischen Bedürfnisse des Abnehmers zugeschnittene Investition tätigt, so gewinnt er bei Folgeaufträgen einen Vorteil gegenüber den Mitbewerbern, da er bereits über entsprechende Sachanlagen sowie über einen Wissens- und Könnensvorsprung verfügt. Langfristig kann daraus sogar ein bilaterales Monopol entstehen. Es entwickelt sich dadurch u. U. eine Vertrauensbasis sowohl institutionell als auch personell, die zu Einsparungen im Bereich der Kommunikationskosten führen kann. Solche hochspezifischen Geschäftsbeziehungen werden c. p. größeren Belastungen standhalten und anpassungsfähiger sein (vgl. Williamson 1990, S. 71 f.).

Im Zusammenhang mit der Faktorspezifität kommt dem Aspekt der **Unsicherheit** eine große Bedeutung zu, denn wenn eine hochspezifische Investition bei gleichzeitiger Unsicherheit über die Vertragserfüllung getätigt wird, besteht die Notwendigkeit, Absicherungsmechanismen zu entwickeln (vgl. Williamson 1996, S. 15 f.). Hierbei spielen wiederum die Annahmen der begrenzten Rationalität und des Opportunismus eine Rolle, da die Verträge aufgrund des ersten Axioms nicht umfassend ausgestaltet werden können und somit durch die Gefahr opportunistischen Verhaltens ein gewisses Maß an Unsicherheit verbleibt. Bei nichtspezifischen Transaktionen hat dieser Aspekt dagegen geringere Bedeutung, da die Investitionen auch für andere Zwecke verwertet werden können (vgl. Williamson 1990, S. 68).

Das dritte Transaktionsmerkmal, die **Häufigkeit der Transaktionen**, ist insofern wichtig, als Beherrschungs- und Überwachungssysteme, die zur vertraglichen Absicherung eingerichtet werden, Kosten verursachen. Es wird angenommen, daß sich diese Kosten mit steigendem Auslastungsgrad, bedingt durch häufige Transaktionen, schneller amortisieren. Oder anders ausgedrückt: Mit steigender Häufigkeit der Leistungserstellung dürften die Durchschnittskosten je Transaktion tendenziell sinken (vgl. Fischer 1994, S. 583).

Insgesamt gesehen hat die Transaktionskostentheorie für die Gestaltung effizienter Koordinationsmechanismen im Rahmen ökonomischer Austauschbeziehungen eine große Bedeutung. Im folgenden soll die Relevanz für die Internationalisierung untersucht werden.

1.2.2 Die Bedeutung der Transaktionskosten im Internationalisierungsprozeß

Die vorausgegangenen allgemeinen Ausführungen zur Transaktionskostentheorie haben gezeigt, daß Transaktionskosten ein wesentlicher Faktor für die Bestimmung der optimalen Form wirtschaftlicher Koordination sind; das gilt insbesondere auch für die Internationalisierung.

Im Verlauf der theoretischen Diskussion hat sich die ausschließlich dichotomische Betrachtung der Gegenpole 'Markt' und 'Hierarchie' als mögliche Koordinationsformen dahingehend gewandelt, daß auch Zwischenformen diskutiert werden, die sich durch eine Kombination marktlicher und hierarchischer Koordinationsprinzipien auszeichnen (vgl. dazu z. B. Weder 1989, S. 72 ff. sowie die Ausführungen in Kapitel B.2.1). Somit besteht eine große **Vielfalt möglicher Koordinationsformen**, die in ein Kontinuum zwischen den Extremen 'rein marktmäßige' und 'rein hierarchische' Abwicklung der Transaktionen eingeordnet werden können (vgl. Kappich 1989, S. 98).

Weist eine Unternehmung einen Wettbewerbsvorteil auf - grundsätzlich die wesentliche Voraussetzung für eine erfolgreiche grenzüberschreitende Tätigkeit (vgl. Dunning 1988, S. 15) -, bestehen demnach idealtypisch drei internationale Verwertungsalternativen (vgl. dazu auch Kapitel B.2.1):

- Eigenproduktion im Inland und **Export** der Güter bzw. Leistungen,
- **Direktinvestition** im Ausland,
- grenzüberschreitende **Kooperationen**.

Bei jeder dieser Internationalisierungsformen treten bestimmte Koordinationsprobleme und somit auch Transaktionskosten auf, die von der jeweiligen Situation und den beteiligten Partnern abhängen. Das Ziel der Unternehmung im Rahmen des Gesamtkalküls des Auslandsengagements muß es sein, diejenige Internationalisierungsform zu finden, die in optimaler Weise die Summe aus Produktions- und Transaktionskosten minimiert (vgl. Williamson 1979, S. 245). Das wichtigste Kriterium ist dabei die Frage, ob die Wettbewerbsvorteile durch Internalisierung oder Externalisierung besser verwertet werden können (vgl. Borner 1984 a, S. 491).

Unter **Internalisierung** ist die hierarchische, organisationsinterne Verwertung zu verstehen. Das heißt, daß die Wettbewerbsvorteile innerhalb des Unternehmens verbleiben und externen Partnern nicht zugänglich gemacht werden. Dies ist beim Export oder bei der Direktinvestition der Fall. Beim Export verkauft der Betrieb nur die Endprodukte über den Markt, während die Leistungserstellung und -verwertung ausschließlich innerhalb des Stammunternehmens verbleibt. Bei einer 100 %igen Direktinvestition ohne Partner wird ebenfalls eine hierarchische, firmenintern koordinierte Verwertung der Wettbewerbsvorteile vorgenommen, mit dem Unterschied, daß ein Teil der Leistungserstellung im Ausland erfolgt.

Ein wesentlicher Faktor bei der Wahl zwischen Export und Direktinvestion als internalisierter Internationalisierungsform ist der Aufwand, den sie jeweils verursachen: Der Export stellt vergleichsweise geringe Anforderungen an die Management- und Kapitalleistungen, da Koordination und Kontrolle im Stammunternehmen verbleiben; bei der Direktinvestition wird hingegen ein Teil der betrieblichen Funktionen (Produktion, Vertrieb etc.) ins Ausland verlagert, so daß hierdurch c. p. höhere Anforderungen an die Firmenleitung und die finanziellen Ressourcen gestellt werden (vgl. Kapitel B.2.1).

Die **Externalisierung** impliziert, daß die Verfügungsrechte an den Wettbewerbsvorteilen ganz oder teilweise an externe Vertrags- oder Kooperationspartner abgetreten werden. Beispiele für die Externalisierung wären etwa der Technologietransfer oder die Einbringung von Patenten, Lizenzen oder nicht kodifiziertem Know-how in eine grenzüberschreitende Kooperation (vgl. Peters 1988, S. 85). Das Equity-Joint Venture nimmt insofern eine Zwischenstellung ein, als es sich dabei einerseits um eine ausländische Direktinvestition handelt, also im wesentlichen eine firmeninterne Form der Vorteilsverwertung, bei der aber andererseits durch die Beteiligung eines Partners auch Elemente der Externalisierung vorhanden sind.

Bei der Entscheidung darüber, welcher Alternative der Vorzug zu geben ist, sollte - wie im vorherigen Kapitel ausführlich diskutiert - der Grad der Unsicherheit, die Faktorspezifität der Investition sowie die Häufigkeit der Transaktionen unter Berücksichtigung opportunistischen Verhaltens sowie begrenzter Rationalität in den Kalkül einbezogen werden. Im folgenden soll die Bedeutung dieser Transaktionsmerkmale für die Internalisierungs-/Externalisierungsentscheidung im Rahmen der Internationalisierung erläutert werden.

Der Faktor **Unsicherheit** spielt auf ausländischen Märkten eine noch größere Rolle als auf heimischem Terrain, da beim Auslandsengagement zu der - auch auf dem Heimatmarkt - ohnehin bestehenden Unsicherheit über das Gebaren des Geschäftspartners die Unsicherheit bezüglich des wirtschaftlichen und kulturellen Umfeldes hinzukommt. Dieser Aspekt läßt sich auch durch intensive Vorbereitung der Auslandsstrategie nicht vollständig ausschließen, denn aufgrund der begrenzten Rationalität der Akteure sind der Informationsbeschaffungs- und -verarbeitungskapazität Grenzen gesetzt.

Allerdings varriert der Grad der Unsicherheit sicherlich in Abhängigkeit von der geographischen und kulturellen Distanz des Ziellandes zum Heimatland - so ist anzunehmen, daß ein deutscher Handwerksbetrieb aus einer Grenzregion im europäischen Nachbarland c. p. weniger Schwierigkeiten haben wird als etwa auf einem asiatischen Markt -, dennoch muß der Faktor Unsicherheit aber grundsätzlich in die Entscheidung einbezogen werden.

Angesichts dessen müssen Maßnahmen in vertraglicher Form getroffen werden, um den wirtschaftlichen Schaden durch die Unsicherheit möglichst gering zu halten. Hierbei treten dann wiederum Transaktionskosten bei der Vertragsanbahnung und -kontrolle auf. Man kann davon ausgehen, daß diese Kosten, insbesondere die Kontrollkosten, bei einer unternehmensexternen Lösung höher sind als bei einer internalisierenden Koordinationsform.

Bei einer Externalisierung der Vorteilsverwertung kann eine entsprechende Vertragsgestaltung in einem angemessenen Kostenrahmen bis zu einem gewissen Unsicherheitsgrad Schutz bieten. Wird diese Schwelle jedoch überschritten, ist die hierarchische Lösung aufgrund der Transaktionskostenersparnis vorteilhafter. Folglich kann postuliert werden, daß eine organisationsinterne hierarchische Abwicklung der internationalen Aktivität - d. h. Export bzw. Direktinvestition - tendenziell um so vorteilhafter ist, je höher der Grad der bei den laufenden Entscheidungen zu berücksichtigenden Verhaltens- bzw. Umweltunsicherheit ist (vgl. Kappich 1989, S. 97).

Unsicherheit über das Verhalten der Vertragspartner spielt insbesondere auch dann eine Rolle, wenn für das Auslandsengagement eine sehr **spezifische Investition** erforderlich ist. Dann besteht nämlich die Gefahr opportunistischen Verhaltens mit dem Ziel, eventuell vorhandene Vertragslücken zu Ungunsten des investierenden Handwerksbetriebes auszunutzen. Der Anreiz zum Opportunismus steigt dabei mit zunehmenden erwarteten Gewinnzuwachs. Die damit notwendig werdenden vertraglichen Absicherungsmaßnahmen führen wiederum zu erhöhten Transaktionskosten. Dementsprechend ist auch hier in der Tendenz eine unternehmensinterne Lösung um so vorteilhafter, je höher die Faktorspezifität der im Zusammenhang mit der Internationalisierung zu tätigenden Investitionen ist (vgl. Kappich 1989, S. 179).

Eine weitere wichtige Rolle bei der Entscheidung über die Internationalisierungsform spielt die **Häufigkeit bzw. Intensität der Transaktionen** im Ausland, denn die Transaktionskosten steigen - wie bereits im vorigen Kapitel erläutert - in der Regel mit zunehmender Häufigkeit der Geschäfte. Aber auch die Intensität der Auslandsbeziehungen, verstanden als Gewichtigkeit, Umfassendheit und Zukunftsreichweite, ist miteinzubeziehen, denn eine intensivere Partnerschaft birgt eine höhere Gefahr opportunistischen Verhaltens mit entsprechend steigenden Transaktionskosten (vgl. Kappich 1989, S. 190). Überschreiten diese Aufwendungen eine bestimmte Grenze, so ist es wiederum vorteilhafter eine unternehmensinterne Abwicklung anzustreben, denn eine einheitliche, hierarchisch organisierte Entscheidungs- und Kontrollinstanz zeichnet sich in diesem Fall durch geringere Transaktionskosten aus als eine externalisierte Lösung.

Erschwert wird die Entscheidungsfindung über die optimale Form des Auslandsengagements in den Fällen, in denen die international zu verwertenden Wettbewerbsvorteile nicht oder nur sehr schwer kodifizierbar bzw. patentierbar sind. In einer solchen Situation müssen umfassende vertragliche Regelungen dafür Sorge tragen, daß der ausländische Geschäftspartner sich diesen Wettbewerbsvorteil nicht mit dem Ziel der eigenständigen Verwertung aneignet und damit in direkte Konkurrenz zum eigentlichen Urheber tritt. Eine Externalisierung würde daher vergleichsweise hohe Transaktionskosten verursachen, so daß sich hier abermals die unternehmensinterne Abwicklung anbietet (vgl. Kappich 1989, S. 186 f.).

Viele der bislang angeführten Probleme bei der Auswahl der geeigneten Internationalisierungsform können vermieden bzw. vermindert werden, wenn die transnationale geschäftliche Partnerschaft auf eine **vertrauensvolle Basis** gestellt werden kann. Im Falle gegenseitigen Vertrauens der Unternehmensleitungen vermindert sich nämlich die Gefahr opportunistischen Verhaltens und somit verringert sich auch die Notwendigkeit für aufwendige, transaktionskostenintensive Sicherheitsvorkehrungen. In diesem Sinne kann eine vertrauensvolle Atmosphäre als „vergleichsweise kostengünstiges Kontrollsubstitut“ (Kappich 1989, S. 199) angesehen werden.

Bei Vorliegen einer auf gegenseitigem Vertrauen gründenden Geschäftsbeziehung erhöhen sich gleichzeitig auch die oben erwähnten Schwellenwerte bezüglich der diskutierten Transaktionsmerkmale, deren Überschreitung die Internalisierung empfiehlt bzw. sogar notwendig macht. Die Wahrscheinlichkeit einer externalisierten Verwertung der Wettbewerbsvorteile im Rahmen einer grenzüberschreitenden Partnerschaft steigt also mit zunehmenden Grad des Vertrauens zwischen den wirtschaftlichen Akteuren.

Dieser Aspekt gewinnt bei dynamischer Betrachtung zusätzliche Bedeutung, denn eine vertrauensvolle Geschäftsbeziehung bildet sich in der Regel erst im Verlauf der Zeit nach genauerem Kennenlernen heraus. Es ist also zu vermuten, daß sich u. U. aus einer längerfristig angelegten, erfolgreichen Exporteur-Importeur Beziehung eine transnationale Kooperation entwickeln kann. Begünstigt wird eine solche Entwicklung dadurch, daß die prospektiven Partner von **gemeinsamen Wert- und Zielvorstellungen** geprägt sind, denn dadurch wird die Entstehung einer vertrauensvollen Atmosphäre erleichtert (vgl. Kappich 1989, S. 199).

Dennoch verbleibt auch unter diesen Umständen ein Rest von Unsicherheit über das Verhalten des ausländischen Geschäftspartners. Dadurch sind auch weiterhin - zumindest in einem gewissen Umfang - Absicherungsmaßnahmen erforderlich, denn die Kooperationspartner haben grundsätzlich ein „de facto right to pursue their own interest at the expense of others“ (Buckley/Casson 1988, S. 21).

Die Relevanz der theoretischen Erkenntnisse aus diesem Kapitel für die Internationalisierung von Handwerksbetrieben wird im nächsten Abschnitt untersucht werden. Dabei soll zunächst die Bedeutung der Unternehmensstrategie - vor allem unter Berücksichtigung der handwerklichen Unternehmerpersönlichkeit - diskutiert werden. Im Anschluß daran wird die Internationalisierungsformenwahl der Handwerksbetriebe im Hinblick auf die Rolle des strategischen Ansatzes und der Transaktionskosten analysiert.

2. Die spezifische Situation des Handwerksbetriebs

2.1 Handwerkliche Strategie und Unternehmerpersönlichkeit beim Auslandsengagement

Es wurde bereits an anderer Stelle betont, daß die Internationalisierung hohe Anforderungen an die strategischen Fähigkeiten des Managements stellt (vgl. Kapitel C.1.1.2). Bedenklich erscheint in diesem Zusammenhang die immer wieder beklagte **mangelnde strategische Planung in Handwerksbetrieben** (vgl. z. B. Gergen 1993, S. 108 f.). Auch beim Auslandsengagement wird in vielen Fällen ungeplant vorgegangen: Sauer hat in einer Studie zum Exportverhalten von Handwerksbetrieben z. B. festgestellt, daß die Auslandsbeziehungen häufig eher zufällig als intendiert entstanden sind (vgl. Sauer 1991, S. 132). Diese Unternehmen bearbeiten die Auslandsmärkte somit nicht aktiv, sondern reagieren nur passiv auf Anfragen, die an sie herangetragen werden.

Viele Handwerksbetriebe vernachlässigen demnach die Chance, durch eine gezielte Bündelung der betrieblichen Kernfähigkeiten international verwertbare Wettbewerbsvorteile herauszuarbeiten, mit deren Hilfe sie sich eine günstige strategische Position auf dem Auslandsmarkt sichern könnten. Sie überlassen es stattdessen den Konkurrenten, das Nachfragepotential auf diesen Märkten zu bedienen bzw. zu wecken. Dadurch entgeht ihnen auch die Möglichkeit, die Nachfrage der ausländischen Abnehmer dahingehend zu lenken, daß für ihr Leistungsangebot Präferenzen aufgebaut werden, welche die Marktposition des Unternehmens langfristig stärken.

Die fehlende Planung und mangelnde aktive Präsenz auf den ausländischen Märkten wirken sich außerdem auch deshalb negativ auf die Wettbewerbsposition der Handwerksbetriebe im Vergleich zu ihren Konkurrenten aus, weil sie über die speziellen Bedürfnisse der Auslandskunden nicht informiert sind. Daher können sie ihre Wettbewerbsvorteile und damit auch ihre Angebotspalette nicht auf deren Anforderungen ausrichten. Dieser Aspekt hat für die Handwerksbetriebe besonders gravierende Auswirkungen, da einer ihrer wesentlichen Wettbewerbsvorteile in der Lösung individueller Abnehmerprobleme liegt (vgl. Kapitel B.1.2). Wenn sie mit den Problemen der Kunden jedoch nicht vertraut sind, können sie auch keine individuell zugeschnittenen Leistungen anbieten.

Die mangelnde aktive strategische Planung der grenzüberschreitenden Tätigkeit im Handwerk hat mehrere Ursachen. Auf der einen Seite ist der Unternehmer in der Regel allein mit der strategischen Planung im Handwerksbetrieb betraut. Weil er darüber hinaus in vielen Fällen auch aktiv in der Produktion tätig ist, bleibt ihm für die dispositiven Aufgaben nur ein **geringer zeitlicher Spielraum**. Statt einer zeitaufwendigen, rational abwägenden Vorbereitung der zukünftigen strategischen Ausrichtung des Betriebes, trifft der handwerkliche Unternehmer daher auch wichtige Entscheidungen ad hoc und intuitiv.

Dieses Vorgehen ist auf den Auslandsmärkten allerdings nicht unproblematisch, da sich die dortigen kulturellen und wirtschaftlichen Bedingungen im allgemeinen grundlegend von denen auf dem Heimatmarkt unterscheiden. Durch die Vertrautheit mit der Situation im Inland kann der Unternehmer den Heimatmarkt betreffende Entscheidungen intuitiv treffen, da er aufgrund der Erfahrungen, die er in seinem Lebens- und Arbeitsumfeld gewonnen hat, ein Gespür für die Anforderungen der heimischen Kunden entwickeln konnte. Dieser Erfahrungsschatz fehlt ihm jedoch im Ausland, so daß er dort für zielgerichtete Entscheidungen im allgemeinen umfangreiche **Informationen** und **strategische Planung** benötigt.

Darüber hinaus fehlt vielen handwerklichen Unternehmern das notwendige strategische **Management-Know-how**, denn der Fokus der handwerklichen Ausbildung liegt vorwiegend im technischen Bereich. Kaufmännisches Wissen wird zwar insbesondere in den Lehrgängen zur Vorbereitung der Meisterprüfung auch vermittelt, aber im strategischen Bereich weist die Ausbildung in der Regel Lücken auf. Damit werden die handwerklichen Unternehmer im Rahmen des Großen Befähigungsnachweises nicht mit den entsprechenden Führungsinstrumenten vertraut gemacht, die sie zur strategischen Planung des Auslandsengagements benötigen. Sie haben jedoch die Möglichkeit, dieses Wissen in Weiterbildungskursen, die z. B. von den Handwerkskammern angeboten werden, zu erwerben, aber die Inanspruchnahme dieses Angebots scheitert wiederum in den meisten Fällen am knappen Zeitbudget der Unternehmer.

Eine strategisch geplante Internationalisierung wird also in erster Linie durch die **beschränkten Kapazitäten im Managementbereich** verhindert. Allerdings sollte aus dieser Feststellung nicht geschlossen werden, daß eine erfolgreiche Internationalisierung den Aufbau neuer Kapazitäten - wie z. B. Stabsabteilungen zur Unterstützung der strategischen Planung - bedingt. Denn gerade die geringe Unternehmensgröße, die flachen Hierarchien und die Betriebsnähe der Unternehmensleitung sind wesentliche Gründe für die Flexibilität, mit der Handwerksbetriebe erfolgreich am Markt operieren können (vgl. Piëst 1994, S. 394). Die Verlängerung der Entscheidungswege durch die Erweiterung der Managementkapazitäten würde dagegen die Flexibilität und Schnelligkeit der Handwerksbetriebe negativ beeinflussen und damit die internationale Wettbewerbsfähigkeit beeinträchtigen. Die handwerklichen Unternehmer müssen daher nach Wegen suchen, die ihnen einen gewissen Freiraum für die strategische Planung durch Entlastung vom Tagesgeschäft bieten.

Ein weiterer Faktor, der gegen die Nutzung der internationalen Vermarktungschancen durch die Handwerksbetriebe spricht, ist die Dominanz eines eher **konservativen Unternehmertyps** im Handwerk (vgl. Kucera 1989, S. 218). Wie die Analyse in Kapitel C.1.1.3 gezeigt hat, tendieren die entsprechenden Unternehmertypen eher zu der Marktdurchdringungsstrategie, die auf die angestammten Märkte ausgerichtet ist, als zu der Marktentwicklungsstrategie, die u. U. auch das Ausland einbezieht.

Damit stellen diese Unternehmer ihre Bemühungen von vornherein nicht auf die Internationalisierung ab. Sie würden ihr Verhalten wahrscheinlich auch dann nicht ändern, wenn ihnen die entsprechenden Instrumente des strategischen Managements zur Verfügung stünden. Es kann also gefolgert werden, daß vor Beginn eines aktiven Auslandsengagements der **Wille des Unternehmers** zur grenzüberschreitenden Tätigkeit vorhanden sein muß. Nur dann kann er die entsprechenden strategischen Vorbereitungen treffen, die Wettbewerbsvorteile des Betriebes zielgerichtet weiterentwickeln und auch seine Mitarbeiter auf die Internationalisierung einstellen (vgl. Welch/Luostarinen 1988, S. 51 f.).

Im Zuge der Übergabe der Handwerksbetriebe an eine jüngere Unternehmergeneration dürfte in Zukunft eine Veränderung in der grundsätzlichen Offenheit gegenüber einem Auslandsengagement zu beobachten sein. Diese Nachfolgegeneration ist nämlich im Gegensatz zu ihren Vorgängern unter grundsätzlich anderen gesellschaftlichen Bedingungen aufgewachsen, die durch die Globalisierung, die internationale Angleichung sozio-kultureller Trends, regelmäßige Auslandsreisen und weit verbreitete Fremdsprachenkenntnisse geprägt sind (vgl. Lingenfelder 1996, S. 289). Die dadurch gewonnene Vertrautheit mit der Situation im Ausland, sollte sich in einem stärkeren grenzüberschreitenden Engagement der kommenden Handwerkergenerationen niederschlagen[11].

Wenn jedoch der Schritt in die Internationalisierung erst einmal vollzogen wurde, können **dynamische Lernprozesse** innerhalb der Handwerksbetriebe einsetzen, welche die erwähnten Probleme der Unternehmen bei der Internationalisierung im Verlauf des Auslandsengagements lösen helfen. Die strategischen Managementdefizite werden sich z. B. im Zuge der transnationalen Tätigkeit vermindern, denn durch die Ansammlung von länder- und/oder regionsspezifischer Erfahrung erweitert sich auch der Entscheidungshorizont des handwerklichen Managements dergestalt, daß die Menge der überhaupt in das Entscheidungskalkül einbezogenen Alternativen zunehmend größer werden dürfte (vgl. Kappich 1989, S. 58).

Inwiefern dies auch Auswirkungen auf die Internationalisierungsformenwahl haben kann, soll im nächsten Kapitel diskutiert werden, wobei die damit zusammen hängenden strategischen Überlegungen und Entscheidungen sowie der Einfluß der Transaktionskosten im Mittelpunkt der Analyse stehen. Im Rahmen dessen sollen einige Kriterien aufgezeigt werden, anhand derer der handwerkliche Unternehmer die Wahl zwischen interner und externer Verwertung der firmenspezifischen Wettbewerbsvorteile treffen muß.

2.2 Prinzipielle Überlegungen zur Form des handwerklichen Auslandsengagements

Von den wenigen Handwerksbetrieben, die international tätig sind, beschränkt sich die überwiegende Zahl auf den reinen Export (vgl. Kapitel B.2.2). Für diese Wahl einer unternehmensinternen Verwertung der firmenspezifischen Wettbewerbsvorteile spricht v. a. die relativ geringe Transaktionskostenbelastung dieser Internationalisierungsform. Handwerksbetriebe können einen hohen Transaktionskostenaufwand in der Regel nicht tragen, da sie aufgrund ihrer Betriebsgröße nur über geringe Personal-, Kapital- und Managementkapazitäten verfügen.

---

[11] Bedenklich stimmt in diesem Zusammenhang jedoch die Prognose von Müller, der ein erhebliches Nachfolgerdefizit im Handwerk für die kommenden Jahre voraussagt (vgl. Müller 1997, S. 268).

Gegen die Nutzung der ausländischen Direktinvestition als weiterer Internalisierungsalternative sprechen allerdings die im allgemeinen geringen betrieblichen Ressourcen der Handwerksbetriebe, weil diese Internationalisierungsform sehr hohe Anforderungen an die Führungs- und Organisationsstruktur des Unternehmens stellt. Daher haben sich die meisten Handwerker mit dem Export für eine Form des Auslandseinsatzes entschieden, die in einem vergleichsweise geringen Umfang die betrieblichen Ressourcen beansprucht (vgl. Pleitner 1995, S. 540).

Die Frage ist nun, unter welchen Bedingungen auch eine Externalisierung, z. B. in Form einer grenzüberschreitenden Kooperation, für die Handwerksbetriebe in Betracht kommt. Die meisten Handwerker scheuen diese Form des Auslandsengagements insbesondere dann, wenn die Zusammenarbeit aufgrund einer gegenseitigen finanziellen Verflechtung mit beträchtlichen Einbußen an Selbständigkeit verbunden ist (vgl. Schiller 1996, S. 241 f.). Nur wenn das Innenverhältnis der Kooperation derart gestaltet wird, daß die Partner auch weiterhin ihre Unabhängigkeit und Entscheidungsfreiheit behalten, akzeptieren die Handwerksbetriebe diese Internationalisierungsform. In diesem Zusammenhang ist vor allem ein ausgeglichenes Machtverhältnis zwischen den Kooperationspartnern wichtig (vgl. Voléry 1996, S. 231).

Daher ist es vorteilhaft, wenn der Handwerker einen ausländischen **Partner mit gleichgerichteten Werthaltungen** findet, weil in diesem Fall c. p. leichter eine Übereinkunft über die Ziele und das Ausmaß der Kooperation gefunden werden kann (vgl. König u. a. 1994, S. 6 f.). Wesentliche Voraussetzung dafür ist jedoch die Schaffung eines **Vertrauensverhältnisses** zum ausländischen Kooperationspartner, weil dadurch die Furcht vor Übervorteilung durch den Partner gemindert und insgesamt die Stabilität der Kooperationsbeziehung steigen wird.

Damit werden auch gleichzeitig die Transaktionskosten der grenzüberschreitenden Kooperation sinken, da die Notwendigkeit zur Implementierung umfassender Absicherungsmechanismen tendenziell abnimmt. Eventuell auftretende Konflikte werden in einer auf Vertrauen basierenden Kooperation nämlich gewöhnlich nicht über institutionalisierte Wege (Gerichte etc.) gelöst, sondern im persönlichen Gespräch der Partner (vgl. Sahm 1986, S. 247 f.). Auch dieser Aspekt spricht also für eine größere Wahrscheinlichkeit einer zumindest teilweise externen Verwertung der firmenspezifischen Wettbewerbsvorteile im Handwerk, wenn der Unternehmer einen vertrauenswürdigen Partner findet.

Es ist aber im allgemeinen nicht zu erwarten, daß der handwerkliche Unternehmer sofort bei Beginn seines Auslandsengagements auf einen Partner trifft, mit dem er auf Anhieb vertrauensvoll zusammenarbeiten kann. Zum einen ist gewöhnlich eine mehr oder weniger stark ausgeprägte **kulturelle Distanz** zum prospektiven ausländischen Partner zu überwinden. Zum anderen bedarf es meistens einer **längerfristigen Geschäftsbeziehung**, ehe in deren Verlauf eine Atmosphäre gegenseitigen Vertrauens aufgebaut werden kann. Bei einer solchen dynamischen Betrachtung der handwerklichen Internationalisierung erscheint es durchaus möglich, daß ebenfalls Handwerksbetriebe, die zunächst eine unternehmensinterne Lösung, d. h. Export oder Direktinvestition, vorgezogen haben, später, nach Aufbau einer Vertrauensbeziehung zu einem ausländischen Geschäftspartner, eine Externalisierung durchführen.

Mit einer stärkeren Inanspruchnahme **grenzüberschreitender Kooperationen** wären für die Handwerksbetriebe einige Vorteile verbunden. Insbesondere könnten sie im Rahmen einer Vertriebskooperation von den lokalen Marktkenntnissen und Kontakten des ausländischen Partners profitieren. Dadurch würde ihnen z. B. der Aufbau von Kundenkontakten oder eines gegebenenfalls notwendigen eigenen Vertriebsnetzes erspart. Sie könnten also die damit zusammenhängenden Such- und Informationskosten zumindest erheblich vermindern und ihre begrenzten Ressourcen auf die Kreation und Weiterentwicklung ihrer Wettbewerbsvorteile konzentrieren.

Darüber hinaus ist auch die Übernahme von Dienstleistungen durch den ausländischen Partner denkbar; dies gilt insbesondere dann, wenn der Handwerksbetrieb nach Produkterstellung und -auslieferung auch Folgedienstleistungen wie Montage, Installation, Wartung und Reparatur anbietet. Ein Kooperation in diesem Bereich bietet den Vorteil, daß der Handwerksbetrieb keine eigenen Beschäftigten für diese Arbeiten abstellen muß. Die Voraussetzung dafür ist jedoch ein leistungsfähiger, fachlich kompetenter und zuverlässiger Partner. Denn wenn der Kooperationspartner nicht in der Lage ist, qualitativ hochwertige Dienstleistungen anzubieten, wird eine Inanspruchnahme seiner Dienste der Reputation des Handwerksbetriebs im Ausland schaden.

Durch die Zusammenarbeit mit einem ausländischen Partner können des weiteren u. U. neue, bislang nicht verfügbare Wettbewerbsvorteile geschaffen werden. Eine derartige strategische Allianz ist im Handwerk beispielsweise im Rahmen einer Partnerschaft von Betrieben mit einer

komplementären Produktpalette denkbar. Durch die Zusammenlegung und gegenseitige Ergänzung der Ressourcen könnte ein umfassendes Leistungsangebot im Sinne einer Komplettlösung für Kundenprobleme offeriert werden, das dem Abnehmer den Bezug sämtlicher Leistungen 'aus einer Hand' ermöglichen würde. Damit könnten die Kooperationspartner einen strategischen Wettbewerbsvorteil gegenüber solchen Konkurrenten erlangen, die weiterhin nur Teillösungen anbieten.

In der Regel zeigen sich die Vorzüge einer grenzüberschreitenden Kooperation allerdings erst langfristig, denn kurzfristig überwiegen im allgemeinen die Transaktionskosten (Partnersuche, zunächst notwendige Absicherungsmechanismen, Aufbau eines Vertrauensverhältnisses etc.). Daher handelt es sich bei der Externalisierung im Zuge des Auslandsengagements um eine **strategische Entscheidung** des handwerklichen Unternehmers, die auf die langfristige Sicherung einer vorteilhaften Wettbewerbsposition durch die Nutzung der Kapazitäten des Partners ausgerichtet ist.

Es zeigt sich also insgesamt, daß einige Gründe für die externe Verwertung von Wettbewerbsvorteilen im Rahmen des handwerklichen Auslandsengagements sprechen. Inwiefern die Handwerkskammern die Betriebe bei der strategischen Planung in diesem Zusammenhang unterstützen können, soll in nächsten Kapitel erläutert werden.

2.3 Die Rolle der Handwerkskammern bei der Internationalisierung

Im Hinblick auf die strategische Ausrichtung der handwerklichen Internationalisierung wirken die Maßnahmen der Handwerkskammern in zwei Bereichen unterstützend: Zum einen helfen sie den Betrieben, die im Zuge des Auslandsengagements auftretenden Transaktionskosten möglichst gering zu halten, zum anderen haben sie durch den direkten Kontakt mit den Mitgliedsunternehmen die Gelegenheit, deren strategische Planung zu beeinflussen. In diesem Kapitel sollen die einzelnen Maßnahmen jedoch nicht eingehend diskutiert (vgl. dazu Kapitel E.2), sondern nur ein kurzer Überblick über den prinzipiellen Einfluß der Handwerkskammern auf das Internationalisierungsverhalten der Handwerksbetriebe gegeben werden.

Die Handwerkskammern bieten den Betrieben eine Reihe von Dienstleistungen an, die im Rahmen des Auslandsengagements tendenziell transaktionskostensenkend wirken. So halten sie z. B. Informationen bereit, deren Sammlung für das einzelne Unternehmen mit beträchtlichem Aufwand verbunden wäre. Als Beispiel seien hier **Markt- und Branchenanalysen** aufgeführt, welche die Kammern in Zusammenarbeit mit den Betrieben erstellen (vgl. ZDH 1995, S. 24).

Im Rahmen dieser Analysen werden die grundsätzlichen Vermarktungschancen eines Unternehmens auf einem ausgewählten Auslandsmarkt untersucht, so daß der Handwerker selbst keine umfangreichen Recherchen zu Absatzpotential, Kundenstruktur, Konkurrenzsituation etc. auf diesem Markt durchführen muß. Dieses Angebot der Kammern erspart dem Unternehmen damit einerseits einen gewissen Teil des Informationsaufwands andererseits aber u. U. auch die Kosten eines eventuellen Fehlschlags, wenn die Analyse negativ ausfällt und der Betrieb daraufhin Abstand von einer Bearbeitung dieses Marktes nimmt.

Ebenfalls transaktionskostensenkend wirkt für die Mitgliedsbetriebe die Unterstützung der Kammern im Bereich der Vermarktung ihrer Produkte im Ausland. Hierbei ist neben der Erstellung von internationalen **Branchen- und Zulieferverzeichnissen**, in die sich die Handwerksbetriebe eintragen lassen können, v. a. auch die Organisation von **Gemeinschaftsständen** des Handwerks durch die Kammern auf in- und ausländischen Messen hervorzuheben (vgl. ZDH 1995, S. 30 f.).

Durch die absatzfördernden Unterstützungsaktivitäten wird den Handwerksbetrieben ein transaktionskostensparendes Forum geboten, um mit ausländischen Abnehmern in Kontakt zu treten. Viele Unternehmen können sich eigene, zielgerichtete Marketingaktivitäten im Ausland aufgrund ihrer begrenzten Ressourcen nicht leisten und sind daher ohne diese Unterstützung oftmals auf mehr oder weniger zufällige Kontakte angewiesen.

Dieses Angebot im Bereich des Auslandsmarketings kann aber darüber hinaus auch dazu dienen, den Handwerksbetrieben einen ersten Anstoß zum grenzüberschreitenden Engagement zu geben. Wenn dem Unternehmer der eigenständige Aufbau von Kundenkontakten im Ausland zu aufwendig erscheint und er sich deshalb auf den Heimatmarkt beschränkt, so kann die Unterstützung der Kammern eine Anregung zum Test der grundsätzlichen Absatzchancen im Ausland darstellen. In der

Folge kann daraus eine grundsätzliche Änderung der Unternehmensstrategie dahingehend resultieren, daß nun auch der Auslandsmarkt in den strategischen Kalkül einbezogen wird.

In ähnlicher Weise kann auch die Betriebsberatung, insbesondere die **Exportberatung** der Handwerkskammern wirken, denn hier diskutieren Kammermitarbeiter in Zusammenarbeit mit den Unternehmern u. a. auch die strategische Ausrichtung des Betriebes (vgl. ZDH 1995, S. 23 f.). Im Rahmen dessen kann der Berater Möglichkeiten aufzeigen, die der Unternehmer selbst noch nicht in Betracht gezogen hat, und dadurch gegebenenfalls neue Entwicklungen bezüglich der strategischen Vorgehensweise anstoßen. Denkbar ist infolgedessen z. B. ein Willensbildungsprozeß innerhalb des Unternehmens, der dazu führt, daß der Handwerksbetrieb seine Strategie darauf ausrichtet, durch eine zielgerichtete Weiterentwicklung der firmenspezifischen Wettbewerbsvorteile langfristig eine günstige Marktposition im Ausland zu erreichen.

3. Zusammenfassung der theoretischen Analyse und Anforderungen an die angewandte Forschung

Die bisherige Analyse des Auslandsengagements von Handwerksbetrieben anhand der vorliegenden Literatur hat drei wesentliche Merkmale des handwerklichen Internationalisierungsverhaltens identifiziert:

1. Nur wenige Handwerker wagen bislang den Schritt auf ausländische Märkte.

Bislang ist eine ausländische Geschäftstätigkeit in erster Linie bei Betrieben, die dem warenproduzierenden Handwerk angehören, sowie bei Handwerkern, die in Grenzregionen angesiedelt sind, zu beobachten.

2. Die handwerkliche Internationalisierung beschränkt sich in der Regel auf den Export.

Diejenigen Handwerksbetriebe, die international tätig sind, bevorzugen in den meisten Fällen eine internalisierte Lösung, wobei der Export eindeutig den Schwerpunkt bildet. Die ausländische Direktinvestition als eine weitere unternehmensinterne Form der Internationalisierung wird dagegen weitgehend vernachlässigt. Eine Externalisierung der firmenspezifischen Wettbewerbsvorteile, z. B. durch eine grenzüberschreitende Kooperation, findet hingegen nur selten statt.

3. Es gibt ein beträchtliches Internationalisierungspotential im Handwerk.

Insbesondere Betriebe des warenproduzierenden Handwerks sind häufig auch überregional tätig. Sie zeigen damit, daß sie über Wettbewerbsvorteile verfügen, die auch auf geographisch weiter gefaßten Märkten verwertet werden können. Die Bearbeitung von Auslandsmärkten sollte ihnen demnach weitere Absatzchancen eröffnen. Dennoch scheuen viele Handwerker vor dem Schritt in die Internationalisierung zurück.

Diese Charakteristika des handwerklichen Internationalisierungsverhaltens lassen sich durch einige spezifische Eigenarten des Handwerks erklären, die im folgenden thesenartig zusammengefaßt werden sollen:

- **Die Persönlichkeit des Unternehmers spielt eine herausragende Rolle bei der handwerklichen Internationalisierung.**

In diesem Zusammenhang sind vor allem zwei Aspekte von entscheidender Bedeutung:

⇒*Die meisten handwerklichen Unternehmer gehören zu einem eher konservativen Unternehmertypus, der einer Internationalisierung tendenziell ablehnend gegenübersteht.*

Viele Unternehmer aus dem handwerklichen Bereich ziehen ein Auslandsengagement nicht in Betracht, obwohl ihr Betrieb durchaus über international verwertbare firmenspezifische Wettbewerbsvorteile verfügt und damit grundsätzlich für eine Internationalisierung geeignet ist. Teilweise sprechen nachvollziehbare objektive Gründe gegen eine transnationale Geschäftstätigkeit (geringe Betriebsgröße, Sprach- sowie kulturelle Probleme), dennoch verbleibt ein nicht unerheblicher Rest von Handwerksbetrieben, bei denen der Unternehmer aus Gründen, die in seiner Persönlichkeitsstruktur und Werthaltung basieren, das Auslandsengagement scheut. Einen Wandel verspricht hier allerdings die in die handwerkliche Unternehmensleitung strebende Nachfolgegeneration, da sie in der Regel über bessere Sprachkenntnisse sowie über eine größere Aufgeschlossenheit gegenüber dem Auslandsgeschäft verfügt.

⇒*Handwerksbetriebe vernachlässigen die strategische Planung bei der Internationalisierung.*

In der Regel erledigt der handwerkliche Unternehmer alle dispositiven Aufgaben allein und arbeitet in kleineren Betrieben darüber hinaus aktiv in der Produktion mit. Die strategische Planung wird u. a. auch aufgrund dieser Aufgabenkonzentration von vielen Unternehmern vernachlässigt. Ein weiterer Grund für das Strategiedefizit im Handwerk ist in der technisch orientierten Ausbildung zu sehen. Gerade auch die Meisterausbildung als conditio sine qua non der handwerklichen Betriebsgründung weist Mängel in der Vermittlung von Managementwissen auf, so daß der handwerkliche Unternehmer die internationalen Verwertungspotentiale seiner firmenspezifischen Wettbewerbsvorteile oftmals gar nicht erkennt bzw. seine Absatzchancen eher intuitiv als strategisch geplant wahrnimmt.

Erschwerend kommt hinzu, daß Handwerksbetriebe aufgrund ihrer geringen Größe keine Stabsabteilungen unterhalten und nur in geringem

Umfang kaufmännische Angestellte beschäftigen, so daß der Betriebsleiter auch von dieser Seite kaum Unterstützung bei Planungsaufgaben bekommt. Dieser Umstand ist insbesondere im Hinblick auf die Internationalisierung bedenklich, denn ein Auslandsengagement erfordert aufgrund der besonderen Rahmenbedingungen eine sorgfältige strategische Planung.

- **Das handwerkliche Auslandsgeschäft wird durch Transaktionskosten erheblich belastet.**

Das wirkt sich in zweierlei Hinsicht aus:

⇒*Viele Handwerksbetriebe scheuen aufgrund der hohen Transaktionskosten von vornherein das Auslandsengagement.*

Im Rahmen einer grenzüberschreitenden Tätigkeit fallen Transaktionskosten c. p. stärker ins Gewicht als bei einem rein nationalen Engagement. Der Grund hierfür liegt hauptsächlich in der Unsicherheit der handwerklichen Unternehmer aufgrund mangelnder Informationen über die Gegebenheiten und Usancen auf dem Auslandsmarkt. Die beschränkten personellen, organisatorischen und finanziellen Kapazitäten erlauben es den Handwerksbetrieben aber im allgemeinen nicht, den Faktor Unsicherheit in befriedigender Weise zu vermindern, so daß viele Handwerker den Schritt auf den Auslandsmarkt nicht wagen und sich statt dessen weiterhin auf den nationalen bzw. regionalen Markt beschränken.

⇒*Die Vertiefung einer bestehenden internationalen Zusammenarbeit wird nur von wenigen Handwerkern angestrebt.*

Bei der grenzüberschreitenden Suche nach Kooperationspartnern fallen ebenfalls vergleichsweise höhere Transaktionskosten an als auf dem Heimatmarkt. Ein wichtiger Aspekt ist hierbei neben der grundsätzlich größeren geographischen Distanz auch der kulturelle Unterschied zwischen dem deutschen Handwerker und dem ausländischen Partner, der den Aufbau einer vertrauensvollen Zusammenarbeit erschweren kann. Dieser Punkt ist insofern für die handwerkliche Internationalisierung von besonderer Bedeutung, als persönliche Beziehungen im geschäftlichen Verkehr für den Handwerker eine herausgehobene Rolle spielen.

Ein wichtiger Einfluß kommt den Transaktionskosten auch bei der Wahl der Internationalisierungsform zu, wobei sich die Handwerksbetriebe hierbei, wie bereits erwähnt, fast ausschließlich auf den Export beschränken und somit die Chancen einer vertieften internationalen Zusammenarbeit, z. B. in Form einer grenzüberschreitenden Kooperation, weitgehend außer acht lassen.

- **Die handwerkliche Internationalisierung wird durch die Besonderheiten des Sektors geprägt.**

Hierbei muß zwischen betrieblichen und außerbetrieblichen Faktoren unterschieden werden.

⇒Die Kernfähigkeiten der Handwerksbetriebe basieren auf dem Wissen und Können des Unternehmers sowie der ausgebildeten Fachkräfte.

Die handwerkliche Produktionsweise ist sehr humankapitalintensiv; oftmals sind Dienstleistungen integraler Bestandteil des handwerklichen Produktangebots. Die hohe Qualität der handwerklichen Leistungen wird durch die umfassende Ausbildung gewährleistet, die den Aufbau eines qualifizierten Wissens- und Könnenspools ermöglicht, mit dessen Hilfe international verwertbare Wettbewerbsvorteile herausgearbeitet werden können. Allerdings erschwert die personalgebundene Art der Leistungserstellung häufig die Überbrückung größerer geographischer Distanzen.

⇒Die firmenspezifischen Wettbewerbsvorteile der Handwerksbetriebe sind: Qualität, Flexibilität, Spezialisierung und Innovationskraft.

Durch die hohe Beanspruchung des Produktionsfaktors Arbeit können Handwerksbetriebe nicht von den 'economies of scale' profitieren, die bei größeren Unternehmen zur Kostendegression führen. Daher eignen sie sich im allgemeinen nicht für die Bedienung eines breiten Marktsegmentes. Erfolg verspricht dagegen für den Handwerker die Spezialisierung auf eine Marktnische, da er hier schnell, flexibel und innovativ auf den individuellen Bedarf der Kunden reagieren kann, die in einem solchen Markt insbesondere auf eine hohe Qualität Wert legen. Eine herausgehobene Rolle spielt hierbei die 'Nichtverfügbarkeit' der handwerklichen Produkte durch andere Anbieter, denn die Handwerksbetriebe sind aufgrund ihrer speziellen Wettbewerbsparameter in der Lage, insbesondere heterogene Kundenwünsche gezielt zu befriedigen. Diese Wettbewerbsvorteile lassen sich auch international verwerten.

⇒Außerbetriebliche Faktoren beeinflussen die internationale Wettbewerbsfähigkeit der Handwerksbetriebe.

Die hohe Qualität der handwerklichen Aus- bzw. Weiterbildung - eine wesentliche Quelle der Kernfähigkeiten im Handwerk - wird besonders auch durch die Unterstützung der Handwerkskammern sowie staatlicher Stellen in diesem Bereich gewährleistet. Die anspruchsvollen deutschen Abnehmer der handwerklichen Leistungen zwingen die Betriebe zur fortlaufenden Verbesserung der Produkte und sorgen somit indirekt für eine nachhaltige Erhöhung der handwerklichen Wettbewerbsfähigkeit. Die große Zahl von Klein- und Mittelbetrieben in Deutschland gewährleistet ein kompetitives Umfeld für die Handwerksbetriebe, das einerseits die Konkurrenzfähigkeit ständig herausfordert und das andererseits immer wieder Impulse für die Weiterentwicklung von Produkten und Produktionsprozessen gibt. Schließlich spielen die Handwerkskammern durch ihre Beratungsleistungen eine bedeutende Rolle bei der Kreation und nachhaltigen Aufrechterhaltung der firmenspezifischen Wettbewerbsvorteile der Handwerksbetriebe.

⇒Die Handwerkskammern spielen eine wichtige Rolle bei der Senkung der Transaktionskosten im Rahmen der Internationalisierung.

Die Handwerkskammern helfen ihren Mitgliedsbetrieben mit einem vielfältigen Dienstleistungsangebot bei der Internationalisierung. Sie vermitteln z. B. Informationen über ausländische Märkte, beraten bei der Planung und Durchführung des Auslandsengagements und unterstützen die Handwerksbetriebe darüber hinaus bei der Suche nach Geschäftspartnern im Ausland. Damit bieten die Handwerkskammern den Betrieben Hilfestellungen bei Problemen an, die z. T. mit hohen Transaktionskosten verbunden sind, und senken somit die Hemmschwelle für den Beginn bzw. die Vertiefung der Internationalisierung.

Als Fazit der theoretischen Analyse läßt sich festhalten, daß die handwerkliche Internationalisierung insbesondere durch zwei Engpaßfaktoren begrenzt wird: der **persönlichen Einstellung des Handwerksunternehmers** und den hohen **Transaktionskosten** im Rahmen des Auslandsengagements. Für die empirische Forschung stellt sich nunmehr die Frage, welche Faktoren die Handwerksbetriebe auszeichnen, die trotz der aufgezeigten Probleme erfolgreich im Ausland tätig sind.

Die empirische Analyse wird sich bei der Beantwortung dieser Frage auf fünf Schwerpunkte konzentrieren:

- Erstens ist zu klären, über welche **firmenspezifischen Wettbewerbsvorteile** die im Auslandsgeschäft erfolgreichen Handwerksbetriebe verfügen und auf welchen für den jeweiligen Betrieb charakteristischen Kernfähigkeiten sie beruhen.
- Zweitens soll die **Rolle des Unternehmers** bei der handwerklichen Internationalisierung untersucht werden. Im Vordergrund steht hierbei die Frage, inwieweit die Werthaltungen des Handwerker-Unternehmers die strategische Planung der internationalen Geschäftstätigkeit beeinflussen und ob die persönliche Leistungsfähigkeit des Handwerksmeisters (z. B. Sprachkenntnisse) für den Erfolg des Auslandsengagements entscheidend ist.
- Drittens sollen die **Transaktionskosten** im Rahmen der transnationalen Tätigkeit analysiert werden. Hierbei stehen insbesondere die Probleme bei der Vertiefung des Auslandsengagements bzw. bei der Wahl der Internationalisierungsform im Mittelpunkt der Betrachtung. Wichtige Erkenntnisse dürfte in diesem Zusammenhang auch die Analyse der unternehmensinternen Organisation des internationalen Geschäfts vermitteln.
- Viertens wird die Bedeutung des **Unternehmensstandortes** betrachtet werden, wobei der Fokus auf den unterschiedlichen Internationalisierungsstrategien binnenländischer und grenznaher Handwerksbetriebe liegen wird.
- Fünftens soll schließlich der Einfluß von **Fördermaßnahmen** auf die Internationalisierung des Handwerks untersucht werden. Zu fragen ist dabei vor allem, ob die Unterstützung zielgerichtet und der Problemstellung angemessen ist.

D Empirische Analyse des Internationalisierungsverhaltens von Handwerksbetrieben

1. Grundzüge des Untersuchungsmodells

1.1 Die Internationalisierung als dynamischer Entwicklungsprozeß

Die theoretische Analyse hat gezeigt, welche Ausprägung die Internationalisierung bei den Handwerksbetrieben im allgemeinen annimmt: Auch bei einem zunehmenden Auslandsengagement beschränken sich die Handwerker in der Regel auf den Export und ziehen nur in wenigen Fällen alternative Internationalisierungsformen in Betracht, die, wie z. B. eine grenzüberschreitende Kooperation oder eine Direktinvestition, ein stärkeres unternehmerisches und finanzielles Engagement implizieren.

Sogenannte **Strukturmodelle des Internationalisierungsprozesses** (vgl. Johanson/Wiedersheim-Paul 1975 sowie Johanson/Vahlne 1977), die davon ausgehen, daß sich die Organisationsform der grenzüberschreitenden Tätigkeit mit zunehmendem Auslandsengagement verändert - d. h. z. B. vom Export über grenzüberschreitende Kooperationen bis hin zur Direktinvestition -, können das handwerkliche Internationalisierungsverhalten aus diesem Grunde nur bedingt erklären, denn rein äußerlich betrachtet - mit der gewählten Internationalisierungsform als Indikator - verharren die meisten Handwerker statisch beim Export als Form der Auslandsmarktbearbeitung. Einen Erklärungsansatz für betriebsinterne Entwicklungsprozesse innerhalb der internationalisierenden Handwerksbetriebe und ihre Folgen für das Auslandsengagement bieten diese theoretischen Modelle nicht.

Zur Untersuchung der dynamischen Entwicklung des handwerklichen Auslandsengagements eignen sich hingegen die sogenannten **Verhaltensmodelle der Internationalisierung** sehr gut. Sie fassen die grenzüberschreitende Tätigkeit als einen langsamen Entwicklungsprozeß auf, der durch inkrementale Entscheidungen aufgrund von Lernprozessen in klar abgrenzbaren Phasen vorangetrieben wird, ohne daß notwendigerweise die Internationalisierungsform geändert wird (vgl. dazu z. B. Bilkey/Tesar 1977 sowie Cavusgil/Godiwalla 1982). Stellvertretend wird in

Tabelle 2 das **Phasenschema** von Bilkey und Tesar vorgestellt, die dieses Modell als erste für Klein- und Mittelbetriebe adaptierten (vgl. Bilkey 1978, S. 93):

Tab. 2	**Phasenschema der Internationalisierung**
Phase 1	Die Unternehmensleitung hat kein Interesse am Export, nicht einmal aufgrund von zufälligen Anfragen.
Phase 2	Der Betrieb übernimmt zufällig an ihn herangetragene Exportaufträge, das Management prüft aber nicht die Möglichkeit eines eigenständigen Exportengagements.
Phase 3	Die Unternehmensleitung prüft aktiv die Möglichkeit eines eigenständigen Exportengagements.
Phase 4	Das Unternehmen exportiert auf experimenteller Basis in ‘psychisch’ nahe Länder.
Phase 5	Der Betrieb hat Exporterfahrung in einem Land gewonnen und optimiert den Export durch Anpassung an die sich ändernden Voraussetzungen (Wechselkurse, Zölle etc.).
Phase 6	Die Unternehmensleitung prüft die Möglichkeit des Exports in weitere, ‘psychisch’ entferntere Länder.

Intuitiv einleuchtend, aber schwierig umzusetzen, ist das Konstrukt der unterschiedlichen **‘psychischen’ Distanz** zu Auslandsmärkten (vgl. Miesenböck 1989, S. 34). Müller und Köglmayr definieren es in der Weise, „daß unter sonst gleichen Bedingungen die Neigung, mit einem distanziert wahrgenommenen Land Geschäftsbeziehungen aufzunehmen, geringer ist, als wenn Gefühle der Nähe, Gleichartigkeit etc. vorherrschen“ (Müller/Köglmayr 1986, S. 788 f.).

Allerdings weist das Modell im Hinblick auf die Phasenabgrenzung methodische und konzeptionelle Schwächen auf, welche die Operationalisierbarkeit für den handwerklichen Internationalisierungsprozess einschränken (vgl. Thelen 1993, S. 20 ff.). Für die empirische Analyse wird daher nur der grundlegende Gedanke dieses theoretischen Konstrukts - die **Internationalisierung als eine durch Lernprozesse gelenkte, schrittweise Entwicklung** - unter Vernachlässigung der Phasenschemata übernommen.

Das in der vorliegenden Arbeit verwendete Untersuchungsmodell geht dabei von der Annahme aus, daß die handwerkliche Internationalisierungsstrategie[1] zu Beginn der grenzüberschreitenden Geschäftstätigkeit von **betriebsexogenen und -endogenen Faktoren** beeinflußt wird. Im Verlauf des Auslandsengagements kommen dann **firmeninterne Lernprozesse** hinzu, die auf die endogenen Faktoren wirken, und die damit wiederum das strategische Denken und die Vorgehensweise im Rahmen der Internationalisierung verändern können (vgl. Haahti 1995, S. 2). Dieser Gedankengang wird in Abbildung 8 graphisch verdeutlicht.

Die Abbildung zeigt, daß Lerneffekte im Verlauf des Internationalisierungsprozesses bei den Handwerksbetrieben nicht unbedingt zu einer Änderung der Internationalisierungsstrategie führen müssen. Es ist also durchaus denkbar, daß auch im Auslandsgeschäft schon erfahrene Unternehmer die zu Beginn der grenzüberschreitenden Tätigkeit eingeschlagene Richtung trotz oder vielleicht gerade aufgrund der gesammelten Auslandserfahrung beibehalten, sich also z. B. dauerhaft auf den Export beschränken.

In der folgenden empirischen Analyse des Internationalisierungsverhaltens von Handwerksbetrieben sollen die Auswirkungen von Lerneffekten auf die Auslandsstrategie verdeutlicht werden; im folgenden Kapitel werden dazu zunächst einige Hypothesen aufgestellt, die im weiteren Verlauf der Untersuchung empirisch überprüft werden sollen. Dabei stehen die **dynamischen Aspekte des Internationalisierungsverhaltens** im Vordergrund.

---

[1] Die in Abbildung 8 aufgeführte Unterscheidung in 'aktive' und 'passive' Internationalisierung wird in Kapitel D.3.2.2.1 ausführlich erläutert.

Abb. 8: Beeinflussung der Internationalisierungsstrategie durch Lernprozesse

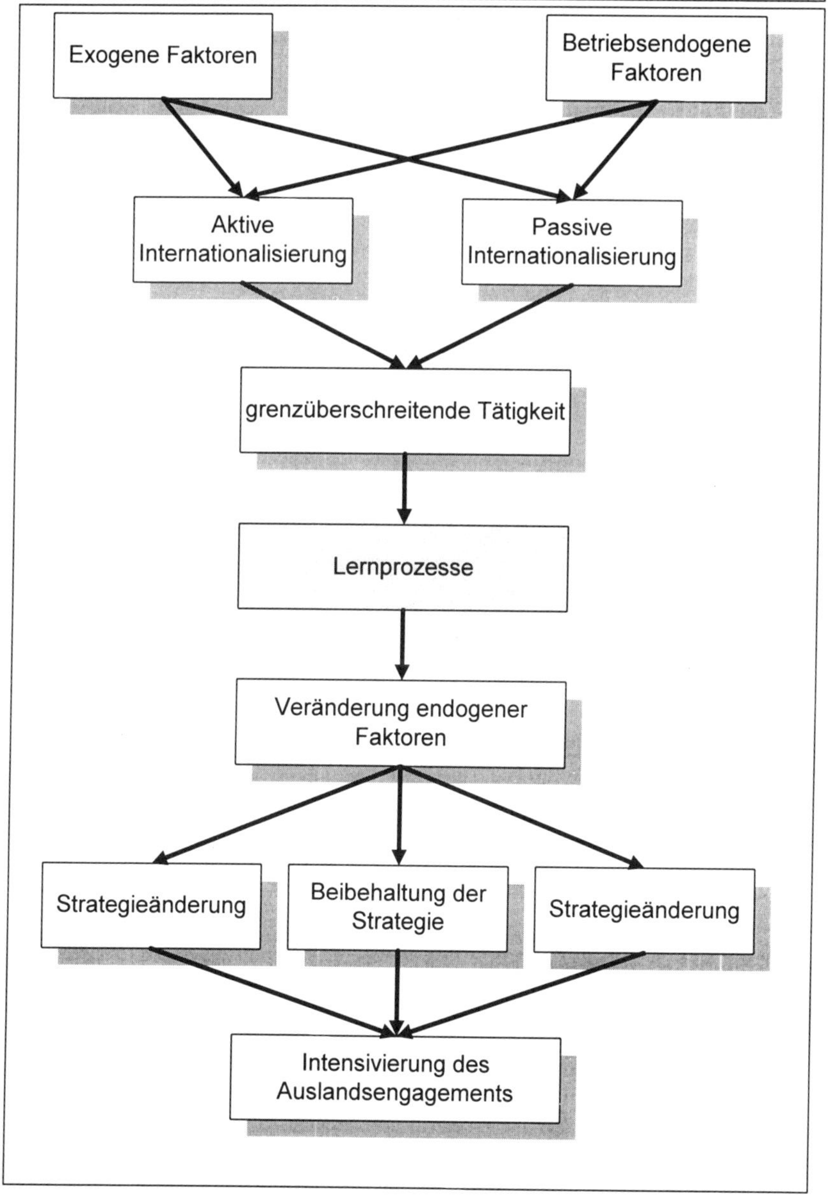

1.2 Untersuchungshypothesen zum handwerklichen Internationalisierungsverhalten

Ein besonderes Augenmerk muß bei einer Studie des Internationalisierungsverhaltens von Handwerksbetrieben auf die Faktoren gelegt werden, welche die strategische Ausrichtung des Auslandsengagements beeinflussen. Basierend auf den Erkenntnissen der theoretischen Analyse werden in Tabelle 3 anhand ausgewählter Variablen Hypothesen über das handwerkliche Internationalisierungsverhalten aufgestellt. Die in der Abbildung enthaltenen Aussagen stellen theoretische Überlegungen dar, die durch die empirische Analyse erst noch bestätigt oder widerlegt werden müssen; das Kapitel, das sich mit den jeweiligen Variablen beschäftigt, ist in der dritten Spalte der Tabelle aufgeführt.

Die theoretische Analyse hat verdeutlicht, daß die Variablen **Unternehmerpersönlichkeit**, **Transaktionskosten** sowie grenznaher oder binnenländischer **Standort** des Betriebes das Internationalisierungsverhalten besonders stark beeinflussen können. Im Gegensatz zu den übrigen Variablen werden sie daher als Determinanten des handwerklichen Internationalisierungsverhaltens im Mittelpunkt der Untersuchung stehen.

Die Vorgehensweise im Rahmen der empirischen Analyse wird sein, daß zunächst der Einfluß ausgewählter Variablen auf die strategische Ausrichtung des Auslandsengagements der interviewten Handwerksbetriebe unter statischen Gesichtspunkten beschrieben wird. In Kapitel drei wird danach der dynamische Zusammenhang zwischen der Unternehmerpersönlichkeit, den Transaktionskosten sowie dem Unternehmensstandort und der Internationalisierungsstrategie untersucht. Das vierte Kapitel wendet sich dann den Auswirkungen des Auslandsengagements auf die übrigen Variablen zu.

Tab. 3: Theoretische Hypothesen zum handwerklichen Internationalisierungsverhalten

Variable	Generelle Vermutung bzw. Hypothese	Befunde in Kapitel D ...
Unternehmensstandort	Grenznahe Betriebe werden eher aktiv im Ausland tätig als binnenländische Unternehmen.	3.3
Unternehmensgröße	Kleinere Betriebe sind kaum auf internationalen Märkten aktiv; größere Unternehmen weisen einen höheren prozentualen Auslandsumsatz auf.	2.1
Branchenzugehörigkeit	Insbesondere Handwerksbetriebe, die für den gewerblichen Bedarf produzieren, werden im Export tätig, während die übrigen Gewerbegruppen im Auslandsgeschäft unterrepräsentiert sind.	2.1
Kapitaleigner	Familienbetriebe haben durch ihre Eigenkapital- und Personalstruktur Schwierigkeiten bei einem vertieften Auslandsengagement.	2.1
Wettbewerbsvorteile	Die international verwertbaren handwerklichen Wettbewerbsvorteile sind Qualität, Flexibilität, Spezialisierung und Innovationskraft.	2.2.1; 4.2.2
Leistungsangebot	International erfolgreiche Handwerksbetriebe sind auf kundenspezifische Problemlösungen für Nischenmärkte spezialisiert und bieten nur in einem geringen Umfang Dienstleistungen im Ausland an.	2.1; 2.2.1; 4.2.2
Technologiegehalt der Produkte	Im Ausland tätige Handwerker exportieren Produkte mit einem vergleichsweise hohen Technologiegehalt.	2.2.1; 4.2.2
Unternehmerpersönlichkeit	Die Unternehmerpersönlichkeit ist eine bedeutende Determinante der Internationalisierungsstrategie, wobei die Absatzstrategie wesentlich vom Unternehmertyp beeinflußt wird.	3.2
Mitarbeiterqualifikation	Die auslandsspezifische Mitarbeiterqualifikation (Sprachkenntnisse, Auslandserfahrung) ist eine Voraussetzung für die handwerkliche Exporttätigkeit.	2.2.2; 4.2.3

Variable	Generelle Vermutung bzw. Hypothese	Befunde in Kapitel D ...
Wettbewerbssituation	Aufgrund ihres besonderen Leistungsangebots haben die Betriebe nur wenige ausländische Konkurrenten, befinden sich auf dem Heimatmarkt aber in einem scharfen Wettbewerb; ihre Wettbewerbsfähigkeit stützt sich auf eine qualitativ hochwertige Inlandsnachfrage. Durch die internationale Tätigkeit verbessert sich die Wettbewerbsposition der im Ausland engagierten Handwerksbetriebe auf dem Heimatmarkt.	2.3.1; 4.2.2
Transaktionskosten	Die kulturelle und geographische Distanz zu den Auslandsmärkten resultiert in - gegenüber dem Inlandsgeschäft - höheren Transaktionskosten, die v.a. die Internationalisierungsformenwahl beeinflussen.	3.1
Internationalisierungsstrategie	Die international tätigen Handwerksbetriebe konzentrieren sich in erster Linie auf die Marktdurchdringungsstrategie und verfolgen im Ausland die Marktentwicklungsstrategie unter Vernachlässigung der Diversifikationsstrategie.	3.1.2; 3.2.2; 3.3.2; 4.2.1
Internationalisierungsform	Im Ausland aktive Handwerker beschränken sich auf den Export und vermeiden ein tiefergehendes Auslandsengagement z.B. in Form von grenzüberschreitenden Kooperationen oder Direktinvestitionen.	3.1.2; 3.2.2; 3.3.2; 4.2.1
Auslandsmärkte	Im wesentlichen beschränken die Handwerker ihr Auslandsgeschäft auf die EU-Länder.	3.3.2.2
Auslandsumsatz	Die Handwerksbetriebe konzentrieren ihre Geschäftstätigkeit auf den heimischen Markt und erwirtschaften nur relativ geringe Umsatzanteile im Ausland.	2.1; 4.1

2. Situationsanalyse international tätiger Handwerker

2.1 Allgemeine Strukturmerkmale der international tätigen Handwerksbetriebe

Zu Beginn der empirischen Analyse des handwerklichen Internationalisierungsverhaltens sollen die im Panel vertretenen Unternehmen zur Klärung der Datengrundlage anhand ausgewählter Strukturmerkmale charakterisiert werden[2]. Im einzelnen werden die Betriebe anhand ihrer regionalen Herkunft nach **Handwerkskammerbezirken**, ihrer Betriebsgröße, der Branchen- bzw. **Handwerksgruppenzugehörigkeit**, der Bedeutung des **Auslandsumsatzes** sowie der Klassifizierung als **Familienbetrieb** charakterisiert.

Im Rahmen der Befragung wurden insgesamt 34 Handwerksbetriebe aus sechs Handwerkskammerbezirken interviewt. Damit konnten sowohl Regionen erfaßt werden, die an ein europäisches Nachbarland angrenzen, als auch solche, die keine internationale Grenze tangieren (vgl. dazu Kapitel D.3.3). Abbildung 9 zeigt die Verteilung der befragten Betriebe nach Regionen.

Abb. 9: Handwerkskammerbezirke der befragten Handwerksbetriebe

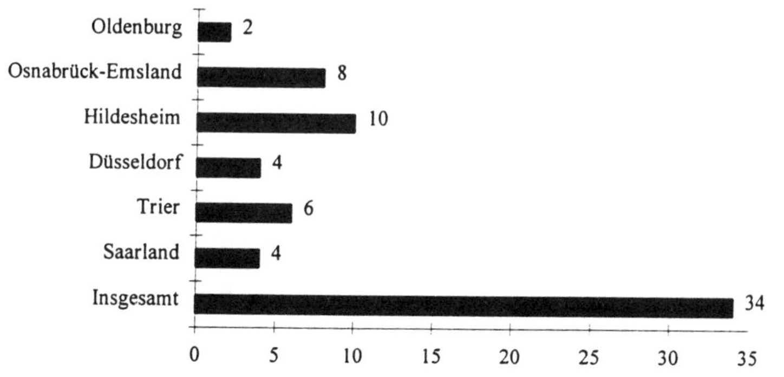

[2] Eine tabellarische Übersicht über die in die Befragung einbezogenen Unternehmen befindet sich in Anhang II.

Mit dem Unternehmenspanel konnte, wie Abbildung 10 verdeutlicht, hinsichtlich der **Betriebsgröße** ein großes Spektrum vom Ein-Mann-Betrieb bis zu Unternehmen mit über 200 Mitarbeitern abgedeckt werden. Der Hauptteil der befragten Unternehmen gehört zur Klasse der Kleinbetriebe mit 20-100 Beschäftigten.

Auffällig ist, daß auch vier Mikrobetriebe in der Befragung vertreten sind - zwei von ihnen sogar Ein-Mann-Betriebe. Das widerspricht der häufig geäußerten Hypothese[3], daß kleinere Betriebe nicht erfolgreich international tätig sein können.

Abb. 10: Betriebsgrößenklassen der befragten Unternehmen[4]

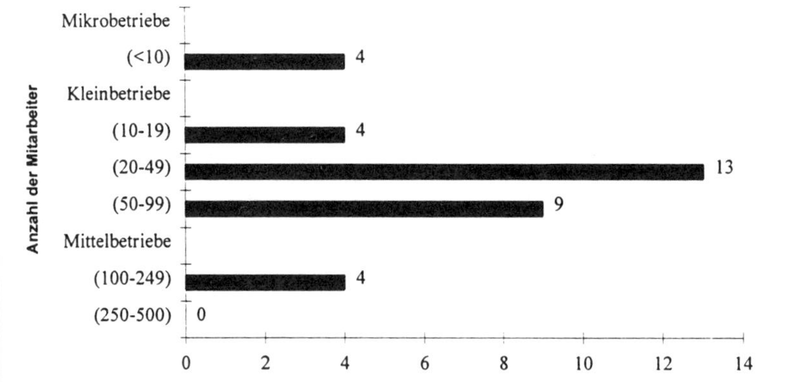

---

[3] Vgl. dazu z. B. Cavusgil/Naor (1987), die eine positive Korrelation zwischen Betriebsgröße und Auslandsengagement empirisch belegen konnten, während Calof (1993) sowie Ali/Swiercz (1991) zu einem gegenteiligen Ergebnis kamen. Wagner (1995, S. 35) stellt hingegen fest, daß die Korrelation von Firmengröße und Auslandsumsatz zwar positiv ist, aber mit steigender Humankapitalintensität, größerem heimischen Marktanteil und zunehmender Verwendung fortschrittlicher Technologie abnimmt. Eine umfassende Literaturübersicht zu früheren Forschungsergebnissen bietet Miesenböck (1988, S. 46).

[4] Die in der Abbildung verwendete definitorische Unterteilung der Betriebsgrößenklassen in Mikro-, Klein- und Mittelbetriebe hat sich innerhalb der EU mittlerweile als Standard durchgesetzt. Nach dieser Definition werden Unternehmen mit mehr als 500 Beschäftigten als Großbetriebe bezeichnet (vgl. dazu z. B. European Network for SME Research 1994, S. 18).

Dieses Ergebnis wird, wie aus Abbildung 11 ersichtlich, dadurch bestätigt, daß **kein eindeutiger Zusammenhang** dahingehend zu erkennen ist, daß mit steigender Betriebsgröße der Auslandsumsatz zunimmt. Das Gegenteil scheint sogar der Fall, denn die logarithmierte Trendlinie verläuft fast parallel zur Abzisse und weist -insbesondere im Bereich der kleineren Betriebe - sogar eine negative Neigung auf, wie die nebenstehende Formel zeigt[5].

Bei den Aussagen über den Zusammenhang zwischen internationaler Geschäftstätigkeit und Betriebsgröße aufgrund der gesammelten Daten ist jedoch angesichts des relativ kleinen Panels Vorsicht geboten. Es bleibt allerdings festzuhalten, daß grundsätzlich auch kleinere Handwerksbetriebe erfolgreich grenzüberschreitend tätig sein können.

Abb. 11: Der Zusammenhang zwischen Betriebsgröße und Auslandsumsatz

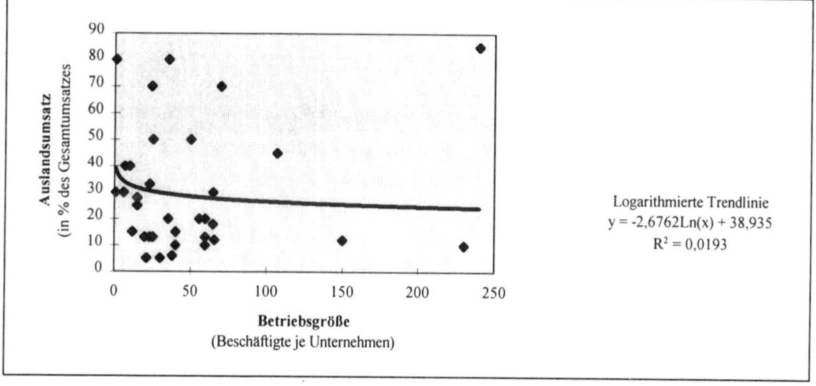

Deutlich wird aus Abbildung 11 ferner, daß für fast alle Betriebe das Auslandsengagement eine gewisse Signifikanz gewonnen hat, denn die meisten Unternehmen gaben an, daß sie im Ausland mehr als 10 % ihres Gesamtumsatzes erwirtschafteten. Das weist darauf hin, daß die interviewten Firmen **regelmäßig im Ausland tätig** werden und somit den

---

5 Auch der R^2-Wert tendiert gegen Null und zeigt somit, daß im Unternehmenspanel kein signifikanter Zusammenhang zwischen Betriebsgröße und Auslandsumsatz festgestellt werden kann (zu den ökonometrischen Auswertungsmethoden vgl. z. B. Gujarati 1995, S. 74 ff.).

Export nicht nur als sporadisch auftretende zusätzliche Geschäftsmöglichkeit betrachten. In diesem Zusammenhang muß allerdings beachtet werden, daß es sich hierbei um eine Einschätzung der befragten Unternehmer handelt, die auf den durchschnittlichen Auslandsumsatz zum Zeitpunkt des Interviews bezogen ist und daher nur mit Einschränkungen verallgemeinert werden kann.

Bezüglich der **Branchenverteilung** zeigt die Auswertung der Interviews ein eindeutiges Übergewicht der Betriebe aus der Gruppe **'Handwerk für den gewerblichen Bedarf'**, die - wie bereits in Kapitel A 2.1.2 hergeleitet - in der Regel überregional tätig sind. Aus diesem Bereich kommen allein 27 der insgesamt 34 interviewten Betriebe. Dies dürfte die Hypothese stützen, daß in erster Linie das überregional tätige Handwerk zur Internationalisierung befähigt ist (vgl. Kapitel B.2.2.1). Die genaue Verteilung der befragten Unternehmen auf die Handwerksgruppen ist in Abbildung 12 aufgelistet.

Abb. 12: Betriebe nach Tätigkeitsschwerpunkt

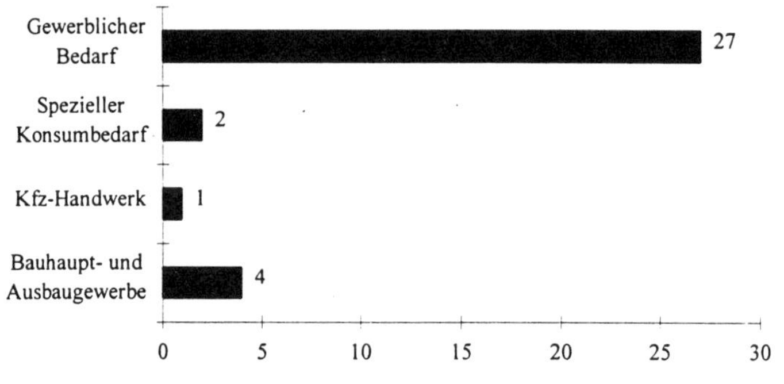

Die Handwerker für den gewerblichen Bedarf entstammen ohne Ausnahme der Gruppe der Elektro- und Metallgewerbe. Bei den übrigen Unternehmen handelt es sich um einen möbelproduzierenden Tischler und einen Klavierbauer, die den speziellen Konsumbedarf bedienen, sowie um einen Kfz-Betrieb, der Reifenrunderneuerungen anbietet. Unter den vier Betrieben aus dem Baugewerbe befinden sich ein Dachdekker sowie drei Tischler, die vorwiegend Ausbauarbeiten erledigen[6].

Sechs der sieben Betriebe, die nicht dem Handwerk für den gewerblichen Bedarf zuzurechnen sind, kommen aus einer **Grenzregion**. Sie sind im internationalen Bereich vorwiegend im Nachbarland tätig und bedienen auch dort einen regional begrenzten Abnehmerkreis (vgl. dazu auch die Ausführungen in Kapitel D.3.3). Daraus kann zumindest tendenziell geschlossen werden, daß für ein weitergehendes Auslandsengagement, das auch geographisch weiter entfernte Länder und Regionen umfaßt, v. a. das überregional tätige Handwerk für den gewerblichen Bedarf in Frage kommt. Allerdings zeigt die grenzüberschreitende Tätigkeit des siebten Betriebes aus dieser Gruppe - ein binnenländischer Tischler, der Möbel nach Belgien exportiert -, daß dies nicht immer gelten muß.

Bei den exportierten Produkten handelt es sich in fast allen Fällen um auf Kundenwunsch zugeschnittene **Sonderanfertigungen**, wie Abbildung 13 zeigt. Nur drei Betriebe gaben an, daß sie standardisierte Serienprodukte ins Ausland liefern, wobei es sich jeweils um Maschinen bzw. Maschinenteile für einen Nischenmarkt handelt. Erwähnenswert ist in diesem Zusammenhang, daß eine Reihe der Unternehmen, die Sonderanfertigungen exportieren, auf dem Heimatmarkt auch eine standardisierte Produktpalette anbieten, diese aber in der Regel nicht im Ausland verkaufen. Als Grund hierfür gaben diese Firmen an, daß das Angebot von maßgeschneiderten Lösungen einen besonderen Wettbewerbsvorteil auf den internationalen Märkten darstellt (vgl. Kapitel D.2.2.1).

Die Dominanz von Sonderanfertigungen in der Produktpalette der international tätigen Handwerker überrascht allerdings nicht, denn die Fertigung von auf den Kundenbedarf zugeschnittenen Produkten gehört zu den originären Tätigkeitsfeldern der Handwerksbetriebe. In diesem Segment haben sie außerdem einen Wettbewerbsvorteil gegenüber den Großunternehmen, die sich nicht derart detailliert auf Kundenwünsche einstellen können (vgl. Gutersohn 1977, S. 159).

---

[6] Die Einordnung der Unternehmen in die Handwerksgruppen erfolgte nach dem Exportschwerpunkt, so daß z. B. ein Tischler, der zwar auch Möbel herstellt, aber für das Auslandsgeschäft hauptsächlich Fenster produziert und einbaut, dem Ausbaugewerbe zugeordnet wird.

Abb. 13: Leistungsangebot im Ausland

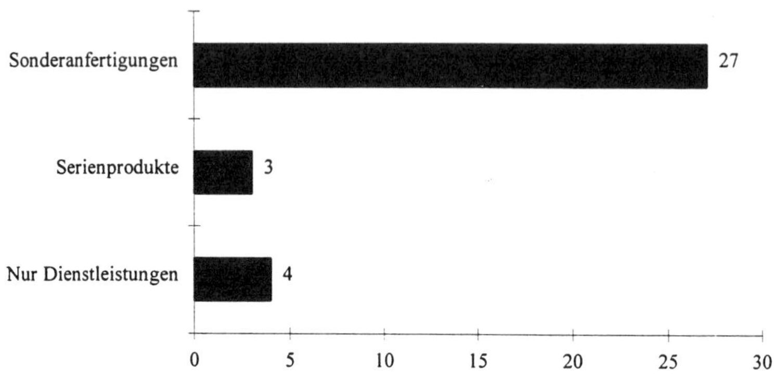

Vier Betriebe bieten ausschließlich **Dienstleistungen** im Ausland an; hierbei handelt es sich um einen Dachdecker, einen Tischler, der nur industriell vorgefertigte Waren montiert, einen Klavierbauer, der Reparaturen ausführt, sowie um einen Betrieb, der Reifen rundum erneuert. Diese Unternehmen sind aufgrund ihres Leistungsangebots reine Dienstleistungsbetriebe. Sie stammen aus dem grenznahen Raum (vgl. Kapitel D.3.3) und profitieren somit von der geringen Entfernung zum Auslandsmarkt, ohne die eine grenzüberschreitende Tätigkeit für sie nur in Ausnahmefällen möglich wäre.

Aber auch die warenproduzierenden Betriebe offerieren als Ergänzung zum primären Leistungsangebot gewöhnlich in einem gewissen Umfang Dienstleistungen, wobei in diesem Zusammenhang zwischen produkt- und wissensbezogenen Dienstleistungen unterschieden werden soll. Unter produktbezogenen Dienstleistungen werden die handwerklichen Serviceleistungen, wie Montage, Installation, Inbetriebnahme, Wartung und Reparatur verstanden, die also mit manueller Arbeit direkt am 'Produkt' durchgeführt werden. Wissensbezogene Dienstleistungen sind hingegen zwar auch auf das Produkt ausgerichtet, beinhalten aber keine manuelle Arbeit, sondern sind eher als eine Art 'intellektueller' Dienstleistung zu verstehen. Hierunter fallen z. B. Beratung, Planung und Engineering. Die wissensbezogenen Dienstleistungen dienen dazu, kundenspezifische Problemlösungen zu entwickeln und darauf aufbauend das handwerkliche Leistungsangebot auf die Wünsche des Abnehmers zuzuschneiden. Die Art des Dienstleistungsangebots der befragten Handwerker im Ausland zeigt Abbildung 14.

Der größte Teil der Betriebe erbringt **produktbezogene Dienstleistungen** im Ausland, wobei in vielen Fällen allerdings eingeschränkt wurde, daß man nur im europäischen Ausland in der Lage sei, Dienstleistungen anzubieten, da allein die Fahrtkosten einen entsprechenden Service in außereuropäischen Ländern sowohl für den Kunden als auch für den Handwerksbetrieb unprofitabel machen würden. In diesem Zusammenhang wiesen einige Interviewpartner auch darauf hin, daß sie bestrebt seien, Partner im Ausland zu finden, die produktbezogene Dienstleistungen für sie übernehmen könnten (vgl. Kapitel D.3.2.2). Nur wenige Betriebe, die hochspezialisierte Maschinen exportieren, sind darauf eingerichtet, produktbezogene Arbeiten auch in anderen Kontinenten zu erledigen, denn in diesem Fällen steht häufig im jeweiligen Absatzland aufgrund der hohen technischen Anforderungen kein Betrieb für solche Leistungen zur Verfügung.

Abb. 14: Dienstleistungen im Ausland*

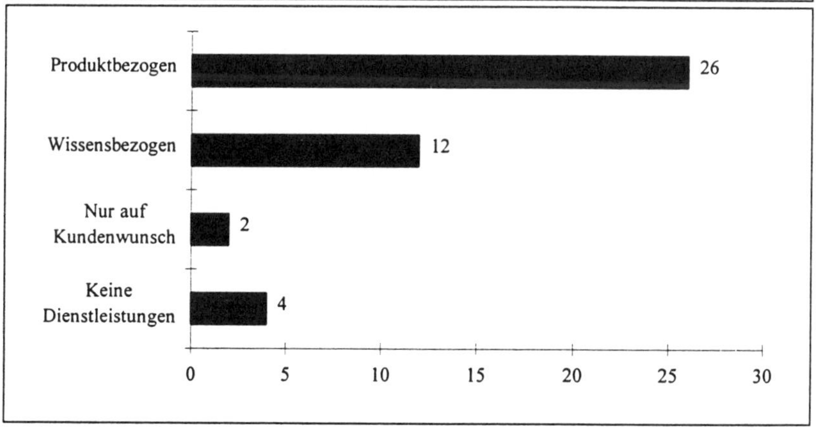

* Mehrfachnennungen waren möglich.

Sechs Unternehmen gaben an, keine Dienstleistungen im Ausland zu erledigen bzw. dies nur widerstrebend auf ausgesprochenen Kundenwunsch zu akzeptieren. Diese Firmen bieten entweder Güter an, für die keine produktbezogenen Dienstleistungen benötigt werden, wie z. B. im Fall eines Automobilzulieferers, der Gußteile für seine Kunden herstellt, oder es gibt ein ausreichendes Serviceangebot vor Ort, wie bei einem Tischler, der Möbel fertigt. Einige sehen sich darüber hinaus aufgrund ihrer geringen Personalkapazität nicht in der Lage, Mitarbeiter für die Erbringung von Dienstleistungen ins Ausland zu entsenden.

Wissensbezogene Dienstleistungen wie Beratung und Engineering bieten 12 Betriebe im Ausland an. Diese Unternehmen stellen in der Regel technologisch hochwertige Produkte her, die erklärungsbedürftig sind, und deren voller Nutzwert sich häufig erst durch eine genaue Anpassung an die kundenspezifische Problemstellung entfaltet. Voraussetzung dafür sind entsprechende **Planungs- und Engineeringarbeiten**. In einigen Fällen handelt es sich aber auch um Handwerker, die zwar eher einfache Produkte herstellen, welche aber auf Kundenwunsch zugeschnitten werden und daher häufig eine Beratung des Kunden durch den spezialisierten Handwerker bedingen. Beispiele hierfür sind Betriebe aus dem Ausbaugewerbe, die die Bauherren bzw. ihre Architekten fachlich beraten und teilweise auch Planungsarbeiten übernehmen.

Diejenigen Betriebe aus dem befragten Panel, die neben den produktbezogenen Dienstleistungen auch einen wissensbezogenen Service anbieten, haben damit den allgemein zu beobachtenden **Trend zur Tertiarisierung** hochtechnologischer Volkswirtschaften nachvollzogen. Hierbei geht es nämlich nicht nur um eine Tendenz zur De-Industrialisierung - im Sinne eines erhöhten Angebots konsumnaher Dienstleistungen -, sondern insbesondere auch um die Bereitstellung von Serviceleistungen als Ergänzung zu den gewerblichen Produkten (vgl. Löbbe u. a. 1993, S. 153). Mit dem erweiterten Dienstleistungsangebot verschaffen sich diese Handwerker also einen Wettbewerbsvorteil, mit dem sie sich an die veränderten Anforderungen der globalisierten Wirtschaft anpassen.

Als letztes Strukturmerkmal soll in diesem Kapitel untersucht werden, ob die befragten Handwerksbetriebe **Familienunternehmen** sind oder andere Kapitaleignerstrukturen aufweisen. Dieses Charakteristikum spielt im Hinblick auf die Internationalisierung insofern eine Rolle, als in Familienbetrieben sehr häufig mithelfende Familienangehörige in leitenden Positionen beschäftigt sind (vgl. Ballarini/Keese 1995, S. 179). Damit können Vorteile, wie z. B. hohe Motivation, große Flexibilität und Verläßlichkeit, verbunden sein; es können aber auch Nachteile auftreten, wie z. B. Vetternwirtschaft, Kollision von Familien- und

Betriebsinteressen sowie Belastung der Arbeitsatmosphäre mit Familienproblemen (vgl. Mugler 1993, S. 286).

In Bezug auf die Internationalisierung stellt sich damit die Frage, ob Familienbetriebe für externe Fachkräfte mit besonderen Exportkenntnissen (Fremdsprachen usw.) ausreichende Motivationsanreize, z. B. in Form von Aufstiegschancen, bieten können. Darüber hinaus sind Familienunternehmen qua Kapitalgeberstruktur gewissen Restriktionen bei der **Eigenmittelbeschaffung** unterworfen, so daß etwa bei der Finanzierung kapitalintensiver Formen des Auslandsengagements (z. B. Direktinvestitionen) Probleme auftreten könnten (vgl. Kußmaul u. a. 1990, S. 72).

Von den befragten Unternehmern sehen mehr als zwei Drittel ihre Firma als Familienbetrieb an. Nur sieben sind der Überzeugung, kein Familienunternehmen zu leiten; in einem Fall handelte es sich dabei um einen angestellten Geschäftsführer, die übrigen sechs hatten die Firma entweder in Zusammenarbeit mit anderen Partnern gegründet oder bestanden auf einer strikten Trennung zwischen Familie und Betrieb. Vier Unternehmer konnten zu dieser Frage keine konkrete Aussage machen. Es handelt sich bei diesen Angaben um subjektive Einschätzungen der Interviewpartner, die aber insgesamt darauf hindeuten, daß auch Familienbetriebe erfolgreich im Ausland tätig sein können.

Insgesamt kann man als wesentliche Ergebnisse dieses Kapitels festhalten, daß

- ein Auslandsengagement im Handwerk **unabhängig von der Betriebsgröße** erfolgreich sein kann,
- Handwerksbetriebe aus verschiedenen Tätigkeitsbereichen bzw. Gewerbegruppen im grenzüberschreitenden Geschäft engagiert sind, wobei der Tätigkeitsschwerpunkt allerdings im **produzierenden Sektor** liegt,
- die befragten Handwerker in der Regel auf den Kundenwunsch zugeschnittene **Sonderanfertigungen** exportieren,
- von den Handwerksbetrieben meist auch **Dienstleistungen** im Ausland erbracht werden.

Im nächsten Kapitel wird die Analyse der endogenen firmenspezifischen Vor- und Nachteile sowie des exogenen Wettbewerbsumfeldes der interviewten Handwerksbetriebe im Mittelpunkt der Diskussion stehen.

2.2 Die firmenspezifischen Wettbewerbsvorteile

Die theoretische Analyse der international verwertbaren firmenspezifischen Wettbewerbsvorteile im Handwerk ergab, daß Qualität, Flexibilität, Spezialisierung und Innovationskraft die wesentlichen Faktoren sind, mit denen Handwerksbetriebe erfolgreich im Ausland tätig sein können. Als Quelle dieser Wettbewerbsvorteile wurden aufgrund der humankapitalintensiven Produktionsweise im Handwerk das Wissen und Können der Mitarbeiter sowie die Fähigkeiten der Unternehmensleitung herausgearbeitet (vgl. Kapitel B.1.2).

Während sich die Wettbewerbsvorteile also in erster Linie auf das handwerkliche Leistungsangebot und die Fertigungsprozesse beziehen, sind Personal und Betriebsorganisation die Grundlage für die Konkurrenzfähigkeit. Daher werden in der folgenden empirischen Überprüfung der firmenspezifischen Vor- und Nachteile die beiden Bereiche 'Fertigungsprozesse und Leistungsangebot' sowie 'Personal und Betriebsorganisation' die analytischen Einheiten bilden.

2.2.1 Fertigungsprozesse und Leistungsangebot

Eine wesentliche Voraussetzung für die Verwertung der firmenspezifischen Wettbewerbsvorteile auf internationaler Ebene besteht darin, daß sich die Unternehmensleitung ihrer bewußt ist, denn nur dann kann der Betrieb gezielt Marktnischen aufdecken, in denen die speziellen Vorteile gewinnbringend genutzt werden können. Das erfordert, wie bereits in Kapitel B.1.2 erläutert, eine ganzheitliche Betrachtung des Betriebes, weil angesichts der in der Regel geringen Betriebsgröße und der daraus folgenden engen Verflechtung der betriebswirtschaftlichen Funktionen eine punktuelle Untersuchung der Wettbewerbsvorteile in bestimmten Abteilungen die synergetischen Effekte in kleineren Firmen nicht berücksichtigt würde.

Diesem Gedanken folgend wurden die handwerklichen Unternehmer im Rahmen der Interviews daher zunächst einmal undifferenziert nach ihrer Einschätzung der Stärken bzw. Wettbewerbsvorteile des eigenen Betriebes auf den ausländischen Märkten befragt. Die häufigsten Antworten sind in Abbildung 15 zusammengefaßt.

Abb. 15: Die bedeutendsten firmenspezifischen Wettbewerbsvorteile*

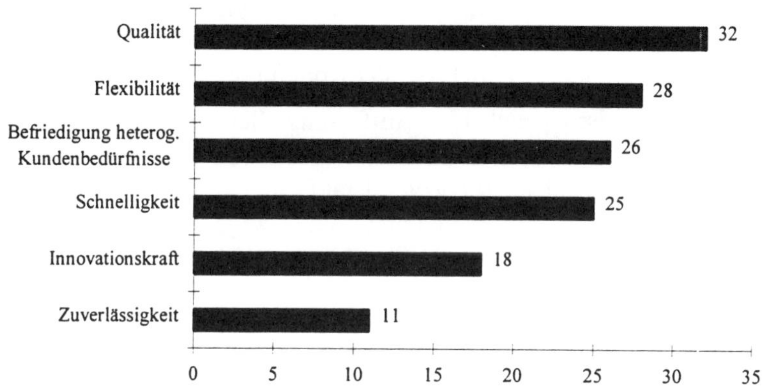

* Mehrfachnennungen waren möglich.

Durch die Abbildung werden die Ergebnisse der theoretischen Analyse weitgehend bestätigt, denn von den meisten Unternehmern wurden **Qualität**, **Flexibilität**, **Schnelligkeit**, **Innovationskraft** und **Zuverlässigkeit** als ihre wesentlichen Wettbewerbsvorteile auf dem Auslandsmarkt genannt. Darüber hinaus bezeichneten fast alle Interviewpartner ihre **Fähigkeit zur Befriedigung individueller Kundenbedürfnisse** als internationalen Wettbewerbsvorteil; dies war allerdings zu erwarten, denn im vorherigen Kapitel wurde bereits festgestellt, daß die Handwerksbetriebe in der Regel speziell auf die Kundenbedürfnisse zugeschnittene Sonderanfertigungen exportieren. Insbesondere für den handwerklichen Maschinenbau ist dieser Aspekt von besonderer Bedeutung, denn die Betriebe aus diesem Bereich beliefern häufig industrielle Kunden, deren Anforderungen an die Lieferanten (seien es System- oder Teilelieferanten) im Zuge des verstärkten globalen Wettbewerbs und der daraus resultierenden Umbrüche gestiegen und dementsprechend zu erfüllen sind (vgl. Deutsche Handwerks Zeitung 1997, S. 19).

Die firmenspezifischen Vorteilsfaktoren Qualität, Flexibilität, Schnelligkeit, Zuverlässigkeit, Innovationskraft und Fähigkeit zur individuellen Befriedigung eines heterogenen Kundenbedarfs werden im folgenden als **'weiche' Wettbewerbsvorteile** bezeichnet, da sie sich auf eine z. T. schwer zu messende qualitative Dimension des Wettbewerbsvorteils beziehen. Die im Gegensatz dazu stehenden **'harten' Wettbewerbsvorteile** betreffen die Besonderheiten der Produkte und Dienstleistungen, die *per se* den Betrieb von der Konkurrenz abheben.

Bemerkenswert ist die einhellige Auffassung aller Interviewpartner, daß sich die Wettbewerbsvorteile im Ausland nicht von denen auf dem Heimatmarkt unterscheiden. Das deutet darauf hin, daß die Handwerker die ihnen im deutschen Sprachraum traditionell zugeschriebenen Wettbewerbsvorteile wie z. B. Qualität, Flexibilität und Zuverlässigkeit ebenfalls auf internationalen Märkten verwerten können. Vier Unternehmer sagten in diesem Zusammenhang, daß ihnen auch das Label 'Made in Germany' für ihre grenzüberschreitende Geschäftstätigkeit zum Vorteil gereiche, da insbesondere der deutsche Maschinenbau im Ausland einen hervorragenden Ruf v. a. in Bezug auf Zuverlässigkeit und Qualität genieße. Auch im grenznahen Bereich waren einige Handwerker aus dem Ausbaugewerbe der Meinung, daß die **gute Reputation deutscher Handwerksleistungen** ihnen Aufträge aus dem Nachbarland bringe. Diese Aussagen nähren die Erwartung, daß mehr als die geschätzten ca. 3 % bislang im Export tätigen Handwerksbetriebe (vgl. Kapitel B.2.2.1) das Potential zu einem erfolgreichen Auslandsengagement haben.

Aufschlußreich war auch die Frage, ob die Unternehmer in ihrem Leistungsangebot einen ('harten') Wettbewerbsvorteil auf dem Auslandsmarkt erkennen (vgl. Abbildung 16). Es zeigt sich, daß nur die Hälfte der befragten Unternehmen ihre Produkte als derart außergewöhnlich betrachten, daß sie darin einen international verwertbaren Wettbewerbsvorteil sehen[7].

In ihren Dienstleistungen bzw. in der speziellen Kombination von Produkten und Dienstleistungen, die ihr Unternehmen anbietet, erkannten nur wenige Interviewpartner einen besonderen Vorteil. Aus diesen Angaben kann geschlossen werden, daß die 'weichen' Vorteilsfaktoren (Qualität, Zuverlässigkeit etc.), die sich natürlich letztendlich auch im Leistungsangebot niederschlagen, einen stärkeren Einfluß auf die inter-

[7] Pichler (1995, S. 513) hat dazu in einer Studie festgestellt, daß die Wahrnehmung der Produkte als selbständige Wettbewerbsfaktoren erst mit zunehmender Betriebsgröße an relativer Bedeutung gewinnt.

nationale Konkurrenzfähigkeit der Handwerksbetriebe haben als die in den Produkten und Dienstleistungen an sich verkörperten 'harten' Wettbewerbsvorteile.

Abb. 16: Das Leistungsangebot als Wettbewerbsvorteil*

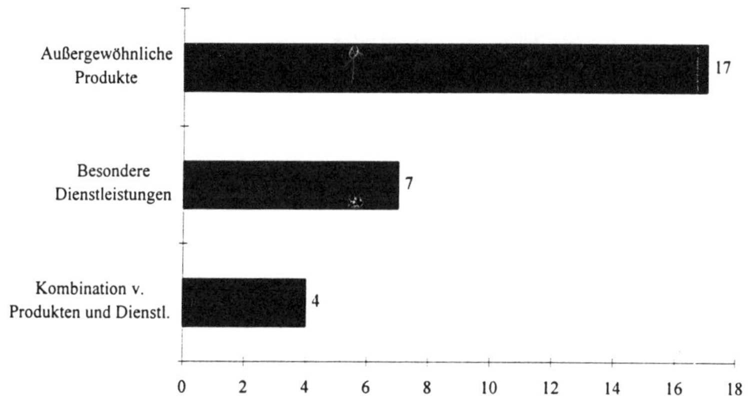

* Mehrfachnennungen waren möglich.

Auffällig im Zusammenhang mit der Analyse der Wettbewerbsvorteile der exportierenden Handwerker im Produktbereich ist, daß fast vier Fünftel der befragten Unternehmer einen **mittleren bis hohen Technologiegehalt**[8] ihres Leistungsangebots angaben (vgl. Abbildung 17). Elf der befragten Unternehmen waren sogar in Besitz von **Patenten**. Dies zeigt, daß die meisten Betriebe eine leistungsfähige Produktpalette im Ausland vertreiben. Daß dennoch nur die Hälfte der Interviewpartner darin eine eigenständigen Wettbewerbsvorteil sah, kann dahingehend interpretiert werden, daß technologisch relativ anspruchsvolle Produkte die Grundvoraussetzung für eine erfolgreiche Teilnahme am internationalen Wettbewerb sind. Denn auch die ausländischen Konkurrenten bieten ähnlich hochwertige Güter an.

[8] Die Bewertung des Technologiegehalts der handwerklichen Produkte beruht auf einer Selbsteinschätzung der befragten Unternehmer, wobei eine nachträgliche Beurteilung durch den Autor anhand von Prospektmaterial und Betriebsbesichtigung die Einordnung unterstützte. In die Bewertung einbezogen wurden hierbei nur die im Ausland vertriebenen Produkte und Dienstleistungen.

Abb. 17: Technologiegehalt der exportierten Produkte und Dienstleistungen

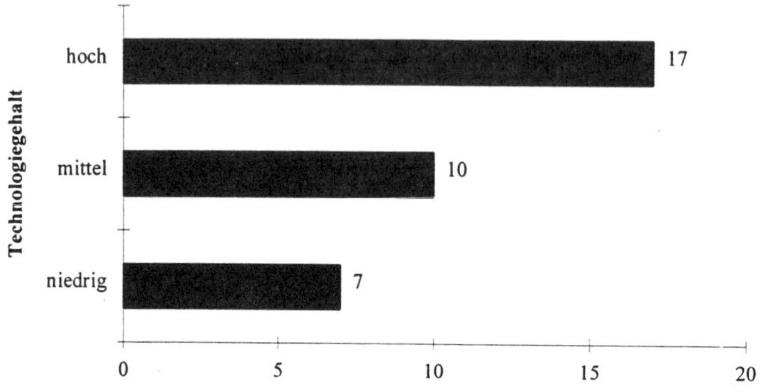

Bemerkenswert ist jedoch, daß ein Fünftel der Betriebe auch mit **technologisch weniger anspruchsvollen Produkten** international tätig werden konnte. Dies deutet darauf hin, daß sich in einigen Marktsegmenten auch diese Güter für ein Auslandsengagement eignen. Auffällig ist dabei, daß diese Angaben in der Regel von grenznahen Betrieben kamen, die in einem regional beschränkten Raum vorwiegend private Abnehmer beliefern (vgl. Kapitel D.3.3).

Ein entscheidender Bereich für die nachhaltige Bewahrung und Steigerung der internationalen Wettbewerbsfähigkeit ist die Kreation von Innovationen und neuen bzw. weiterentwickelten Produkten (vgl. Chetty/Hamilton 1996, S. 19 f.). Hierbei sind jedoch einige Besonderheiten des handwerklichen Fertigungsprozesses zu beachten.

Bezieht man den technologischen Wandel in Handwerksbetrieben auf das traditionelle Phasenschema mit den Stufen '**Invention**' - als Schaffung von etwas Neuem -, '**Innovation**' - als Entwicklung von anwendungsreifen, marktfähigen Neuerungen - sowie '**Diffusion**' - als Transfer des technologischen Novums auf eine Vielzahl von Anwendern - (vgl. dazu z. B. Brockhoff 1989, S. 18 ff.), so muß man die meisten handwerklichen Unternehmen in die Stufe der Innovatoren einordnen. Basisforschung wird in Handwerksbetrieben in der Regel nicht durchgeführt, da weder die notwendigen finanziellen noch die personellen Kapazitäten vorhanden sind; für die Diffusion fehlt dem einzelnen handwerklichen Unternehmen üblicherweise die Marktmacht. Die Innovation im weiteren Sinne ist dagegen die eigentliche Stärke des Handwerks, denn die Verwendung von bereits bekannten Technologien für die spezifische Lösung von Kundenproblemen stellt in vielen Branchen die wesentliche Leistung handwerklicher Arbeit dar.

Selbst bei den Patenten, die 11 der befragten Betriebe angemeldet haben, handelt es sich in der Regel nicht um Inventionen, sondern um die innovative Anwendung von bereits bekanntem technologischen Wissen für neue, vom Kunden gewünschte Problemlösungen. Dies bestätigt abermals, daß in erster Linie die Entwicklung eines auf den Kundenbedarf zugeschnittenen Leistungsangebots den wesentlichen, auch international verwertbaren Wettbewerbsvorteil der Handwerksbetriebe darstellt.

Auch die Analyse der Frage, wie in den interviewten Unternehmen Innovationen bzw. neue Produkte entstehen, beweist dies noch einmal, denn fast die Hälfte der Betriebe gab an, daß sie neue Produktideen nur auf Kundenanfrage entwickeln (vgl. Abbildung 18). Daraus kann man schließen, daß die Betriebe bei ihrer Innovationstätigkeit sehr **kunden- und marktorientiert** vorgehen (vgl. dazu Economist 1995, S. 69).

Abb. 18: Entstehung von Innovationen und neuen Produkten*

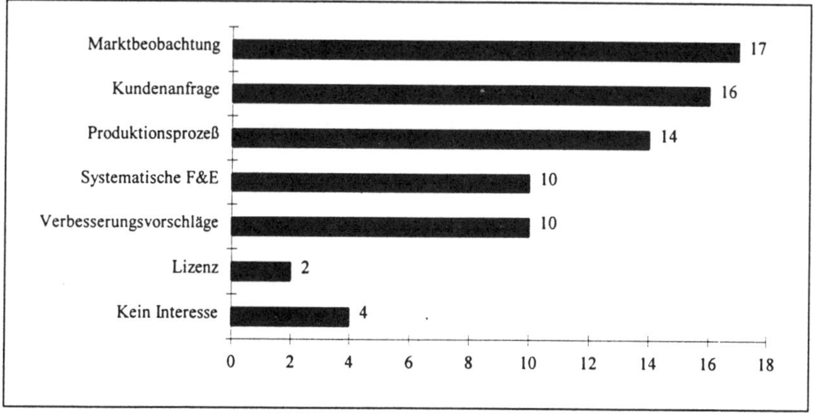

* Mehrfachnennungen waren möglich.

In diesem Zusammenhang ist auch der Befund von Interesse, daß 50 % der befragten Betriebe die **Marktbeobachtung** als einen wichtigen Faktor bei der Entstehung neuer Produkte anführten, denn das deutet darauf hin, daß bei vielen Handwerkern aus dem Unternehmenspanel beispielswiese die Imitation als Möglichkeit der Ideengewinnung nicht gescheut wird (vgl. dazu auch Conzelmann 1995, S. 69).

Ein interessanter Aspekt der Antworten zu dieser Frage ist, daß jeweils eine in etwa gleich starke Gruppe angab, neue Produkte oder Innovationen durch systematische **Forschung und Entwicklung** bzw. im Rahmen des **Produktionsprozesses** hervorzubringen. Aus den differierenden Antworten kann tendenziell auf Unterschiede in den Fertigungsprozessen zwischen den beiden Gruppen geschlossen werden.

Die Betriebe, die systematisch bei der Entwicklung von Problemlösungen vorgehen, durchdenken und planen die an sie gestellten Anforderungen und werden dabei in der Regel von CAD[9]-Hard- und -Software unterstützt. Unternehmen, die neue Produkte im Produktionsprozeß erarbeiten, wenden hingegen eher 'traditionelle' handwerkliche Verfahren an, die wesentlich auf den Erfahrungen der gewerblich ausgebildeten Mitarbeiter beruhen. Hierbei spielt die 'Trial-and-Error'-Methode sicherlich eine große Rolle, obwohl die grundsätzliche Vorgehensweise ebenfalls geplant und systematisch sein dürfte. Die Kategorisierung der Innovationstätigkeit dieser Betriebe als 'traditionell-handwerklich' sollte aber nicht dazu verleiten, diese Unternehmen als rückständig zu betrachten, denn in der Produktion verwenden auch diese Firmen in den meisten Fällen computergestützte Maschinen (wie z. B. CNC[10]-Anlagen).

Die Bedeutung des Wissens und Könnens der gewerblich ausgebildeten Mitarbeiter im Rahmen der Schaffung neuer Produkte bei den handwerklichen Unternehmen wird auch daran deutlich, daß eine Reihe von Betrieben die Entstehung von Innovationen aufgrund von Verbesserungsvorschlägen anführten. Dieser Aspekt wird im nächsten Kapitel näher untersucht.

Die zwei Nennungen von **Lizenzen** als Basis für Innovationen kamen von einem Betrieb, der Reifenrunderneuerungen anbietet, und von einer

9 CAD = Computer Aided Design.

10 CNC = Computerized Numerical Control.

Maschinenbaufirma, die jeweils von einem ausländischen Lizenzgeber mit der Herstellung und dem Vertrieb der entsprechenden Produkte betraut wurden. In diesen Unternehmen wird keine eigenständige Produktentwicklung durchgeführt.

Nur vier Unternehmer aus dem Panel gaben an, daß sie an Innovationen bzw. neuen Produkten kein Interesse haben. Es handelt sich hierbei um einen Zulieferer für die Automobilindustrie sowie um einen Tischler, einen Klavierbauer und einen Graveur. Die letzteren drei sind der Meinung, daß sie in einem Segment arbeiten, in dem v. a. traditionelle Produkte und Produktionsmethoden gefragt seien, und Innovationen daher eine untergeordnete Rolle spielten.

Die meisten befragten Handwerksbetriebe streben jedoch eine **ständige Neu- und Weiterentwicklung ihrer Produkte** an. Damit erfüllen sie eine wesentliche Voraussetzung, um in einem sich technologisch ständig ändernden Umfeld international wettbewerbsfähig zu bleiben (vgl. Agarwal 1997, S. 573).

2.2.2 Personal und Betriebsorganisation

Das vorherige Kapitel hat gezeigt, daß die Fähigkeit zur Entwicklung von auf den Kundenbedarf zugeschnittenen Problemlösungen ein wesentlicher Wettbewerbsvorteil des Handwerks ist, der auch auf internationalen Märkten verwertet werden kann. Zur Erbringung dieser Leistung ist Flexibilität und fundiertes Fachwissen notwendig - beides Eigenschaften, die in Handwerksbetrieben von Mitarbeitern und Unternehmensleitung verkörpert werden (vgl. You 1995, S. 452). Die theoretische Analyse sah daher in der Leistungsfähigkeit des Personals und des Managements die Basis der Wettbewerbsvorteile (vgl. Kapitel B.2.2). Auch andere Studien erkennen in der Qualifikation und Motivation von Mitarbeitern und Unternehmer wichtige Bestimmungsgründe des Erfolgspotentials von kleinen und mittleren Unternehmungen (vgl. Schmidt 1995, S. 616).

In diesem Kapitel soll daher untersucht werden, welche Rolle die Mitarbeiter und die Betriebsorganisation für das Internationalisierungsverhalten der befragten Handwerker spielen. Zunächst stellt sich dabei die Frage, inwieweit die im Panel vertretenen Unternehmer in den Mitarbeitern und im Management die Basis der Wettbewerbsvorteile sehen bzw. ob auch andere Faktoren hier ins Gewicht fallen. (vgl. Abbildung 19).

Abb. 19: Die Basis der Wettbewerbsvorteile*

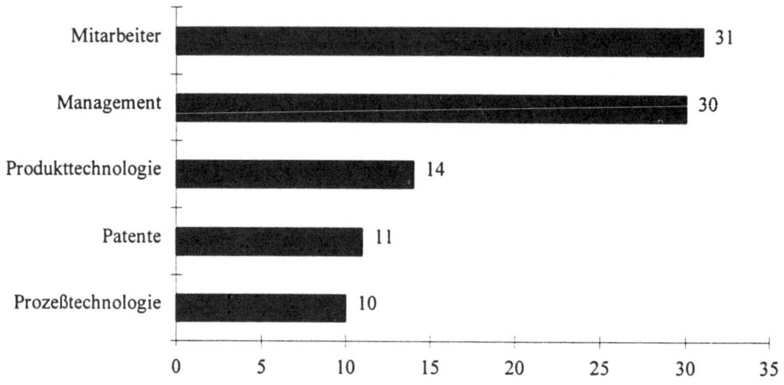

* Mehrfachnennungen waren möglich.

Die Angaben der Interviewpartner bestätigen die theoretische Analyse, denn fast alle Unternehmer nannten als Basis ihrer Wettbewerbsvorteile sowohl das **Wissen und Können der Mitarbeiter** als auch die **Fähigkeiten des Managements**. Jeweils ca. ein Drittel der Betriebe sahen darüber hinaus ihre Patente und die verwendeten Produkt- bzw. Prozeßtechnologie als Bestimmungsgründe für das Erfolgspotential an. Einzelne Nennungen bezogen sich daneben auf Spezialisierung, Flexibilität, Standort und Bekanntheitsgrad des Unternehmens.

Damit zeigt sich die überragende Rolle des Faktors Humankapital in der handwerklichen Produktion auch im Hinblick auf die Internationalisierung. Begründet wird die wichtige Stellung des Humankapitals durch die umfassende handwerkliche Ausbildung, die sowohl praktisches als auch theoretisches Wissen vermittelt (vgl. Kucera 1996 b, S. 177). Angesichts des raschen technologischen Wandels und der Herausforderungen durch die Globalisierung der Wirtschaft genügt die handwerkliche Ausbildung allein allerdings nicht mehr, um auch nachhaltig auf der Basis des Humankapitals international verwertbare Wettbewerbsvorteile aufrechtzuerhalten. Notwendig ist vielmehr eine stetige **Weiterentwicklung der Fähigkeiten** der Mitarbeiter und des Managements. Welche Maßnahmen die befragten Handwerker in diesem Zusammenhang ergreifen, verdeutlicht Abbildung 20.

Bei den Maßnahmen zur Erhaltung der Wettbewerbsvorteile wurden zwei Ebenen unterschieden: Zum einen die Maßnahmen, die sich auf die Weiterentwicklung der Fähigkeiten der Mitarbeiter beziehen, zum anderen auf die Produkte bzw. Fertigungsprozesse wirkende Handlungen. Diese Unterscheidung spiegelt die verschiedenen Arten der handwerklichen Wettbewerbsvorteile wider, da auf der einen Seite die Mitarbeiter die 'weichen' Wettbewerbsfaktoren, wie z. B. Qualität, Zuverlässigkeit etc., gewährleisten, und damit Maßnahmen, die auf die Weiterentwicklung des Faktors Humankapital gerichtet sind, indirekt auf diese Wettbewerbsvorteile wirken. Auf der anderen Seite sind produkt- und prozeßbezogene Maßnahmen direkt auf die 'harten' Wettbewerbsvorteile, d. h. auf die zu vermarktenden Produkte, gerichtet.

Abb. 20: Maßnahmen zur Erhaltung der Wettbewerbsvorteile*

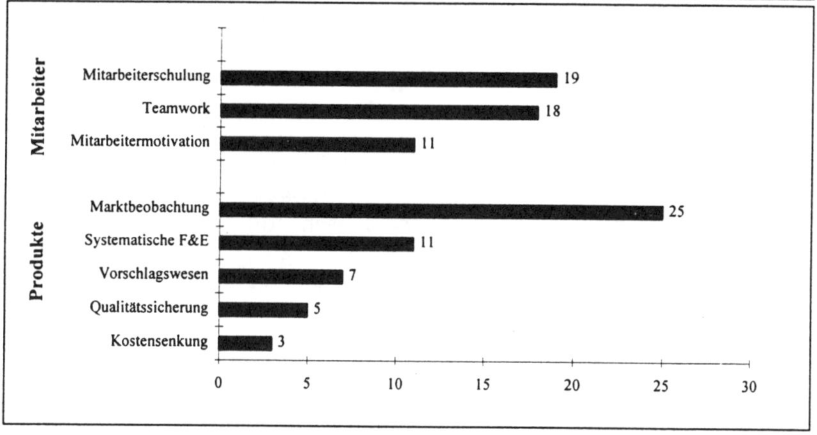

* Mehrfachnennungen waren möglich.

Abbildung 20 zeigt, daß die Mehrheit der Betriebe Maßnahmen zur Förderung des Faktors **Humankapital**, wie z. B. Mitarbeiterschulung und Teamwork, ergriffen hat. Ein Drittel der Unternehmer erwähnte darüber hinaus explizit die Steigerung der Mitarbeitermotivation als Ziel ihrer

Bemühungen. Dies versuchen sie z. B. über eine leistungsbezogene Entlohnung, Gewährung von Entscheidungs- und Kreativitätsfreiräumen oder regelmäßige gegenseitige Information in Betriebsbesprechungen zu erreichen.

Insbesondere werden auch Mitarbeiter, die bereits Leitungsaufgaben in der zweiten Ebene übernehmen, in die Entscheidungsprozesse eingebunden. Die Folge ist, wie einige Interviewpartner betonten, daß sich die Mitarbeiter mit dem Unternehmen stark identifizieren und daher die Rate der Mitarbeiterfluktuation bei ihnen gegen Null tendiert (vgl. dazu auch Kahle 1989, S. 90 sowie Mohr 1997, S. 49). Damit steht das in den Beschäftigten gebundene Wissen und Können dem Betrieb auch langfristig zur Verfügung.

In fast allen Betrieben wurde darüber hinaus deutlich, daß die Firmenleitung an einem **guten persönlichen Verhältnis zu den Mitarbeitern** interessiert ist. Die vergleichsweise geringe Größe der im Panel vertretenen Betriebe gibt den Unternehmern die Möglichkeit, durch „Management by wandering around" (Peters/Waterman 1982, S. 128) einen engen Kontakt zu den Beschäftigten aufrechtzuerhalten. Das bedeutet, sie warten nicht darauf, daß die Mitarbeiter mit ihren Problemen oder Anregungen zu ihnen kommen, sondern sie gehen offensiv auf die Beschäftigten zu, machen regelmäßige Rundgänge im Betrieb und begründen somit eine offene Kommunikationsatmosphäre.

Dadurch kann in den Handwerksbetrieben eine **organische, informelle Organisationsstruktur** aufgebaut werden, welche die Fähigkeiten aller Mitarbeiter besser nutzt als ein mechanistisch, formalisierter Unternehmensaufbau. Dies hat aber auch Rückwirkungen auf die Verwertung der Wettbewerbsvorteile, denn sie basiert damit nicht mehr allein auf der strategischen Planung des Unternehmers, sondern ist eher als ein kollektiver Prozeß des gesamten 'Organismus', d. h. aller Mitarbeiter im Unternehmen, anzusehen, der im hohen Maße von informellen Mechanismen gelenkt wird (vgl. Jennings/Beaver 1997, S. 65).

Es kann also festgehalten werden, daß ein großer Teil der befragten Unternehmen die Maßnahmen zur Erhaltung der Wettbewerbsvorteile zumindest teilweise auf die Qualifikation und Motivation der Mitarbeiter ausrichtet. Diese Firmen haben offensichtlich erkannt, daß die Beschäftigten eine wesentliche Basis ihrer Wettbewerbsvorteile sind, wobei einerseits die im internationalen Wettbewerb wichtigen 'weichen'

Vorteilsfaktoren, wie z. B. Qualität, Flexibilität, Zuverlässigkeit etc., von ihnen verkörpert werden, und andererseits ihre Qualifikation eine wichtige Voraussetzung für die Schaffung innovativer, auf den Kundenbedarf zugeschnittener Produkte ist.

Allerdings spielt bei den Maßnahmen zur Erhaltung der Wettbewerbsvorteile auch der Produktbereich eine wesentliche Rolle, wobei der eindeutige Fokus auf der **Marktbeobachtung** liegt (vgl. Abbildung 20). Für mehr als zwei Drittel der Unternehmen dient die Beobachtung von Trends und Neuerungen auf den Märkten zur Stärkung der Wettbewerbsvorteile im Produkt- und Prozeßbereich. Imitation und Weiterentwicklung von Konkurrenzprodukten ist dabei ein wichtiger Faktor. Die übrigen produktbezogenen Maßnahmen sind dagegen nur von untergeordneter Bedeutung.

Ein weiterer interessanter Punkt im Rahmen der Analyse von Personal und Betriebsorganisation ist die Frage, wie die Interviewpartner die **Auslandsqualifikation ihrer Mitarbeiter** beurteilen bzw. ob die Beschäftigten eine besondere Auslandsqualifikation (z. B. Sprachkenntnisse) aufweisen. Dazu soll zunächst geklärt werden, ob die befragten Unternehmer die Notwendigkeit für besondere Auslandsqualifikationen bei ihren Beschäftigten sehen und ob sie daher nach Mitarbeitern mit bestimmten exportrelevanten Fähigkeiten suchen.

Das überraschende Ergebnis ist, daß zwar fast alle Unternehmen ihre Beschäftigten zur Ausführung von Arbeiten - in der Regel Montage und Reparatur - ins Ausland schicken, aber nur wenige gezielt nach Mitarbeitern mit bestimmten Qualifikationen für das Exportgeschäft suchen (vgl. Tabelle 4). Etwas höher ist jedoch der Anteil der Unternehmen, die ihren Angestellten grundsätzlich auslandsspezifische Fortbildungen ermöglichen; allerdings sind diese Angebote mangels Interesse der Mitarbeiter bislang nur in wenigen Fällen von den Arbeitnehmern in Anspruch genommen worden. Aber auch die Unternehmer selbst bilden sich kaum in auslandsspezifischen Fragestellungen fort, wobei die meisten Zeitmangel als Grund anführten. Einige Betriebe gaben auch an, daß sie die Mitarbeiter betriebsintern durch **'learning by doing'** auf den Auslandseinsatz vorbereiten, indem sie z. B. gemeinsam mit bereits versierten Kollegen zur Montage ins Ausland gesandt werden, damit sie vor Ort Erfahrungen sammeln können.

Tab. 4: Anforderungen an die Auslandsqualifikation der Mitarbeiter

Entsenden Sie Mitarbeiter zur Ausführung von Arbeiten ins Ausland?	Ja	29
	Nein	5
Suchen Sie gezielt nach Mitarbeitern mit bestimmten Auslandsqualifikationen?	Ja	11
	Nein	23
Ermöglichen Sie die Teilnahme an relevanten Fortbildungsmaßnahmen?	Ja	17
	Nein	7

Aus diesen Aussagen kann man schließen, daß für das handwerkliche Auslandsgeschäft besondere Qualifikationen der Mitarbeiter, wie z. B. Sprachkenntnisse oder Auslandserfahrung, im allgemeinen keine große Rolle spielen. Die fachliche Qualifikation, verbunden mit der grundsätzlichen Bereitschaft zu Auslandseinsätzen[11] und der dazu nötigen Flexibilität und Anpassungsfähigkeit, genügen den handwerklichen Unternehmern offensichtlich. Dies trifft insbesondere auf die gewerblichen Arbeitnehmer zu, denn in den Fällen, wo gezielt nach Mitarbeitern mit bestimmten Qualifikationen für das Auslandsgeschäft gesucht wurde, waren in der Regel kaufmännische Angestellte mit Sprachkenntnissen gefragt.

Die grundsätzliche Bereitschaft zur Finanzierung von Fortbildungsmaßnahmen bezog sich in den meisten Fällen auf Sprachkurse und nur bei einigen Betrieben auf eine Weiterbildung im Bereich Exportabwicklung bzw. -finanzierung. Inwiefern diese Angaben widerspiegeln, daß hiermit wesentliche Hemmnisse für die handwerkliche Internationalsierung angesprochen werden, wird in Kapitel D.3.1 näher untersucht.

Die geringen Anforderungen der Unternehmer an ihre Mitarbeiter bei den auslandsspezifischen Qualifikationen korrespondieren mit dem Umfang der tatsächlich bei den Beschäftigten vorhandenen relevanten Fähigkeiten, denn in der Regel verfügen die Arbeitnehmer nur über sehr

[11] In einigen Fällen wurde die mangelnde Bereitschaft der Mitarbeiter zu mehrwöchigen Montageeinsätzen insbesondere im außereuropäischen Ausland beklagt. Andere Unternehmer hatten hingegen keine Schwierigkeiten in dieser Hinsicht.

beschränkte bzw. **keine relevanten Sprachkenntnisse** (Schulenglisch ohne technisches Fachvokabular) und haben auch **keine besondere Auslandserfahrung** vorzuweisen. Dennoch beurteilen die meisten Interviewpartner die Auslandsqualifikation ihrer Mitarbeiter als ausreichend.

Ein bemerkenswertes Ergebnis der Analyse der Mitarbeiterstruktur in den befragten Unternehmen ist der hohe Anteil an **Ingenieuren**, die bei den im Ausland tätigen Handwerksbetrieben beschäftigt sind. Insgesamt 21 Firmen aus dem Panel beschäftigen mindestens einen Ingenieur, der in einigen Fällen auch den Betrieb leitet (vgl. Kapitel D.3.2.1). Diese Ingenieure sind sowohl im Bereich **Forschung und Entwicklung** als auch im **Vertrieb** eingesetzt. Die Beschäftigung von Ingenieuren im Vertrieb wird damit begründet, daß die Produkte der Firmen ein hohes Maß an Erklärungsbedarf aufweisen, den nur sehr gut ausgebildete Spezialisten zu befriedigen vermögen (vgl. Kapitel D.2.2.1). Im allgemeinen verfügen diese Fachkräfte darüber hinaus über die entsprechenden Fremdsprachenkenntnisse, um auch eine erfolgreiche Vermarktung im Ausland gewährleisten zu können.

Betrachtet man allgemein die organisatorische Zuständigkeit für das Auslandsgeschäft in den untersuchten Betrieben, so stellt man fest, daß in 19 der 34 Unternehmen der Export genauso abgewickelt wird wie das Inlandsgeschäft. In 10 Firmen erledigt die Unternehmensleitung die im Export anfallenden Arbeiten allein und nur in fünf Betrieben sind bestimmte Mitarbeiter speziell für das Auslandsgeschäft zuständig. Dieser Befund kann dahingehend interpretiert werden, daß für die Mehrzahl der befragten Betriebe der Auslandsumsatz noch nicht eine so große Dimension angenommen hat, daß die alleinige Betrauung eines oder mehrerer Angestellter mit den damit zusammenhängenden Aufgaben bzw. der Aufbau spezieller **Exportabteilungen** lohnen würde. Die 10 Unternehmer, die das Exportgeschäft eigenverantwortlich erledigen, implizieren darüber hinaus, daß sie die entsprechende Qualifikation ihrer Mitarbeiter nicht als ausreichend ansehen. Allerdings könnte in diesen Fällen auch vermutet werden, daß die Firmenleitung den Verkauf - und damit auch den Export - grundsätzlich selbst erledigt.

Zusammenfassend kann man festhalten, daß die auslandsspezifischen Qualifikationen (Sprachkenntnisse, Auslandserfahrung) der Mitarbeiter für die handwerkliche Internationalisierung keine überragende Rolle spielen. Für ein erfolgreiches grenzüberschreitendes Engagement sind vielmehr die Fähigkeiten der Beschäftigten von Bedeutung, die die 'weichen' Wettbewerbsvorteile (Qualität, Zuverlässigkeit, Flexibilität etc.) der Handwerksbetriebe verkörpern und nachhaltig sichern.

2.3 Das Wettbewerbsumfeld

2.3.1 Die Konkurrenzsituation

Die Konkurrenzsituation der Handwerksbetriebe sowohl auf dem heimischen als auch auf dem Auslandsmarkt muß als exogener Faktor in den Internationalisierungskalkül einbezogen werden, denn sie hat einen direkten Einfluß auf das Vermarktungspotential der Unternehmung und beeinflußt damit auch die Absatzstrategie. Darüber hinaus zwingt ein starker Wettbewerb die Unternehmen zu Effizienz und Innovation, denn nur dadurch können sie Wettbewerbsvorteile gegenüber der Konkurrenz erlangen.

Dies gilt insbesondere auch für den Inlandswettbewerb. Einerseits zwingt nämlich eine starke heimische Konkurrenz zu einer ständigen Verbesserung und Weiterentwicklung des Leistungsangebots, und andererseits drängt ein starker Inlandswettbewerb die Unternehmen dazu, vermehrt im Ausland nach Absatzmöglichkeiten zu suchen, wo die Verkaufschancen wiederum durch die im Inland erzwungene Effizienz steigen (vgl. Porter 1991, S. 141 ff.).

Eine hohe **Wettbewerbsintensität im Inland** führt außerdem dazu, daß die Betriebe die im Heimatland vorhandenen, und damit prinzipiell auch der inländischen Konkurrenz zur Verfügung stehenden Basisvorteile möglichst wirtschaftlich einsetzen, um sich einen Wettbewerbsvorteil gegenüber der Konkurrenz zu verschaffen (vgl. Porter 1991, S. 144). Im Handwerk gilt dies insbesondere für das gut ausgebildete Mitarbeiterpotential, auf das grundsätzlich alle Handwerksbetriebe Zugriff haben.

Voraussetzung für die erfolgreiche Ausnutzung von Wettbewerbsvorteilen ist das Wissen um die Leistungsfähigkeit der Konkurrenz und um die eigene Marktposition im Vergleich zu den Wettbewerbern (vgl. Hewitt-Dundas u. a. 1997, S. 76). Denn erst im Bewußtsein dieser Faktoren sind die Handwerksbetriebe in der Lage, geeignete Strategien für die Verwertung der eigenen firmenspezifischen Wettbewerbsvorteile zu entwickeln.

Im Rahmen der Interviews wurden die Unternehmer daher nach ihrer Einschätzung der Wettbewerbssituation im Inland und im Ausland befragt. Abbildung 21 zeigt, daß die meisten Betriebe den Inlandswettbewerb als vergleichsweise stark einschätzen, während die Konkurrenzsituation im Ausland nicht so eindeutig beurteilt wurde.

Abb. 21: Wettbewerbsintensität im In- und Ausland

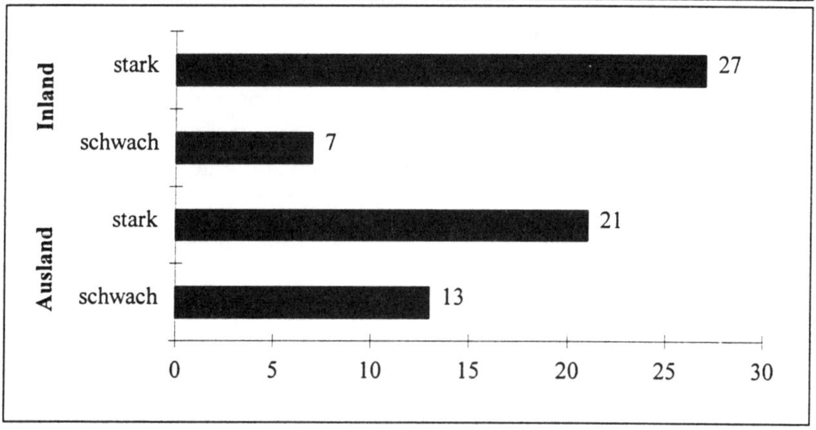

Sechs der insgesamt sieben Betriebe, die den Inlandswettbewerb eher als schwach ansehen, gaben an, daß sie keine oder nur sehr wenige direkte Konkurrenten auf dem heimischen Markt haben. Sie sind in Branchen tätig, in denen es in Deutschland eine vergleichsweise geringe Nachfrage gibt, sei es aus Gründen der Produktionsverlagerung an kostengünstigere Standorte, wie z. B. in der Textil- oder in der Besteckindustrie, die jeweils ein Textilmaschinenbauer und ein Besteckgraveur aus dem Unternehmenspanel beliefert, oder sei es, weil die Betriebe sich auf sehr kleine Nischenmärkte konzentriert haben, wo sie nur auf wenige Konkurrenten treffen, wie z. B. ein Hersteller von Getränkeabfüllmaschinen, ein Fachbetrieb für Automatisierungstechnik, ein spezialisierter Fräswerkzeugproduzent oder ein Kunstschmied, der seinen Schwerpunkt auf Skulpturen gelegt hat und in diesem Bereich nach eigenen Angaben regional konkurrenzlos ist.

Der siebte Unternehmer aus der Gruppe der Firmen, die den Inlandswettbewerb als schwach ansehen, baut Schaltschränke und ist damit im

Bereich seiner Standardprodukte einer großen Zahl von Konkurrenten ausgesetzt. Allerdings hat er sich auf Sonderanfertigungen konzentriert, die er durch Beratung und einige andere Leistungen ergänzt. Dies wird von seinen inländischen Wettbewerbern nicht angeboten.

Die Firmen, die mit einer starken Konkurrenz auf dem heimischen Markt konfrontiert sind, haben sich in der Regel zwar auch auf bestimmte Produktsegmente spezialisiert, stehen aber dennoch im Wettbewerb mit einer Reihe von ähnlich ausgerichteten Anbietern. Diese Gefahr ist im Handwerk auch trotz einer Spezialisierung immer gegeben, da die flexible Reaktion auf Kundenwünsche das wesentliche Merkmal der handwerklichen Produktion ist. Dadurch sind die meisten Handwerksbetriebe in der Lage, ein relativ großes Spektrum an Aufträgen zu übernehmen, die ihren Spezialisierungsbereich zumindest tangieren. Die Folge daraus ist u. U., daß viele Unternehmen mit verschiedenen, aber grundsätzlich ähnlich gelagerten Produktionsschwerpunkten um dieselben Aufträge konkurrieren.

Dennoch kann man in diesen Fällen nicht unbedingt auf polypolistische Wettbewerbsverhältnisse schließen, denn die meisten Interviewpartner erwähnten einen überschaubaren Kreis direkter Konkurrenten; tendenziell muß man also eher **weite oligopolistische Konkurrenzstrukturen** vermuten[12]. Dafür spricht auch, daß sich fast alle Betriebe beständig um die Neu- bzw. Weiterentwicklung ihrer Produkte und Wettbewerbsvorteile bemühen (vgl. Kapitel D.2.2.1), denn - wie schon Kantzenbach ausführte - die potentielle Intensität und Funktionsfähigkeit des Wettbewerbs steigt mit abnehmender Zahl der Anbieter an, so daß in Oligopolen mit einer höheren Innovationsneigung gerechnet werden kann als im Fall der atomistischen Konkurrenz[13] (vgl. Kantzenbach 1967, S. 42 f.).

Die **Wettbewerbsintensität im Ausland** halten 13 der befragten Unternehmen für schwach. 10 Firmen, die diese Einschätzung teilen, gaben an, daß sie auf den relevanten Auslandsmärkten weniger Konkurrenten

---

[12] Quantitativ ist eine exakte Bestimmung der Grenze zwischen Oligopol und Polypol nahezu unmöglich (vgl. Ott 1980, S. 111). Daher muß hier qualitativ argumentiert werden.

[13] Die einer gesteigerten Wettbewerbsintensität entgegenstehende Gefahr der Kollusion im Oligopol (vgl. dazu z. B. Varian 1984, S. 100 f.) besteht bei den Betrieben in der Regel nicht, denn die Zahl der Anbieter in den jeweiligen Marktsegmenten ist einerseits für Absprachen zu groß und andererseits ist das Leistungsangebot der konkurrierenden Produzenten hierfür zu heterogen.

haben als im Inland; in einigen Fällen ist den Unternehmern nur ein Wettbewerber auf den ausländischen Absatzmärkten, auf denen sie tätig sind, bekannt.

Gemäß der erwähnten Marktformenlehre nach Kantzenbach (vgl. dazu auch Kapitel C.1.1.1) müßte der Konkurrenzkampf mit diesen wenigen ausländischen Wettbewerbern sehr intensiv sein und nicht, wie es die befragten Unternehmer postulieren, schwach. Daß dies dennoch der Fall ist, dürfte an den Besonderheiten des handwerklichen Leistungsangebots liegen, das auf die jeweiligen Kundenbedürfnisse zugeschnitten wird. Vier Firmen, welche die ausländische Wettbewerbsintensität als schwach ansehen, bestätigten diese Kausalität, denn befragt nach den Gründen für ihren Erfolg im Ausland gaben sie an, daß sie über eine Angebotspalette verfügen, welche die ausländische Konkurrenz nicht bieten kann. Die Antworten sechs weiterer Unternehmer aus dieser Gruppe gehen in die gleiche Richtung, denn sie sagten, daß sie auf den Auslandsmärkten erfolgreich seien, da dort eine Marktlücke zu füllen gewesen sei; das bedeutet ebenfalls, daß ihr Leistungsangebot auf den jeweiligen internationalen Märkten noch nicht offeriert wurde.

Hier zeigt sich ein deutlicher Unterschied zwischen der Konkurrenzsituation auf dem Inlands- und dem Auslandsmarkt. Während die Handwerker im Inland mit Betrieben konkurrieren, die ebenfalls ein breites Spektrum an Problemlösungen anbieten, fehlt den ausländischen Wettbewerbern in bestimmten Segmenten die notwendige Qualifikation, um den breiten Aufgabenbereich des Handwerksbetriebes abzudecken. Dieser Wettbewerbsvorsprung resultiert aus der umfassenden Ausbildung der gewerblichen Mitarbeiter, die der Handwerksbetrieb in ein flexibles, qualitativ hochwertiges und auf heterogene Kundenbedürfnisse zugeschnittenes Leistungsangebot umsetzt.

Die übrigen drei Betriebe, welche die Konkurrenz auf dem Auslandsmarkt ebenfalls als schwach ansehen, waren im Ausland mit mindestens genauso vielen Wettbewerbern konfrontiert wie im Heimatland. Sie verwiesen bei den Erfolgsfaktoren auf dem Auslandsmarkt auf den guten Ruf der deutschen Handwerker im Ausland, der auch international mit hoher Qualität in Verbindung gebracht werde.

Die Hälfte der Unternehmen, welche die Wettbewerbsintensität im Ausland als hoch bewerten, sah sich einer großen Zahl von Konkurrenten auf den internationalen Märkten ausgesetzt; die andere Hälfte gab an, im Ausland nur auf eine überschaubare Gruppe von direkten Wettbewerbern zu treffen. Auch diese Gruppe von Unternehmen verwies auf Qualität und Flexibilität bzw. auf eine erkannte Marktlücke im Ausland als Grundlage für den Erfolg der grenzüberschreitenden Tätigkeit.

Insgesamt kann aus der Analyse der Konkurrenzsituation geschlossen werden, daß die Wettbewerbsintensität im Inland für die ebenfalls im Ausland verwertbaren Wettbewerbsvorteile eine wesentliche Rolle spielt. Das Ausmaß der Konkurrenz auf dem Auslandsmarkt scheint hingegen keine besonderen Auswirkungen auf das handwerkliche Internationalisierungsverhalten zu haben.

2.3.2 Die Nachfragebedingungen

Porter hat in seiner umfassenden Untersuchung der nationalen Wettbewerbsvorteile festgestellt, daß die Nachfragebedingungen auf dem Heimatmarkt einen wesentlichen Einfluß auf die international verwertbaren Wettbewerbsvorteile der im Ausland tätigen Unternehmen haben; er schreibt: „Ein Land erzielt einen Wettbewerbsvorteil in Branchen oder Branchensegmenten, in denen die Inlandsnachfrage den einheimischen Firmen ein klareres oder früheres Bild der Käuferbedürfnisse vermittelt als den ausländischen Konkurrenten“ (Porter 1991, S. 110). Und weiter: „Die Qualität der Inlandsnachfrage (...) ist bei der Bestimmung des Wettbewerbsvorteils entscheidender als die Quantität“ (Porter 1991, S. 109). Die Begründung liegt darin, daß Firmen, die auf ihrem Heimatmarkt eine anspruchsvolle Nachfrage zu befriedigen haben, zu einem qualitativ hochwertigen und innovativen Leistungsangebot gezwungen werden, das sie darüber hinaus durch beständige Weiterentwicklung und Verbesserung an die sich wandelnden Anforderungen der Kunden anpassen müssen.

Zur Überprüfung der Signifikanz dieser These für den handwerklichen Bereich wurden die im Panel vertretenen Firmen gefragt, ob sich die Nachfrage im Ausland von der im Inland qualitativ unterscheide. Es stellte sich heraus, daß die Mehrheit der Betriebe keine Abweichungen zwischen heimischer und internationaler Nachfrage feststellen konnte (vgl. Abbildung 22). Insgesamt nur sieben Unternehmer gaben an, daß sie die Kundenanforderungen im Inland als qualitativ höherwertiger einschätzen als die ausländischer Abnehmer. Dabei konnten bei diesen Firmen gegenüber den übrigen Unternehmen keine Besonderheiten in der Produktpalette festgestellt werden.

Lediglich zwei Betriebe bewerteten die Auslandsnachfrage als qualitativ höher. Bei ihnen handelt es sich im einem Fall um einen Tischlerbetrieb, der sich auf Vertrieb und Montage von Saunen und Markisen spezialisiert hat. Diese Firma ist im Grenzgebiet zu Luxemburg angesiedelt und beliefert im Nachbarland vornehmlich gut situierte Kunden, was als ursächlich für die qualitativ hochwertige Nachfrage in der ausländischen Absatzregion angesehen werden kann. Der andere Betrieb ist ein Maschinenbauer, der Sonderanfertigungen für einen Nischenmarkt herstellt. Die gelieferten Problemlösungen werden jeweils in Zusammenarbeit mit den Kunden entwickelt. Nach den Worten dieses Unternehmers stellen die ausländischen Abnehmer dabei in der Regel höhere Anforderungen an den Technologiegehalt der Maschinen als die heimischen Kunden; daher empfindet er die ausländische Nachfrage als qualitativ höherwertiger.

Abb. 22: Qualitativer Unterschied zwischen Inlands- und Auslandsnachfrage

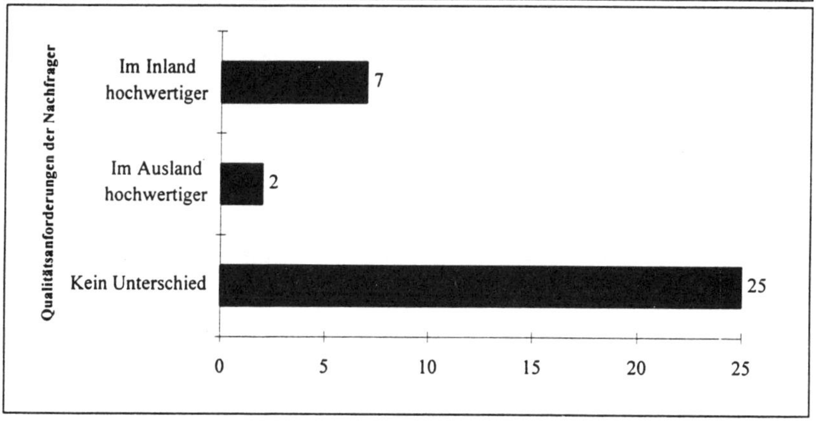

Die Befragung bestätigt also nur bedingt die Aussage Porters. Das könnte daran liegen, daß die meisten der interviewten Handwerksbetriebe aus dem Maschinenbausektor kommen und vornehmlich in das EU-Ausland exportieren. Diese Absatzmärkte sind durch den EU-Binnenmarkt eng miteinander verflochten und weisen in der Regel ein ähnlich hohes Industrialisierungsniveau wie die Bundesrepublik

Deutschland auf, so daß sich auch die qualitativen Anforderungen an die Produkte in etwa entsprechen dürften.

Diese Vermutung wird auch dadurch gestützt, daß es sich beim Maschinenbau um ein international hoch kompetitives Marktsegment handelt, in dem in- und ausländische Firmen ihre Produktpalette notwendigerweise rasch angleichen müssen, wenn einem Unternehmen ein innovativer Wettbewerbsvorsprung gelingt, um nicht bedeutende Marktanteile zu verlieren. Das führt auch gleichzeitig zu einer schnellen Nivellierung der qualitativen Nachfrageniveaus zwischen den betroffenen Ländern, denn die Abnehmer kaufen in der Regel die international fortschrittlichste Technologie ein.

Allerdings ist bei dieser Frage auch zu beachten, daß die handwerklichen Leistungen im Ausland häufig gerade wegen ihrer höheren Qualität nachgefragt werden (vgl. Kapitel D.2.2.1). Das impliziert, daß in erster Linie **ausländische Abnehmer mit überdurchschnittlich hohen Qualitätsansprüchen** bei deutschen Handwerksbetrieben kaufen, während die übrigen Ausländer mit geringeren Qualitätsanforderungen bei heimischen Anbietern ordern, die eine niedrigeren Standard bieten.

Im Zusammenhang mit den Nachfragebedingungen auf dem Auslandsmarkt offenbaren sich interessante Erkenntnisse bei der Analyse der subjektiven Einschätzung der befragten Unternehmer, warum sie im grenzüberschreitenden Geschäftsverkehr erfolgreich sein konnten[14] (vgl. Abbildung 23). Etwa die Hälfte der Interviewpartner gab hierzu an, daß sie eine **Marktlücke im Ausland** entdeckten und deshalb dort tätig wurden. Darüber hinaus sahen 13 Betriebe ihr Leistungsangebot als Erfolgsfaktor für das Auslandsengagement an. Aufgrund dieser Antworten läßt sich vermuten, daß zumindest diese Unternehmen über eine Produkt- und Servicepalette verfügen, die in dieser Form im Ausland nicht bzw. nur eingeschränkt angeboten wird. Man kann in diesen Fällen also mit Einschränkungen von der 'Nichtverfügbarkeit' handwerklicher Leistungen im Ausland ausgehen.

Relativ häufig wurden außerdem Faktoren wie Qualität, Zuverlässigkeit etc. genannt, die in Kapitel D.2.2.1 als die entscheidenden **'weichen'**

---

[14] Die Antworten zu dieser Frage sind nicht mit den firmenspezifischen Wettbewerbsvorteilen gleichzusetzen, denn sie beziehen sich in erster Linie auf die Konkurrenz- und Nachfragebedingungen auf den ausländischen Märkten, die ebenfalls einen wesentlichen Erfolgsfaktor für die grenzüberschreitende Tätigkeit darstellen.

Wettbewerbsvorteile identifiziert worden waren. Bemerkenswert ist in diesem Zusammenhang auch, daß immerhin noch vier Unternehmer auf das Label 'Made in Germany' als Erfolgsgrundlage im Exportgeschäft setzen. Die Nennung der traditionellen handwerklichen Tugenden und des hohen Ansehens deutscher Produkte als Basis des Auslandsengagements deutet darauf hin, daß diese Vorteile zumindest in einigen Marktsegmenten im Ausland immer noch verwertet werden können (vgl. Kapitel D.2.2.1). Auffällig ist dabei ferner, daß fünf Betriebe sogar ihr **Preis-Leistungs-Verhältnis** für den Exporterfolg verantwortlich machen, obwohl die gegenwärtige wirtschaftspolitische Diskussion sich durch Klagen über die mangelnde internationale Wettbewerbsfähigkeit aufgrund des hohen Lohn- und damit auch Preisniveaus auszeichnet (vgl. Siebert 1996, S. 22).

Abb. 23: Gründe für den Absatzerfolg im Ausland*

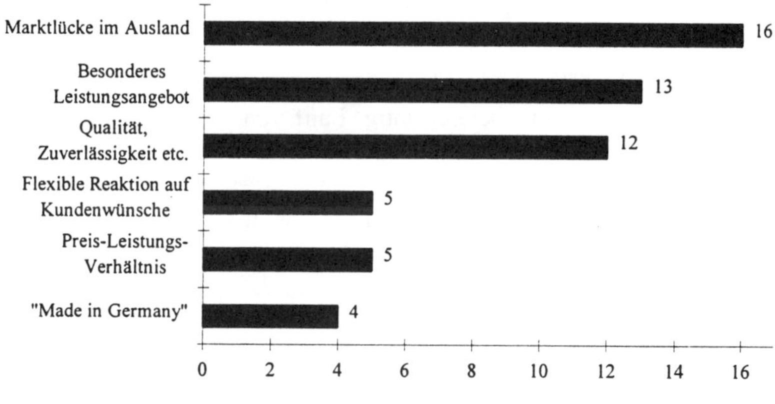

* Mehrfachnennungen waren möglich.

Die von den befragten Unternehmern erwähnte Marktlücke als Basis für den Erfolg im Auslandsgeschäft könnte bei dynamischer Betrachtung aber auch darauf hindeuten, daß die deutschen Nachfrager mit ihren Anforderungen nur die Bedürfnisse der ausländischen Marktteilnehmer vorwegnehmen (vgl. dazu auch Porter 1991, S. 115). Dies wäre dann der

Fall, wenn die deutschen Kunden - als eine Art **'Nachfrage-Avantgarde'** - den Bedarf nach bestimmten Produkten bzw. Dienstleistungen äußern, der dann von ausländischen Nachfragern mit einiger Zeitverzögerung ebenfalls entdeckt wird. Die deutschen Anbieter hätten dann einen Vorsprung gegenüber den ausländischen Produzenten bei der Fähigkeit zur Bedürfnisbefriedigung, weil sie entsprechende Produkte bereits entwickelt und angeboten hätten.

Eine solche Situation könnte z. B. im **Umweltschutzbereich** vorliegen, da hier die Bundesrepublik Deutschland relativ frühzeitig aufgrund von Veränderungen im Bewußtsein der Bevölkerung und der daraus resultierenden Neuorientierung der politischen Zielsetzungen entsprechende Bestimmungen erlassen hat, welche die Unternehmen zu ökologischen Innovationen gezwungen haben. Die daraus entstandenen Produktionsverfahren und Produkte konnten teilweise im Zuge der allmählich auch im Ausland sich verstärkenden ökologischen Bewegung international erfolgreich vermarktet werden. Auch für das Handwerk besteht hier ein erhebliches Potential (vgl. Müller 1993 b, S. 11 sowie Kornhardt 1991, S. 68 ff.).

Insgesamt sieben Firmen aus dem Unternehmenspanel sind im weiteren Sinne im Umweltschutzbereich tätig. Fünf von ihnen stellen Produkte für die Wasserreinhaltung her, wie z. B. Auffangbehälter für wassergefährdende Stoffe, Maschinenteile für Kläranlagen oder Wasseraufbereitungsanlagen. Die übrigen zwei Firmen bieten umweltschonende Maschinenbauprodukte für die Textilwirtschaft bzw. Agrarbetriebe an. Bei diesen Unternehmen kann vermutet werden, daß sie ihre Produktion im Verlauf der zunehmenden ökologischen Sensibilisierung der Nachfrage in Deutschland auf diesen Bereich umgestellt haben. Nachdem auch im Ausland das Umweltbewußtsein und damit die Nachfrage nach ökologisch verträglichen Produkten stieg, konnten sie ihre Erfahrungen als Wettbewerbsvorteil auf dem internationalen Markt verwerten.

Insgesamt bleibt festzuhalten, daß die Nachfragebedingungen für handwerkliche Produkte im In- und Ausland in qualitativer Hinsicht keine wesentlichen Unterschiede aufweisen. Allerdings gelingt es einer Reihe von Betrieben dennoch, Marktlücken im Ausland aufzudecken und sich durch die Besetzung dieser Nischen eine vorteilhafte Wettbewerbsposition im Ausland zu verschaffen.

2.4 Zusammenfassung

Die Situationsanalyse der international tätigen Handwerker konnte mehrere Faktoren herausarbeiten, die einen bedeutenden Einfluß auf die Internationalisierung ausüben. Im folgenden werden sie kurz zusammengefaßt:

Das breite Spektrum der in der Befragung vertretenen Betriebsgrößenklassen hat tendenziell gezeigt, daß eine **erfolgreiche Exporttätigkeit unabhängig von der Unternehmensgröße** ist. Dem Tätigkeitsschwerpunkt kommt hingegen eine gewisse Signifikanz zu, denn es werden vor allem Handwerksbetriebe, die für den gewerblichen Bedarf produzieren, im Auslandsgeschäft aktiv. Im Leistungsangebot der exportierenden Handwerker dominieren die **kundenspezifischen Sonderanfertigungen**, häufig ergänzt um produkt- und wissensbezogene Dienstleistungen.

Die im Ausland angebotenen Produkte stellen nicht für alle Unternehmen einen speziellen Wettbewerbsvorteil *per se* dar; die Handwerksbetriebe zeichnen sich eher durch 'weiche' Vorteilsfaktoren wie z. B. **Qualität**, **Zuverlässigkeit** und **Flexibilität** gegenüber ihren ausländischen Konkurrenten aus. Die Basis der Wettbewerbsvorteile ist dabei insbesondere das Wissen und Können der Mitarbeiter sowie die Leistungsfähigkeit des Managements. Zur dauerhaften Erhaltung ihrer Wettbewerbsvorteile setzen die international tätigen Handwerker daher neben der Marktbeobachtung auch besonders auf Qualifikations- und Motivationsmaßnahmen für ihre Beschäftigten. Die Auslandsqualifikation der Mitarbeiter spielt für die Internationalisierung der Handwerksbetriebe allerdings nur eine untergeordnete Rolle.

Der Wettbewerb im Inland wird von den meisten Unternehmern als sehr intensiv eingeschätzt, während sich mehr als ein Drittel der Befragten im Ausland nur einer schwachen Konkurrenz ausgesetzt sehen. Der Haupterfolgsfaktor im Exportgeschäft war dabei für die meisten Betriebe die Entdeckung und Bedienung einer **Marktlücke** im Ausland. Die Qualität der Nachfrage im In- und Ausland unterscheidet sich für die meisten Handwerker nicht, nur eine Minorität konstatiert eine qualitativ höherwertige Inlandsnachfrage.

3. Determinanten des Internationalisierungsverhaltens

Nachdem die Situationsanalyse der an der Befragung beteiligten Unternehmen die Bedeutung einiger endogener und exogener Variablen für das handwerkliche Auslandsengagement veranschaulicht hat, sollen nun die wesentlichen Determinanten des Internationalisierungsverhaltens hinsichtlich ihrer empirischen Signifikanz untersucht werden. Als Determinanten des strategischen Verhaltens im Rahmen der grenzüberschreitenden Tätigkeit werden in der vorliegenden Untersuchung die Transaktionskosten, die Unternehmerpersönlichkeit sowie der Standort des Betriebes behandelt (vgl. Kapitel D.1.2). Im Mittelpunkt der empirischen Analyse steht dabei die Frage, welchen Einfluß diese Variablen jeweils auf die Internationalisierungsstrategie und die konkrete Ausprägung des Auslandsengagements haben.

3.1 Die Abgrenzung der Rolle der Transaktionskosten

Die Untersuchung der Bedeutung von Transaktionskosten im Internationalisierungsprozeß anhand einer qualitativen Erhebung hängt von der persönlichen Einschätzung der Interviewpartner ab. Dadurch besteht die Gefahr von Inkonsistenzen bei einem Vergleich der Antworten verschiedener Unternehmer. Diese Schwierigkeiten werden noch verstärkt, wenn Betriebe aus verschiedenen Branchen analysiert werden wie in der vorliegenden Studie. So variiert beispielsweise die Einschätzung des Unsicherheitsgrades bei der grenzüberschreitenden Geschäftstätigkeit von Unternehmer zu Unternehmer und auch von Branche zu Branche. Auch was die Häufigkeit der Transaktionen betrifft, können sich die Gepflogenheiten je nach Sektor unterscheiden. Das gleiche gilt für die Einordnung einer Investition als partnerspezifisch (vgl. dazu Shelanski/Klein 1995, S. 337).

Trotz dieser Probleme bei der empirischen Analyse ist die im Rahmen dieser Arbeit gewählte Vorgehensweise über persönliche Interviews berechtigt, denn letztendlich sind es die handwerklichen Unternehmer, die über die Aufnahme und Ausgestaltung des Auslandsengagements entscheiden. In ihre Entscheidungen fließt dabei ihre subjektive Wahrnehmung der Transaktionskosten ein, die mit der Internationalisierung verbunden sind. Daher wird sich die folgende Untersuchung der Rolle der Transaktionskosten im wesentlichen auf die subjektive Einschätzung der interviewten Unternehmer stützen, wobei die Einzelfallbetrachtung zur Herausarbeitung der wesentlichen transaktionskostenspezifischen Merkmale des handwerklichen Internationalisierungsverhaltens eine bedeutende Rolle spielen wird.

3.1.1 Transaktionskostenarten im handwerklichen Internationalisierungsprozeß

Transaktionskosten werden grundsätzlich in **ex-ante** und **ex-post Kosten** unterschieden (vgl. Kapitel C.1.2.1). Im Zuge der Internationalisierung treten ex-ante Transaktionskosten z. B. in Form von Such-, Informations-, Verhandlungs- und Absicherungskosten auf, die im Vorfeld des Auslandsengagements u. a. dadurch entstehen, daß der Handwerker die Bedingungen und Usancen auf dem ausländischen Markt noch nicht kennt, und er infolgedessen Informationen einholen und geeignete Geschäftspartner suchen muß. Ex-post Transaktionskosten werden hingegen erst nach Vertragsabschluß relevant, wenn z. B. bestimmte Ereignisse eine Anpassung der Vertragsmodalitäten notwendig machen oder wenn Streitigkeiten auftreten (vgl. Williamson 1990, S. 22 ff.).

3.1.1.1 Ex-ante Transaktionskosten

Planung und Vorbereitung des Auslandsengagements verursachen für die international tätigen Handwerker höhere Transaktionskosten als eine Geschäftsanbahnung mit einem inländischen Kunden. Zunächst müssen **marktbezogene Informationen** über die Nachfrage- und Wettbewerbssituation auf dem Auslandsmarkt eingeholt werden, um die für die erfolgreiche Bearbeitung notwendigen Marketingmaßnahmen einleiten zu können und das Leistungsangebot an die dortigen Gegebenheiten anzupassen. Wenn dann ein konkretes Angebot für einen ausländischen Interessenten erstellt werden soll, sind auch **abwicklungstechnische Informationen** notwendig, um die zoll- und normungsrechtlichen sowie finanziellen Anforderungen an das Exportgeschäft erfüllen zu können.

Das Auftreten dieser Art von Transaktionskosten ist im täglichen Geschäftsverkehr nicht ungewöhnlich. Die Sammlung bestimmter Informationen über die zu bearbeitenden Märkte und die damit zusammenhängenden technischen Fragen ist Voraussetzung für einen reibungslosen Geschäftsablauf. Dennoch dürften die Transaktionskosten beim Export höher sein als im Rahmen des Inlandsgeschäfts. Viele Handwerker nehmen wahrscheinlich allein aus diesem Grund von einem internationalen Engagement Abstand.

Die ex-ante Transaktionskosten, die mit der **Suche nach ausländischen Kunden** in Verbindung stehen, stellen für die Handwerksbetriebe - insbesondere zu Beginn eines grenzüberschreitenden Engagements - aufgrund ihrer relativ geringen Personal- und Kapitalressourcen ein Problem dar (vgl. Sauer 1991, S. 227 f.). Zum einen sind die Unternehmen nicht in der Lage, mit Hilfe aufwendiger Recherchen potentielle Kunden im Ausland zu identifizieren. Zum anderen schlagen sich die geringen finanziellen Reserven in der Regel in einem relativ kleinen Marketingbudget nieder, so daß auch die Möglichkeiten der indirekten Kundenansprache durch Werbemaßnahmen beschränkt sind. Während auf dem Heimatmarkt Reputation und Mund-zu-Mund-Propaganda eine wichtige Rolle für die Kundengewinnung spielen, ist die Bedeutung dieser Instrumente im Ausland aufgrund des üblicherweise geringeren Bekanntheitsgrades weniger ausgeprägt.

Eine Strategie für die vergleichsweise kostengünstige Kundenakquisition und gleichzeitige Erhöhung des Bekanntheitsgrades ist die **Messebeteiligung** (vgl. Müller 1985, S. 173). Die meisten der befragten Handwerker sind sich der transaktionskostensenkenden Wirkung dieser Strategie offensichtlich bewußt, denn sie stellen auf einer in- oder ausländischen Messe aus. Sowohl auf internationalen Fachmessen im Inland als auch im Ausland gelang es einer Reihe von Betrieben mit ausländischen Abnehmern in Kontakt zu treten.

Mehrere Unternehmer haben sich dabei auch an **Gemeinschaftsständen des Handwerks** beteiligt (vgl. dazu Kapitel E.2.1.2 sowie Müller 1987, S. 53 ff.). Insbesondere die Betriebe aus den Handwerkskammerbezirken Saarland und Trier waren mit Hilfe der von den Kammern organisierten Gemeinschaftsstände auf der regelmäßig veranstalteten Luxemburger Herbstmesse in der Lage, Kunden im Nachbarland zu gewinnen. In der Befragung zeigte sich, daß die Beteiligung an Inlandsmessen ebenfalls ein vielversprechender Weg zum Eintritt ins Auslandsgeschäft sein kann, denn v. a. die größeren deutschen Fachmessen sprechen ein internationales Publikum an, dem sich der Handwerksbetrieb durch eine Ausstellung präsentieren kann. Die Nutzung dieses Forums spart Informations- und Suchkosten, die ansonsten bei der Akquisition von ausländischen Kunden entstehen würden.

Neben den Schwierigkeiten im Zusammenhang mit der Suche nach ausländischen Abnehmern, haben die Handwerksbetriebe bei der Internationalisierung mit weiteren Problemen zu kämpfen, die ebenfalls diesen Bereich tangieren. Die größte Bedeutung haben dabei Zollfragen und Sprachschwierigkeiten (vgl. Abbildung 24). Aber auch die kulturellen Unterschiede im Ausland sind für mehrere Betriebe von Bedeutung, wobei einige Interviewpartner bei dieser Frage auf das teilweise belastete Verhältnis der angrenzenden Länder zu ihren deutschen Nachbarn Bezug nahmen. Schließlich hatten zu Beginn der Internationalisierung einige Unternehmen mit Finanzierungsproblemen zu kämpfen.

Abb. 24: Probleme zu Beginn der Internationalisierung*

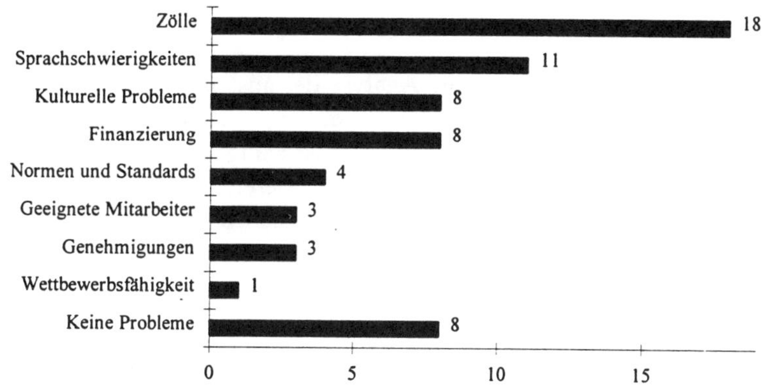

* Mehrfachnennungen waren möglich.

Es zeigt sich also, daß die Handwerksbetriebe zu Beginn der Internationalisierung sowohl mit technischen (Zoll, Finanzierung etc.) als auch mit kulturellen Schwierigkeiten (Sprache, Mentalität usw.) konfrontiert werden. Auffällig ist jedoch, daß acht Unternehmer angaben, überhaupt keine Probleme zu Beginn der Internationalisierung gehabt zu haben. Der Grund dafür dürfte in der **Einschaltung eines Absatzmittlers** durch fast alle Betriebe aus dieser Gruppe schon beim Start ins Auslandsgeschäft liegen. Die Intermediäre konnten ihnen viele Probleme abnehmen (Zollfragen etc.) bzw. bestimmte Problemsituationen von vornherein ausschalten (z. B. Sprachschwierigkeiten bei Verhandlungen mit ausländischen Kunden). Daher waren die Handwerker selbst von diesen Schwierigkeiten entlastet.

Angesichts der gegenwärtigen Diskussion über die Kostenbelastung der Unternehmen am Standort Deutschland ist es erstaunlich, daß nur ein Interviewpartner Schwierigkeiten bei der Wettbewerbsfähigkeit aufgrund seiner Kostenstruktur einräumte; bei dieser Firma handelt es sich um einen Dachdeckerbetrieb, mithin ein reiner Dienstleister, für den die Löhne den größten Kostenblock ausmachen dürften. Außerdem ist dieser Betrieb einem vergleichsweise starken Wettbewerb im In- und Ausland ausgesetzt, da in seinem Bereich sehr viele Konkurrenten tätig sind. Da er jedoch als einziger Befragter diesen Problembereich anführte, bestätigt sich das in Kapitel D.2.2.1 hergeleitete Ergebnis, daß weniger die Produktpreise als vielmehr die 'weichen' Vorteilsfaktoren (Qualität, Zuverlässigkeit etc.) entscheidend für die Wettbewerbsfähigkeit des Handwerks im Ausland sind.

Abbildung 24 ergänzt ferner die Analyse der auslandsspezifischen Mitarbeiterqualifikation in Kapitel D.2.2.2, die ergab, daß die Beschäftigten in der Regel nur über geringe entsprechende Fähigkeiten verfügen, denn nur drei Unternehmer identifizierten diesen Bereich als Problem zu Beginn der Internationalisierung. Damit zeigt sich ein weiteres Mal, daß Fremdsprachenkenntnisse oder Auslandserfahrung der Mitarbeiter keine entscheidende Rolle für das handwerkliche Auslandsengagement spielen.

Die am Anfang der Internationalisierung entstehenden Probleme verursachen notwendigerweise einen gewissen **Aufwand**. Die Unternehmer wurden im Rahmen der Interviews gebeten, die dadurch entstehenden Kosten, die man im weiteren Sinne als Transaktionskosten bezeichnen kann, zu bewerten. Die Unternehmer verglichen dabei den Aufwand, den sie im Auslandsgeschäft betreiben mußten, mit den im Inland auftretenden Kosten. Im Ergebnis schätzte nur ca. die Hälfte der befragten Unternehmer den mit dem Beginn der Internationalisierung verbundenen Aufwand als hoch ein.

Die diesbezügliche Bewertung durch die Interviewpartner korreliert dabei nicht mit bestimmten sonstigen Merkmalen ihrer jeweiligen Unternehmen (wie z. B. Internationalisierungsform, Erfahrungen im überregionalen Absatz, Standort des Betriebes etc.). Man kann hier also von einer rein **subjektiven Einschätzung** der befragten Unternehmer ausgehen, die sich nicht in objektiv meßbaren Tatbeständen niederschlägt. Die fortgesetzte internationale Tätigkeit der befragten Unternehmer zeigt jedoch, daß alle im Panel vertretenen Betriebe den Aufwand zu bewältigen vermochten.

Relativ einhellig war dagegen die Meinung zu der Frage, ob sich die **Erwartungen an das Auslandsgeschäft** erfüllt haben, denn fast alle Unternehmer haben ihre Exportziele erreicht. Allerdings sollte man dieses Befragungsergebnis nicht dahingehend verallgemeinern, daß alle Handwerksbetriebe nach Überwindung anfänglicher Schwierigkeiten im Auslandsgeschäft erfolgreich sein können. In die Befragung wurden nämlich nur diejenigen Handwerker einbezogen, die schon mehrere Jahre international tätig sind. Durch diese Positivauslese werden demnach die Betriebe vernachlässigt, die nach anfänglichen Mißerfolgen das Auslandsengagement wieder aufgegeben haben.

Insgesamt konnte die Analyse der ex-ante Transaktionskosten im Rahmen des handwerklichen Auslandsengagements keinen herausragenden Problembereich identifizieren - dazu differieren die angegebenen Schwierigkeiten zu sehr. Es hat sich aber herausgestellt, daß die mit der Internationalisierung verbundenen Probleme keine unüberwindbare Hemmschwelle für die grenzüberschreitende Tätigkeit darstellen.

3.1.1.2 Ex-post Transaktionskosten

Ein weiterer wichtiger Faktor im Auslandsgeschäft sind die ex-post Transaktionskosten, die aber erst im Verlauf der grenzüberschreitenden Tätigkeit Bedeutung gewinnen. Sie beziehen sich auf die Folgekosten eines transnationalen Geschäftsvertrages. Im Zusammenhang damit spielen **Unsicherheit** und **Opportunismus** - als grundlegende Annahme der Transaktionskostentheorie über das Verhalten der Akteure - eine bedeutende Rolle (vgl. Williamson 1990, S. 54 u. S. 68), denn der Handwerker unterliegt im Ausland tendenziell einer noch größeren Ungewißheit als im Inland; z. B. darüber, ob der Geschäftspartner die vertraglichen Abmachungen erfüllt und damit vertrauenswürdig ist oder ob er sich opportunistisch verhält. Dazu tragen u. a. sowohl die Sprachschwierigkeiten als auch die kulturelle Distanz zum Ausland bei, die - wie das vorige Kapitel gezeigt hat - für einige Betriebe aus dem Panel bedeutende Problembereiche darstellen.

Die Handwerker versuchen dieser Unsicherheit durch den **Aufbau von persönlichen Kontakten** mit ihren ausländischen Geschäftspartnern entgegen zu wirken. Fast alle Interviewpartner gaben an, daß für sie das persönliche Vertrauensverhältnis auch in der grenzüberschreitenden Zusammenarbeit einen hohen Stellenwert habe. Die persönlichen Kontakte werden teilweise im Sinne eines '**Networking**' genutzt, um bessere Informationen zu bekommen und für zukünftige Aufträge bei den wesentlichen Entscheidungsträgern „im Gespräch zu bleiben". Einige Handwerker aus Grenzregionen, die v. a. in Luxemburg tätig sind, haben dazu sogar Niederlassungen vor Ort gegründet, damit ein schneller und unkomplizierter Kontakt gewährleistet ist (vgl. dazu auch Kauranen 1994, S. 227). Die Bedeutung des Vertrauensverhältnisses bezieht sich dabei nicht ausschließlich auf ausländische Kooperationspartner, sondern umfaßt auch Kundenbeziehungen, die sich durch regelmäßige Geschäftskontakte zu einer engen Zusammenarbeit entwickelt haben.

Zwar wurde auch von Fällen berichtet, wo Unstimmigkeiten, z. B. mit Vertriebspartnern, zum Abbruch der Geschäftsbeziehungen führten, aber in der Regel konnten die Abstimmungsprobleme relativ reibungslos über die persönlichen Kanäle gelöst werden. Das Vertrauen hat dabei Vorrang vor formalisierten Konfliktlösungsverfahren, was auch dadurch deutlich wird, daß die meisten Beziehungen zu regelmäßigen Geschäftspartnern auf mündlichen Vereinbarungen beruhen und nicht schriftlich in Verträgen fixiert wurden. Dies gilt allerdings in erster Linie für die Beziehungen innerhalb Europas, denn mit Geschäftspartnern außerhalb Europas werden häufig schriftliche Vereinbarungen getroffen. Hier zeigt sich, daß mit zunehmender geographischer und kultureller Distanz die Angst vor Opportunismus zunimmt, und daß daher bei größerer Entfernung des ausländischen Absatzmarktes besondere Absicherungsmaßnahmen notwendig werden, um die ex-post Transaktionskosten möglichst gering zu halten. Die dafür erforderlichen Vertragsverhandlungen erhöhen natürlich andererseits die ex-ante Transaktionskosten.

Die **Faktorspezifität** als weiteres Transaktionsmerkmal (vgl. Kapitel C.1.2.1) spielt bei den befragten Handwerkern keine Rolle, denn kein Unternehmer gab an, für einen ausländischen Geschäftspartner eine spezifische Investition vorgenommen zu haben. Dieses Ergebnis überrascht kaum, denn die handwerkliche Produktion ist auf die Bedienung des individuellen Kundenbedarfs zugeschnitten, so daß z. B. die Maschineninvestitionen darauf gerichtet sein müssen, möglichst universal auf heterogene Problemstellungen reagieren zu können - ein wichtiger Faktor der internationalen Wettbewerbsfähigkeit des Handwerks (vgl. Julien u. a. 1994, S. 61). Eine spezifische Investition würde dagegen bedeuten, sich auf die Anforderungen eines bestimmten Kunden zu konzentrieren, wodurch der Handwerker sich in eine Abhängigkeit begeben und außerdem einen Teil seiner Flexibilität - ein wesentliches Merkmal des handwerklichen Leistungsprozesses - aufgeben würde.

Die Häufigkeit der grenzüberschreitenden Tätigkeit beeinflußt die Transaktionskosten ebenfalls, wie in Kapitel C.1.2.1 erläutert. Grundsätzlich kann man davon ausgehen, daß die interviewten Handwerksbetriebe relativ häufig Kundenaufträge aus dem Ausland bearbeiten, denn der Anteil des Auslandsumsatzes am Gesamtumsatz hat bei den meisten Betrieben eine gewisse Signifikanz gewonnen (vgl. Kapitel D.2.1).

Dadurch kann es innerhalb der Unternehmen zu **Lernprozessen** kommen, die grundsätzlich transaktionskostensenkend wirken sollten, wie z. B.: Die Institutionen, die relevante Informationen bereithalten, sind bekannt (=>**sinkende Suchkosten**); bei der technischen Abwicklung des Exports (Zoll, Genehmigungen, Finanzierung, Transport) hat man Erfahrungen gewonnen (=>**weniger Informationsbedarf**); die Vertrautheit mit unterschiedlichen Mentalitäten und Geschäftsusancen ist gestiegen (=>**geringere Unsicherheit**) (vgl. dazu auch Neulinger 1992, S. 218 ff.). Dies dürfte in eine größeren Offenheit gegenüber dem Export münden (vgl. dazu Kapitel D.3.2.2.2).

Für die Bewertung der Transaktionskosten im Rahmen der grenzüberschreitenden Tätigkeit ist jedoch die Häufigkeit der Transaktionen mit einem einzelnen ausländischen Geschäftspartner der relevante Aspekt, denn sie beeinflußt das Maß der Vertrautheit zwischen den Akteuren. Bei häufig wechselnden Geschäftspartnern setzt sich der Handwerker immer wieder der Unsicherheit über das potentielle opportunistische Verhalten der Gegenseite aus, wodurch entsprechende Absicherungsmaßnahmen notwendig werden, die wiederum die Transaktionskosten erhöhen.

Wenn der Unternehmer jedoch einen Kontraktpartner findet, mit dem er regelmäßig verkehren und auch einen über das Geschäftliche hinausgehenden persönlichen Kontakt herstellen kann, erhöht sich die Möglichkeit zum Aufbau eines Vertrauensverhältnisses mit entsprechend sinkenden ex-post Transaktionskosten. Eine solche Konstellation könnte beispielsweise bei Einschaltung von Absatzmittlern gegeben sein. Damit berührt dieser Aspekt jedoch bereits den Einfluß der Transaktionskosten auf die Wahl der Internationalisierungsform; dieses Thema wird im nächsten Kapitel analysiert.

Es bleibt festzuhalten, daß die Handwerksbetriebe versuchen, die Gefahr von ex-post Transaktionskosten durch den Aufbau eines **persönlichen Vertrauensverhältnisses** zu den ausländischen Geschäftspartnern gering zu halten. Wenn dies jedoch nicht gelingt, sichern sie sich durch entsprechende Verträge ab.

3.1.2 Die Wahl der Internationalisierungsform

Grundsätzlich kann der Handwerksbetrieb für das Auslandsengagement zwischen drei verschiedenen Formen der internationalen Verwertung seiner firmenspezifischen Wettbewerbsvorteile wählen: Export, grenzüberschreitende Kooperation und Direktinvestition. Der Export und die Direktinvestition sind Möglichkeiten der **internalisierten Vorteilsverwertung**, d. h. Produktion und Vertrieb sowie die damit verbundenen Kosten und Erlöse verbleiben ausschließlich innerhalb des Unternehmens. Die grenzüberschreitende Kooperation wird hingegen als **externalisierte Lösung** eingeordnet, da hier die Verwertung der firmenspezifischen Wettbewerbsvorteile zumindest teilweise - je nach Ausprägung der Kooperation in unterschiedlichem Ausmaß - außerhalb des Unternehmens erfolgt, denn die Verfügungsrechte werden in einem gewissen Umfang an den Partner übertragen (vgl. Kapitel C.1.2.2).

Wesentliche Einflußparameter bei der Wahl der Internationalisierungsform sind die mit den jeweiligen Alternativen verbundenen Transaktionskosten, die der im Ausland tätige Betrieb zu minimieren versucht. Allerdings spielen neben dieser eher statisch ausgerichteten Kostenbetrachtung der Internationalisierungsformen auch dynamische, auf längere Sicht ausgerichtete Faktoren eine Rolle, die im **strategischen Verhalten** der Unternehmer ihren Ausdruck finden (vgl. Kapitel C.1.1.1). In der folgenden Analyse der Wahl der Internationalisierungsformen sollen diese beiden Ansätze daher komplementär betrachtet werden.

3.1.2.1 Die Bedeutung der Transaktionskosten

Die Transaktionskostentheorie nimmt an, daß eine internalisierte Internationalisierungsform um so vorteilhafter ist, je höher die Spezifität der damit zusammenhängenden Investitionen ist, je stärker die Unsicherheit über das Verhalten der Geschäftspartner und über die Zukunft der Geschäftsbeziehungen ausgeprägt ist und je häufiger die Transaktionen vorgenommen werden (vgl. Shelanski/Klein 1995, S. 338). Die Analyse im vorigen Kapitel hat gezeigt, daß spezifische Investitionen bei den befragten Handwerkern keine Rolle spielen, so daß sie in den untersuchten Fällen auch keinen Einfluß auf die Wahl der Internationalisierungsform haben. Daher wird sich die folgende Untersuchung auf die Bedeutung der **Unsicherheit** und der **Transaktionshäufigkeit** konzentrieren.

Abb. 25: Wahl der Internationalisierungsform zu Beginn des Auslandsengagements*

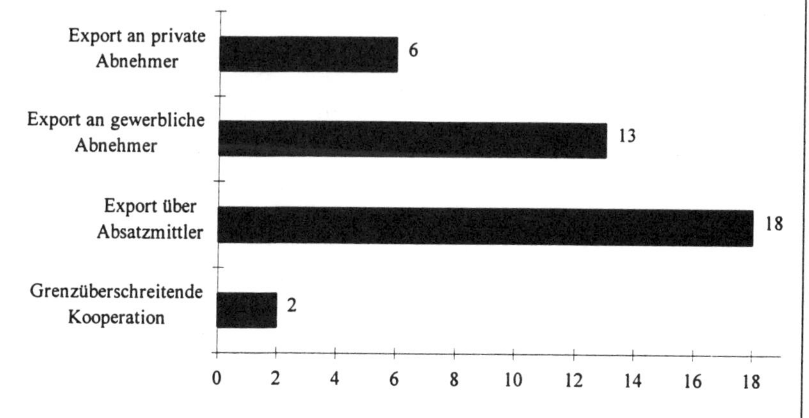

* Mehrfachnennungen waren möglich.

Im Rahmen der Interviews wurden die Unternehmer zunächst gefragt, welche **Internationalisierungsform** sie zu Beginn ihres Auslandsengagements gewählt hatten. Das Ziel der Befragung zu diesem Punkt war es herauszufinden, ob die Betriebe ihre gewerblichen bzw. privaten Auslandskunden direkt oder über Absatzmittler belieferten und ob sie auch alternative Internationalisierungsformen, wie z. B. eine grenzüberschreitende Kooperation, Direktinvestition oder Lizenzvergabe, gewählt haben. Die Ergebnisse der Befragung zeigt Abbildung 25.

Fast alle interviewten Betriebe haben sich zu Beginn des Auslandsengagements auf den **Export** - jeweils mit unterschiedlichen Abnehmergruppen - beschränkt. Daß Lizenzvergabe, grenzüberschreitende Kooperation sowie Direktinvestition, abgesehen von zwei Ausnahmen, nicht als Einstiegsmöglichkeit in die Internationalisierung genutzt wurden, überrascht nicht, denn diese Formen der internationalen Tätigkeit konstituieren bereits ein tiefergehendes Auslandsengagement mit erhöhten Anforderungen an Kapitaleinsatz und Managementleistungen (vgl. Kapitel C.2.2). Darüber hinaus ist für eine kooperative Internationalisierungsform im Handwerk in der Regel der Aufbau eines Vertrauensverhältnisses zum Partner erforderlich, das sich aber erst im Verlauf einer längeren Geschäftsbeziehung entwickeln kann. Demnach dürften grenzüberschreitende Kooperationen für den Handwerker gewöhnlich erst im Verlauf des Auslandsengagements an Bedeutung gewinnen.

Dennoch können **Lizenzen** und **grenzüberschreitende Kooperationen** grundsätzlich auch von kleinen und mittleren Betrieben schon zu Beginn der Internationalisierung genutzt werden, wie eine schweizerische Studie gezeigt hat (vgl. Pleitner 1995, S. 538). Dies verdeutlicht auch das Beispiel des Unternehmens, das schon in der Anfangsphase der Internationalisierung eine grenzüberschreitende Kooperation im Bereich des Vertriebs eingegangen ist. Es handelt sich bei diesem Betrieb allerdings um die Tochterfirma eines anderen Unternehmens, das bereits Erfahrungen und Kontakte im Zielmarkt aufwies, was die Suche nach einem Kooperationspartner mit entsprechendem Vertrauensvorschuß erheblich erleichtert hat.

Ein weiterer Handwerker, der im Bereich Zentralheizungs- und Lüftungsbau sowie Gas- und Wasserinstallation tätig ist, hat schon zu Beginn der Internationalisierung mit kleinen ausländischen Unternehmen aus demselben Tätigkeitsfeld vor Ort kooperiert, wobei er das Ziel verfolgte, weniger spezialisierte Arbeiten von diesen Partnern durchführen zu lassen, um seine eigenen begrenzten Personalkapazitäten auf die hochwertigen Dienstleistungen zu konzentrieren. Mit diesen Partnern hat der Betrieb in der Regel nur kurzfristig nach Bedarf kooperiert, so daß es sich hier tendenziell eher um einen Zukauf von entsprechenden

Dienstleistungen über den Markt als um eine langfristige Partnerschaft handelte.

In beiden Fällen diente die Kooperation demnach dem Ziel der **Transaktionskostensenkung**: Der eine Betrieb vermeidet durch Einschaltung eines Vertriebspartners Such- und Informationskosten im Ausland, der andere senkt durch die Partnerschaft die Transaktionskosten, die mit den vor Ort zu erbringenden Dienstleistungen zusammenhängen.

Auffällig ist, daß insgesamt mehr als die Hälfte der befragten Unternehmen zu Beginn der Internationalisierung einen **Absatzmittler** eingeschaltet hat. In vielen Fällen gaben erst diese Absatzmittler den Anstoß zum Auslandsengagement, für das der Unternehmer selbst vorher noch keine Pläne hatte. Diese Art des Einstiegs in das Auslandsgeschäft ist aus transaktionskostentheoretischer Sicht durchaus vorteilhaft, da der Absatzmittler zum einen Informationen über die Nachfragesituation, die potentiellen Kunden sowie die Gepflogenheiten auf dem Auslandsmarkt hat und zum anderen auch in der technischen Abwicklung des grenzüberschreitenden Geschäftsverkehrs erfahren ist. Durch die Unterstützung des Intermediärs verlieren diese Unsicherheitsfaktoren für die exportwilligen Handwerker an Bedeutung, wodurch wiederum deren Hemmschwelle gegenüber einem Auslandsengagement sinken dürfte. Nachteilig wirkt sich beim Export über Absatzmittler jedoch aus, daß der Unternehmer nur einen begrenzten Einfluß auf die strategische Ausrichtung der Auslandsmarktbearbeitung hat (vgl. Theile/Müller 1995, S. 259 f.).

Bei Betrachtung der **dynamischen Entwicklung** im Verlauf des Auslandsengagements erkennt man, daß die Handwerker zunehmend auch alternative Internationalisierungsformen in Betracht ziehen bzw. auch schon realisiert haben (vgl. Abbildung 26). Ca. zwei Drittel der befragten Betriebe hat für den Export mittlerweile einen Absatzmittler eingeschaltet, während nur noch etwa ein Drittel der Unternehmen Güter und Dienstleistungen ausschließlich direkt an die Abnehmer liefert. Die Handwerker haben dabei in einigen Fällen gezielt nach Vertretern oder Händlern für das Auslandsgeschäft gesucht, aber meistens sind die Absatzmittler auf die Betriebe zugekommen - entweder auf einer Messe oder durch direkte Kontaktaufnahme am Stammsitz des Unternehmens.

Die verstärkte Einschaltung von Absatzmittlern im Exportgeschäft ist aus transaktionskostentheoretischer Sicht darauf zurückzuführen, daß die Handwerker einerseits aufgrund ihrer bisherigen Erfahrungen im Auslandsgeschäft die Verkaufschancen ihrer Produkte auf den internationalen Märkten erkannt haben, aber andererseits auch mit den auslandsspezifischen Problemlagen, wie z. B. Sprachschwierigkeiten, Informationssammlung, Exportabwicklung etc., konfrontiert wurden. Daher suchten sie nach Möglichkeiten, diese Probleme zu lösen, beispielsweise mit Hilfe eines spezialisierten Vertreters oder Händlers, der ihnen einen Teil des im Export zusätzlich entstehenden Aufwandes abnehmen kann.

Gleichzeitig kann man diese Form des Exports nicht mehr unter den klassischen Export als Spot-Transaktion einordnen, denn in der Regel entwickeln sich zwischen den Handwerkern und den Absatzmittlern längerfristige Vertriebsbeziehungen. Sie weisen damit schon einen quasi-kooperativen Charakter auf. Dies ist offensichtlich auch von den meisten Unternehmern intendiert, denn sie wählen ihre Vertriebspartner nach bestimmten Kriterien sorgfältig aus: Der **Absatzmittler** sollte u. a.

⇒einen zuverlässigen **Eindruck** vermitteln (Unternehmensbroschüre, Auftreten etc.),

⇒fachliche **Kompetenz** aufweisen (Branchenkenntnisse),

⇒gute **Kontakte** haben,

⇒den Handwerker mit ausländischen **Marktinformationen** versorgen (Trends, Kundenbedürfnisse etc.),

⇒gegebenenfalls in der Lage sein, **Dienstleistungen** im Ausland zu übernehmen (Beratung, Montage, Wartung, Reparatur),

⇒eine ähnliche **Unternehmenskultur** haben (klein- bzw. mittelbetriebliche Organisation),

⇒und mit dem Handwerker ein **persönliches Verhältnis** aufbauen können.

Diese Kriterien bilden für die Handwerker in unterschiedlichen Abstufungen die Voraussetzung für eine längerfristige, vertrauensvolle Zusammenarbeit mit den Absatzmittlern. Wie wichtig dies teilweise für die befragten Unternehmer ist, zeigt das Beispiel eines Interviewpartners, der nach Australien flog, um sich die Firma eines Absatzmittlers, der ihn auf einer Messe angesprochen und dort einen guten ersten Eindruck vermittelt hatte, vor Ort anzuschauen. Natürlich nutzte der Unternehmer die Gelegenheit auch für direkte Kontakte mit potentiellen Kunden, die ihm der Vertriebspartner vermittelt hatte, aber der Schwerpunkt des Besuchs lag nach seinen Angaben in der Bewertung des Absatzmittlers.

Abb. 26: Realisierte und geplante Internationalisierungsformen im Verlauf des Auslandsengagements*

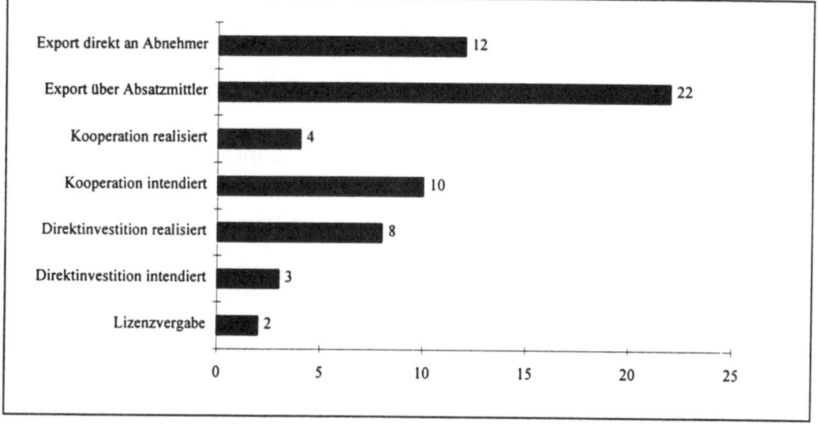

* Mehrfachnennungen waren möglich.

Die Zusammenarbeit zwischen Handwerksbetrieb und Absatzmittler gestaltet sich dabei nach Einschätzung der meisten Interviewpartner für beide Seiten vorteilhaft. Die Händler und Vertreter erhalten eine Vermittlungsprovision und können darüber hinaus ihr Produktangebot mit den handwerklichen Leistungen vervollständigen, wodurch sie u. U. ihre Kompetenz als Anbieter für ihre Kunden erhöhen. Der Handwerksbetrieb profitiert dagegen durch die transaktionskostensparende Möglichkeit des internationalen Markteintritts und außerdem - bei entsprechend vereinbarter gegenseitiger Information - von den Kenntnissen des Absatzmittlers über die Nachfragebedingungen und Kundenanforderungen im Ausland. Diese Lerneffekte einer solchen quasi-kooperativen Zusammenarbeit kann der Handwerker zur Stärkung seiner Wettbewerbsposition auf dem Auslandsmarkt nutzen (vgl. dazu auch Berra u. a. 1995, S. 70).

Voraussetzung für eine derartige enge Zusammenarbeit ist ein gutes persönliches Verhältnis zwischen Handwerker und Absatzmittler. Dessen herausragende Bedeutung manifestiert sich u. a. darin, daß nur wenige der befragten Unternehmer einen schriftlichen Vertrag mit ihrem Vertriebspartner abgeschlossen haben. Sie zeigen damit, daß sie gegenseitiges Vertrauen einem formalisierten Absicherungsmechanismus vorziehen. Auch aus transaktionskostentheoretischer Sicht bietet ein solches Vorgehen durchaus Schutz gegen Übervorteilung und Opportunismus, denn bei Verletzung des Vertrauensverhältnisses durch den Absatzmittler hat dieser mit einem Reputationsverlust zu rechnen, der ihm langfristig mehr schadet als er ihm kurzfristig nützt, wenn sein Vertrauensbruch in der jeweiligen Branche bekannt wird (vgl. Shelanski/Klein 1995, S. 349).

Abbildung 26 zeigt weiterhin, daß sich bei den interviewten Handwerkern im Verlauf des Auslandsengagements eine vergleichsweise große Offenheit gegenüber alternativen Internationalisierungsformen entwikkelt hat. Fast ein Drittel der Befragten gab an, daß sie nach einem **Kooperationspartner** suchen, und vier Betriebe hatten bereits eine grenzüberschreitende Kooperation realisiert. Hierbei handelt es sich in einem Fall um eine Produktionskooperation eines Herstellers von Maschinen für den Straßenbau mit einem chinesischen Betrieb, der dadurch einerseits die niedrigen Lohnkosten vor Ort ausnutzen will und andererseits durch die Präsenz in dieser Wachstumsregion angesichts der dort notwendigen Infrastrukturinvestitionen das vorhandene Absatzpotential erschließen möchte.

Die drei anderen Kooperationen beziehen sich auf den Vertrieb, wobei in einem Fall (Betrieb für Reifenrunderneuerungen) die Kundenkontakte des Partners den ausländischen Vertrieb stärken sollen. Der zweite Betrieb aus dieser Gruppe - ein im Ausbaugewerbe tätiger Tischler - hat eine Vereinbarung mit einem ausländischen Unternehmen über den gegenseitigen Vertrieb der Produkte auf ihren jeweiligen Heimatmärkten getroffen, um seine Absatzchancen im Ausland durch die Nutzung der Marktkenntnisse des Partners zu erhöhen. Ein weiteres Unternehmen aus dem Maschinenbau liefert seine Produkte an eine japanische Firma, welche die Maschinen dann unter eigenem Namen in Japan vertreibt.

Erstaunlich ist, daß acht Unternehmen aus dem Panel eine **Direktinvestition** im Ausland angegeben haben, denn in Kapitel C.2.2 war theoretisch hergeleitet worden, daß eine ausländische Direktinvestition, die relativ hohe Ansprüche an den Management- und Kapitaleinsatz stellt, für Handwerker aufgrund ihrer begrenzten Personal- und Kapitalressourcen in der Regel nicht in Frage kommt. Bei sechs der acht im Ausland gegründeten Niederlassungen handelt es sich allerdings lediglich um Vertriebsbüros, so daß hier von einem vergleichsweise geringen Kapitaleinsatz ausgegangen werden kann. Die Unternehmer statten ihre Mitarbeitern im Ausland außerdem mit umfangreichen Entscheidungskompetenzen aus, so daß sich der Managementaufwand in Grenzen hält, denn er kann im wesentlichen auf die Kontrolle beschränkt werden.

Das Ziel dieser Direktinvestitionen war, durch die Präsenz vor Ort einen **höheren Bekanntheits- und Akzeptanzgrad** zu erreichen sowie in engeren Kontakt mit den ausländischen Kunden zu treten, um deren Bedürfnisse aus erster Hand zu kennenzulernen. Teilweise übernehmen die Mitarbeiter in den ausländischen Vertriebsniederlassungen auch die dort anfallenden Dienstleistungen wie Beratung, Montage, Wartung und Reparatur.

Zwei Unternehmer haben darüber hinaus eine nicht vertriebsbezogene ausländische Direktinvestition vorgenommen: Ein Dachdecker hat einen Montagebetrieb in Luxemburg gegründet, in dem er vorwiegend ausländische Mitarbeiter beschäftigt (nur der Vorarbeiter ist Deutscher), um einerseits von den niedrigeren Lohnkosten zu profitieren und um andererseits die Anfahrtskosten für seine Mitarbeiter zu sparen. Daneben spielen auch Sprachprobleme (bei den Französisch sprechenden Kunden) auf diesem Markt eine Rolle. Ein weiteres Unternehmen aus dem Maschinenbau hat schließlich mit einem deutschen Partner einen Betrieb für die Fertigung von Vorprodukten in Osteuropa aufgebaut, um die Beschaffungskosten zu senken. Die kostengünstige Produktion im Ausland führen auch zwei der Interviewpartner aus dem Maschinenbau, die eine ausländische Direktinvestition planen, als Beweggrund an. Der dritte Betrieb mit Investitionsplänen im Ausland ist ein Tischler, der aufgrund der hohen Nachfrage in Luxemburg dort eine Produktionsstätte aufbauen möchte.

Insgesamt betrachtet zielen also die grenzüberschreitenden Kooperationen und ausländischen Direktinvestitionen der an der Befragung beteiligten Handwerker in erster Linie auf den **Vertrieb** ab. Der Produktionsbereich spielt dagegen eine untergeordnete Rolle (vgl. dazu auch Kaufmann/Menke 1997, S. 115). Der Grund für die Scheu gegenüber transnationalen Produktionskooperationen dürfte in dem Bestreben der Handwerker liegen, das eigene Know-how möglichst innerhalb des Unternehmens zu belassen, also zu internalisieren. Denn bei einer gemeinsamen Produktion mit einem ausländischen Partner - mithin einer externen Verwertung der firmenspezifischen Wettbewerbsvorteile - besteht die Gefahr, daß dieser das in die Kooperation eingebrachte Know-how kopiert und für eigene Zwecke verwendet, so daß dem Handwerker u. U. ein neuer Konkurrent, vielleicht sogar auf seinem Heimatmarkt, erwächst (vgl. Meckl/Rosenberg 1995, S. 228).

Einen solchen ungewollten Technologietransfer durch Imitation vermeiden die Handwerksbetriebe möglichst, um ihre Wettbewerbsvorteile nicht zu verlieren (vgl. dazu auch Conzelmann 1995, S. 44). Daher ziehen sie die Internalisierung ihrer firmenspezifischen Vorteile - durch Export direkt an die ausländischen Abnehmer oder über Absatzmittler sowie durch eine Direktinvestition - einer Externalisierung - z. B. in Form einer grenzüberschreitenden Produktionskooperation - vor. Die Möglichkeit, im Rahmen strategischer Allianzen mit ausländischen Partnern neue Wettbewerbsvorteile durch die gemeinsame Nutzung betrieblicher Ressourcen auf kooperativer Basis zu schaffen, spielt für die Handwerker demnach im allgemeinen keine Rolle. Dem steht u. a. das von einigen Interviewpartnern hervorgehobene **Selbständigkeitsstreben** entgegen.

Die beiden Betriebe, die als Internationalisierungsform die **Lizenzvergabe** wählten, haben sich dagegen bewußt für eine Externalisierung ihrer firmenspezifischen Wettbewerbsvorteile entschieden. Ein Unternehmer aus dem Textilmaschinenbau, der eine Lizenzvereinbarung mit einem indischen Unternehmen getroffen hat, befürchtet zwar auch, daß sein Know-how von den Partnern mißbräuchlich verwendet werden könnte. Er sieht aber keine andere Chance als die Lizenzvergabe, um auf dem boomenden indischen Markt tätig zu werden,.weil seine Produktionskosten in Deutschland zu hoch seien. Der zweite Handwerker, der mit Hilfe von Lizenzen ausländische Märkte erobern möchte, ist ein Ein-Mann-Betrieb, dem die personellen Ressourcen für eine Bearbeitung der ausländischen Kundenaufträge fehlen. Die Einstellung von Mitarbeitern plant er nicht, da er es vorzieht, unabhängig zu bleiben. Darum hat er sich innerhalb der Europäischen Union zuverlässige Partner gesucht, die seine Produkte gegen eine Lizenzgebühr herstellen und vertreiben.

Die Lizenzvergabe als Internationalisierungsform der beiden letztgenannten Handwerksbetriebe ist mit relativ hohen Transaktionskosten verbunden, denn eine Lizenzvereinbarung setzt eine umfangreiche vertragliche Absicherung und entsprechende Kontrollmechanismen voraus. Daß diese Unternehmer sich dennoch nicht für eine kostengünstigere Form des Auslandsengagements entschieden haben, kann u. a. mit strategischen Erwägungen erklärt werden. Hierzu bietet die Theorie des strategischen Verhaltens einen Ansatz, der im nächsten Kapitel erläutert werden soll.

Insgesamt bleibt festzuhalten, daß die Handwerksbetriebe im Verlauf der grenzüberschreitenden Tätigkeit neben dem direkten Export zunehmend auch alternative Internationalisierungsformen wählen, wodurch sie zeigen, daß das Auslandsengagement eine große Bedeutung für die Unternehmensstrategie gewonnen hat. Allerdings entscheiden sie sich dabei in erster Linie für **vertriebsbezogene Formen**, um ihr firmenspezifisches Know-how nicht an potentielle Konkurrenten zu verlieren. Ein wichtiger Faktor für die Transaktionskostensenkung ist darüber hinaus die Einschaltung von Absatzmittlern für den transnationalen Vertrieb.

3.1.2.2 Der Einfluß strategischen Verhaltens

Die Theorie des strategischen Verhaltens wird teilweise als ein komplementärer Ansatz zur Transaktionskostentheorie verwandt (vgl. dazu auch Kapitel C.1.1.1). Der grundsätzliche Unterschied zwischen beiden Theorien liegt in den Zielsetzungen, die sie den Unternehmen zuschreiben: Während die Transaktionskostentheorie davon ausgeht, daß eine Unternehmung in erster Linie anstrebt, die Summe von Produktions- und Transaktionskosten zu minimieren, postuliert die Theorie des strategischen Verhaltens, daß das Geschäftsgebaren einer Firma vom Ziel der Gewinnmaximierung durch **Verbesserung der Wettbewerbsposition** gegenüber den direkten Konkurrenten geleitet wird (vgl. Kogut 1988, S. 321 f.).

Zur Erklärung der Internationalisierungsformenwahl der im Ausland tätigen Handwerker sind beide Ansätze ergänzend zueinander zu verwenden, weil durchaus Konstellationen denkbar sind, in denen ein Betrieb aus langfristigen strategischen Erwägungen eine bestimmte Form des Auslandsengagements vorzieht, obwohl die Transaktionskostenbelastung bei einer anderen Form tendenziell geringer wäre. Mithin sind beide Ansätze im Rahmen der Untersuchung des Internationalisierungsverhaltens von Handwerksbetrieben nicht substitutiv - *entweder* Transaktionskostentheorie *oder* strategischer Ansatz - anzuwenden, sondern in komplementärer Weise zu behandeln (vgl. Kogut 1988, S. 322).

So hat z. B. der im vorherigen Kapitel vorgestellte Textilmaschinenhersteller, der eine Lizenzvereinbarung mit einem indischen Unternehmen eingegangen ist, für die Akquisition von Kunden im Ausland in der Regel Absatzmittler eingeschaltet. Für diese Vorgehensweise sprechen eindeutig Transaktionskostenerwägungen, denn dadurch können beispielsweise Such- und Informationskosten im Zusammenhang mit der Gewinnung ausländischer Abnehmer eingespart werden. Für eine Tätigkeit auf dem indischen Markt hat der Unternehmer aber eine andere Internationalisierungsform gewählt, die auf kurze Sicht mit höheren Transaktionskosten verbunden ist, denn der Technologietransfer über eine Lizenz verursacht beträchtliche Verhandlungs- und Absicherungskosten (vgl. Peters 1987, S. 146). Allerdings kann ihm die Lizenzvereinbarung mit einem lokalen Partner einen dauerhaften Zugang zum indischen Markt und damit eine verbesserte Wettbewerbsposition in der Region bieten. Warum das gerade für den indischen Markt besonders wichtig ist, wird im folgenden kurz erläutert.

Der Markt für Textilmaschinen ist, wie der Unternehmer ausführte, durch die vergleichsweise hohe Mobilität der Textilproduzenten geprägt, die den Produktionsstandort jeweils nach Kostenerwägungen auswählen. Steigen etwa die Herstellungskosten in einem Land, wo bislang Textilwaren produziert werden, hinreichend an, bzw. erreicht ein anderes Land ohne Textilindustrie ein Industrialisierungsniveau, das eine qualitativ hochwertige Produktion bei gleichzeitig niedrigen Kosten gewährleistet, so reagieren die Hersteller, indem sie den Produktionsstandort relativ rasch in das kostengünstigere Land verlegen.

Als Hersteller von Textilmaschinen muß der Unternehmer sich ebenso rasch auf die veränderten Rahmenbedingungen einstellen. Allerdings reicht dabei reaktives Verhalten nicht aus, denn er muß vorausschauend, also proaktiv, tätig werden, um in den zukünftigen Märkten für Textilmaschinen schon präsent zu sein, wenn die Textilunternehmen ihre Produktion dorthin verlagern. Aus diesen Erwägungen möchte er sich auf dem indischen Markt positionieren, denn er glaubt, daß dort in Zukunft eine verstärkte Nachfrage nach Textilmaschinen zu erwarten ist. Dadurch hofft er, sich einen **Wettbewerbsvorsprung** gegenüber seinen Konkurrenten erarbeiten zu können.

Die Bearbeitung dieses Zielmarktes mit Hilfe von Absatzmittlern kam für ihn jedoch nicht in Frage, da seine Maschinen einerseits für die dortigen Abnehmer zu teuer sind. Andererseits kann er mit Hilfe von Intermediären nur passiv auf Anfragen bereits in dem Markt etablierter Textilhersteller reagieren; der befragte Unternehmer möchte jedoch schon im Vorfeld des von ihm erwarteten Textilbooms in Indien eine gute Wettbewerbsposition aufbauen, um sich von den Konkurrenten in diesem Markt abzusetzen. Daher hat er nach Möglichkeiten der Produktion vor Ort gesucht und sich für die Lizenzvergabe entschieden. Aus diesem Technologietransfer könnte sich, so hofft er, längerfristig ein Joint Venture entwickeln, das aufgrund der gegenseitigen Kapitalbeteiligung und den damit in der Regel verbundenen effektiveren Kontrollmechanismen - insbesondere in Entwicklungs- und Schwellenländern - einen größeren Schutz vor Imitation durch den ausländischen Partner als die Lizenzvereinbarung bieten sollte (vgl. dazu auch Miller u. a. 1997, S. 27). Anhand dieser Überlegungen erkennt man die enge Verflechtung von Transaktionskosten und strategischen Erwägungen im Internationalisierungskalkül: Während auf den übrigen Auslandsmärkten Transaktionskosten für den Einsatz von Absatzmittlern sprechen, entscheidet sich der Handwerker auf dem indischen Markt aus strategischen Überlegungen für die Lizenzvergabe.

Die Situation einiger Handwerker, die zur Auslandsmarktbearbeitung ein Vertriebsbüro gegründet haben, ist vergleichbar. Sie haben die Möglichkeit, ihre Kunden auf dem ausländischen Zielmarkt entweder direkt oder über Absatzmittler zu beliefern, entscheiden sich aber für die Direktinvestition als alternative Internationalisierungsform, obwohl damit höhere Transaktionskosten verbunden sind, wie z. B. größere Anforderungen an das Management für die Kontrolle der Mitarbeiter in der ausländischen Niederlassung. Als Gründe für die Eröffnung eines Vertriebsbüros im Ausland führen sie den engeren Kundenkontakt und die bessere Akzeptanz als Anbieter durch die Präsenz vor Ort an.

Insgesamt zielen sie also auf eine **bessere Positionierung auf dem Auslandsmarkt** ab, die sie einerseits mit den im Ausland beheimateten Konkurrenten zumindest gleichstellt und ihnen andererseits einen Wettbewerbsvorteil vor anderen auswärtigen Firmen verschafft, die keine Niederlassung in dem jeweiligen Land haben. Dies sind eindeutig strategisch motivierte Entscheidungen, die sich langfristig auszahlen, obwohl sie auf kurze Sicht mit erhöhten Transaktionskosten verbunden sind.

Zusammenfassend zeigt sich also, daß bei der Wahl der Internationalisierungsform strategisches Verhalten, das auf die langfristige, vorteilhafte Positionierung gegenüber den Konkurrenten abzielt, eine ebenso bedeutende Rolle spielt, wie die Transaktionskostenerwägungen, die in eine eher kurzfristig orientierte Aufwandsoptimierung münden. Die theoretische Analyse hat gezeigt, daß die Unternehmerpersönlichkeit ein wichtiger Einflußfaktor für die strategische Ausrichtung der Handwerksbetriebe ist (vgl. Kapitel C.2.1). Die empirische Signifikanz dieser Hypothese soll im folgenden Abschnitt erörtert werden.

3.2 Der Einfluß der Unternehmerpersönlichkeit

3.2.1 Unternehmertypen in grenzüberschreitend tätigen Handwerksbetrieben

Der Erfolg der Handwerksbetriebe im Auslandsgeschäft wurzelt in der „Fähigkeit zu aktivem und kreativem Handeln“ (König 1989, S. 7), denn dadurch werden die Unternehmen in die Lage versetzt, das Absatzpotential der internationalen Märkte zu erkennen und durch ein Angebot individueller Problemlösungen zu nutzen. Voraussetzung dafür ist neben einem motivierten und gut ausgebildeten Mitarbeiterstamm vor allem eine entsprechend engagierte Unternehmensleitung.

Strategische Entscheidungen wie der Eintritt in die Internationalisierung werden in Handwerksbetrieben in der Regel vom Unternehmer allein getroffen. Sogar für die Planungsarbeiten (z. B. Informationssammlung) ist er häufig selbst verantwortlich, wenn ihm kein entsprechender Mitarbeiterstab für solche Aufgaben zur Verfügung steht - was angesichts der durchschnittlichen Unternehmensgröße von 11 Mitarbeitern pro Handwerksbetrieb (vgl. Veldhues 1996, S. 490) üblicherweise der Fall sein dürfte.

Die Unternehmensstrategie und somit auch die Entwicklung des Betriebes im Hinblick auf das Auslandsgeschäft hängt also wesentlich von den Entscheidungen des handwerklichen Unternehmers ab. Sein Engagement bestimmt den Stellenwert des Exports für den einzelnen Betrieb (vgl. Bijmolt/Zwart 1994, S. 76). Das Entscheidungsverhalten des Unternehmers in der Realität ist aber nicht durch das idealtypische Bild der Wirtschaftstheorie - den ausschließlich rational entscheidenden ‘Homo Oeconomicus’ - gekennzeichnet[15], sondern es wird von einem Bündel seiner **Persönlichkeitsmerkmale** beeinflußt, die sein Verhalten insge-

---

[15] Vgl. dazu auch die Ausführungen zur ‘bounded rationality’ in Kapitel C.1.2.1.

samt prägen (vgl. Pleitner 1996, S. 258 f.). Die Psychologie hat als Bereiche, in denen Menschen sich unterscheiden können, u. a. folgende drei Komplexe herausgearbeitet (vgl. McClelland 1989, S. 6): Motive, kognitive Stile und Fähigkeiten[16].

Motive werden dabei verstanden als langfristig bestehende, personenspezifische Handlungstendenzen, die zu bestimmten wiederkehrenden Verhaltensmustern führen (vgl. McClelland 1989, S. 590 f.). So wäre etwa ein Unternehmer, der beständig versucht, neue Absatzmärkte für seine Produkte zu finden, ohne daß dafür eine unmittelbare Notwendigkeit bestünde, von dem Motiv der Nutzung der Vermarktungschancen geleitet. Unabhängig von den ihn grundlegend prägenden Motiven kann ein Mensch auf unmittelbare Einflüsse kurzfristig auch abweichend von seinem langfristigen Verhaltensmuster reagieren (vgl. McClelland S. 421). Daher wurde in den Interviews versucht, die grundsätzlichen Motive der befragten Unternehmer zu bestimmen, um daraus Rückschlüsse auf das strategische Internationalisierungsverhalten zu ermöglichen.

Darüber hinaus müssen aber auch die Fähigkeiten und kognitiven Stile der befragten Personen einbezogen werden, da sie die Handlungen, die im wesentlichen auf den individuellen Motivstrukturen basieren, wesentlich beeinflussen können (vgl. McClelland 1989, S. 474 ff.).

Kognitive Stile äußern sich beispielsweise in Überzeugungen, Erwartungen und Erkenntnissen. Beim Auslandsengagement ist z. B. die grundsätzliche Erkenntnis des Unternehmers, daß der Betrieb im Exportgeschäft Gewinnchancen hat, diesem Bereich zuzurechnen. Auch die Planungsorientierung des Managers - eine entscheidende Variable für den Unternehmenserfolg (vgl. Haahti/Bagozzi 1994, S. 167) - gehört zu den kognitiven Charakteristika. Im Hinblick auf die Internationalisierung spielen die kognitiven Stile insbesondere insofern eine Rolle, als der Erfahrungshorizont des Unternehmers um so größer wird, je länger er im Auslandsgeschäft involviert ist. Das kann u. U. dazu führen, daß er

[16] Darüber hinaus haben sicherlich auch biologische, soziale und kulturelle Faktoren einen bestimmenden Einfluß auf das unternehmerische Entscheidungsverhalten (vgl. Moorhead/Griffin 1989, S. 77); eine detaillierte Analyse dieser Merkmale würde den Rahmen der Arbeit allerdings sprengen. Außerdem fließen diese Faktoren teilweise auch in die Motive, Fähigkeiten und kognitive Disposition der Unternehmer mit ein (vgl. McClelland 1989, S. 108 f.), so daß sie somit zumindest indirekt in die Untersuchung einbezogen sind.

im Verlauf der grenzüberschreitenden Tätigkeit immer weitergehende Ziele anstrebt, die er vorher - aufgrund seines begrenzten Erfahrungshorizonts - noch nicht für erreichbar hielt.

Die z. B. zu Beginn der Internationalisierung gemachten Erfahrungen müssen dabei nicht unbedingt positiv gewesen sein, um die Motivation zu einem andauernden bzw. vertieften Auslandsengagement zu unterstützen, denn die Psychologie kennt auch Personen mit bestimmten Motivgrundlagen, die dazu neigen, v. a. solche Aufgaben, die sehr hohe Anforderungen an ihre Leistungsfähigkeit stellen, mit besonderem Engagement anzugehen (vgl. dazu McClelland 1989, S. 475 f.). Wenn also der Start in das Auslandsgeschäft nicht profitabel verlief, so gibt ein Unternehmer mit diesen Motivationslagen nicht auf, sondern betrachtet es als reizvolle Aufgabe, den Export zum Erfolg zu führen.

Zur Erreichung des aufgrund der spezifischen Motivation angestrebten Ziels müssen dem Unternehmer allerdings grundsätzlich bestimmte **Fähigkeiten** zur Verfügung stehen (vgl. McClelland 1989, S. 515). Im Zusammenhang mit der Internationalisierung wären das beispielsweise Fremdsprachenkenntnisse sowie u. U. Erfahrungen mit der technischen Abwicklung des Exports, sofern solche Fragen nicht von dafür zuständigen Mitarbeitern gelöst werden. Einen höheren Stellenwert haben allerdings kreativ-schöpferische Fähigkeiten, weil das Auslandsgeschäft in vielen Bereichen andere Anforderungen an den Betriebsinhaber stellt als der Heimatmarkt; darum sind Kreativität und Flexibilität gefordert, um sich erfolgreich an die Kundenwünsche und Geschäftsusancen in anderen Ländern bzw. Kulturkreisen anpassen zu können.

Aufbauend auf den verhaltenstheoretischen Erkenntnissen soll nun versucht werden, die befragten Unternehmer anhand ihrer jeweiligen Persönlichkeitsmerkmale bestimmten Typen zuzuordnen. Eine solche Einordnung sehr differenzierter Unternehmerpersönlichkeiten in ein Raster kann immer nur eine grobe Annäherung an die vielschichtigen Ausprägungen menschlichen Verhaltens bleiben. Sie ist aber für die Untersuchung des Internationalisierungsverhaltens notwendig, um zumindest tendenziell die grundlegenden Zusammenhänge zu verdeutlichen.

Es soll hier aber nicht versucht werden, eine neue **Unternehmertypologie** zu entwickeln[17], denn das hier untersuchte Unternehmerpanel ist für

[17] Es gibt bereits eine Vielzahl von entsprechenden Ansätzen, die zu einer breiten wissenschaftlichen Diskussion geführt haben (vgl. dazu beispielsweise die neue-

ein solches Ansinnen zu klein. Die Untersuchung wird stattdessen auf die sorgfältig ausgearbeitete und durch eine breite empirische Erhebung belegte Einteilung der STRATOS-Gruppe aufbauen (vgl. dazu Kapitel C.1.1.3). Anhand dieses Schemas werden die in die Befragung einbezogenen Interviewpartner den verschiedenen Unternehmertypen zugeordnet. Anschließend wird versucht, eine Korrelation zu der jeweils gewählten Internationalisierungsstrategie aufzuzeigen.

Tab. 5: Motive, Fähigkeiten und kognitive Stile der Unternehmertypen

	Allrounder	**Pionier**	**Organisator**	**Routinier**
Motive	grundsätzliche Suche nach neuen Ideen bei vorsichtiger Risikoabwägung	extrem veränderungsbemüht, Suche nach neuen Chancen durch Innovation und Vordringen in neue Märkte	tendenzielles Beharren auf Bewährtem, kaum Interesse an neuen Märkten, insbesondere nicht im Ausland	geringe Veränderungsbereitschaft, vorrangiges Bemühen, den (Familien-) Betrieb zu erhalten
Fähigkeiten	mittelmäßig ausgeprägte dynamisch-schöpferische und administrativ-ausführende Fähigkeiten	Stärken im kreativen, dynamisch-schöpferischen Bereich, Schwächen in der Organisation	rationale, analytische, organisatorische Fähigkeiten, dynamisch-schöpferische Schwächen	keine besonderen kreativen oder organisatorischen Fähigkeiten
Kognitive Stile	Dominanz strategischen Denkens, vielfältige Interessen, keine ausgeprägten Überzeugungen	Intuition, Ideenreichtum, spontane Chancenwahrnehmung unter bewußter Inkaufnahme von Risiken	rational-analytisches Vorgehen, ausgeprägtes Interesse an Ordnung, hierarchischer Führungsstil	vorsichtige Risikoabwägung, sehr konservative Grundhaltung

Quelle: Erstellt nach den Ausführungen von Fröhlich und Pichler (1988, S. 62-72)

ren Aufsätze von Siu 1995, S. 53 f. sowie Crant 1996, S. 42 ff. und die dort zitierte Literatur).

In Kapitel C.1.1.2 wurden bereits die wesentlichen Charakteristika der vier Unternehmertypen - **'Allrounder'**, **'Pionier'**, **'Organisator'** und **'Routinier'** -, die in der STRATOS-Untersuchung herausgearbeitet wurden, anhand eines Stärken-Schwächen-Profils dargestellt (vgl. Tabelle 1). In Tabelle 5 werden die Motive, Fähigkeiten und kognitiven Merkmale dieser Typen im Hinblick auf die Internationalisierung näher spezifiziert (vgl. dazu Fröhlich/Pichler 1988, S. 62-72).

Tabelle 5 zeigt, daß die Wahrscheinlichkeit für einen aktiven Einstieg in das Auslandsengagement bei den Unternehmertypen 'Allrounder' und 'Pionier' am größten ist, da sie - wenn auch in unterschiedlichem Ausmaß - aufgrund ihrer **Motive** an der Erschließung neuer Geschäftsfelder und Märkte interessiert sind. 'Organisator' und 'Routinier' zeigen hingegen nur eine geringe Neigung, in neue Absatzmärkte vorzudringen, und werden daher kaum aktiv eine Internationalisierung ihres Unternehmens betreiben.

Dafür spricht auch, daß ihnen die dynamisch-schöpferischen **Fähigkeiten** fehlen, die für das Auslandsengagement aufgrund der kulturellen Unterschiede von Bedeutung sein können. Die beiden anderen Unternehmertypen besitzen in diesem Bereich hingegen Stärken. Die **kognitiven Stile** weisen nur darauf hin, daß der 'Routinier' mit seiner vorsichtig-konservativen Grundhaltung das 'Wagnis' des Auslandsmarktes eher scheuen wird, während die übrigen Unternehmertypen dazu neigen, eine derartige Chance rational-strategisch ('Allrounder' und 'Organisator') oder intuitiv-spontan ('Pionier') zu ergreifen.

Im folgenden soll anhand ausgewählter Merkmale kurz erläutert werden, welche gemeinsamen Charakteristika der Interviewpartner zu der Einordnung in die jeweilige Unternehmergruppe geführt haben[18]. Um einen direkten Vergleich der spezifischen Merkmale der in der Befragung vertretenen Unternehmertypen zu erleichtern, sind in Tabelle 6 die wesentlichen Charakteristika noch einmal zusammenfassend aufgelistet, ohne auf spezifische Merkmale einzelner Interviewpartner einzugehen.

---

[18] Bei dieser Gruppierung handelt es sich um eine subjektive Einschätzung des Autors, die sowohl auf den Antworten der Interviewpartner bezüglich der entsprechenden Fragen als auch auf dem während der Befragung vom jeweiligen Unternehmer vermittelten Gesamteindruck beruht (vgl. dazu auch die Ausführungen zum Thema Tiefeninterviews und qualitative Datenanalyse in Kapitel A.1.2).

Die in der theoretischen Analyse bereits geäußerte Vermutung, daß im Handwerk der **'Allrounder'** als Unternehmertyp dominieren würde (vgl. Kapitel C.1.1.2), wird durch die Empirie bestätigt, denn 19 der 33 befragten Inhaber bzw. Geschäftsführer[19] sind diesem Typus zuzurechnen (vgl. Tabelle 6). Dennoch ist der 'Allrounder' nicht mit dem oftmals vorherrschenden Bild eines in Traditionen verhafteten Handwerksmeisters gleichzusetzen, denn fast alle Interviewpartner aus dieser Gruppe sprechen eine Fremdsprache (in der Regel Englisch), sechs von ihnen haben ein Universitäts- bzw. Fachhochschulstudium (in den meisten Fällen kombiniert mit einer handwerklichen Ausbildung) und zwei eine kaufmännische Lehre ohne handwerkliche Zusatzausbildung absolviert; die übrigen haben eine handwerkliche Meisterprüfung abgelegt.

Für eine eher **konservative Ausrichtung** des 'Allrounders' spricht, daß die meisten Unternehmer aus dieser Gruppe ihre Firma als Familienbetrieb betrachten. Im Einklang mit ihrem ausgewogenen Stärken-Schwächen-Profil sehen sie ihre Aufgaben als Unternehmer vornehmlich im Vertrieb und in der Betriebsorganisation (Mitarbeiterführung etc.). Innovation schließen hingegen nur fünf Unternehmer aus dieser Gruppe in ihren Aufgabenbereich ein. Auffällig ist, daß 12 Interviewpartner auf die Frage, warum sie Unternehmer geworden sind, den Wunsch nach Freiheit angaben. Ferner spielte noch der Zwang, den Familienbetrieb weiterzuführen (sieben Nennungen), der langgehegte Wunsch, Unternehmer zu werden (fünf) sowie die Herausforderung der unternehmerischen Tätigkeit (vier) eine bedeutende Rolle. Die meisten Firmen aus dieser Gruppe kommen aus der Metall- bzw. Maschinenbaubranche; des weiteren sind noch zwei Unternehmer aus dem Ausbaugewerbe und ein Klavierbaubetrieb vertreten.

Von den vier **'Pionier'**-Unternehmern im Panel betrachten drei Interviewpartner neben Vertrieb und Organisation auch Innovation und Kreativität als ihre Domäne. Bezüglich der Ausbildung - zwei mit Universitäts- bzw. Fachhochschulstudium und zwei mit handwerklicher Ausbildung - und der Fremdsprachenkenntnisse, über die alle verfügen, unterscheiden sich die 'Pioniere' nicht von den 'Allroundern'. Wesentliche Differenzen ergaben sich aber bei der Frage des Familienbetriebs,

---

[19] In die Untersuchung der Unternehmertypen können nur 33 der insgesamt 34 Interviews aus dem Panel einbezogen werden, da es sich bei einem der Interviewpartner um die Abteilungsleiterin für das Exportgeschäft eines mittelständischen Zulieferers handelte, die mithin keine unternehmerische Verantwortung trägt.

denn kein 'Pionier' betrachtet sein Unternehmen als Familienbetrieb. Unternehmerisch tätig geworden sind die vier 'Pionier'-Unternehmer, weil sie **kreativ** sein wollten; zwei gaben darüber hinaus den Wunsch nach Freiheit an.

Tab. 6: Spezifische Merkmale der in die Befragung einbezogenen Unternehmertypen

	Allrounder	**Pionier**	**Organisator**	**Routinier**
Anzahl im Panel	19	4	5	5
Fremdsprachenkenntnisse	ja	ja	ja	ja
Ausbildung	handwerklich, kaufmännisch, teilweise auch Hochschulstudium	handwerklich, teilweise auch Hochschulstudium	handwerklich, kaufmännisch, teilweise auch Hochschulstudium	handwerklich, kaufmännisch, teilweise auch Hochschulstudium
Familienbetrieb	ja	nein	ja	ja
Unternehmerische Aufgaben	Vertrieb, Organisation, teilweise auch Innovation	Vertrieb, Organisation, Kreativität, Innovation	v. a. Organisation, teilweise auch Vertrieb und Innovation	v. a. Organisation
Motivation für Selbständigkeit	Freiheit, Familienbetrieb weiterführen, langgehegter Wunsch, Herausforderung reizvoll	Kreativität, Freiheit	Freiheit, Familienbetrieb übernehmen	Familienbetrieb weiterführen, teilweise widerwillig Unternehmer geworden

Alle Firmen aus dieser Gruppe produzieren für den gewerblichen Bedarf in den Bereichen Zentralheizungs- und Lüftungsbau bzw. Gas- und Wasserinstallation, Verpackungsmaschinen, Textilmaschinen sowie

Verfahrenstechnik für die Wasserauf- und -abbereitung. Zum Teil weisen diese Betriebe eine sehr diversifizierte Produktpalette auf, wobei auffällig ist, daß drei Firmen im Umweltbereich tätig sind - eine Sparte, die sehr innovationsträchtig ist.

Unter den **'Organisatoren'** befinden sich zwei Betriebe aus dem Metallgewerbe sowie ein Reifenmechaniker und zwei Tischler, wobei der eine Tischler für den privaten Bedarf produziert, während der andere im Ausbaugewerbe tätig ist. Diese fünf Firmen haben sich jeweils auf einen vergleichsweise engen Markt spezialisiert. Zwei der Unternehmer aus dieser Gruppe sind handwerklich und zwei kaufmännisch ausgebildet; einer hat darüber hinaus ein Ingenieurstudium an einer Fachhochschule absolviert. Über Sprachkenntnisse verfügen vier der 'Organisatoren', und vier dieser Unternehmer stehen nach eigenen Angaben Familienbetrieben vor.

Zwei 'Organisatoren' gaben an, daß sie Unternehmer geworden seien, weil sie den Familienbetrieb übernehmen mußten; zwei verspürten den Wunsch nach Freiheit bei ihrer Berufsentscheidung. Ihre unternehmerischen Aufgaben sehen alle fünf Befragten in der Organisation, zwei im Vertrieb und einer auch in der Innovation. Als 'Organisatoren' wurden diese Unternehmer eingestuft, da sie einerseits einen **hierarchisch-patriachalischen** Führungsstil unter starker Betonung der organisatorischen Aufgaben zeigten und zum anderen in ihrer Unternehmenspolitik - insbesondere im Vergleich zu den 'Allroundern' - einen relativ geringen Hang zu Neuerungen bzw. Innovationen deutlich werden ließen und dabei keine Visionen für die Zukunft entwickelten.

Weitgehend ohne Visionen für die Zukunft ihres Unternehmens führen die fünf Interviewpartner, die als **'Routiniers'** eingestuft wurden, ihre Betriebe; ihr einziges Ziel ist die Erhaltung der Firma als Familienbetrieb. Sie wurden aufgrund der **Familientradition** in das Unternehmertum gedrängt und gaben teilweise an, daß sie nur widerwillig die Leitung der Firma übernommen haben bzw. nur als eine Art Statthalter fungieren, bis die Nachfolger den Betrieb übernehmen können. Dementsprechend ist auch ihre Vorgehensweise zögerlich und wenig innovativ. Ihre unternehmerischen Aufgaben sehen sie vor allem in der Organisation, nur einer gab darüber hinaus auch den Vertrieb an. Bemerkenswert ist, daß immerhin drei der 'Routiniers' über einen Fachhochschulabschluß verfügen; die übrigen sind handwerklich bzw. kaufmännisch ausgebildet. Fremdsprachenkenntnisse haben vier dieser Unternehmer.

Vier der von 'Routiniers' geleiteten Betriebe sind im Metall- bzw. Maschinenbau und einer im Ausbaugewerbe tätig.

Die **Dominanz des 'Allrounders'** im Panel könnte als Bestätigung dafür gewertet werden, daß die meisten Handwerker - auch solche, die grenzüberschreitend tätig geworden sind - immer noch dem konservativen Bild des Handwerkers entsprechen, das Kucera (1989, S. 218) wie folgt beschrieben hat: „Viele Leiter von Handwerksbetrieben fühlen sich noch als Handwerker in einem romantisierenden Sinn, deren ausschließliche Aufgabe es ist, ihre Arbeit gut zu machen und gediegene Produkte bereitzustellen; sie fühlen sich nicht als dynamische Unternehmer im Schumpeterschen Sinne, deren hervorragendes Charakteristikum es ist, Neuerer im Bereich der Produkte und Produktionsverfahren zu sein."

Zu fragen ist nun, ob sich die verschiedenen Motive, Fähigkeiten und kognitiven Stile dieser Unternehmertypen auch in unterschiedlichen Internationalisierungsstrategien niederschlagen. Dies wird Thema des folgenden Kapitels sein.

3.2.2 Zusammenhang zwischen Unternehmerpersönlichkeit und Internationalisierungsstrategie

3.2.2.1 Aktive versus passive Internationalisierung

Vor Beginn der Analyse der Auswirkungen der Unternehmerpersönlichkeit auf das Internationalisierungsverhalten soll zunächst geklärt werden, inwiefern die Betriebe aktiv oder passiv in das Auslandsengagement gestartet sind[20]. Von besonderer Bedeutung bei der Untersuchung

[20] Im Rahmen der vorliegenden Studie wurden Handwerksbetriebe befragt, die bereits seit längerem im grenzüberschreitenden Geschäft involviert sind; insofern kann teilweise nur ex-post ermittelt werden, ob das jeweilige Unternehmen aktiv oder passiv im Ausland tätig ist. Bei dieser Vorgehensweise besteht die Gefahr der „Nachentscheidungs-Dissonanz" (Dichtl u. a. 1983, S. 438), d. h. daß die befragten Unternehmer die Internationalisierung im nachhinein durch ex-post-Rationalisierung verklären. Um dem entgegen zu wirken, wurden qualitative Interviews als Methode der Datenerhebung gewählt, die den Vorteil haben, daß sich ein Gespräch zwischen dem Interviewer und dem Unternehmer entwickeln konnte, das auch Aspekte beinhaltete, die über den Fragebogen hinausgehen. Dadurch konnte nach Meinung des Autors ein relativ wahrheitsgetreues Bild der strategischen Ausrichtung des Auslandsengagements der an der Befragung beteiligten Handwerker gewonnen werden, denn bei etwaigen inkonsistenten, 'verklärenden' Antworten zu diesem Fragekomplex wurde durch gezieltes Nachhaken eine aktive bzw. passive Internationalisierung determiniert (vgl. dazu auch Kapitel A.1.2).

der Internationalisierungsstrategie ist dabei die strategische Ausrichtung zu Beginn des Auslandsengagements.

In der wirtschaftswissenschaftlichen Literatur wird hinsichtlich der strategischen Ausrichtung von Klein- und Mittelbetrieben im Rahmen der Internationalisierung grundsätzlich zwischen aktiven und passiven Exporteuren unterschieden[21], wobei der **aktive Exporteur** entschlossen im Ausland um Kunden und Aufträge wirbt, während der **passive Exporteur** den Schwerpunkt seiner Tätigkeit auf den Heimatmarkt legt und nur inaktiv auf Auslandsaufträge wartet.

Für die aktive und passive Internationalisierung wurden jeweils zwei Fallunterscheidungen vorgenommen: Ein aktiver Start in das Auslandsengagement kann entweder **strategisch geplant** oder durch die spontane **Ausnutzung einer Chance** - z. B. Erstellung eines Angebots aufgrund einer internationalen öffentlichen Ausschreibung - erfolgen. Ein passiver Beginn des Auslandsgeschäfts heißt hingegen, daß der Betrieb **ohne eigene Aktivität** - etwa in Form von Werbemaßnahmen oder Kundenansprache im Ausland -, d. h. per Zufall eine Anfrage aus dem Ausland bekommt.

Eine zweite Möglichkeit für einen passiven Einstieg in das Auslandsgeschäft wäre ein sogenannter **'gelenkter Zufall'**, bei dem der Handwerker zwar grundsätzlich Aktivitäten zur Gewinnung neuer Kunden unternimmt, diese jedoch nicht direkt an potentielle ausländische Interessenten richtet, aber dennoch dadurch in Kontakt mit Auslandskunden kommt. Das ist z. B. der Fall, wenn ein Handwerker auf einer Inlandsmesse ausstellt, auf der auch ausländische Kunden als Aussteller oder Besucher vertreten sind. Die Ausstellung auf einer Auslandsmesse ist hingegen als aktive Internationalisierung zu werten, da der Handwerker in diesem Fall gezielt ausländische Interessenten ansprechen möchte.

Wendet man dieses Konzept der aktiven bzw. passiven Internationalisierung auf die vier grundlegenden strategischen Alternativen für den Absatz des handwerklichen Leistungsangebots gemäß der Ansoff'schen Vierfelder-Matrix an (vgl. Abb. 7 und die Ausführungen in Kapitel C.1.1.1), so zeigt sich, daß die Marktdurchdringungs- und die Produktentwicklungsstrategie, mit denen jeweils bereits bestehende Märkte be-

[21] In der angelsächsischen Literatur wird in diesem Zusammenhang vom 'proactive' oder vom 'reactive' Exporteur gesprochen (vgl. dazu z. B. Louter u. a. 1991 oder Campbell 1996).

arbeitet werden, die Hauptstrategien der **passiv internationalisierenden Betriebe** sein dürften. Die Marktentwicklungs- und die Diversifikationsstrategie mit ihrer Ausrichtung auf neu zu erobernde Märkte sind dagegen für die **aktive Internationalisierung** relevant, denn sie zielen auch auf die Bearbeitung neuer Märkte im Ausland.

Die theoretische Analyse zeigte, daß die Handwerksbetriebe im Rahmen der Internationalisierung zur Marktentwicklungsstrategie tendieren, d. h. sie versuchen, mit ihren bisherigen Produkten neue Märkte zu erobern, während die Alternative Diversifikationsstrategie (neue Produkte auf neuen Märkten) zu viele Risiken birgt (vgl. Kapitel C.1.1.1). Dies bestätigt auch die empirische Überprüfung, denn alle interviewten Unternehmen gaben an, neue Märkte im Ausland mit bereits etablierten Produkten bearbeiten zu wollen, d. h. der **Marktentwicklungsstrategie** zu folgen.

Als Grund für die Vernachlässigung der Diversifikationsstrategie wurde angegeben, daß man neue Produkte bevorzugt auf dem Heimatmarkt teste, weil man dort von den Kunden ein direktes Feedback bekommen könne. Dieses Vorgehen zeigt, daß die befragten Handwerker zu ihren inländischen Kunden einen engeren Kontakt unterhalten als zu den ausländischen Abnehmern. Der Kommunikationsfluß zwischen Handwerkern und Kunden - z. B. im Hinblick auf Reklamationen und Verbesserungsvorschläge - scheint auf dem Heimatmarkt besser zu funktionieren als im Ausland, was neben der geographischen Distanz und den Sprachschwierigkeiten sicherlich auch in einer kulturell bedingten Barriere begründet liegt (vgl. dazu auch Porter 1991, S. 110).

Trotz der grundsätzlichen Verfolgung der Marktentwicklungsstrategie durch die meisten Unternehmen aus dem Panel kann bei diesen Betrieben aber nicht automatisch auf eine aktive Internationalisierung geschlossen werden, denn viele der befragten Betriebe gehen in erster Linie nach der **Marktdurchdringungsstrategie** vor, d. h. sie versuchen, mit ihrem angestammten Leistungsangebot in den alten Märkten neue Kunden zu gewinnen. In neue Märkte, insbesondere im Ausland, steigen sie dagegen häufig ungeplant ein, z. B. durch eine passive Internationalisierung als Reaktion auf eine zufällige Kundenanfrage aus dem Ausland. Es liegt also bei den interviewten Unternehmen häufig ein **Strategiemix** vor mit dem Schwerpunkt auf der Marktdurchdringungsstrategie bei gleichzeitiger Verfolgung der Marktentwicklungsstrategie.

Bei dynamischer Betrachtung kann man den Handwerkern, die auf Inlandsmessen ausstellen und somit grundsätzlich die Marktentwicklungsstrategie anwenden, aber im Ausland nur passiv-zufällig tätig wurden, durchaus ein zumindest **latentes Potential** zu einer aktiven Internationalisierung unterstellen, denn sie suchen mit Hilfe der Messebeteiligung nach Kunden auf neuen Märkten, haben aber den Auslandsmarkt wenigstens vorerst ignoriert. In diesen Fällen könnte erwartet werden, daß die Handwerker im Verlauf des Auslandsengagements von einer passiven zu einer aktiven Internationalisierungsstrategie wechseln, wenn sie die Vermarktungschancen im Ausland erkannt haben.

3.2.2.2 Das strategische Vorgehen verschiedener Unternehmertypen

Die Analyse der Charakteristika der verschiedenen Unternehmertypen hat wesentliche Unterschiede in der Motivation und Kognition verdeutlicht. Hinsichtlich ihrer Ausbildung und Fähigkeiten unterscheiden sie sich hingegen nicht signifikant. Fraglich ist nun, inwiefern dies Auswirkungen auf ihr Internationalisierungsverhalten hat.

Fröhlich und Pichler (1988, S. 107 f.) haben in ihrer Studie einen eindeutigen Zusammenhang zwischen Unternehmertypen und Firmenstrategie dahingehend festgestellt, daß v. a. die 'Pioniere' eine eindeutige Tendenz zum Vordringen in neue Märkte (Diversifikationsstrategie) zeigen, während sich die 'Routiniers' überdurchschnittlich stark auf die Bearbeitung der angestammten Märkte (Marktdurchdringungsstrategie) konzentrieren. 'Allrounder' und 'Organisatoren' sind hingegen in allen vier Strategieformen des Ansoff'schen Schemas relativ gleichmäßig vertreten (vgl. Kapitel C.1.1.2).

Bezogen auf die hier vorliegende Untersuchung des Internationalisierungsverhaltens von Handwerksbetrieben müßte das bedeuten, daß die 'Pionier'-Unternehmer aktiv im Auslandsgeschäft tätig werden, während die 'Routiniers' nur passiv nach Kundenanfrage mit dem Export beginnen. 'Allrounder' und 'Organisatoren' sollten hingegen sowohl in der aktiven als auch in der passiven Gruppe zu finden sein.

Bei Übertragung der bisherigen Analyseeinheit - 'aktiv' versus 'passiv' internationalisierende Unternehmen - tritt allerdings das Problem auf, daß nicht alle Interviewpartner bereits bei Einstieg des Betriebes in das Auslandsengagement in der unternehmerischen Verantwortung für die

Firma standen. Für die Frage, ob die Unternehmertypen einen Einfluß auf die strategische Grundhaltung haben, muß das Panel daher zunächst um die Unternehmer bereinigt werden, die erst nach Beginn der Internationalisierung im Management tätig wurden. Eine Analyse der Korrelation zwischen Unternehmertyp und -strategie, die sämtliche Interviewpartner umfaßt, kann dann erst bei Untersuchung der Auslandsstrategie zum Zeitpunkt der Befragung geleistet werden.

Tab. 7: Zusammenhang zwischen Unternehmertyp und strategischer Ausrichtung zu Beginn des Auslandsengagements

	Aktiv		Passiv		Summe
	Strategisch geplant	Chance ergriffen	Zufällig	Gelenkter Zufall	
Allrounder	6	-	5	3	**14**
Pionier	1	1	1	1	**4**
Organisator	2	-	-	1	**3**
Routinier	-	-	1	-	**1**
Summe	**9**	**1**	**7**	**5**	**22***

* In die Auswertung dieser Frage wurden nur diejenigen Interviewpartner einbezogen, die schon zu Beginn der Internationalisierung die unternehmerische Verantwortung trugen.

Das erheblich verkleinerte Panel der 22 Unternehmer, die bereits zu Beginn der Internationalisierung ihrer Firma die strategische Verantwortung trugen, bestätigt die eingangs aufgestellten Hypothesen zum Zusammenhang zwischen Unternehmerpersönlichkeit und strategischer Ausrichtung im wesentlichen nicht (vgl. Tabelle 7). Zwar zeigt sich bei den 'Allroundern' und den 'Organisatoren' eine breite Mischung der strategischen Ausrichtung beim Start ins Auslandsengagement, aber das gilt gleichermaßen für die 'Pioniere', die eigentlich vornehmlich in der 'aktiven' Gruppe vermutet wurden. Allerdings handelt es sich bei einem passiven 'Pionier' um einen Unternehmer, dessen erster Auftrag gleich aus dem Ausland kam und letzthin eigentlich der Auslöser für die Unternehmensgründung war. Der zweite passive Unternehmer aus dieser Gruppe ist durch Kunden auf die Exportmöglichkeit aufmerksam gemacht worden und hat sich dann mit Hilfe inländischer Geschäftskontakte um Auslandsaufträge bemüht, wobei ihm dann der von ihm dahingehend 'gelenkte' Zufall zu Hilfe kam.

Zu den Routiniers lassen sich aus Tabelle 7 noch keine Aussagen machen, da nur ein Vertreter dieses Unternehmertyps bereits zu Beginn der (passiven) Internationalisierung den Betrieb leitete. Allerdings bestätigt dieser Mangel an 'Routiniers' unter den Unternehmern, die ihre Firma in die Internationalisierung geführt haben, tendenziell die bereits geäußerte Vermutung, daß dieser Unternehmertyp nicht die Herausforderung neuer Märkte und Absatzmöglichkeiten sucht. Es war daher kaum zu erwarten, daß die 'Routiniers' schon am Anfang des Auslandsengagements in den grenzüberschreitend tätigen Handwerksbetrieben die unternehmerische Verantwortung trugen.

Ein etwas anderes Bild ergibt sich jedoch, wenn man die Internationalisierung durch einen gelenkten Zufall - in der Regel eine Messebeteiligung im Inland, durch die auch Kontakte zu ausländischen Kunden hergestellt werden konnten - ebenfalls unter die Marktentwicklungsstrategie und damit unter eine offensive Absatzstrategie subsumiert (vgl. Kapitel C.2.1). Dann zeigt sich nämlich, daß drei der vier 'Pionier'-Unternehmer aktiv auf Suche nach neuen Kunden waren, ebenso wie alle 'Organisatoren' und der größte Teil der 'Allrounder'. Bei diesen drei Unternehmertypen kann man demzufolge grundsätzlich von Aktivitäten ausgehen, die auf die Eroberung neuer Märkte gerichtet sind - ein Befund, der sich tendenziell mit der Analyse von Fröhlich und Pichler deckt.

Insgesamt zeigt sich, daß fast die Hälfte der befragten Unternehmer **aktiv** in das Auslandsengagement eingestiegen ist. Dies ist ein zunächst überraschendes Ergebnis, da die Analyse in Kapitel B.2.2 ergab, daß nur eine geringe Zahl von Handwerkern überhaupt international tätig ist. Intuitiv würde man daraus schließen, daß die wenigsten von ihnen aktiv nach Vermarktungsmöglichkeiten im Ausland suchten, weil diese Alternative im strategischen Kalkül der Handwerker offensichtlich kaum eine Rolle spielt. Die Ergebnisse in Tabelle 7 weisen jedoch darauf hin, daß eine Reihe von handwerklichen Unternehmern aktiv nach internationalen Absatzchancen sucht.

Um Aufschluß darüber zu erhalten, inwiefern sich die Unternehmer im Vorfeld der Internationalisierung Gedanken über Sinn und Zweck des Auslandsengagements gemacht haben, wurden sie in den Interviews u. a. nach den **Gründen** für die Aufnahme des Auslandsengagements gefragt. Die Interviewpartner führten fast ausschließlich offensive Motive an, nämlich die Umsatzausweitung durch Schaffung neuer Märkte; nur in einigen Fällen wurde auch der Wettbewerbsdruck im Inland als defensives Motiv angeführt. Die Nennungen zeigten keine eindeutige Korrelation mit der Zuordnung der Interviewpartner zu den Unternehmertypen. Das Auslandsengagement scheint demnach bei den befragten Betrieben in der Regel nicht als „Lückenbüßer für fehlenden Inlandsumsatz" (König 1989, S. 8) zu dienen. Dies ist ein wichtiger Aspekt, denn eine erfolgreiche Internationalisierung setzt grundsätzlich eine starke Position auf dem Heimatmarkt voraus, um über die für die Lösung der im Ausland zu erwartenden Schwierigkeiten notwendigen freien Personal- und Kapitalressourcen zu verfügen (vgl. Bühren 1989, S. 24 f.).

Betrachtet man die strategische Ausrichtung - nunmehr des gesamten Unternehmerpanels - im Rahmen des Auslandsengagements unter **dynamischen Aspekten**, so zeigt sich, daß im Verlauf der grenzüberschreitenden Tätigkeit fast alle Unternehmer begannen, im Ausland aktiv neue Kunden zu akquirieren. Nur fünf Interviewpartner gaben an, daß sie auch weiterhin - wie bereits zu Beginn der Internationalisierung - ausschließlich passiv auf Kundenanfragen aus dem Ausland warten würden; in dieser Gruppe befinden sich drei 'Routiniers' und zwei 'Allrounder'. Zurückführen kann man diese Entwicklung auf die im Verlauf des Auslandsengagements gewonnenen Erfahrungen, denn der Auslandsmarkt ist für diese seit längerem grenzüberschreitend tätigen Handwerker kein Neuland mehr, das mit großer Skepsis und Unsicherheit betrachtet wird. Infolgedessen wurden sogar zwei der gegenüber Neuerungen grundsätzlich skeptischen 'Routiniers' auf den ihnen nun vertrauten Auslandsmärkten aktiv tätig.

In einigen Fällen beschränken sich die Aktivitäten allerdings auf die Auslandsmärkte, auf denen die Firma zu Beginn der Internationalisierung tätig geworden war. In diesen Ländern wird durch aktive Marketingmaßnahmen wie z. B. Messebeteiligung, Zeitungsinserate etc. versucht, neue Kunden zu gewinnen. Weitere Länder sind aber nicht Teil der Absatzstrategie. Das trifft auf vier der fünf 'Routiniers' zu sowie auf drei der fünf 'Organisatoren' und drei 'Allrounder', wobei bei den

'Allroundern' auffällt, daß diese drei Firmen aus dem Grenzgebiet zu Luxemburg stammen und auch nur in diesem Nachbarland tätig werden (vgl. dazu Kapitel D.3.3.2).

Hier bestätigt sich damit die These, daß 'Pioniere' und 'Allrounder' die Unternehmertypen sind, die aufgrund ihrer Motivationsstruktur einen gewissen Hang zu Neuerungen aufweisen. In der Mehrzahl haben sich die Handwerker aus dieser Gruppe nicht mit den zu Beginn der Internationalisierung bearbeiteten Märkten zufrieden gegeben, sondern versucht - nachdem ihnen aufgrund ihrer anfänglichen Exporterfolge das Vermarktungspotential im Ausland bewußt wurde -, in weitere Auslandsmärkte vorzudringen. Die meisten 'Organisatoren' und 'Routiniers' haben hingegen die Ausweitung der Exportaktivitäten auf weitere Auslandsmärkte gescheut.

Weiterhin ist bemerkenswert, daß zwei Betriebe, die von einem 'Allrounder' geleitet werden, zwar auch im Verlauf des Auslandsengagements bei ihrer passiven, abwartenden Strategie geblieben sind, aber dennoch Kunden in neuen Auslandsmärkten gewinnen konnten. Der Grund dafür ist in einem Fall darin zu sehen, daß die Firma - ein Maschinenbaubetrieb - von einem US-amerikanischen Unternehmen eine Lizenz zur Produktion von Maschinen für ein spezialisiertes Verfahren in der Kunststoffolienverarbeitung erworben hat. Nach Auskunft des Unternehmers ist dieses Produkt ein „Selbstläufer", so daß Kunden aus aller Welt auch ohne eigene Marketingaktivitäten mit Aufträgen auf die Firma zukommen. Auch die zweite Firma ist im Sondermaschinenbau tätig; sie hat sich bei der Kundenakquisition auf den Inlandsmarkt beschränkt, aber im Zuge von Ausstellungen auf internationalen Inlandsmessen auch Kontakte zu weiteren ausländischen Abnehmern bekommen und diese Absatzchancen genutzt.

Ähnliche Fälle sind auch bei den Routiniers zu beobachten, denn auch hier haben drei Firmen Aufträge aus verschiedenen Ländern verbuchen können, ohne daß sie durch eigene Akquisitionsmaßnahmen dazu beigetragen hätten. Ein Betrieb aus dieser Gruppe stellt Gießereimodelle und -werkzeuge her, für die er auf Inlandsmessen auch ausländische Kunden gewinnen konnte. Zwei dieser Unternehmen sind in Branchen tätig, die weltweit nur noch selten vertreten sind: ein Graveur, der Besteckprägewerkzeuge herstellt - eine Branche, die nach Auskunft des Interviewpartners nur noch in Deutschland eine gewisse Bedeutung hat - und ein Maschinenbauer, dessen Firma seit Jahrhunderten auf Turmuhren, Glocken- und Figurenspiele spezialisiert ist, und nach Meinung des Unternehmers einer der wenigen Betriebe weltweit ist, die auch noch mit mechanischen Uhrwerken umzugehen wissen. Bei diesen Unternehmen ist offensichtlich weniger die Persönlichkeit des Firmeninhabers von Bedeutung für das Auslandsengagement, sondern vielmehr die Nichtverfügbarkeit der Produkte im Ausland (vgl. Kapitel D.2.3.1).

Insgesamt kann festgehalten werden, daß der Unternehmerpersönlichkeit für den Beginn der handwerklichen Internationalisierung eine wesentliche Rolle zukommt[22]. Es hat sich zumindest tendenziell gezeigt, daß die Gegenpole 'Pionier' und 'Routinier' grundsätzlich unterschiedliche Strategien der Auslandsmarktbearbeitung verfolgen. Im Verlauf der Internationalisierung führen die **akkumulierten Erfahrungen** bei der grenzüberschreitenden Tätigkeit und die daraus resultierenden **Lerneffekte** aber bei allen Unternehmertypen zu einem verstärken aktiven Bemühen um neue Kunden und Aufträge aus dem Ausland.

3.3 Die Bedeutung des Unternehmensstandortes: Grenzregion und Binnenland

3.3.1 Standortspezifische Merkmale der international tätigen Handwerksbetriebe

Ein weiterer bedeutender Einflußfaktor für das handwerkliche Internationalisierungsverhalten ist der Standort des Unternehmens. Entscheidend ist hierbei die Entfernung vom Auslandsmarkt. Hinsichtlich der regionalen Herkunft der interviewten Unternehmen wird zwischen **binnenländischer** und **grenznaher Lage** unterschieden, wobei im allgemeinen als grenznah nur diejenigen Handwerksbetriebe angesehen werden, deren wohnortnaher Markt, für den ein Radius von 30 km angenommen wird, in mindestens zwei Ländern liegt (vgl. König/Müller 1990, S. 56).

Im Rahmen der vorliegenden Untersuchung soll diese Definition der grenznahen Regionen insofern erweitert werden, als außerdem eine **kulturelle Gemeinsamkeit** (z. B. Sprache bzw. Dialekt) der Grenzregion mit dem Nachbarland vorhanden sein muß. Das Kriterium der Grenznähe allein erleichtert den Geschäftsverkehr nur im Hinblick auf die relativ

[22] Angesichts des relativ kleinen Untersuchungspanels erlaubt die vorliegende Studie allerdings nur tendenzielle Aussagen in diesem Bereich. Es besteht hier sicherlich noch weitergehender Forschungsbedarf.

lativ geringen Transportkosten; die kulturelle Gemeinsamkeit mit dem Nachbarland hat darüber hinaus den Vorteil, daß der Handwerker aus der Grenzregion mit den Wünschen, Gewohnheiten und Eigenarten der Kunden aus dem benachbarten Ausland vertraut ist und daher seine Produktpalette vergleichsweise gut an den Bedarf der dortigen Abnehmer anpassen kann. Zusammen mit der Maßgabe, daß ein freier Waren- und Dienstleistungsaustausch in diesen Regionen mit dem Nachbarland möglich ist, kommt man somit zur Abgrenzung eines Wirtschaftsraums, den man als wohnortnah für die Handwerker ansehen kann. Mit dieser Definition wird auch dem Konstrukt der psychischen Nähe zu Auslandsmärkten entsprochen, das bereits in Kapitel D.1.1 vorgestellt worden ist (vgl. dazu auch Müller/Köglmayr 1986, S. 788 f.).

Im untersuchten Unternehmenspanel sind diese Voraussetzungen nur für die Handwerkskammerbezirke Trier und Saarland erfüllt, denn hier weisen die benachbarten ausländischen Regionen Luxemburg und Lothringen die geforderte kulturelle Gemeinsamkeit - u. a. bedingt durch die wechselvolle Geschichte dieser zentraleuropäischen Großregion - bei grundsätzlicher Offenheit der Grenzen auf. Hinzu kommt noch, daß die grenzüberschreitende Zusammenarbeit der Handwerksbetriebe in dieser Region durch den 'Interregionalen Rat der Handwerkskammern Saar-Lor-Lux-Rheinland-Pfalz' unterstützt wird (vgl. Adams u. a. 1991, S. 201 f.).

In den deutschen Grenzregionen zu den Niederlanden - in der Befragung repräsentiert durch die Handwerkskammern Osnabrück-Emsland und Düsseldorf - sind die kulturellen Gemeinsamkeiten dagegen geringer ausgeprägt und werden darüber hinaus immer noch in einem gewissen Umfang durch eine historisch bedingte Animosität belastet[23]. Dies wirkt sich auch auf die grenzüberschreitende Tätigkeit der Handwerksbetriebe im deutsch-niederländischen Grenzgebiet aus. Eine Studie zu grenzüberschreitenden Kooperationen hat z. B. im Tischlerhandwerk in dieser Region eine geringe Bereitschaft zur Zusammenarbeit festgestellt (vgl. Lüttgens 1991, S. 89 ff.). Allerdings sind auch im deutsch-niederländischen Grenzgebiet Bestrebungen zu beobachten, die Zusammenarbeit zu intensivieren: So berichtete ein Interviewpartner aus dem

[23] Einige der befragten Betriebe klagten über Akzeptanzprobleme als deutscher Anbieter auf dem niederländischen Markt, die sie durch die Schwierigkeiten im Verhältnis der beiden Länder zueinander infolge des Zweiten Weltkriegs erklären.

Handwerkskammerbezirk Düsseldorf von Bemühungen zu einer verstärkten grenzüberschreitenden Kooperation mit den niederländischen Kammern Venlo und Roermond (vgl. dazu auch Cramer 1991, S. 216 f.).

Aufgrund der fehlenden psychischen Nähe zum Nachbarland werden in der vorliegenden Studie Handwerksbetriebe aus den Kammerbezirken Osnabrück-Emsland und Düsseldorf grundsätzlich als binnenländisch charakterisiert, auch wenn ihr Sitz unmittelbar an der niederländischen Grenze liegt.

Nach dieser Definition stammen 24 der befragten Unternehmen aus dem Binnenland und 10 aus einer Grenzregion. Obwohl damit die binnenländischen Unternehmen in der Stichprobe ein deutliches Übergewicht haben, dürfte ein aussagekräftiger Vergleich des Internationalisierungsverhaltens von grenznahen und binnenländischen Handwerksbetrieben möglich sein.

Im folgenden sollen zunächst einige Unterschiede zwischen binnenländischen und grenznahen international tätigen Handwerksbetrieben aufgezeigt werden, die Einfluß auf die strategische Ausrichtung der befragten Unternehmen haben. Die Auswirkungen auf die konkreten Internationalisierungsstrategien werden im nächsten Kapitel behandelt.

Bei Betrachtung des **Tätigkeitsschwerpunktes** der befragten Betriebe (vgl. Tabelle 8) erkennt man einen bemerkenswerten Unterschied zwischen binnenländischem und grenznahem Handwerk, denn während nur ein binnenländischer Handwerker aus dem Panel nicht zur Gruppe 'Handwerk für den gewerblichen Bedarf' gehört - ein Tischler, der Möbel in Kleinserien herstellt und mithin für den speziellen Konsumbedarf produziert -, stellt sich die Verteilung der grenznahen Handwerksbetriebe nach Tätigkeitsschwerpunkt als sehr divers dar: Mit vier Unternehmen gehören weniger als die Hälfte zu den Produzenten für den gewerblichen Bedarf. Die übrigen Betriebe sind: ein Klavierbaumeister, der den speziellen privaten Konsumbedarf bedient, ein Reifenmechaniker, der Rundumerneuerungen v. a. von LKW-Reifen anbietet, sowie vier Unternehmen (drei Tischler, ein Dachdecker), die dem Ausbaugewerbe zuzurechnen sind und v. a. für private Kunden tätig werden. Es ist also insgesamt bei den grenznahen Handwerksbetrieben ein stärkerer Fokus auf private Abnehmer als bei den binnenländischen Firmen erkennbar.

Tab. 8: Betriebe nach Tätigkeitsschwerpunkt und Herkunftsregion

Tätigkeitsschwerpunkt	Binnenland	Grenzregion	Summe
Handwerk für den gewerblichen Bedarf	23	4	**27**
Handwerk für den speziellen Konsumbedarf	1	1	**2**
Handwerk als Partner der Industrie	-	1	**1**
Handwerk im Bauhaupt- und Ausbaugewerbe	-	4	**4**
Summe	**24**	**10**	**34**

Unter der Annahme, daß die grenznahen Betriebe vorwiegend im Nachbarland tätig werden (vgl. dazu Kapitel D.3.3.2), kann man den Grund für diese Diskrepanz zwischen binnenländischen und grenznahen Handwerkern in den unterschiedlichen Anforderungen an die Kundennähe in den jeweiligen Handwerksgruppen vermuten. So ist beispielsweise im Handwerk für den gewerblichen Bedarf ein enger persönlicher Kundenkontakt in der Regel nur hin und wieder nötig (z. B. für Montage, Wartung und Reparatur der gelieferten Maschine), während etwa im Ausbaugewerbe der direkte Kontakt mit dem Abnehmer konstituierendes Merkmal der Leistungserstellung ist, denn Ausbauarbeiten müssen gewöhnlich direkt vor Ort geleistet werden.

Für einen binnenländischen Betrieb aus dieser Gruppe wäre ein Auslandsengagement häufig mit prohibitiv hohen Transport- und Fahrtkosten verbunden. Aufgrund des erforderlichen Kundenkontaktes würde eine grenzüberschreitende Tätigkeit die binnenländischen Handwerker aus den entsprechenden Gruppen deshalb vor sehr große Schwierigkeiten stellen. Nur wenn sie eine außergewöhnliche bzw. sehr spezialisierte Leistungspalette anböten, wäre ein erfolgreiche Vermarktung auch international möglich.

Die **grenznahen Betriebe** haben im benachbarten Ausland offensichtlich auch mit traditionellen, bezüglich des technologischen Aufwands eher einfachen Produkten, durchaus gute Marktchancen, wobei die Nichtverfügbarkeit von qualitativ hochwertigen handwerklichen Leistungen in einigen Nachbarländern Deutschlands eine Rolle spielen dürfte (vgl. Kapitel D.2.3.2). Diese Einschätzung basiert darauf, daß fast alle befragten grenznahen Unternehmen den **Technologiegehalt** ihrer Produkte als **niedrig** einschätzen. Es ist allerdings fraglich, ob sie mit solchen, zwar handwerklich anspruchsvollen, aber technologisch nicht sehr aufwendigen Gütern in einen umfassenden internationalen Wettbewerb auf weiteren Auslandsmärkten eintreten könnten: Auch wenn die befragten grenznahen Betriebe mit ihrer Produktpalette in den benachbarten Ländern nicht auf eine sehr starke Konkurrenz treffen, so ist doch zu erwarten, daß der Wettbewerb in weiter gefaßten Märkten sehr viel größer ist.

Die Situation stellt sich bei den **binnenländischen Handwerkern** grundsätzlich anders dar, denn in dieser Gruppe geben fast alle Interviewpartner einen **mittleren bis hohen Technologiegehalt** ihrer Produkte an. Dies ist darauf zurückzuführen, daß die binnenländischen Betriebe, bis auf eine Ausnahme, gewerbliche Kunden beliefern, wobei die meisten Firmen im Maschinenbau bzw. in verwandten Branchen tätig sind. In diesem Marktsegment müssen die Unternehmen ungleich größere Anstrengungen auf sich nehmen, um im Ausland erfolgreich zu sein, denn mit ihren Produkten stehen sie oftmals in direkter Konkurrenz mit anderen internationalen Anbietern, gegen die sie nur mit einem hochwertigen, technologisch anspruchsvollen Angebot bestehen können (vgl. dazu auch Fieten u. a. 1997, S. 125 ff.). Hier kann man demnach nicht von der Nichtverfügbarkeit der handwerklichen Leistungen im Ausland ausgehen.

Binnenländische Handwerksbetriebe mit einer Produktpalette, die nur einen niedrigen Technologiegehalt aufweist, scheinen dagegen seltener im Ausland tätig zu sein, obwohl ein Exportengagement - wie das Beispiel des Möbeltischlers aus dem Unternehmenspanel zeigt - durchaus Erfolg verspricht. Voraussetzung hierfür ist jedoch u. a., daß die Handwerker Leistungen anbieten, die von ausländischen Konkurrenten auf den jeweiligen Märkten nicht bereitgestellt werden, wie z. B. die Schränke des erwähnten Tischlers, die nach historischen Mustern und Verfahren hergestellt werden. Da diese Unternehmen jedoch in der Regel private Abnehmer beliefern, dürfte die fehlende Markttransparenz aufgrund der Vielzahl in- und ausländischer Anbieter solcher Produkte eine große Hürde für die internationale Vermarktung darstellen.

Bei den **gewerblichen Abnehmern** kann der Handwerksbetrieb durch Spezialisierung eine eng umrissene Zielgruppe definieren, die dann mit Hilfe entsprechender Marketingmaßnahmen (Eintrag in Branchen- bzw. Zulieferverzeichnisse, Einschaltung von spezialisierten Absatzmittlern[24]) bearbeitet werden kann. **Private Abnehmer** bilden hingegen grundsätzlich eine sehr heterogene Gruppe und lassen sich außerhalb der Heimatregion nur mit einem ungleich größeren Aufwand gezielt ansprechen. Die Marketingmaßnahmen für diesen Kundenkreis sind im allgemeinen breiter zu streuen und lassen sich nur mit hohen Informationskosten (Auswertung von Adressenverzeichnissen etc.) auf bestimmte Zielgruppen abstimmen[25].

Selbst eine Beteiligung an **Auslandsmessen** ist dafür nur partiell geeignet, da sie sich größtenteils an ein professionelles Fachpublikum richten. In erster Linie eignen sich ausländische Konsumgüter- bzw. Verbrauchermessen, um mit privaten Abnehmern aus dem Ausland in Kontakt zu treten. Aber auch Inlandsmessen, die in Grenznähe stattfinden, ziehen häufig ein privates Publikum aus dem Nachbarland an. Absatzmittler, wie z. B. ausländische Einzelhändler (im Bereich des speziellen Konsumbedarfs), sind ein weiterer transaktionskostensparender Weg, einen breiten privaten Abnehmerkreis im Ausland anzusprechen.

Als Fazit kann festgehalten werden, daß grenznahe Handwerksbetriebe, solange sie nur im benachbarten Ausland tätig sind, dann Vorteile bei der Internationalisierung gegenüber binnenländischen Unternehmen haben, wenn zum Nachbarland eine gewisse **psychische Nähe** (Sprache, Kultur etc.) besteht. In diesem Fall betrachten die Handwerker das Ausland nur als eine Art Extension des Heimatmarktes, für dessen Bearbeitung die Absatzstrategien nur relativ geringfügig verändert werden müssen.

---

[24] Zu weiteren zielgruppenorientierten Marketingmaßnahmen im Auslandsgeschäft vgl. z. B. Denzel 1994, S. 189 f. sowie Walldorf 1987, S. 457 ff.

[25] Eine wichtige ausländische Zielgruppe für die Handwerker, die den privaten Bedarf bedienen, sind z. B. die im Ausland lebenden Deutschen, die v. a. im Baubereich häufig Handwerksleistungen aus der Heimat nachfragen.

Binnenländische Unternehmen sowie grenznahe Handwerker, die in weiter entfernte Länder exportieren, sehen sich bei der Internationalisierung dagegen mit einer größeren psychischen Distanz konfrontiert. Sie müssen daher einen höheren Informationsaufwand für die Auslandsmarktbearbeitung auf sich nehmen und ihre Marktstrategie in einem größeren Ausmaß an die Gegebenheiten auf dem ausländischen Zielmarkt anpassen.

Inwiefern diese standortspezifischen Vor- und Nachteile das Internationalisierungsverhalten der binnenländischen und grenznahen Handwerksbetriebe beeinflussen, wird im nächsten Kapitel untersucht werden.

3.3.2 Der Einfluß des Unternehmensstandortes auf die Internationalisierungsstrategie

3.3.2.1 Der Einstieg in das Auslandsengagement

Intuitiv würde man erwarten, daß grenznahe Handwerksbetriebe den benachbarten Auslandsmarkt aktiv zu bearbeiten versuchen, wenn eine gewisse psychische Nähe zum Nachbarland besteht. Denn in diesem Fall wären die mit einem Auslandsengagement verbundenen Transaktionskosten vergleichsweise gering. Binnenländische Unternehmen haben dagegen aufgrund der größeren psychischen und geographischen Distanz zu den Auslandsmärkten relativ hohe Transaktionskosten zu tragen. Wenn sie grenzüberschreitend tätig werden wollen, müssen sie folglich die Internationalisierung in einem stärkeren Maße strategisch planen.

Wie Tabelle 9 zeigt, trifft diese Hypothese für die Handwerker aus dem Befragungspanel nur bedingt zu, denn weniger als die Hälfte sowohl der binnenländischen als auch der grenznahen Betriebe sind aktiv in das Auslandsgeschäft eingestiegen. Daraus folgt, daß die Mehrzahl der Unternehmen die Internationalisierung nicht aktiv in den strategischen Kalkül einbezogen hat, sondern erst nach einem Anstoß von außen, d. h. passiv, mit dem Auslandsengagement begannen[26].

[26] Zur Abgrenzung von aktiver und passiver Internationalisierung vgl. Kapitel D.3.2.2.1.

Tab. 9: Aktiver und passiver Beginn der Internationalisierung nach Regionen

	Binnenland	**Grenznähe**	**Summe**
Aktiv			
Strategisch geplant	7	4	**11**
Chance ergriffen	3	-	**3**
Passiv			
Zufällig	8	4	**12**
Gelenkter Zufall	6	2	**8**
Summe	**24**	**10**	**34**

Einen deutlichen Unterschied zwischen grenznahen und binnenländischen Handwerksbetrieben offenbart allerdings der Vergleich des Zeitpunktes, zu dem das Unternehmen in das Auslandsgeschäft eingestiegen ist, mit dem Jahr der Betriebsgründung (vgl. Tabelle 10). Die Übersicht zeigt, daß mit 11 Betrieben fast die Hälfte der 24 binnenländischen Interviewpartner innerhalb der ersten 5 Jahre nach Betriebsgründung im Ausland tätig wurde, während es bei den grenznahen Unternehmen nur ca. ein Drittel war.

Eine Begründung für dieses Phänomen könnte in dem relativ hohen **Technologiegehalt** des Leistungsangebots der binnenländischen Handwerker liegen (vgl. Kapitel D.2.2.1). Denn ein hoher Technologiegehalt der Produkte geht bei den Unternehmen in der Regel mit einer starken Spezialisierung auf vergleichsweise kleine **Nischenmärkte** einher. Die alleinige Konzentration auf den Heimatmarkt wäre damit für diese Betriebe nicht ausreichend, da der potentielle Kundenkreis in diesem Segment zu klein ist. Die Konsequenz ist demnach die frühzeitige Suche nach neuen Kunden auch in geographisch weiter entfernten Regionen, wie z. B. im Ausland.

Mit zunehmender Komplexität der Tätigkeit und der daraus folgenden größeren Unübersichtlichkeit der Aufgaben nimmt jedoch die Notwendigkeit einer aktiven **strategischen Planung** zu (vgl. Kirsch 1983,

S. 155). In Bezug auf die Internationalisierung der binnenländischen Handwerksbetriebe heißt das, daß angesichts der relativ großen Entfernung der Auslandsmärkte von ihrer Heimatregion Intuition und Fingerspitzengefühl für die Eroberung eines Marktes nicht mehr ausreichen, sondern eine aktive strategische Vorbereitung gefordert ist.

Tab. 10: Zeitpunkt der Aufnahme des Auslandsengagements nach Betriebsgründung

Wieviel Jahre nach Gründung?	Binnenland	Grenznah	Summe
Im ersten Jahr	5	2	**7**
Nach 1-5 Jahren	6	1	**7**
Nach 5-10 Jahren	4	3	**7**
Nach mehr als 10 Jahren	9	4	**13**
Summe	**24**	**10**	**34**

Das gilt sowohl für die geographische als auch die kulturelle Entfernung - beides Einflußgrößen der psychischen Nähe -, denn im Vergleich zu den grenznahen Betrieben, die nur im Nachbarland tätig werden, entstehen den binnenländischen Handwerkern auf der einen Seite höhere Raumüberbrückungskosten (Transport, Kommunikation), und auf der anderen Seite muß gewöhnlich auch eine größere kulturelle Distanz überwunden werden, die sich in erhöhten Anpassungserfordernissen im Bereich der Produkt- und der Marketingpolitik niederschlägt (vgl. Dülfer 1995, S. 120). In den Grenzregionen gleichen demgegenüber Mentalität und Kultur oftmals denen des Nachbarlandes, so daß hier die Anforderungen an die strategische Planung c. p. geringer sein dürften.

Es müßte also bei den binnenländischen Handwerkern eine intensivere strategische Vorbereitung des Auslandsengagements als bei den grenznahen Betrieben festgestellt werden können. Überprüft wurde das Ausmaß der strategischen Planung im Rahmen des Auslandsengagements anhand der Faktoren:

- Informationseinholung im Vorfeld der Internationalisierung sowie

- Wahl des ausländischen Zielmarktes.

Hinsichtlich der Informationsbeschaffung im Vorfeld der Internationalisierung wurde zwischen marktbezogenen und abwicklungstechnischen Informationen unterschieden. Hierbei umfassen die **marktbezogenen Informationen** Erkundungen über potentielle Kunden und Konkurrenten sowie über die Nachfragesituation auf dem Auslandsmarkt. Die **abwicklungstechnischen Informationen** betreffen hingegen die Zollabwicklung, Finanzierungsfragen sowie steuerliche und gesetzliche Regelungen (z. B. Normen und Standards, Unfallvorschriften etc.).

Die Angaben der binnenländischen und der grenznahen Interviewpartner gleichen sich in diesem Bereich: Sowohl marktbezogene als auch abwicklungstechnische Informationen wurden von beiden Gruppen in ähnlichem Ausmaß eingeholt. Daß die befragten Unternehmen unabhängig vom Standort abwicklungstechnische Informationen sammeln, ist nicht ungewöhnlich, weil es sich hierbei in der Regel um zoll- und finanztechnische Regelungen handelt, die notwendigerweise im Vorfeld des Auslandsgeschäfts geklärt werden müssen. Insofern bedeutet die Beschaffung abwicklungstechnischer Informationen häufig nur eine Reaktion auf einen Kundenauftrag aus dem Ausland und nicht die Gewinnung von Informationen im Sinne einer strategischen Planung.

Eine andere Bedeutung haben die markttechnischen Informationen, denn deren Sammlung zeigt an, daß die grenznahen ebenso wie die binnenländischen Handwerker an einer längerfristigen Tätigkeit im Ausland interessiert sind, für die sie ausreichende Informationen über den ausländischen Zielmarkt benötigen (vgl. Cafferata/Riccardo 1995, S. 37 f.). Gleichzeitig wird dadurch aber auch deutlich, daß bei den grenznahen Handwerksbetrieben die psychische Nähe zum ausländischen Zielmarkt nicht derart ausgeprägt ist, daß sie mit den Gegebenheiten vor Ort vollständig vertraut sind. Ein gewisser Grad an Unsicherheit bleibt auch trotz grundsätzlicher kultureller Ähnlichkeiten immer noch bestehen, der durch die Beschaffung entsprechender Informationen verringert werden soll.

Dennoch kann man davon ausgehen, daß es Unterschiede im Ausmaß der Unsicherheit über die Bedingungen auf dem Auslandsmarkt zwischen grenznahen und binnenländischen Handwerkern gibt, denn die psychische Distanz, welche die Unternehmen aus dem Binnenland zu überbrücken haben, ist gewöhnlich größer als bei einem Standort in einer Grenzregion. Allerdings sind die Vorteile der grenznahen Betriebe insgesamt gesehen offensichtlich nicht so groß, als daß sie für die Geschäftstätigkeit in den Nachbarländern weder marktbezogene noch abwicklungstechnische Informationen benötigten.

3.3.2.2 Die Auswahl der ausländischen Zielmärkte

Daß die grenznahen Unternehmen die **psychische Nähe** zum Nachbarland dennoch als Vorteilsfaktor bei der Internationalisierung erkennen, wird bei der Analyse der **Ziellandwahl** deutlich. Die Frage, ob sie den Auslandsmarkt, auf dem sie zu Beginn des Auslandsengagements tätig wurden, strategisch ausgewählt haben, bejahten nämlich fast alle Interviewpartner aus den grenznahen Regionen. Bis auf eine Ausnahme haben dabei sämtliche grenznahen Handwerker ihre internationalen Aktivitäten auf das Nachbarland beschränkt. Nur zwei Unternehmer haben sich den Auslandsmarkt, den sie bearbeiten, nicht aktiv ausgesucht: In einem Fall hat der Betrieb von einem ausländischen Lizenzgeber auch den Markt im Nachbarland als Absatzgebiet zugesprochen bekommen. Der zweite Handwerker hat einen Absatzmittler eingeschaltet, der die Kundenkontakte in vorher nicht spezifizierten Ländern hergestellt hat.

Die Hälfte der sechs binnenländischen Unternehmer, die nach eigenen Angaben den Auslandsmarkt gezielt ausgewählt haben, gaben als Kriterium an, daß sie nach Ländern mit Vermarktungspotential für ihre Produkte suchten; psychische Nähe spielte dabei keine Rolle. Die übrigen drei Interviewpartner sagten hingegen, daß sie gezielt in den gewählten Ländern tätig wurden, weil dort entweder keine Sprachprobleme auftraten (z. B. Österreich, Schweiz) oder die geographische Nähe (Niederlande) ein Engagement vorteilhaft erscheinen ließ.

Die überwiegende Mehrheit der binnenländischen Handwerker hat den ausländischen Zielmarkt jedoch nicht aktiv ausgewählt. Teilweise haben sie **Absatzmittler** eingeschaltet, die für sie im Ausland Kunden gesucht haben, ohne daß zuvor bestimmte Auslandsmärkte eingegrenzt worden waren. Oder sie sind **passiv-zufällig**, d. h. ohne vorherige Planung, in das internationale Geschäft eingestiegen und haben nur auf Aufträge aus den Ländern reagiert, aus denen Kundenanfragen kamen. Es zeigt sich in diesen Fällen bei den Handwerksbetrieben also ein grundsätzlich vorhandenes, aber nicht spezifiziertes Interesse am Auslandsmarkt, das dann durch mehr oder weniger gelenkte Zufälle konkretisiert wird.

Ein wesentlicher Unterschied zwischen binnenländischen und grenznahen Unternehmen besteht auch in der Anzahl der in der Anfangsphase der Internationalisierung belieferten Länder. Wie Tabelle 11 zeigt, haben sich die meisten binnenländischen Betriebe schon zu Beginn der grenzüberschreitenden Tätigkeit in mehreren Ländern engagiert, während sich die grenznahen Handwerker bis auf eine Ausnahme auf ein einzelnes Land konzentrierten.

Tab. 11: Zahl der belieferten Länder zu Beginn des Auslandsengagements

	Binnenland	**Grenznah**	**Summe**
Einzelnes Land	3	9	**12**
Mehrere Länder	21	1	**22**
Summe	**24**	**10**	**34**

Bemerkenswert ist dabei, daß auch die meisten Betriebe aus den Handwerkskammerbezirken Düsseldorf und Osnabrück-Emsland, die trotz ihrer Nähe zur niederländischen Grenze in der vorliegenden Untersuchung als binnenländisch eingeordnet wurden, schon in der Anfangsphase der Internationalisierung in mehreren Ländern tätig wurden. Es liegt also in diesen Fällen keine Konzentration des Auslandsengagements auf das Nachbarland vor, was durch die fehlende psychische Nähe (unterschiedliche Sprache und Mentalität) erklärt werden kann. Die Einordnung dieser Unternehmen mit Sitz in unmittelbarer Nähe zu den Niederlanden als binnenländisch wird also durch die Empirie gerechtfertigt.

Die drei **binnenländischen** Handwerker, die zu Beginn ihres grenzüberschreitenden Geschäfts nur in ein Land exportierten, sind über Absatzmittler in diesem ausländischen Zielmarkt tätig geworden. Nur ein Betrieb aus dieser Gruppe hat sich im weiteren Verlauf der Internationalisierung allein auf das zu Beginn gewählte Land beschränkt; die übrigen sind später auch in weiteren Auslandsmärkten aktiv geworden.

Bei den **grenznahen** Interviewpartnern stellt sich die Situation dagegen spiegelbildlich dazu dar, denn nur ein Handwerksbetrieb aus einer Grenzregion - ein Metallbaubetrieb, der für den Umweltbereich produziert - hat schon in der Anfangsphase mehrere Auslandsmärkte bearbeitet. Dieses Unternehmen hat für seinen Export einen Absatzmittler eingeschaltet, der die Kundenkontakte in den verschiedenen Ländern herstellte. Die übrigen neun grenznahen Firmen haben sich im Gegensatz dazu nicht nur zu Beginn auf das Nachbarland beschränkt, sondern blieben dort auch während des weiteren Auslandsgeschäfts fast ausschließlich tätig. Der Zielmarkt dieser Handwerksbetriebe aus den Kammerbezirken Saarland und Trier ist Luxemburg, wo sie nach eigenen übereinstimmenden Angaben aufgrund der Sprache und Kultur in der Regel nur geringe Schwierigkeiten beim Absatz ihrer Produkte und Leistungen haben.

Einige Unternehmer gaben an, daß sie gelegentlich auch Aufträge aus Frankreich - ebenfalls zumindest geographisch ein Nachbarland - angenommen haben bzw. versuchten, dort aktiv neue Kunden zu gewinnen. Aber bei allen Betrieben ging dieses Engagement nicht über eine sporadische Tätigkeit hinaus, weil nach Auffassung der Interviewpartner bürokratische und kulturelle Barrieren eine längerfristige Involvierung behinderten. Dieses Ergebnis ist überraschend, da viele dieser Unternehmer das Sprachproblem aufgrund der in der Region verbreiteten Französischkenntnisse nicht als ausschlaggebenden Faktor bezeichneten. Es kann also gefolgert werden, daß das Konstrukt der psychischen Nähe nicht allein von einer gemeinsamen Sprache geprägt ist, sondern daß darüber hinaus sonstige kulturelle Gemeinsamkeiten und ähnliche Geschäftsusancen eine prägende Rolle spielen. Diese Voraussetzungen sind auf dem französischen Markt offensichtlich nicht gegeben.

Die **geographische Nähe** zum Auslandsmarkt stellt für die grenznahen Handwerksbetriebe demnach gegenüber den binnenländischen Firmen nur dann einen Vorteil für die Internationalisierung dar, wenn sie im Nachbarland einen Markt vorfinden, mit dessen ökonomischen und kulturellen Gegebenheiten sie weitgehend vertraut sind. Hier liegt die Hemmschwelle für ein Auslandsengagement vergleichsweise niedrig, während sie für eine Tätigkeit in weiteren Ländern ungleich größere Anstrengungen unternehmen müßten. Aus diesem Grunde beschränken sie sich auch im weiteren Verlauf der grenzüberschreitenden Tätigkeit in der Regel auf die Bearbeitung des Nachbarlandes.

Dieses Internationalisierungsverhalten der befragten Handwerksbetriebe aus den Grenzregionen deutet darauf hin, daß sie den Export per se nicht als strategisches Vermarktungspotential ansehen, sondern nur ihren 'Heimatmarkt' um das benachbarte Ausland erweitern. Dies dürfte damit zusammenhängen, daß für die meisten in die Befragung einbezogenen grenznahen Unternehmen Dienstleistungen (Bauarbeiten, Montage, Reparatur) ein integraler Bestandteil des Leistungsangebots sind. Darum wählen sie ihre Zielmärkte v. a. auch unter dem Aspekt der geographischen Nähe aus.

Die binnenländischen Handwerker zeigen derartige Beschränkungen im allgemeinen nicht (vgl. Tabelle 12), wenn nicht gerade die gemeinsame Sprache (z. B. in Österreich, Luxemburg oder in Teilen der Schweiz) eine kulturelle Präferenz determiniert. Im Rahmen ihres Auslandsengagements müssen sie aufgrund der Entfernung zu internationalen Märkten ohnehin große Entfernungen überbrücken, sei es für den Produktexport oder die Erstellung von Dienstleistungen. Somit wird verständlich, daß fast alle binnenländischen Betriebe, wenn sie sich erst einmal für die Internationalisierung entschieden haben, ihr Exportgeschäft auf mehrere Länder ausdehnen.

Tab. 12: Zielregionen der handwerklichen Internationalisierung*

	Binnenland	**Grenznah**	**Summe**
EU-Länder	24	10	**34**
MOE-Länder[27]	10	1	**11**
Restliches Europa[28]	17	1	**18**
Übersee	17	-	**17**

* Mehrfachnennungen waren möglich.

[27] MOE-Länder = Mittel- und osteuropäische Länder.

[28] Die Gruppe 'Restliches Europa' umfaßt alle europäischen Staaten, die nicht zur Gruppe der EU- bzw. MOE-Länder gehören.

Hilfreich dürfte dabei auch sein, daß fast alle binnenländischen Handwerksbetriebe in Branchen tätig sind, in denen der überregionale Vertrieb aufgrund der relativ kleinen Marktnischen, die bedient werden, die Regel ist. Dadurch sind sie mit den Problemen im Zusammenhang mit der Überbrückung größerer geographischer Distanzen vertraut und können diese Erfahrungen für ihr Auslandsengagement verwerten.

Überraschend ist jedoch das Ausmaß, in dem die binnenländischen Handwerker ihre grenzüberschreitende Tätigkeit regional diversifizieren (vgl. Tabelle 12). Die meisten von ihnen beliefern nicht nur europäische Länder, sondern sind auch auf überseeischen Märkten aktiv. Die außereuropäischen Zielmärkte variieren dabei je nach Unternehmen, häufig werden aber der asiatische Raum, Nord- und Südamerika sowie der Nahe Osten genannt.

Ein wesentlicher Unterschied in der strategischen Ausrichtung des Auslandsengagements zwischen binnenländischen und grenznahen Handwerksbetrieben besteht also in der Anzahl der international zu bearbeitenden Märkte. Die Unternehmen aus den Grenzregionen entscheiden sich in der Regel für die **Marktkonzentration** mit Fokussierung auf einen Schlüsselmarkt, wo sie systematisch einen Wettbewerbsvorteil durch den Aufbau von landesspezifischem Know-how und langfristigen Kontakten erwerben. Das Ziel dürfte dabei die Erlangung einer strategisch vorteilhaften Wettbewerbsposition sein. Die binnenländischen Handwerker folgen hingegen eher der Strategie der **Marktdiversifikation**, womit sie einerseits die Abhängigkeit von der konjunkturellen Lage in einzelnen Ländern vermindern und andererseits in die Lage versetzt werden, Absatzmöglichkeiten zu nutzen, wo immer sie sich bieten. Einen hohen Marktanteil in einem bestimmten Land streben sie damit jedoch nicht an (vgl. dazu Trabold 1995 b, S. 575).

3.3.2.3 Die Form des Auslandsengagements

Deutlich wird der Unterschied in der strategischen Ausrichtung des Auslandsengagements zwischen binnenländischen und grenznahen Handwerkern auch bei der **Internationalisierungsformenwahl**. Die Betriebe aus den Grenzregionen favorisieren den Export direkt an die privaten oder gewerblichen Abnehmer; nur in drei Fällen wurden ebenfalls Absatzmittler eingeschaltet. Da diese Unternehmen fast ausschließlich im ihnen vertrauten Nachbarland tätig sind, können sie in der Regel auf die Unterstützung von Intermediären verzichten. Sprachprobleme und unterschiedliche Usancen, bei denen Händler oder Vertreter gewöhnlich behilflich sind, stellen für sie aufgrund der psychischen Nähe zum Auslandsmarkt keine Schwierigkeiten dar. Der direkte Kontakt zum Kunden erspart ihnen einerseits die Courtage des Absatzmittlers, und andererseits können sie dadurch die Anforderungen des Abnehmers aus erster Hand erfahren und gezielt in ihr Leistungsangebot einflechten.

Bei den binnenländischen Handwerksbetrieben spielt die Zuhilfenahme von Absatzmittlern hingegen eine größere Rolle. Sie sind aufgrund der psychischen Distanz zum Auslandsmarkt und den dadurch auftretenden Problemen (Sprache, Kultur etc.) auf deren Unterstützung angewiesen. Direkte Verhandlungen mit ausländischen Abnehmern erhöhen die Transaktionskosten des Auslandsengagements für sie erheblich, so daß die Einschaltung eines Intermediärs als die günstigere Alternative erscheint.

Grenzüberschreitende **Kooperationen** bzw. ausländische **Direktinvestitionen** sind in der Regel mit hohen Anforderungen an Personal- und Kapitalressourcen verbunden, so daß sich ein derartiges Engagement nur in Ländern mit einem signifikanten Exportanteil lohnt. Diese Internationalisierungsformen sind daher für die grenznahen Unternehmen grundsätzlich vorteilhafter als für die binnenländischen Betriebe, denn da sie nur im Nachbarland tätig sind, können sie ihre Ressourcen auf einen einzelnen Auslandsmarkt konzentrieren. Die binnenländischen Interviewpartner sind dagegen in mehreren Ländern aktiv, so daß die Zersplitterung der Auslandsaktivitäten einem vertieften Engagement in einem einzelnen Markt, z. B. durch eine Kooperation oder eine Direktinvestition, entgegensteht.

Dies bestätigt auch die empirische Analyse: Einige grenznahe Betriebe gründeten in Luxemburg eine Vertriebs- bzw. Montageniederlassung, durch die sie einen engeren Kontakt zu den dortigen Kunden herstellen können und darüber hinaus ihre Akzeptanz als einheimische Anbieter erhöhen. Das Motiv für ihre Direktinvestition ist also die Realisierung eines Standortvorteils im Ausland (vgl. dazu auch Pfaffermayr 1995, S. 133). Trotz der relativen geographischen Nähe des Unternehmensstandortes zum Nachbarland sprechen marktpsychologische Gründe dafür, eine Auslandsniederlassung zu gründen, um durch die Präsenz vor Ort den 'Heimvorteil' als lokaler Anbieter im Wettbewerb mit den ausländischen Konkurrenten ebenfalls ausnutzen zu können. Dies hat sich für einige Betriebe v. a. bei der Angebotsabgabe im Rahmen öffentlicher Ausschreibungen des Gastlandes als vorteilhaft erwiesen.

Die binnenländischen Unternehmer gaben hingegen an, daß sich eine derartige Direktinvestition für sie nicht lohne, da sie in mehreren Ländern tätig seien, wo sie jeweils nur einen geringen Teil ihres Exportumsatzes erwirtschafteten. Für sie hat kein einzelner Auslandsmarkt eine hinreichende Bedeutung für eine profitable ausländische Vertriebsniederlassung. Die von ihnen im Ausland realisierten Direktinvestitionen bezogen sich folglich in erster Linie auf Produktionsstätten zur Fertigung von Vorprodukten v. a. in Osteuropa, um die dortigen Lohnkostenvorteile auszunutzen. Aus den gleichen Gründen nannten sie als Kooperationspartner im weiteren Sinne fast ausschließlich Absatzmittler, mit denen sie in verschiedenen Ländern und Regionen zusammenarbeiten.

3.3.3 Typische Charakteristika des regionsspezifischen Internationalisierungsverhaltens

Insgesamt hat sich also gezeigt, daß der grenznahe bzw. binnenländische Standort für das Internationalisierungsverhalten der befragten Betriebe bedeutende Auswirkungen hat. Aufgrund der psychischen Nähe zum Nachbarland sind die mit dem Auslandsengagement verbundenen Transaktionskosten für die grenznahen Betriebe vergleichsweise gering. Dadurch sind auch Unternehmen mit eher einfachen, traditionellen Handwerksprodukten in der Lage, international tätig zu werden. Allerdings beschränken sich ihre grenzüberschreitenden Aktivitäten auf das benachbarte Ausland.

Bei den binnenländischen Unternehmen zeigt sich diese Präferenz nicht, da sie sowohl geographisch als auch psychisch von den Auslandsmärkten weiter entfernt sind. Trotz der dadurch relativ hohen Transaktionskosten der Internationalisierung, versuchen sie ihre in der Regel technologisch höherwertigen Produkte auch im Ausland zu vermarkten. Dieses Verhalten kann als echte strategische Entscheidung im Sinne des strategischen Ansatzes interpretiert werden, da die Handwerksbetriebe sich einen längerfristigen Wettbewerbsvorteil durch die Internationalisierung versprechen, obwohl sie kurzfristig eine hohe Transaktionskostenbelastung zu tragen haben.

Die wesentlichen Merkmale des Internationalisierungsverhaltens binnenländischer und grenznaher Betriebe werden aufgrund ihrer herausragenden Bedeutung für das handwerkliche Auslandsengagement in Abbildung 27 noch einmal zusammengefaßt und anschließend kurz erläutert. Es handelt sich hierbei um eine plakative Darstellung, die nicht auf die Besonderheiten der einzelnen Unternehmen eingeht. Es soll durch Pauschalisierung vielmehr versucht werden, die wesentlichen Unterschiede im Internationalisierungsverhalten akzentuiert herauszustellen.

Der 'typische' binnenländische Handwerker, der grenzüberschreitend tätig ist, beliefert in der Regel einen relativ kleinen Nischenmarkt mit technologisch hochwertigen Produkten, die er speziell auf die Anforderungen seiner gewerblichen Kundschaft zuschneidet. In Deutschland ist er überregional aktiv und muß sich dabei mit einer starken Konkurrenz auseinandersetzen, die zumeist ebenfalls klein- bzw. mittelbetrieblich strukturiert ist. Auf den ausländischen Märkten ist die Wettbewerbsintensität dagegen gewöhnlich geringer.

Er exportiert in mehrere Länder und nimmt dabei die Unterstützung von Absatzmittlern in Anspruch, da ihm die personellen Ressourcen für die selbständige Auslandsmarktbearbeitung fehlen. Diese Vertriebspartner unterstützen ihn auch bei der Lösung auftretender Probleme, so daß er insgesamt kaum über Schwierigkeiten klagt. Alternative Internationalisierungsformen, wie eine grenzüberschreitende Kooperation oder eine Direktinvestition, lohnen sich für ihn aufgrund des geringen Absatzvolumens auf den Nischenmärkten in einzelnen Ländern nicht.

Der 'typische' grenznahe Handwerker bedient sowohl im Inland als auch im Ausland vorwiegend private Abnehmer mit speziell auf Kundenwunsch gefertigten, in der Tendenz eher traditionellen Handwerksprodukten. In diesem Marktsegment gibt es allerdings sehr viele konkurrierende Anbieter, so daß die Wettbewerbsintensität im In- und Ausland sehr hoch ist. Aufgrund der geographischen und psychischen Nähe zum Auslandsmarkt liefert er seine Waren und Dienstleistungen üblicherweise direkt an die ausländischen Abnehmer. Er konzentriert sein Auslandsengagement in der Regel auf das Nachbarland, so daß der Exportumsatz in diesem Markt ausreichend groß ist, um auch die Kosten einer Direktinvestition oder einer grenzüberschreitenden Kooperation zu rechtfertigen. Dadurch vermindern sich für ihn auch die Probleme, die er mit der technischen Abwicklung des Exports hat.

Abb. 27: Standortspezifische Merkmale des Internationalisierungsverhaltens

Binnenland	Unternehmensstandort	**Grenzregion**
technologisch hochwertige, innovative Sonderanfertigungen	Produktpalette	qualitativ hochwertige, speziell gefertigte, eher traditionelle Handwerksprodukte
Spezialisierung auf kleine Nischenmärkte für gewerbliche Abnehmer mit relativ wenigen Kunden	Marktsegment	Spezialisierung auf breiten privaten Abnehmerkreis mit vergleichsweise vielen Kunden
Inland stark, Ausland schwächer	Wettbewerbsintensität	Inland und Ausland stark
Produktexport über Absatzmittler, selten auch Dienstleistungen im Ausland, i. d. R. keine Direktinvestition oder grenzüberschreitende Kooperation	Internationalisierungsform	Produktexport direkt an Abnehmer, Dienstleistungen im Ausland, teilw. Direktinvestition oder grenzüberschreitende Kooperation
Sprachprobleme, ansonsten keine Probleme (Vertriebspartner hilft bei Problemlösung)	Probleme	keine Sprachprobleme, Probleme bei der Abwicklung des Auslandsgeschäfts

3.4 Zusammenfassung

Die Analyse der Determinanten des Internationalisierungsverhaltens von Handwerksbetrieben hat die Bedeutung der Transaktionskosten und des Unternehmensstandortes für das handwerkliche Auslandsengagement verdeutlicht. Ferner wurde der Einfluß des Unternehmers herausgestellt, der als wesentlicher Entscheidungsträger im Handwerksbetrieb die strategische Ausrichtung der grenzüberschreitenden Tätigkeit prägt.

Zu Beginn der Internationalisierung verursachen v. a. Schwierigkeiten in den Bereichen Zollabwicklung, Sprachkenntnisse, Finanzierung sowie ausländische Kultur und Mentalität teilweise erhebliche **Transaktionskosten** für die befragten Handwerksbetriebe. Dennoch zeigen sich fast alle Interviewpartner mit dem Erfolg des Auslandsgeschäfts zufrieden. Im Zuge des fortschreitenden Auslandsengagements verlieren diese Probleme durch die zunehmende Erfahrung an Bedeutung. Unterstützend wirken dabei in vielen Fällen ausländische Absatzmittler, die einen Teil der Aufgaben für die Betriebe übernehmen.

Als **Internationalisierungsform** dominiert der Export, entweder direkt an die ausländischen Abnehmer oder über Händler und Vertreter. Alternative Formen des Auslandsengagements werden in der Regel erst im späteren Verlauf der grenzüberschreitenden Tätigkeit in Betracht gezogen. Dabei spielen neben Transaktionskostenerwägungen v. a. auch strategische Überlegungen eine wesentliche Rolle. Entscheidend ist hierbei der handwerkliche Unternehmer, der die Intensität und Ausprägung der Internationalisierung bestimmt.

Ein großer Teil der Unternehmen ist zwar passiv in die Internationalisierung eingestiegen; **Lerneffekte** im Verlauf des Auslandsengagements haben aber fast alle Handwerker veranlaßt, später auch aktiv Kunden im Ausland zu akquirieren. Trotz der grundsätzlich vorsichtig-konservativen Grundhaltung der meisten Unternehmer aus dem Panel hat das Auslandsengagement dadurch für beinahe alle befragten Betriebe ein signifikantes Niveau erreicht.

Ein bedeutender Einflußfaktor für das handwerkliche Auslandsgeschäft ist der **Standort** des Unternehmens, wobei weniger die geographische als vielmehr die psychische Nähe zum Auslandsmarkt entscheidend ist. Denn es hat sich gezeigt, daß ein benachbarter Auslandsmarkt mit den gleichen sprachlichen und kulturellen Gegebenheiten wie die Heimatregion des Handwerksbetriebes die grenzüberschreitende Tätigkeit erleichtert. Allerdings führt dies bei den meisten grenznahen Unternehmen zu einer ausschließlichen Beschränkung des Auslandsengagements auf das Nachbarland. Binnenländische Betriebe haben zwar im Rahmen ihrer Internationalisierung größere Schwierigkeiten zu überwinden, werden aber in der Regel in mehreren Ländern tätig.

Die Analyse der Determinanten des handwerklichen Auslandsengagements hat verdeutlicht, daß die Internationalisierung innerhalb der Unternehmen Lernprozesse auslöst, die sich auf die strategische Ausrichtung der Handwerksbetriebe auswirken. Im nächsten Abschnitt soll daher die Wirkungsweise dieser dynamischen Prozesse aufgezeigt werden. Dabei werden zum einen die Rückwirkungen auf die Absatzpolitik und die Unternehmensstrategie sowie zum anderen der Einfluß auf die firmenspezifischen Wettbewerbsvorteile und auf die Qualifikation der Mitarbeiter im Mittelpunkt der Betrachtung stehen.

4. Dynamische Prozesse im Verlauf der grenzüberschreitenden Tätigkeit

4.1. Veränderungen in der Absatzpolitik

Der Einfluß des Auslandsengagements auf den Absatz der Handwerksbetriebe zeigt sich in zweifacher Weise: Zum einen manifestiert er sich im Verkaufserfolg auf den ausländischen Märkten - eine Größe, die direkt durch den Anteil des Auslandsumsatzes am Gesamtumsatz gemessen werden kann. Zum anderen dient die Internationalisierung aber auch der Markterschließung, d. h. der Möglichkeit, in Zukunft ein größeres Absatzpotential nutzen zu können.

Die Analyse in Kapitel D.2.1 hat gezeigt, daß die meisten der interviewten Unternehmen einen bedeutenden Anteil ihres Umsatzes im Ausland erwirtschaften, denn fast alle gaben an, daß sie mindestens 10 % ihres Leistungsangebotes im Ausland verkaufen. Damit hat das Auslandsengagement für diese Handwerksbetriebe einen bedeutenden Umfang erreicht.

Allerdings liegt nur bei sieben der 34 an der Befragung beteiligten Firmen der Anteil des Auslandsumsatzes über 50 %. Die Majorität der Handwerksbetriebe ist demnach auch weiterhin **schwerpunktmäßig auf dem Heimatmarkt** tätig, obwohl durch den Europäischen Binnenmarkt wesentliche Hindernisse für eine grenzüberschreitende Tätigkeit zumindest innerhalb der EU aus dem Weg geräumt wurden.

Mit dem Auslandsengagement hat sich den Handwerksbetrieben jedoch grundsätzlich ein **großes Absatzpotential eröffnet**. Hierbei ist entscheidend, daß durch den Schritt in die Internationalisierung gegebenenfalls vorhandene, mentalitätsbedingte Vorbehalte gegenüber einer grenzüberschreitenden Tätigkeit ausgeräumt wurden, die zuvor bei einigen Betrieben zu einer Beschränkung auf den nationalen Markt führten. Voraussetzung für die Nutzung der im Ausland vorhandenen Verkaufsmöglichkeiten ist aber in der Regel die aktive Erschließung dieses Potentials durch geeignete Marketingmaßnahmen.

Neben der direkten Ansprache neuer Abnehmerkreise sollten bei der Auftragsakquisition im Ausland auch die bestehenden Geschäftsbeziehungen zu ausländischen Kunden genutzt werden. Einerseits können diese Kontakte zur Vermittlung weiterer Interessenten führen, andererseits erhöht der Nachweis einer Referenzliste mit vielen, vorzugsweise bedeutenden ausländischen Kunden die **Reputation des Handwerksbetriebes** bei den internationalen - aber auch bei den heimischen - Abnehmern (vgl. Gemünden u. a. 1996, S. 104). Dadurch dürften möglicherweise auftretende Akzeptanzschwierigkeiten auf dem Auslandsmarkt - zum einen als nicht-heimischer Anbieter und zum anderen bedingt durch die in der Regel geringe Betriebsgröße - zumindest gemildert werden.

Obwohl sich der überwiegende Teil der im Untersuchungspanel vertretenen Unternehmen zu Beginn der Internationalisierung passiv verhalten hat, sind bis auf wenige Ausnahmen alle Handwerksbetriebe im Verlauf des Auslandsengagements zu einer aktiven Bearbeitung der internationalen Märkte übergegangen. Sie zeigen damit, daß sie das Absatzpotential im Ausland erkannt haben und auch nutzen wollen.

4.2 Auswirkungen betrieblicher Lernprozesse auf das handwerkliche Auslandsengagement

Die empirische Analyse ging von der Annahme aus, daß exogene und betriebsendogene Faktoren die strategische Ausrichtung des Auslandsengagements beeinflussen. Im Verlauf der grenzüberschreitenden Tätigkeit verändern sich einige dieser Variablen unter dem Einfluß von Lernprozessen, die durch die im Ausland gesammelten Erfahrungen ausgelöst werden. Die Bedeutung der wichtigsten Einflußvariablen des handwerklichen Internationalisierungsverhaltens und ihre dynamische Entwicklung während des Auslandsengagements sollen hier noch einmal zusammenfassend unter Berücksichtigung der Rückwirkungen auf die Internationalisierungsstrategie verdeutlicht werden. Die Analyse wird sich dabei auf die Wettbewerbsvorteile, den Bereich Personal und Organisation sowie auf die Unternehmensstrategie konzentrieren.

4.2.1 Die Unternehmensstrategie

In die Befragung wurden nur Handwerksbetriebe einbezogen, die bereits über eine mehrjährige Erfahrung im Auslandsgeschäft verfügen und auch gegenwärtig noch grenzüberschreitend tätig sind. Fälle, in denen handwerkliche Unternehmen nach einem kurzen Ausflug in die Internationalisierung das Auslandsengagement wieder aufgegeben haben, sind demnach nicht berücksichtigt worden. Diese Auswahl bietet den Vorteil, daß die längerfristige Entwicklung der Internationalisierung der Handwerksbetriebe von den Anfängen bis zu einer gewissen Etablierung im Auslandsgeschäft verfolgt werden kann. Somit kann auch untersucht werden, ob und inwiefern sich Lerneffekte durch die gewonnene Auslandserfahrung auf die strategische Ausrichtung im Rahmen der Internationalisierung auswirken. Kommt es wirklich zu der von Kappich postulierten Erweiterung des Entscheidungshorizonts insofern, „als daß die Menge der überhaupt in das Entscheidungskalkül einbezogenen Alternativen gegenüber Konkurrenten mit einer weniger international ausgerichteten Strategie vergleichsweise groß sein dürfte“ (Kappich 1989, S. 58)?

Die empirische Analyse hat gezeigt, daß dies auf die befragten Handwerksbetriebe durchaus zutrifft, denn die Unternehmen haben sich nach teilweise passivem Beginn im Verlauf ihrer grenzüberschreitenden Tätigkeit fast ausnahmslos aktiv um die Kundenakquisition im Ausland bemüht. Die meisten Handwerker erwirtschaften mittlerweile einen bedeutenden Anteil ihres Umsatzes auf ausländischen Märkten, so daß davon ausgegangen werden kann, daß das Auslandsgeschäft für sie ein **integraler Teil der Unternehmensstrategie** geworden ist.

Während die Mehrheit der untersuchten Firmen zu Beginn ihres Auslandsengagements noch passiv auf internationale Kundenaufträge wartete und sich hinsichtlich der Internationalisierungsform in der Regel auf den Export beschränkte, ist im Zuge der grenzüberschreitenden Geschäftstätigkeit bei den meisten Unternehmen eine **dynamische Entwicklung** im Internationalisierungsverhalten zu beobachten. Dies wird nicht nur daran ersichtlich, daß fast alle Betriebe mit einer aktiven internationalen Vermarktung ihres Leistungsangebots begannen, sondern auch zunehmend alternative Internationalisierungsformen in den Kalkül einbezogen.

Für einige Handwerksbetriebe hat die Geschäftstätigkeit auf den ausländischen Zielmärkten eine derartige Bedeutung gewonnen, daß sie die Bearbeitung dieser Länder durch grenzüberschreitende **Kooperationen** oder **Direktinvestitionen** intensivierten bzw. eine solche Maßnahme für die Zukunft planen. Der Fokus bei diesen Internationalisierungsformen liegt gewöhnlich auf dem Vertrieb; produktionsbezogene Kooperationen bzw. Direktinvestitionen spielen nur eine untergeordnete Rolle. Darüber hinaus haben zwei Unternehmen die Lizenzvergabe als Weg der Auslandsmarktbearbeitung gewählt. Solche strategischen Entscheidungen gehen mit einer zunehmenden Involvierung in das Auslandsgeschäft einher, denn diese Internationalisierungsformen beanspruchen die Management- und Kapitalressourcen im stärkeren Maße als der reine Export.

Bei den Betrieben, die sich auch weiterhin auf den Export als Internationalisierungsform beschränkt haben, waren ebenfalls Entwicklungen zu beobachten, die auf ein verstärktes Auslandsengagement hindeuten. Der Export direkt an die ausländischen Abnehmer verlor im Zuge der grenzüberschreitenden Tätigkeit an Bedeutung, während die Unternehmen verstärkt dazu übergingen, Absatzmittler für das Auslandsgeschäft einzuschalten. Für diese Internationalisierungsform spricht die damit verbundene Transaktionskostenersparnis, denn die Intermediäre vermitteln zum einen Kontakte zu den ausländischen Abnehmer, so daß den Handwerksbetrieben in dieser Hinsicht geringere Such- und Informationskosten entstehen. Zum anderen unterstützen sie die international tätigen Unternehmen bei der Abwicklung des Auslandsgeschäfts mit der Folge, daß den Sprachschwierigkeiten und kulturellen Unterschieden zwischen Hersteller und Abnehmer nur noch eine untergeordnete Bedeutung zukommt.

Es zeigt sich also insgesamt, daß sich der Entscheidungshorizont der grenzüberschreitend tätigen Handwerker im Zuge der Internationalisierung bedeutend erweitert hat. Die Folge ist häufig eine nachhaltige Verbesserung der Wettbewerbsposition auf den ausländischen Märkten. Bei fortgesetzter aktiver Bearbeitung eines internationalen Abnehmerkreises dürfte daher das Auslandsengagement für diese Betriebe weiter an Bedeutung gewinnen.

4.2.2 Die firmenspezifischen Wettbewerbsvorteile

Die international verwertbaren Wettbewerbsvorteile der befragten Handwerksbetriebe beziehen sich sowohl auf die im Ausland angebotenen Produkte und Dienstleistungen als auch auf die sogenannten 'weichen' Wettbewerbsfaktoren wie z. B. Qualität, Zuverlässigkeit und Flexibilität. Beide Bereiche wirken bei der Kreation von Wettbewerbsvorteilen zusammen, müssen aber getrennt untersucht werden, um die entscheidenden Merkmale der internationalen Konkurrenzfähigkeit des Handwerks zu bestimmen.

Die Rückwirkungen des Auslandsengagements auf die **Wettbewerbsvorteile im Produktbereich** hängen wesentlich von der Abnehmerstruktur der Handwerksbetriebe ab. Im Bereich der privaten Abnehmer spielen Produktverbesserungen auf Anregung ausländischer Kunden im allgemeinen keine Rolle. Es ist nicht davon auszugehen, daß die privaten Abnehmer über das notwendige Know-how verfügen, um entsprechende Innovationen anzuregen. Außerdem kommen die ausländischen Privatkunden vor allem deswegen zu den deutschen Handwerksbetrieben, weil sie deren Leistungen schätzen und als ausreichend für ihre Anforderungen halten, so daß für Verbesserungen aus ihrer Sicht keine unmittelbare Notwendigkeit besteht.

Die Unternehmer mit einem **privaten Abnehmerkreis** können im Rahmen des Auslandsengagements daher nur auf indirektem Wege ihre produktbezogenen Wettbewerbsvorteile verbessern. Durch die grenzüberschreitende Tätigkeit gewinnt nämlich die Auslandsmarktbeobachtung für sie an Bedeutung, so daß sie im Rahmen dessen Anregungen für neue Produkte bzw. Produktverbesserungen bekommen können. Diese Möglichkeit zur Weiterentwicklung der eigenen Wettbewerbsvorteile wird von vielen im Panel vertretenen Betrieben genutzt. Insbesondere der Besuch von Auslandsmessen scheint dabei für die Handwerker ein geeignetes Medium zu sein, um sich über die aktuellen Trends zu informieren.

Die Handwerksbetriebe, die für den **gewerblichen Bedarf** produzieren, können dagegen durchaus auch auf direktem Wege Anregungen für die

Weiterentwicklung ihrer Produkte bekommen, denn ihre Abnehmer verfügen über das notwendige Know-how, um entsprechende Anstöße geben zu können. Dementsprechend nutzen die in diesem Segment tätigen Unternehmen das Auslandsengagement auch dahingehend, daß sie die auf den internationalen Märkten gewonnenen Erfahrungen in Produktverbesserungen und -weiterentwicklungen umsetzen.

Anregungen hierfür bekommen sie z. B. durch die direkte Zusammenarbeit mit ihren ausländischen Abnehmern bei der Entwicklung von Problemlösungen. Denn in diesem Fall bringen die Auslandskunden häufig ihr Know-how in das Projekt ein. Darüber hinaus legen auch diese Unternehmen großen Wert auf die ständige Marktbeobachtung im Ausland, um fortlaufend über die neuesten Produkt- und Innovationstrends informiert zu sein. Dazu besuchen sie einerseits ebenfalls ausländische Messen, aber andererseits berichten ihnen auch ihre Absatzmittler über die entsprechenden Entwicklungen, die sie durch ihren engen Kontakt zu den ausländischen Kunden beobachten können.

Ein expliziter **Technologietransfer** aus dem Ausland, von dem die Handwerksbetriebe profitieren könnten, findet jedoch nicht statt. Kein Unternehmen aus dem Befragungspanel hat durch die Zusammenarbeit mit einem ausländischen Partner neue Produkt- oder Prozeßtechnologien erworben. Die einzige Möglichkeit hierzu bestand für die untersuchten Betriebe in der Imitation von im Ausland beobachteten Innovationen. Der Grund ist sicherlich u. a. auch darin zu sehen, daß grenzüberschreitende Produktionskooperationen, die einen Anlaß für einen Technologietransfer bieten würden, nur eine untergeordnete Rolle für die international tätigen Handwerksbetriebe spielen.

Neben den Wettbewerbsvorteilen im Bereich des Leistungsangebots kommt den **'weichen' Vorteilsfaktoren** eine sehr große Bedeutung zu. Viele Handwerksbetriebe sehen nämlich nicht in ihren Produkten und Dienstleistungen die wesentlichen Vorteile, die sie von der ausländischen Konkurrenz abheben, sondern vielmehr in den Faktoren Qualität, Flexibilität, Schnelligkeit und Zuverlässigkeit. Das Leistungsangebot der ausländischen Konkurrenten entspricht nämlich häufig in wesentlichen Zügen den vom Handwerk angebotenen Gütern und Dienstleistungen; Unterschiede werden daher v. a. in den 'weichen' Wettbewerbsfaktoren für die Abnehmer erfahrbar.

Voraussetzung für die Schaffung dieser Wettbewerbsvorteile ist dabei zum einen die im Durchschnitt geringe Betriebsgröße der handwerklichen Unternehmen, die eine flexible und schnelle Reaktion auf Kundenwünsche erlaubt. Zum anderen ist aber auch die Ausbildung der Mitarbeiter von entscheidender Bedeutung, da durch sie die hohe Qualität und zuverlässige Leistungserstellung gewährleistet wird. Diese Vorteilsfaktoren werden daher nicht direkt durch die grenzüberschreitende Tätigkeit beeinflußt, denn deren Basis liegt im Heimatland des Unternehmens. Allerdings können indirekte Wirkungen insofern auftreten, als die Flexibilität der Mitarbeiter durch die veränderten Anforderungen im Zuge des Auslandsengagements steigt.

Über die Rolle der Mitarbeiter bei der grenzüberschreitenden Tätigkeit sowie die betriebsinterne Organisation des Exports und die Veränderungen in diesem Bereich im Verlauf der Internationalisierung wird das nächste Kapitel ein Überblick geben.

4.2.3 Mitarbeiter und betriebliche Organisation

Die Mitarbeiter der befragten Handwerksbetriebe verfügen in der Regel nicht über besondere Qualifikationen für das grenzüberschreitende Geschäft: Sprachkenntnisse sind nur in geringem Umfang vorhanden - meistens Englisch, jedoch ohne das nötige Fachvokabular - und Auslandserfahrungen können nur wenige Beschäftigte vorweisen. Allerdings beurteilen die befragten Unternehmer die Auslandsqualifikation ihrer Mitarbeiter als ausreichend, wobei jedoch unterschiedliche Anforderungen an die Beschäftigten im gewerblichen und kaufmännischen Bereich deutlich wurden.

Die **gewerblichen Mitarbeiter** werden zwar in vielen Fällen regelmäßig zu Montage- und Reparatureinsätzen ins Ausland entsandt, aber die handwerklichen Unternehmer legen dabei keinen besonderen Wert auf entsprechende internationale Qualifikationen. Das wird auch daran deutlich, daß kein Handwerksbetrieb aus dem Befragungspanel für den gewerblichen Bereich nach Mitarbeitern mit Sprachkenntnissen oder Auslandserfahrung sucht. Die notwendigen Fähigkeiten werden den Beschäftigten firmenintern durch 'learning by doing' vermittelt, indem die Nachwuchskräfte zunächst im Ausland bereits erfahrene Mitarbeiter zu den internationalen Einsätzen begleiten, bevor sie auch eigenverantwortlich solche Aufgaben übernehmen können. Dadurch bilden die Handwerksbetriebe einen festen Mitarbeiterstamm aus, der hinreichend flexibel und erfahren ist, um regelmäßig Montage- und Reparaturarbeiten im Ausland durchzuführen.

Von ihren **Beschäftigten im kaufmännischen Bereich** erwarten einige Unternehmer dagegen durchaus bestimmte Qualifikationen für das Auslandsgeschäft, wobei hier in erster Linie Sprachkenntnisse und Erfahrungen in der Exportabwicklung (Zoll, Steuern etc.) gefragt sind. Dementsprechend gaben einige Interviewpartner an, daß sie gezielt nach Fremdsprachenkorrespondenten für die internationale Auftragsbearbeitung sowie nach Vertriebsingenieuren mit Sprachkenntnissen und Auslandserfahrung suchen.

Allerdings schaltet ein Großteil der Handwerker für diesen Bereich Absatzmittler ein, welche die Vertriebsaufgaben im Ausland übernehmen und auch bei der Abwicklung der Exportgeschäfte behilflich sind. Teilweise suchen die Betriebe außerdem nach Vertriebspartnern, die in der Lage sind, Montage- und Reparaturarbeiten zu übernehmen, um ihre eigenen Mitarbeiter von diesen Aufgaben zu entlasten. Diesem Zweck dient ebenfalls die Gründung ausländischer Vertriebs- bzw. Montageniederlassungen, in denen Personal aus dem jeweiligen Gastland beschäftigt wird. Ein weiterer Vorteil dieser direkten Präsenz auf dem Auslandsmarkt ist, daß die einheimischen Mitarbeiter sich besser auf die Mentalität und die Anforderungen der ausländischen Kunden einstellen können als die deutschen Handwerker.

Die Handwerksbetriebe mit ausländischen Niederlassungen sind außer einem Zulieferbetrieb mit eigener **Exportabteilung** die einzigen Firmen im Befragungspanel, deren innerbetriebliche Organisation infolge des Auslandsengagements geändert wurde. Bei den übrigen Betrieben liegt sowohl die Akquisition internationaler Kunden als auch die Abwicklung des Auslandsgeschäfts in der Regel ausschließlich im Verantwortungsbereich des Unternehmers. Nur in einige Fällen - insbesondere in größeren Betrieben - sind ausgewählte kaufmännische bzw. gewerbliche Mitarbeiter neben den Aufträgen aus dem Heimatmarkt auch speziell mit Auslandsaufträgen befaßt (vgl. dazu auch Baird u. a. 1994, S. 55 f.).

Darüber hinaus war zu beobachten, daß sich die **Nachfolger** (v. a. die im Unternehmen tätigen Kinder) meist älterer Firmeninhaber verstärkt um das Auslandsgeschäft kümmern, während sich der Senior-Chef auf das Inlandsgeschäft konzentriert. Hier wird deutlich, daß die junge Handwerkergeneration im allgemeinen international offener und erfahrener ist und über bessere Sprachkenntnisse verfügt als die ältere Generation, die noch nicht mit den offenen Grenzen des Europäischen Binnenmarktes aufwuchs und auch nicht den heute üblichen schulischen Fremdsprachenunterricht genießen konnte. Zudem verfügen viele junge Handwerker aus der 'Nachfolgegeneration' über ein Hochschul- bzw. Fachhochschulstudium.

Andererseits zeigt dies aber auch, daß die bisherigen Firmeninhaber dem Auslandsgeschäft in Zukunft eine größere Bedeutung beimessen. Wenn nämlich angenommen werden kann, daß sie ihre Nachfolger auf zukünftige strategische Aufgaben vorbereiten möchten, dann deutet das 'Bewährungsfeld' Auslandsmarkt für die prospektiven Unternehmer auf eine stärkere Betonung des internationalen Absatzes in Zukunft hin (vgl. dazu auch Fiegener u. a. 1996, S. 23). In diesem Verantwortungsbereich haben die Nachfolger die Freiheit, die notwendigen Kontakte und Erfahrungen im Ausland aufzubauen, ohne sich gleichzeitig um die Sicherung der heimatlichen Absatzbasis kümmern zu müssen.

4.3 Zusammenfassung

Bei dynamischer Betrachtung des handwerklichen Auslandsengagements wird deutlich, daß aufgrund von Lernprozessen und der im Auslandsgeschäft gewonnenen Erfahrungen bedeutende Änderungen im Internationalisierungsverhalten auftreten. Dies führt bei den Handwerksbetrieben häufig zu einer stärkeren Involvierung in die grenzüberschreitende Tätigkeit. Sichtbar wird das zum einen daran, daß der Auslandsumsatz der Unternehmen in der Regel eine signifikante Größe erreicht hat, und zum anderen an der grundsätzlichen strategischen Ausrichtung des Auslandsengagements, die bei vielen Betrieben im Verlauf der Internationalisierung eine bedeutende Veränderung erfährt.

Die **Lernprozesse** wirken v. a. auf die Einstellung des Unternehmers zum Auslandsgeschäft, denn während viele Firmenleiter zu Beginn nur passiv auf Kundenaufträge aus dem Ausland reagieren, entscheiden sich die meisten im späteren Verlauf für eine aktive Auslandsmarktbearbeitung. Sie berücksichtigen dabei neben dem reinen Export zunehmend auch alternative Internationalisierungsformen wie z. B. die grenzüberschreitende Kooperation oder die ausländische Direktinvestition. Insgesamt steigt durch die Erfahrungen im Auslandsgeschäft die Offenheit der Unternehmer gegenüber einer transnationalen Tätigkeit.

Bei den Mitarbeitern sind ebenfalls Lernprozesse zu beobachten, jedoch in einem bedeutend geringeren Ausmaß. Bei ihnen wirken sich v. a. die Erfahrungen durch Auslandseinsätze (Montage etc.) positiv auf die Motivation zu einer internationalen Tätigkeit aus. Allerdings spielen die auslandsspezifischen Qualifikationen der Mitarbeiter im allgemeinen eine untergeordnete Rolle für die handwerkliche Internationalisierung, denn es wird in den Betrieben in der Regel keine eigene Auslandsabteilung im Zuge der grenzüberschreitenden Tätigkeit aufgebaut.

Die dynamischen Effekte im Bereich der **firmenspezifischen Wettbewerbsvorteile** sind in den meisten Fällen begrenzt. Die für die internationale Konkurrenzfähigkeit entscheidenden 'weichen' Wettbewerbsvorteile wie Qualität, Zuverlässigkeit etc. werden durch das Auslandsengagement kaum beeinflußt, da sie in erster Linie auf heimischen Faktoren beruhen. Aber auch neues technisches Know-how, das positive Auswirkungen auf die 'harten' Produktvorteile hätte, wird durch die grenzüberschreitende Tätigkeit kaum gewonnen. Die durch das Auslandsengagement gestiegene Reputation der Betriebe wirkt sich allerdings nach Einschätzung der Unternehmer sowohl auf dem Heimatmarkt als auch bei den ausländischen Kunden häufig positiv aus.

5. Fazit der empirischen Analyse

Zum Abschluß des empirischen Kapitels sollen die wesentlichen Erkenntnisse der Untersuchung zusammengefaßt werden. Ziel ist es, anhand einer thesenartigen Darstellung der wichtigsten Ergebnisse ein aussagefähiges Bild des handwerklichen Internationalisierungsverhaltens zu vermitteln. Den folgenden fünf Merkmalen kommt dabei eine herausragende Bedeutung zu:

- **Die firmenspezifischen Wettbewerbsvorteile befähigen die Handwerksbetriebe zu einem internationalen Engagement.**

Die international tätigen Handwerksbetriebe beliefern in erster Linie gewerbliche Abnehmer mit **Sonderanfertigungen**, die auf den speziellen Kundenbedarf zugeschnitten werden. Einen Wettbewerbsvorteil gegenüber ihren ausländischen Konkurrenten erlangen sie dabei v. a. durch innovative Problemlösungen, flexible Reaktion auf Abnehmerwünsche, zuverlässige und schnelle Auftragserledigung sowie qualitativ hochwertige Produkte. Sie profitieren häufig auch von der hohen Reputation handwerklicher Leistungen im Ausland. Die internationale Konkurrenzfähigkeit wird durch ein hochkompetitives inländisches Wettbewerbsumfeld gewährleistet, das zu einer fortlaufenden Weiterentwicklung der firmenspezifischen Wettbewerbsvorteile zwingt. Preisliche Wettbewerbsparameter spielen dagegen eine untergeordnete Rolle.

Neue Produkte bzw. Produktweiterentwicklungen entstehen v. a. auf Kundenanregung und durch Marktbeobachtung. Die eigenständige Entwicklung durch systematische F&E oder im Rahmen des Produktionsprozesses ist hingegen weniger bedeutend, weil das Leistungsangebot der Betriebe in der Regel auf die **Erfüllung heterogener Kundenansprüche** ausgerichtet ist. Die Unternehmen spezialisieren sich dabei auf einen Nischenmarkt, auf dessen Bearbeitung sie ihre Wettbewerbsvorteile ausrichten.

Die Basis der Wettbewerbsvorteile ist das Wissen und Können der Mitarbeiter, die aufgrund ihrer Ausbildung besonders im technischen Bereich die Leistungsfähigkeit der Handwerksbetriebe sicherstellen. Sie verfügen zwar im allgemeinen nicht über auslandsspezifische Qualifikationen (Fremdsprachenkenntnisse, Auslandserfahrung), sind aber dennoch zu internationalen Einsätzen in der Lage, die im Zusammenhang mit der Erbringung von Dienstleistungen (Montage, Reparatur etc.) im Ausland notwendig sind. Auffällig ist darüber hinaus die relativ hohe Akademikerquote (v. a. Ingenieure) in den grenzüberschreitend tätigen Handwerksbetrieben.

- **Die Handwerksbetriebe beginnen ihre grenzüberschreitende Tätigkeit häufig passiv und gehen erst im Verlauf der Internationalisierung zu einer aktiven Auslandsmarktbearbeitung über.**

Viele Betriebe werden erst nach einem externen Anstoß im Ausland tätig. Impulsgeber sind dabei in der Regel ausländische Abnehmer oder Absatzmittler, die das Leistungsangebot des Handwerkers häufig auf einer inländischen Fachmesse kennengelernt haben. Auf deren Anfragen reagieren die Handwerksbetriebe, ohne daß sie weitergehende, eigenständige Aktivitäten zur internationalen Vermarktung ihrer Produkte entwickeln.

Erst nachdem sie erkannt haben, daß ein entsprechendes Absatzpotential im Ausland vorhanden ist, suchen sie aktiv nach Möglichkeiten der Auslandsmarktbearbeitung. Ausschlaggebend ist hierbei das Engagement des Unternehmers, denn er entscheidet gewöhnlich allein über die strategische Ausrichtung des Handwerksbetriebes. Sein Entscheidungsspielraum erweitert sich durch **Lerneffekte** im Verlauf des Auslandsengagements, so daß mit fortschreitender Internationalisierung zunehmend auch Alternativen der grenzüberschreitenden Verwertung firmenspezifischer Wettbewerbsvorteile in den strategischen Kalkül einbezogen werden.

Unabhängig von der Betriebsgröße hat der Auslandsumsatz infolgedessen für viele Unternehmen eine bedeutende Größe erreicht, obwohl der Schwerpunkt der Tätigkeit in den meisten Fällen nach wie vor im Inland liegt.

- **Die Hauptprobleme der handwerklichen Internationalisierung liegen in der Informationsbeschaffung, der technischen Abwicklung und in kulturell bedingten Schwierigkeiten.**

Die fehlenden auslandsspezifischen Qualifikationen und Erfahrungen der in den Handwerksbetrieben beschäftigten Mitarbeiter schlagen sich zum einen in Problemen im Bereich der **technischen Abwicklung** des Exports nieder, z. B. bei den zollrechtlichen Regelungen und der Finanzierung des Auslandsgeschäfts. Ein weiterer Faktor in diesem Zusammenhang sind die geringen Personalressourcen, die dem Aufbau einer eigenständigen Exportabteilung entgegenstehen. In vielen Fällen erledigt daher der Unternehmer selbst die im Rahmen des Auslandsengagements anfallenden kaufmännischen Aufgaben. Daraus entstehen kapazitätsbedingte Schwierigkeiten bei der Sammlung relevanter **Informationen**.

Ein weiteres Problemfeld bei der Internationalisierung sind die **kulturellen Schwierigkeiten** im grenzüberschreitenden Geschäftsverkehr, die sich in einer anderen Mentalität und differierenden Geschäftsusancen im Ausland manifestieren. Mit diesen Bedingungen sind die Handwerker aufgrund mangelnder Auslandserfahrung in der Regel nicht vertraut, so daß teilweise eine große Unsicherheit bei der transnationalen Tätigkeit zu beobachten ist. Sie suchen daher oftmals die Unterstützung externer Fachleute z. B. aus den Handwerkskammern, aber auch Absatzmittler, Unternehmensberater und Banken werden eingeschaltet.

Allerdings verlieren diese Schwierigkeiten im Verlauf der Internationalisierung zunehmend an Bedeutung, da die im Auslandsgeschäft gewonnenen Erfahrungen zum Abbau der Unsicherheit beitragen. Dies zeigt sich auch darin, daß fast alle Handwerksbetriebe nach einiger Zeit der

Exporttätigkeit den Auslandsmarkt aktiv bearbeiteten, auch wenn sie zu Beginn nur passiv auf Kundenanfragen reagiert haben.

- **Neben dem Export eignen sich auch grenzüberschreitende Kooperationen und ausländische Direktinvestitionen als Formen des handwerklichen Auslandsengagements.**

Der Export ist die dominierende Form der grenzüberschreitenden Tätigkeit im Handwerk, wobei neben der reinen Form - unmittelbare Verhandlungen mit dem ausländischen Abnehmer und direkte Lieferung der Waren - dem **Export über Absatzmittler** eine große Bedeutung zukommt. Der Vorteil dieser Art der Auslandsmarktbearbeitung liegt zum einen in der Nutzung der geschäftlichen Kontakte und der Erfahrungen des Intermediärs im Ausland sowie zum anderen in der Übertragung vieler transaktionskostenverursachender Aufgaben an den Absatzmittler. Zu letzteren gehören z. B. die Suche nach Abnehmern, die vertraglichen Verhandlungen mit den ausländischen Kunden (Sprachschwierigkeiten) sowie teilweise ebenfalls die technische Abwicklung des Exportgeschäfts. Darüber hinaus übernehmen die Intermediäre in einigen Fällen auch den ausländischen After-Sales-Service (Montage, Reparatur etc.), der für die Handwerksbetriebe in der Regel mit hohen Kosten verbunden ist. Die Zusammenarbeit mit den Absatzmittlern hat dabei für viele Firmen einen **quasi-kooperativen Charakter** angenommen.

Im Verlauf des Auslandsengagements gewinnen für viele Handwerksbetriebe auch **alternative Internationalisierungsformen** an Bedeutung. Zum einen ist dies die grenzüberschreitende Kooperation, die von mehreren Unternehmen entweder bereits realisiert wurde oder zumindest intendiert ist. Wichtig ist hierbei in allen Fällen ein gutes persönliches Verhältnis zum Kooperationspartner. Der Schwerpunkt der Zusammenarbeit liegt in der Regel im Vertriebsbereich, während Produktions- oder F&E-Kooperationen eher selten angestrebt werden. Das Ziel der grenzüberschreitenden Vertriebskooperationen ist die Verbesserung der Wettbewerbsposition auf dem Auslandsmarkt durch die Nutzung des auslandsspezifischen Know-hows des Partners.

Zum anderen entscheiden sich auch einige Handwerksbetriebe für eine ausländische Direktinvestition als alternativer Internationalisierungsform. Auch hier stehen Vertriebsziele im Vordergrund, wobei der strategische Kalkül darauf abzielt, durch die Präsenz vor Ort die Akzeptanz bei den ausländischen Abnehmern zu erhöhen und bessere Kontakte herzustellen. Voraussetzung für eine ausländische Direktinvestition ist jedoch ein ausreichendes Absatzvolumen im Zielland, das ein längerfristiges Engagement rechtfertigt.

- **Ein grenznaher Unternehmensstandort hat bedeutenden Einfluß auf das Internationalisierungsverhalten der Handwerksbetriebe.**

Die strategische Ausrichtung des Auslandsengagements unterscheidet sich signifikant zwischen binnenländischen und grenznahen Betrieben, wobei für die Grenznähe neben der geographischen Distanz auch die **psychische Nähe** zum benachbarten Ausland kennzeichnend ist. Die psychische Nähe manifestiert sich z. B. in einer ähnlichen Sprache, Kultur und Mentalität. Bei Vorliegen dieser Faktoren sehen viele grenznahe Handwerksbetriebe den benachbarten Auslandsmarkt als eine Art Extension des Heimatmarktes an, für dessen Bearbeitung sie ihre Strategie nicht grundlegend ändern müssen.

Die **grenznahen Handwerksbetriebe** konzentrieren sich im Rahmen ihrer grenzüberschreitenden Tätigkeit in der Regel ausschließlich auf das benachbarte Ausland. Sie werden dort u. a. mit vergleichsweise einfachen, traditionellen Handwerksleistungen tätig, die in den meisten Fällen in einem bedeutenden Umfang durch Dienstleistungen ergänzt werden. Ein bedeutendes Kundensegment sind die privaten Abnehmer. Aufgrund der ausschließlichen Tätigkeit im benachbarten Ausland konzentriert sich der gesamte Exportumsatz dieser Betriebe auf einen einzelnen Markt, so daß dort auch grenzüberschreitende Kooperationen sowie Direktinvestitionen lohnend werden.

Binnenländische Handwerksbetriebe haben im Gegensatz dazu im Auslandsgeschäft nicht nur eine größere geographische Entfernung zu überwinden, sondern darüber hinaus in der Regel auch eine stärker ausgeprägte psychische Distanz zu überbrücken. Sie sind gewöhnlich auch im Inland überregional tätig und stellen ein technologisch vergleichsweise anspruchsvolles Produktprogramm für den gewerblichen Bedarf her, mit dem sie relativ eng umgrenzte Nischenmärkte bedienen. Die meisten binnenländischen Handwerker sind in mehreren Ländern tätig, so daß eine vertriebsbezogene grenzüberschreitende Kooperation oder Direktinvestition für sie aufgrund des geringen Absatzvolumens auf den einzelnen Auslandsmärkten nicht in Frage kommt. Zur Unterstützung ihrer grenzüberschreitenden Vermarktungsaktivitäten schalten sie häufig

Absatzmittler ein, die für sie Kundenkontakte in einer Vielzahl von Ländern herstellen.

Zusammenfassend läßt sich das Internationalisierungsverhalten der Handwerksbetriebe in Analogie zu den Verhaltensmodellen der Internationalisierung (vgl. Kapitel D.1.1) in einem **idealtypischen Phasenschema** (vgl. Tabelle 13) darstellen. Der Übergang zwischen den Phasen ist dabei von dynamischen firmeninternen Lernprozessen geprägt. Dementsprechend sind die Grenzen zwischen den einzelnen Phasen in den jeweiligen Unternehmen fließend.

Tab. 13: Die Phasen der handwerklichen Internationalisierung

Phase 1	**Beginn der Internationalisierung**: Passive Reaktion auf Kundenanfrage oder aktive Suche nach ausländischen Vermarktungschancen. Direkter Export oder Export über Absatzmittler.
Phase 2	Zunehmende **Exportroutine** beim Absatz in einem Land oder einer Region.
Phase 3	Ausweitung der Exporttätigkeit in **neue Länder** bzw. Regionen.
Phase 4	Intensivierung der Absatzbemühungen in einem einzelnen Land mit Hilfe **alternativer Internationalisierungsformen** (grenzüberschreitende Kooperation, ausländische Direktinvestition).

Die Bedeutung der einzelnen Internationalisierungsphasen variiert für grenznahe und binnenländische Handwerksbetriebe teilweise beträchtlich. Während **Phase 1** (Beginn der Internationalisierung) noch unabhängig vom Unternehmensstandort für alle Betriebe gilt, lassen sich für die übrigen Phasen teilweise wesentliche Unterschiede feststellen:

- **Phase 2:** Die meisten binnenländischen Betriebe werden schon relativ früh in mehreren Ländern aktiv und können daher nur in einem geringeren Ausmaß für einen einzelnen Markt Exportroutine entwickeln als die grenznahen Handwerker, die sich größtenteils von vornherein ausschließlich auf das Nachbarland konzentrieren.

- **Phase 3:** Vor allem binnenländische Handwerker versuchen, neue Auslandsmärkte zu erobern; die Betriebe aus den Grenzregionen bleiben in erster Linie im 'psychisch' verwandten Nachbarland aktiv.
- **Phase 4:** Durch die Konzentration des Auslandsumsatzes auf ein einzelnes Land lohnt es sich insbesondere für die grenznahen Handwerksbetriebe, alternative Internationalisierungsformen in den Kalkül einzubeziehen; die Unternehmen aus dem Binnenland diversifizieren ihre grenzüberschreitenden Aktivitäten hingegen in zu viele Länder, als daß die Bedeutung eines einzelnen Auslandsmarktes hinreichend groß wäre, um eine grenzüberschreitende Kooperation oder eine Direktinvestition zu rechtfertigen.

Insgesamt hat die Analyse des handwerklichen Internationalisierungsverhaltens ergeben, daß auch Handwerksbetriebe grundsätzlich für ein grenzüberschreitendes Engagement geeignet sind. Dennoch haben bislang nur ca. 3 % der handwerklichen Unternehmen den Schritt in die internationale Tätigkeit gewagt (vgl. Kapitel B.2.2.1). Es kann also vermutet werden, daß hier noch ein bedeutendes Exportpotential liegt, das erst durch entsprechende Anreize geweckt werden muß. Im folgenden Teil dieser Studie sollen daher die Anreizmechanismen, die von verschiedenen Institutionen in Bezug auf die handwerkliche Internationalisierung entwickelt wurden, auf ihre Relevanz untersucht werden.

E Analyse der Fördermaßnahmen für die Internationalisierung von Handwerksbetrieben

Die theoretische und empirische Analyse des handwerklichen Internationalisierungsverhaltens hat eine Reihe von Besonderheiten des handwerklichen Auslandsengagements herausgestellt. Zu fragen ist nun, inwiefern diese Charakteristika bei den Maßnahmen der verschiedenen Förderinstitutionen zur Unterstützung der Internationalisierung im Handwerk Berücksichtigung finden. Daher soll in diesem Teil der Arbeit untersucht werden, ob die Unterstützungsprogramme für die relevanten Problembereiche der Handwerksbetriebe zielgerichtete Hilfestellungen bieten.

Im Rahmen der vorliegenden Arbeit wird jedoch nicht erörtert, ob und in welcher Ausprägung eine Förderung den ordnungspolitischen Grundsätzen unserer Wirtschaftsordnung entspricht. Die diesbezüglichen Argumente wurden bereits an anderer Stelle ausführlich diskutiert (vgl. dazu z. B. Löbbe u. a., 1993, S. 238 ff.). Auch die grundsätzlichen Fragen der Förderwürdigkeit von klein- und mittelbetrieblich strukturierten Handwerksbetrieben werden hier nicht behandelt (vgl. dazu z. B. Meier 1997, S. 19 ff.; Rudolph 1997, S. 180 ff. sowie Klemmer u. a. 1996, S. 29 ff.). Es soll hier lediglich ein Überblick über die wesentlichen Förderprogramme im Bereich der handwerklichen Internationalisierung gegeben und gleichzeitig versucht werden, diese Maßnahmen auf der Basis der mit den Unternehmern geführten Interviews aus einzelbetrieblicher Sicht zu bewerten.

Die Analyse bezieht sich dabei zum einen auf die Unterstützungsmaßnahmen der Handwerksorganisationen, wobei in diesem Bereich v. a. die Handwerkskammern bedeutende Aktivitäten entwickelt haben. Zum anderen soll aber auch die staatliche Förderpolitik auf Bundes- und Länderebene diskutiert werden. In diesem Zusammenhang spielen auch einige Programme der Europäischen Union eine Rolle. Aufbauend auf den dadurch gewonnenen Erkenntnissen und den Resultaten der empirischen Untersuchung werden abschließend die Fördermaßnahmen aus einzelbetrieblicher Sicht bewertet.

1. Der Förderbedarf grenzüberschreitend tätiger Handwerksbetriebe

Die empirische Analyse des handwerklichen Internationalisierungsverhaltens hat die spezifischen Charakteristika der grenzüberschreitend tätigen Handwerksbetriebe herausgearbeitet. Gleichzeitig wurden auch einige **Problembereiche** bei der Internationalisierung deutlich. In erster Linie handelt es sich dabei um:

- die Informationsbeschaffung,
- die kulturelle Distanz zum Auslandsmarkt,
- die Suche nach Abnehmern sowie
- die Abwicklung grenzüberschreitender Geschäfte.

Eine auf die Unterstützung der internationalen Aktivitäten von Handwerksbetrieben ausgerichtete Förderpolitik sollte bei diesen Problembereichen ansetzen. Denkbar sind beispielsweise **finanzielle Unterstützungsmaßnahmen**, die im Zusammenhang mit der Abwicklung des Auslandsgeschäfts zum einen auf die Absicherung der speziellen Auslandsrisiken (Ausfall- und Wechselkursrisiko sowie politische Risiken) und zum anderen auf die Stärkung bzw. Bereitstellung der für die grenzüberschreitende Tätigkeit notwendigen Kapitalbasis (z. B. im Hinblick auf Direktinvestitionen) abzielen.

Des weiteren kann der Aufbau einer speziellen **Infrastruktur** dazu dienen, den Handwerksbetrieben den Schritt ins Auslandsengagement zu erleichtern. Es sollten hierbei Institutionen geschaffen werden, die den Unternehmen im In- und Ausland Hilfestellung geben. Ein besonderer Schwerpunkt könnte auf der Vermittlung von ausländischen Kundenkontakten liegen. Angesichts der Bedeutung von Messebeteiligungen für die Etablierung internationaler Kontakte (vgl. z. B. Kapitel D.3.1.1.1) sollten die entsprechenden Maßnahmen in erster Linie in diesem Bereich ansetzen.

Besondere Bedeutung kommt jedoch der internationalisierungsbezogenen **Beratung** der grenzüberschreitend tätigen Handwerksbetriebe zu. Die Handwerker benötigen dabei sowohl strategische Beratung als auch Informationen zur technischen Abwicklung des Auslandsgeschäfts, denn unter diese zwei Bereiche lassen sich die wesentlichen Probleme der

Handwerksbetriebe im Rahmen der Internationalisierung subsumieren (vgl. dazu v. a. Kapitel D.3.1). Dies wird im folgenden kurz erläutert.

Der **Bedarf an strategischer Beratung** bezieht sich insbesondere auf die Auswahl der ausländischen Zielmärkte und die Entscheidung über die optimale Internationalisierungsform. In diesem Zusammenhang sind auch geeignete Wege zur Ansprache ausländischer Abnehmer zu suchen. Die empirische Analyse hat gezeigt, daß besonders die binnenländischen Handwerker bei der Wahl der ausländischen Absatzmärkte, in denen sie tätig werden, in vielen Fällen ohne strategische Planung vorgehen. Es zeigt sich bei ihnen zwar ein grundsätzliches Interesse an einer grenzüberschreitenden Tätigkeit, das aber insofern unspezifiziert bleibt, als die Absatzregionen oftmals vom Zufall bestimmt werden. Einige Betriebe überlassen es wiederum ihren Absatzmittlern, die Produkte in Märkten nach deren Wahl zu vertreiben (vgl. Kapitel D.3.3.2.2). Durch diese Vorgehensweise verringert sich die Transaktionskostenbelastung der Handwerksbetriebe im Rahmen des Auslandsengagements zwar erheblich, aber gleichzeitig bedeutet dies, daß sich die Unternehmer der Chance begeben, durch strategische Planung des Absatzes das internationale Verwertungspotential ihrer firmenspezifischen Wettbewerbsvorteile voll auszuschöpfen. Daher sollte eine auf das handwerkliche Auslandsgeschäft bezogene strategische Beratung den Unternehmen Wege aufzeigen, wie Absatzchancen erkannt und genutzt werden können. Diesem Aspekt kommt insbesondere vor Aufnahme der grenzüberschreitenden Tätigkeit eine große Bedeutung zu.

Der **Beratungsbedarf in abwicklungstechnischen Fragen** umfaßt hingegen Informationen über die konkrete Ausführung des grenzüberschreitenden Geschäfts, wobei die Palette von Zollinformationen über ausländische Normen und Standards bis zur konkreten Vertragsgestaltung reicht. Für diesen Bereich sollten Ansprechpartner zur Verfügung stehen, die den Betrieben bei auftretenden Problemen konkrete Hilfestellung geben können, denn die Sammlung entsprechender Informationen stellt für die meisten Unternehmen angesichts knapper Personalressourcen ein Problem dar. Beratungsstellen sollten dabei v. a. auch länder- bzw. regionsspezifische Informationen zu abwicklungstechnischen Fragen bereithalten.

Die Ansprüche der Handwerksbetriebe an eine Beratung variieren im Verlauf des Auslandsengagements in Abhängigkeit von der Internationalisierungsphase, in der sich das Unternehmen jeweils befindet (zur Abgrenzung der handwerklichen Internationalisierungsphasen vgl. Tabelle 13 in Kapitel D.5).

Zu **Beginn der Internationalisierung** (Phase 1) ist der Bedarf sowohl an technischer als auch an strategischer Beratung sehr groß, weil die Handwerker noch keine Erfahrungen im Auslandgeschäft haben. Sie sehen sich mit im Vergleich zum Inlandsgeschäft überproportional hohen Transaktionskosten konfrontiert (vgl. Kapitel D.3.1.1.1). Ihre personellen und finanziellen Ressourcen sind nicht auf das Auslandsengagement ausgerichtet. Die Handwerksbetriebe benötigen daher die Hilfe von Institutionen, die eine Art Stabsfunktion sowohl in strategischer Hinsicht als auch im Hinblick auf die Sammlung abwicklungstechnischer Informationen für sie übernehmen.

Im Zeitablauf gewinnen die Handwerker aber zunehmend **Exportroutine** in den Ländern, in denen sie bis dahin tätig geworden sind (Phase 2). Dementsprechend sind die Strategien zur Auslandsmarktbearbeitung erprobt und auch die technische Abwicklung des Exports bereitet immer geringere Schwierigkeiten; folglich sinkt in dieser Phase der Beratungsbedarf c. p. kontinuierlich ab.

Er steigt jedoch wieder an, wenn sich das Unternehmen zur **Bearbeitung neuer Auslandsmärkte** entschließt (Phase 3). Allerdings werden in dieser Phase abwicklungstechnische Informationen in einem größeren Umfang benötigt als strategische Beratung, da in der Regel die gleichen Vermarktungsstrategien wie auf den bisher bearbeiteten Auslandsmärkten angewandt werden dürften, während sich der Betrieb auf die im allgemeinen von Land zu Land unterschiedlichen gesetzlichen Rahmenbedingungen (Zölle, Normen etc.) immer wieder neu einstellen muß. Wenn allerdings nur Auslandsmärkte innerhalb der Europäischen Union anvisiert werden, können die Betriebe größtenteils von den bisher gewonnenen Erfahrungen profitieren, da die EU-Harmonisierung zu einer tendenziellen Vereinheitlichung der gesetzlichen Anforderungen führt, wenn auch die Marktzugangsbedingungen in vielen Ländern noch voneinander abweichen.

Der Bedarf an strategischer und technischer Beratung steigt dann wiederum an, wenn **alternative Internationalisierungsformen** in den Kalkül einbezogen werden (Phase 4). Denn sowohl eine grenzüberschreitende Kooperation als auch eine ausländische Direktinvestition ist mit einem hohen Planungsaufwand verbunden, für den entsprechende strategische und technische Informationen notwendig sind. Der Beratungsbedarf ist jedoch nicht so hoch wie zu Beginn der Internationalisierung, da die Betriebe schon Erfahrungen auf diesen Märkten gesammelt haben. Sie sind daher bereits mit den lokalen gesetzlichen Regelungen sowie der dortigen Nachfrage- und Konkurrenzsituation vertraut.

Zu beachten ist bei der Ausrichtung der Unterstützungsleistungen auf den phasenspezifischen Beratungsbedarf der Handwerksbetriebe, daß den einzelnen Internationalisierungsphasen für binnenländische und grenznahe Unternehmen eine unterschiedliche Relevanz zukommt (vgl. Kapitel D.5). Während **binnenländische Handwerksbetriebe** häufig den Vorstoß in neue Auslandsmärkte wagen (Phase 3), konzentrieren sich die **grenznahen Unternehmen** in erster Linie auf den Nachbarmarkt und vertiefen ihr dortiges Engagement gegebenenfalls mit Hilfe alternativer Internationalisierungsformen (Phase 4). Dementsprechend sind auch die Förderinstrumente auszurichten.

Zusammenfassend zeigt sich also die Notwendigkeit, die Unterstützungsmaßnahmen für die handwerkliche Internationalisierung möglichst weitgehend auf den individuellen Bedarf und die konkrete Situation des Unternehmens auszurichten. Voraussetzung für eine derartige zielgerichtete Förderung ist die Einschaltung **dezentraler Institutionen**, die mit den örtlichen Gegebenheiten, unter denen der Handwerksbetrieb agiert, vertraut sind. Sie sind in der Lage, durch einen direkten Kontakt mit den Unternehmen die Notwendigkeit für Hilfsmaßnahmen einzuschätzen. Diese Bedingungen erfüllen u. a. die handwerklichen Organisationen, deren Unterstützungsangebote im folgenden Kapitel untersucht werden.

2. Fördermaßnahmen der Handwerksorganisationen

Die Handwerksorganisationen haben in erster Linie die Aufgabe, sowohl die allgemeinen berufsübergreifenden als auch die fachspezifischen Interessen des Handwerks zu vertreten. Neben den gesetzlich auf die Kammern als Selbstverwaltungsorgane des Handwerks übertragenen Aufgaben - Führen der Handwerksrolle, Durchführung von Gesellen- und Meisterprüfungen etc. - bieten die Handwerksorganisationen auch

Serviceleistungen, Fachinformation und -beratung für ihre Mitgliedsbetriebe an (vgl. ZDH 1995, S. 8 f.). Im Zuge der wirtschaftlichen Globalisierung kommt dabei dem Auslandsengagement des Handwerks eine zunehmende Bedeutung zu. Die Unterstützungsmaßnahmen der Handwerksorganisationen in diesem Bereich werden im Mittelpunkt der folgenden Analyse stehen.

2.1 Die Unterstützung des betrieblichen Auslandsengagements

2.1.1 Exportberatung

Im Leistungsangebot der Handwerkskammern spielt die betriebswirtschaftliche Beratung eine herausragende Rolle. Der Schwerpunkt der Beratungsleistungen liegt dabei in den Bereichen Unternehmensführung, Finanzierung, Rechnungswesen, Absatzwirtschaft, Unternehmensstandort, Personalwesen und Organisation (vgl. ZDH 1995, S. 17). Mit diesem Angebot übernehmen die Kammern eine Art Stabsfunktion für die Handwerksbetriebe, die gewöhnlich nicht über das entsprechende Management-Know-how verfügen und aufgrund ihrer begrenzten Personalressourcen häufig Schwierigkeiten bei der Sammlung diesbezüglicher Informationen haben.

Eine besondere Bedeutung gewinnt dieser Aspekt im Hinblick auf die Internationalisierung, denn eine transnationale Tätigkeit stellt c. p. höhere Anforderungen an das Management als der ausschließlich inländische Absatz (vgl. Kapitel D.3.1.1.1). Darum nimmt die **Exportberatung** im Dienstleistungsprogramm einiger Handwerkskammern einen besonderen Stellenwert ein: In verschiedenen Kammern sind Exportberatungsstellen eingerichtet worden, in denen speziell ausgebildete Berater exportierenden bzw. exportfähigen Unternehmen bezüglich der entsprechenden Probleme Hilfestellungen anbieten (vgl. ZDH 1995, S. 23). Betriebsberatung und Exportberatung arbeiten dabei idealerweise Hand in Hand, denn die Betriebsberater der Handwerkskammern identifizieren die grundsätzlich exportfähigen Unternehmen und verweisen sie gegebenenfalls an die zuständigen Exportberater (vgl. Neven 1989, S. 52).

Konkret besteht die Unterstützung beim Auslandsengagement der Handwerksbetriebe darin, daß die Mitarbeiter in den Exportberatungsstellen der Handwerkskammern u. a. (vgl. ZDH 1995, S. 23 f. sowie ZDH o. J., S. 81)

- **Informationen** über Auslandsmärkte und mögliche Kooperationspartner sowie Kontaktadressen sammeln,
- **Branchen- und Marktstudien** zu handwerksrelevanten Auslandsmärkten erstellen und darüber hinaus
- den Handwerksbetrieben zu allen Fragen des Außenhandels **Beratung** anbieten, wie z. B. bei der

  ⇒Auslegung von Gesetzen, Verordnungen und amtlichen Bestimmungen im In- und Ausland (v. a. Ausfuhr- und Zollverfahren, Ursprungsbestimmungen, Genehmigungsverfahren),

  ⇒Anknüpfung von Auslands- und Exportbeziehungen,

  ⇒Exportfinanzierung, der Beantragung von Bürgschaften und der Inanspruchnahme von Exportförderprogrammen,

  ⇒Abwicklung des Schriftverkehrs (Begleichung von Außenständen, Betreibung der Mehrwertsteuer-Rückerstattung, Ausfüllen von Versand- und Warenbegleitpapieren, Ausstellung von Ursprungszeugnissen und Lieferantenerklärungen),

  ⇒Vermittlung geeigneter Übersetzer,

  ⇒kommerziellen Lizenz- und Patentverwertung,

  ⇒Abwicklung von Importen,

  ⇒Vermittlung freiberuflicher Exportberater,

  ⇒Kooperation mit ausländischen Partnern,

  ⇒Interpretation ausländischer Zeichnungen, Normenbeschreibungen und Maßsysteme,

  ⇒Beteiligung an in- und ausländischen Messen und Ausstellungen,

  ⇒vertraglichen Regelung von Auslandsgeschäften.

Des weiteren arbeiten die Exportberatungsstellen der Handwerkskammern auf eine exportorientierte Qualifizierung der Unternehmer hin, indem sie **Auslandssprechtage**, **Delegationsreisen** und **Weiterbildungsseminare** anbieten (vgl. ZDH o. J., S. 81). Besonders hervorzuheben ist hierbei das von der Handwerkskammer Trier entwickelte 80-stündige Seminar „Exportbeauftragter im Handwerk", mit dem die teilnehmenden Handwerker in die Lage versetzt werden sollen, den Markteintritt und die Anbahnung von Auslandsgeschäften vorzubereiten und geeignete

Maßnahmen und Marktstrategien anwenden zu können, um die angestrebten Exportziele zu erreichen (vgl. HWK Trier o. J., S. 0-5).

Im Zuge der Verwirklichung des Europäischen Binnenmarktes haben sich die Möglichkeiten einer grenzüberschreitenden Tätigkeit innerhalb der EU für die Handwerksbetriebe aufgrund der damit verbundenen Senkung des administrativen Aufwands verbessert. Die Mitgliedsländer der EU stellen daher in den meisten Fällen das Hauptabsatzgebiet der exportierenden Handwerker dar (vgl. dazu auch Kapitel D.3.3.2.2). Aus diesem Grunde wurden bei den Exportberatungsstellen in einigen Handwerkskammern spezielle **EU-Beratungsstellen** eingerichtet, die u. a. Informationen und Erläuterungen zu den folgenden EU-spezifischen Themengebieten geben (vgl. ZDH 1995, S. 25):

- neue Richtlinien und Verordnungen der EU sowie Maßnahmen der EU-Kommission, die das Handwerk betreffen,
- relevante Fördermaßnahmen der EU,
- europäische Normen und technische Vorschriften,
- Steuerharmonisierung,
- öffentliches Auftragswesen,
- grenzüberschreitende Kooperationsvermittlung und Kooperationsprojekte,
- europäische Nachbarmärkte und nationale Bestimmungen.

Darüber hinaus ist auch die Beteiligung einiger Handwerkskammern an den sogenannten **Euro-Info-Centre (EIC)** zu erwähnen. Bei zwei Handwerkskammern ist ein eigenständiges EIC angesiedelt; etwa 20 weitere Kammern sind über das EIC beim Deutschen Handwerkskammertag an das System angebunden. Dadurch haben auch sie Zugang zu aktuellen Informationen, so daß die Betriebe die jeweils neuesten Trends abrufen können und frühzeitig von den geplanten Vorhaben der EU-Gremien erfahren (vgl. ZDH 1995, S. 25 f.). Die Sichtung des täglich von der EU publizierten Materials würde den einzelnen Handwerksbetrieb angesichts der enormen Fülle überfordern. Daher kommt den EU-Beratungsstellen in diesem Zusammenhang die besonders wichtige Funktion der **Informationsselektion, -aufbereitung und -kanalisierung** zu (vgl. Zanzig 1989, S. 130). Die Auskünfte werden sowohl im Rahmen von Einzelgesprächen als auch bei Auslandssprechtagen und -seminaren erteilt. Bislang sind die EU-Beratungsstellen vorwiegend bei Handwerkskammern angesiedelt, deren Einzugsgebiet an das Ausland angrenzt (vgl. Müller 1993 b, S. 16). Somit können nicht alle Handwerksbetriebe von diesen Unterstützungsmaßnahmen profitieren.

Über diese Maßnahmen hinaus bieten einige Handwerkskammern zur Vorbereitung ihrer Mitgliedsbetriebe auf das Auslandsengagement **Sprachkurse** an, die neben Englisch v. a. in den 'Grenzkammern' die Sprache des jeweiligen Nachbarlandes abdecken (vgl. Müller 1993 b, S. 32). Teilweise veröffentlichen die Handwerkskammern auch **Exportinfos** bzw. entsprechende Broschüren, die konkrete Hinweise zum Export in bestimmte Länder und Regionen enthalten (vgl. Müller 1993 b, S. 25 ff.). Diese Publikationen wenden sich sowohl an bereits exportierende als auch an exportinteressierte Unternehmen.

Ein weiterer wichtiger Teil der exportorientierten Gewerbeförderung der Handwerkskammern sind **Informationsveranstaltungen** zu entsprechenden Themengebieten, wie z. B. Auslandsmärkte und Exportchancen, ausländisches Normungswesen, relevante Förder- und Finanzierungsprogramme etc. (vgl. Müller 1993 b, S. 18 ff.). Bemerkenswert ist hierbei, daß Seminare zu allgemeinen Themen auf ein eher geringes Interesse stoßen (vgl. Müller 1993 b, S. 20). Daraus kann geschlossen werden, daß die handwerklichen Unternehmer tendenziell einen größeren Informationsbedarf bei konkreten Fragestellungen (z. B. länderspezifische Zollabwicklung, Finanzierung etc.) haben (vgl. Kapitel D.3.1.1.1).

Wenn eine detaillierte Beratung benötigt wird, müssen sich die Handwerksbetriebe an einen kostenpflichtigen freien Unternehmensberater wenden, den die Handwerkskammern zum Teil auch vermitteln. Bei diesen Beratungen werden Zuschüsse von öffentlichen Stellen gewährt. Problematisch wirkt sich in diesem Bereich allerdings aus, daß die freien Berater im allgemeinen nicht auf Handwerksbetriebe spezialisiert sind, was sich häufig negativ auf die Beratungsqualität niederschlägt.

Insgesamt decken die Handwerkskammern ein weites Spektrum an Problemfeldern der handwerklichen Internationalisierung im Rahmen der Exportberatung ab. Es fällt jedoch auf, daß sich v. a. jene Institutionen im diesem Bereich stark engagieren, deren Einzugsbereich an das Ausland grenzt. Diese Vorgehensweise reflektiert auf der einen Seite die vergleichsweise guten Voraussetzungen für ein Auslandsengagement im grenznahen Handwerk (geographische und 'psychische' Nähe zum Nachbarland), auf der anderen Seite wird damit aber auch die Förderung des Exportpotentials der binnenländischen Betriebe weitgehend vernachlässigt.

2.1.2 Beteiligung an internationalen Messen

Die empirische Analyse hat gezeigt, daß eine Ausstellung auf einer internationalen Messe im In- und Ausland ein transaktionskostensparender Weg für die Kontaktaufnahme mit potentiellen ausländischen Abnehmern ist (vgl. Kapitel D.3.1.1.1). Allerdings ist das Messeengagement für die Handwerksbetriebe mit hohen Transaktionskosten im Bereich der notwendigen Planungs- und Vorbereitungsarbeiten verbunden (vgl. Müller 1987, S. 121 ff.). Daher bieten die Handwerksorganisationen spezielle Unterstützungsmaßnahmen für ihre Mitgliedsbetriebe im Bereich der Messeausstellung an.

Einige Handwerkskammern führen z. B. spezielle **Messeseminare** zur Vorbereitung einer Ausstellungsbeteiligung durch (vgl. Müller 1993 b, S. 31). Bei diesen Veranstaltungen wird den Handwerksbetrieben gezeigt, wie sie das Marketinginstrument Messe optimal für ihre Absatzstrategie nutzen können. Die Handwerkskammer des Saarlands organisiert darüber hinaus für interessierte Handwerker Besuchsreisen zu Auslandsmessen, um den Unternehmern eine Entscheidungshilfe bei der Frage zu bieten, ob ihr Betrieb grundsätzlich von einer Messebeteiligung im Ausland profitieren könnte (vgl. Müller 1993 b, S. 31).

Teilweise finden diese vorbereitenden Seminare auch im Zuge der Beteiligung an einem **Gemeinschaftsstand** des Bundes oder des jeweiligen Bundeslandes statt, in dem der Handwerksbetrieb beheimatet ist. Diese öffentlich geförderten Gemeinschaftsstände werden für Messen im In- und Ausland organisiert, richten sich aber in vielen Fällen nicht ausschließlich an das Handwerk (vgl. Kapitel E.3.2). Die Handwerksorganisationen sind jedoch in den Fällen, wo Handwerksbetriebe betroffen sind, gewöhnlich an der Planung und Durchführung beteiligt bzw. organisieren eigene Gemeinschaftsstände, so daß sie ihre Mitgliedsbetriebe bei einer Messebeteiligung unterstützen können (vgl. Müller 1993 b, S. 30 f.).

Die Gemeinschaftsstände sollen den Handwerksbetrieben die Ausstellung auf einer Messe erleichtern, indem z. B. administrative Aufgaben (Anmeldung bei der Messeleitung, Bereitstellung der Messeinfrastruktur etc.) vom jeweiligen Standverantwortlichen übernommen werden. Darüber hinaus bieten die Gemeinschaftsstände den Vorteil, daß der Handwerker seine ersten Messeerfahrungen in einer Gruppe von Kollegen mit gleichgerichteten Interessen machen kann. Durch den häufig engen Kontakt zwischen den Ausstellern auf den Gemeinschaftsständen ist es dem Unternehmer einerseits möglich, von den Erfahrungen der Mitaussteller zu profitieren, und andererseits kann er hier gegebenenfalls auch Geschäftskontakte zu anderen Handwerksbetrieben knüpfen.

2.1.3 Grenzüberschreitende Kooperationen

Grenzüberschreitende Kooperationen sind bislang im Handwerk noch nicht sehr verbreitet (vgl. Kapitel B.2.2.2). Dennoch liegen in den Kooperationen große Chancen für eine internationale Tätigkeit der Handwerksbetriebe. Hervorzuheben sind in diesem Zusammenhang v. a. die vertriebsorientierten transnationalen Partnerschaften, denn die Handwerker haben dadurch die Gelegenheit von den Marktkenntnissen und Kontakten der ausländischen Partnerbetriebe zu profitieren (vgl. Kapitel D.3.1.2).

Viele Handwerkskammern haben daher spezielle Maßnahmen aufgelegt, um grenzüberschreitende Kooperationen ihrer Mitgliedsunternehmen zu initiieren bzw. zu unterstützen und ihnen die Partnerfindung zu erleichtern. Im einzelnen umfassen diese Maßnahmen z. B. (vgl. Müller 1993 b, S. 22 ff.)

- die Organisation von **Ländersprechtagen**, auf denen den Betrieben individuelle Kooperationsberatungen angeboten werden;
- die Veranstaltung transnationaler **Firmentreffen**, die den Unternehmern die Gelegenheit bieten, kooperationswillige ausländische Betriebe kennenzulernen;
- die Durchführung von **Unternehmerreisen**, auf denen Kontakte zu prospektiven Kooperationspartnern - u. U. verbunden mit einer Betriebsbesichtigung - in bestimmten Ländern hergestellt werden können;

- die Einrichtung von **Kooperationsständen** auf Messen und Ausstellungen, wo sich Besucher und ausstellende Unternehmen über die Möglichkeiten grenzüberschreitender Zusammenarbeit informieren können.

Des weiteren vermitteln die verschiedenen Handwerksorganisationen internationale Kooperationsinteressenten mit Hilfe von **Datenbanken** (z. B. BC-Net, vgl. Kapitel E.3.3), in denen die entsprechenden Informationen über partnersuchende Betriebe im In- und Ausland gespeichert sind.

Durch diese Unterstützungsmaßnahmen haben die Handwerksorganisationen eine bedeutende Rolle als **Anstoßgeber** und **Vermittler** für die grenzüberschreitenden Kooperationen von Handwerksbetrieben erlangt (vgl. König u. a. 1994, S. 49). Den im Zusammenhang mit der Kooperationsvermittlung angebotenen Beratungsleistungen der Handwerkskammern kommt insbesondere in der Informations- und Anbahnungsphase eine große Bedeutung zu. Nach Abschluß der Kooperationsvereinbarung sinkt der Informations- und Beratungsbedarf der Handwerksbetriebe allerdings im allgemeinen; nur in einigen Fällen werden auch später vorwiegend rechtliche Fragen mit den Kammerberatern erörtert (vgl. König u. a. 1994, S. 53).

Allerdings kann die Kooperationsvermittlung und -beratung der Handwerkskammern die Stabilität und den Erfolg der grenzüberschreitenden Partnerschaft nicht garantieren, denn es hat sich gezeigt, daß viele Kooperationen, bei denen die Kammern den wesentlichen Anstoß gaben, wieder aufgelöst wurden (vgl. Müller 1991, S. 3). Unbedingte Voraussetzung für eine erfolgreiche transnationale Kooperation ist daher der **Wille der beteiligten Unternehmer zur Partnerschaft** und in der Regel ein gutes persönliches Verhältnis zum Kooperationspartner.

Auch bei den Unterstützungsmaßnahmen für grenzüberschreitende Kooperationen der Handwerksbetriebe bleibt festzuhalten, daß sich v. a. die 'Grenzkammern' in diesem Bereich engagieren (vgl. Müller 1993 b, S. 22 ff.). Die Aktivitäten konzentrieren sich dabei in der Regel auf das Nachbarland, das aufgrund der geographischen und u. U. auch der 'psychischen' Nähe gute Voraussetzungen für die Zusammenarbeit bietet. Binnenländische Handwerksbetriebe können hingegen nur in einem geringeren Umfang auf entsprechende Hilfen zurückgreifen.

2.2 Kammerpartnerschaften

Ein weiterer Weg, mit dem die Handwerkskammern versuchen, grenzüberschreitende betriebliche Kooperationen zu fördern, sind internationale Kammerpartnerschaften. Hierbei versuchen die Handwerkskammern im Ausland Partnerorganisationen zu finden, die eine dem Handwerk ähnliche Klientel vertreten. Schwierigkeiten bereitet in diesem Zusammenhang zum einen, daß in vielen Ländern solche Organisationen zur Vertretung kleiner und mittlerer Unternehmen nicht existieren, und zum anderen, daß Sprachprobleme die Verständigung häufig behindern (vgl. Müller/Pilgrim 1991, S. 162 ff.).

Es bestehen bereits eine Reihe von internationalen Kammerpartnerschaften, deren Zielsetzungen sich wie folgt klassifizieren lassen:

- **Völkerverständigung**: Dieses Ziel streben im Grunde die meisten Partnerschaften zumindest als Nebenbedingung an, aber eine herausgehobene Stellung nimmt es bei den deutsch-französischen Kammerpartnerschaften ein (vgl. Müller/Pilgrim 1991, S. 146 f.). Im Zuge der Annäherung der ehemaligen Kriegsgegner Frankreich und Deutschland wurde insbesondere zu Beginn der 60ger Jahre versucht, durch einen Lehrlingsaustausch das Verständnis und Interesse für das Nachbarland und seine Menschen zu wecken. Grenzüberschreitende Kooperationen auf betrieblicher Ebene waren in der Folge allerdings kaum zu beobachten (vgl. Müller/Pilgrim 1991, S. 148).
- **Aufbau von KMU-Strukturen in Entwicklungs- und Schwellenländern**: Bei diesen Kammerpartnerschaften steht die technische und beratende Unterstützung beim Aufbau von Vertretungsorganen für Klein- und Mittelbetriebe v. a. in Entwicklungs- und Schwellenländern im Vordergrund. Nach der Öffnung der Staaten Mittel- und Osteuropas wurden verstärkt auch Partnerschaften mit entsprechenden Organisationen in den ehemaligen sozialistischen Ländern realisiert, die den Aufbau des zuvor in der Regel nicht bestehenden KMU-Sektors in diesen Volkswirtschaften unterstützen sollen. Der Schwerpunkt der Zusammenarbeit liegt also auf entwicklungpolitischen Zielsetzungen, wobei aber auch betriebliche Kooperationen in die Förderung eingeschlossen sind. Hier zeigen sich jedoch wiederum Sprachschwierigkeiten und Probleme bei der Auswahl geeigneter Partnerbetriebe als die wesentlichen Hindernisse (vgl. Müller/Pilgrim 1991, S. 148 ff. sowie S. 154 ff.).

- **Förderung betrieblicher grenzüberschreitender Kooperationen**: Viele Kammerpartnerschaften zielen in erster Linie auf die Förderung grenzüberschreitender Kooperationen auf einzelbetrieblicher Ebene ab. Häufig sind Handwerkskammern, deren Bezirk an das Ausland grenzt, in diesem Bereich aktiv (vgl. Müller/Pilgrim 1991, S. 162). Da diese Kammerpartnerschaften den größten Einfluß auf das handwerkliche Internationalisierungsverhalten haben dürften, sollen sie im folgenden näher erläutert werden.

Die Kammerpartnerschaften, die eine Förderung grenzüberschreitender Kooperationen ihrer Mitgliedsunternehmen anstreben, versuchen dieses Ziel zu erreichen, indem sie transnationale **Kontaktforen** für die Handwerksbetriebe schaffen[1]. Durch die Zusammenarbeit mit ausländischen Partnerorganisationen, deren Mitgliederstruktur dem Handwerk entspricht, erleichtern sie es ihren Mitgliedsunternehmen, Kooperationspartner zu finden, die über einen gleichgerichteten wirtschaftskulturellen Hintergrund und Wertmaßstab verfügen. Die darauf abzielenden Kooperationsprojekte können dabei z. B. die folgenden Maßnahmen umfassen (vgl. Müller/Pilgrim 1991, S. 163):

- gemeinsame Arbeitskreise und **Informationsveranstaltungen**,
- **Kooperationsseminare** mit Betrieben aus der Region,
- Aufbau gemeinsamer **Betriebsdatenbanken** zur Vermittlung von Zuliefer- und Kooperationsbeziehungen,
- Organisation von **Kontaktbörsen**,
- gegenseitige **Messebeteiligung** bzw. gemeinsame Messestände.

Oftmals wird auch eine branchenbezogene Zusammenarbeit unter Mitwirkung der Innungen vereinbart (vgl. Müller/Pilgrim 1991, S. 164 f.). Der Vorteil hierbei besteht in der Möglichkeit zur Kontaktaufnahme mit Betrieben, die eine ähnliche Produktpalette aufweisen. Dadurch wird es den an einer Kooperation interessierten Unternehmen erleichtert, komplementäre Partner zu finden, welche die eigenen Wettbewerbsvor- und -nachteile sinnvoll ergänzen können. Allerdings behindert auch hier häufig die Sprachbarriere eine engere grenzüberschreitende Zusammenarbeit auf betrieblicher Ebene (vgl. Müller/Pilgrim 1991, S. 162).

[1] Die Handwerkskammer Potsdam hat dazu z. B. ein Kontaktbüro in Rußland eröffnet, das v. a. Kooperationswünsche bearbeiten soll (vgl. Müller 1993 b, S. 33 f.).

In einigen Fällen haben die kooperierenden Kammern über die primäre Zielsetzung der Förderung einzelbetrieblicher Zusammenarbeit hinaus auch einen engen **Austausch zu handwerkspolitischen Fragen** vereinbart. Besonders hervorzuheben ist hierbei der 'Interregionale Rat der Handwerkskammern Saar-Lor-Lux-Rheinland-Pfalz'[2]. Die in diesem Gremium vertretenen Kammern streben die Stärkung der Wettbewerbsposition ihrer Mitgliedsbetriebe an und haben sich daher u. a. auf die folgenden Maßnahmen verständigt (vgl. Adams u. a. 1991, S. 201):

- Intensivierung des Informations- und Erfahrungsaustausches zwischen den Partnerkammern,
- Koordinierung der Arbeit zu handwerklichen Fragen,
- Erarbeitung gemeinsamer Problemlösungen und Vorschläge zur Verbesserung der wirtschaftlichen Situation des Handwerks,
- Verbesserung der beruflichen Qualifikation der Beschäftigten im Handwerk,
- gemeinsame Interessenvertretung gegenüber regionalen, nationalen und europäischen Institutionen,
- Kooperation im Bereich Messe und Ausstellungen.

Insgesamt erscheinen die transnationalen Kammerpartnerschaften als ein vielversprechender Weg zur Förderung der grenzüberschreitenden Zusammenarbeit von Handwerksbetrieben. Festzuhalten bleibt jedoch auch hier, daß diese Möglichkeit bislang v. a. von grenznahen Handwerkskammern genutzt werden. Das Kooperationspotential binnenländischer Unternehmen findet dagegen häufig keine entsprechende Unterstützung.

2.3 Der Einfluß auf politischer Ebene

Die Analyse der Kammerpartnerschaften im vorigen Kapitel hat bereits verdeutlicht, daß auch auf politischer Ebene der Einfluß der Handwerksorganisationen dahingehend genutzt wird, die internationale Wettbewerbsfähigkeit des Handwerks zu stärken. Dazu wird zu den politischen Entscheidungsträgern auf nationaler und internationaler Ebene ein intensiver Kontakt unterhalten. Das Ziel ist dabei zum einen die Sensibili-

---

[2] Der Rat setzt sich aus Vertretern der Kammern aus dem Saarland, Lothringen, Luxemburg und Rheinland-Pfalz zusammen.

sierung der verantwortlichen Politiker und Bürokraten für die Belange des Handwerks sowie zum anderen die frühzeitige und unmittelbare Gewinnung von Informationen über handwerksrelevante Entscheidungen, die dann an die Betriebe weitergeleitet werden.

Im Hinblick auf das handwerkliche Auslandsengagement kommt hierbei dem Zentralverband des Deutschen Handwerks (ZDH) eine entscheidende Rolle zu. Neben der **Lobbyarbeit** in den nationalen Gremien ist der ZDH auch auf europäischer Ebene stark engagiert und arbeitet eng mit den für den Mittelstand verantwortlichen Stellen der EU-Kommission zusammen (vgl. ZDH o. J., S. 180 f.). Darüber hinaus kooperiert der ZDH mit anderen europäischen Organisationen des Handwerks und der Kleinbetriebe sowie mit den deutschen Außenhandelskammern (vgl. ZDH o. J., S. 82).

Die Bündelung der handwerklichen Interessenvertretung bei den Handwerksorganisationen dient dazu, den wirtschaftspolitischen Entscheidungsträgern die Probleme des Handwerks in bezug auf den europäischen Binnenmarkt bzw. den Export allgemein zu verdeutlichen sowie entsprechende Lösungsvorschläge zu unterbreiten und durchzusetzen (vgl. Müller 1993 b, S. 39). Dadurch wird die **Berücksichtigung der handwerklichen Belange** bei den entsprechenden Gesetzesvorhaben bzw. bei der Auflegung von öffentlichen Fördermaßnahmen erreicht.

Von dieser Form der Interessenvertretung können die international engagierten Handwerksbetriebe nur mittelbar profitieren, indem sich die grundsätzlichen Rahmenbedingungen ihrer grenzüberschreitenden Tätigkeit positiv entwickeln. Unmittelbar kommt ihnen jedoch der durch den direkten Kontakt mit den politischen Entscheidungsträgern ermöglichte Informationsfluß zugute: Diese Informationen sind die Basis für die Betriebs- und Exportberatung durch die Handwerkskammern und die mit ihnen verbundenen sonstigen Beratungsstellen.

3. Öffentliche Förderprogramme

Neben den Handwerksorganisationen haben auch staatliche und suprastaatliche Institutionen eine Reihe von Fördermaßnahmen aufgelegt, die für die handwerkliche Internationalisierung relevant sind. Darüber hinaus werden die internationale Wettbewerbsfähigkeit des Handwerks und damit ebenfalls das Internationalisierungsverhalten dieser Wirtschaftsgruppe auch durch Entscheidungen der Legislative und Exekutive auf

Landes-, Bundes- und EU-Ebene, die sich auf die rechtlichen Rahmenbedingungen auswirken, indirekt beeinflußt.

Bei der direkten Einflußnahme durch die öffentlichen Beihilfen im Rahmen der **Außenwirtschaftsförderung** geht es nicht darum, bestimmte Strukturen entgegen der Marktentwicklung zu konservieren (wie z. B. in der Landwirtschaft) oder die betriebliche Produktion in eine vom Staat vorgegebene Richtung zu lenken (wie z. B. die produktbezogene Technologieförderung). Das Ziel ist vielmehr, den mittelständischen Unternehmen den Schritt auf den Auslandsmarkt zu erleichtern und damit betriebliche Anpassungsprozesse in Gang zu setzen, welche die internationale Wettbewerbsfähigkeit der kleinen und mittleren Unternehmen verbessern (vgl. Cichy 1996, S. 364).

Zur Vermeidung einer Mehrfachförderung ist im Rahmen dieser Maßnahmen grundsätzlich eine Arbeitsteilung der verschiedenen staatlichen und supra-staatlichen Organe vorgesehen, die sich am Prinzip der **Subsidiarität** orientiert: Danach sollen Problemlösungen möglichst an der Stelle, wo das Problem auftaucht, gesucht werden (vgl. Klemmer 1996, S. 155). Die Aufgaben und Zuständigkeiten der Handwerksförderung sind demnach tendenziell ebenfalls dezentral angesiedelt. Dadurch können Informationsvorteile genutzt sowie Verwaltungs- und Kontrollkosten gesenkt werden (vgl. Hennicke/de Pay 1986, S. 10 f.). In den folgenden Kapiteln sollen daher die Unterstützungsmaßnahmen des Bundes, der Länder und der EU getrennt analysiert werden.

3.1 Unterstützungsmaßnahmen auf Bundesebene

Die Unterstützungsmaßnahmen des Bundes für die Internationalisierung der mittelständischen Wirtschaft zielen darauf ab, das Auslandsengagement der Unternehmen zu flankieren[3]. Sie sollen nicht dazu dienen, die Eigeninitiative zu ersetzen; das wirtschaftliche Risiko der internationalen Geschäftstätigkeit verbleibt bei den Unternehmen (vgl. Weinland 1996, S. 137). Im Rahmen dieser **'Hilfe zur Selbsthilfe'** ist der Aufbau einer exportfördernden Infrastruktur und die finanzielle Unterstützung der im Ausland tätigen Unternehmen zu unterscheiden.

---

3 Für einen umfassenden Überblick über die außenwirtschaftliche Förderkonzeption der Bundesregierung vgl. BMWi 1994.

In Bezug auf die Bereitstellung einer entsprechenden **Infrastruktur** durch die Bundesregierung sind v. a. die 'drei Säulen' der klassischen deutschen Außenhandelspolitik zu nennen: die Wirtschaftsreferate der deutschen Botschaften, die deutschen Auslandshandelskammern und die Deligierten der deutschen Wirtschaft sowie die Bundesstelle für Außenhandelsinformationen (BfAi). Diesen Institutionen kommt die Aufgabe zu, deutschen Unternehmen Informationen, Beratung und Unterstützung bei Fragen und Problemen im Zusammenhang mit ihrer internationalen Geschäftstätigkeit zu bieten sowie u. U. auch direkte Geschäftskontakte im Ausland zu vermitteln (vgl. dazu auch Economist 1997 a, S. 24). Die Dienstleistungen können dabei von den einzelnen Unternehmen sowohl direkt bei der jeweiligen Organisation abgefragt werden als auch indirekt über Kammern, Verbände etc., die von den Bundesinstitutionen mit den relevanten Informationen versorgt werden.

Für die Handwerksbetriebe hat die Bundesregierung darüber hinaus ein spezielles Programm aufgelegt, um deren Außenwirtschaftsaktivitäten zu unterstützen: Bei derzeit 12 europäischen Außenhandelskammern wurden Beauftragte zur Förderung des handwerklichen Außenhandels eingesetzt, die sogenannten **'Beauftragten für ostdeutsche Unternehmen und das Handwerk zur Absatzförderung in Europa'**. Sie sind zuständig für die Unterstützung bei internationalen Kooperationen und Firmengründungen, die Erteilung von Auskünften, die Beschaffung von Adreßmaterial, die Information über Märkte und Vertriebswege sowie über nationale Bestimmungen, die den Warenverkehr und die Geschäftstätigkeit mit dem Ausland betreffen. Die Beauftragten arbeiten dabei mit den Handwerksorganisationen zusammen und stehen den Kammern für Sprechtage, Zusammenkünfte und Seminare zur Verfügung. Die Eingangsberatung der Beauftragten ist grundsätzlich kostenlos; falls zusätzliche Leistungen der Außenhandelskammern in Anspruch genommen werden, können sie den ratsuchenden Unternehmen nach Abstimmung in Rechnung gestellt werden.

Die **finanzielle Unterstützung** der im Ausland tätigen Firmen wird in Form von Zuschüssen, zinsgünstigen Krediten sowie Exportgarantien und -bürgschaften gewährt. Ein Versuch des Bundes, die Betriebe auf den EU-Binnenmarkt und damit auch auf eine grenzüberschreitende Tätigkeit vorzubereiten, war beispielsweise das 'Euro-Fitness-Programm' in den Jahren 1990-1993 (vgl. Müller 1993 b, S. 44 f.). Unter anderen wurden dabei Zuschüsse für die Förderung von auslandsspezifischen

Informations-, Beratungs- und Schulungsmaßnahmen für kleine und mittlere Unternehmen gewährt.

Außerdem unterstützt der Bund Auslandsmessebeteiligungen, wobei v. a. Firmengemeinschaftsstände im Vordergrund stehen. Die ausstellenden Unternehmen können im Rahmen dessen ihre Standfläche zu einem subventionierten Preis anmieten und erhalten darüber hinaus technisch-organisatorische Unterstützung von der Messedurchführungsgesellschaft (vgl. Menke 1994, S. 7 f.). Die Bundesunterstützung für die Auslandsmessebeteiligung ist dabei grundsätzlich auf sogenannte schwierige Märkte beschränkt, d. h. gegenwärtig vorwiegend auf Messeplätze in Übersee, Südostasien sowie Osteuropa. Für handwerkliche Zulieferer ist darüber hinaus im Rahmen einer Ausnahmeregelung eine Förderung von Messebeteiligungen in Westeuropa möglich. Speziell für Unternehmen aus den neuen Bundesländern werden außerdem Gemeinschaftsstände auf Inlandsmessen gefördert.

Zinsgünstige Kredite für das Auslandsgeschäft werden den Unternehmen in erster Linie über die Kreditanstalt für Wiederaufbau (KfW) bereitgestellt, die im Rahmen ihres Mittelstandsprogramms Direktinvestitionen im Ausland langfristig finanziert (vgl. KfW 1996, S. 26). Auch bei diesen Kreditprogrammen gilt das Prinzip der Subsidiarität im Sinne einer ergänzenden Förderung: Die Finanzierung darf ausschließlich in solchen Fällen gewährt werden, in denen das geplante Vorhaben anderenfalls nur unter wesentlich erschwerten Bedingungen durchführbar wäre (vgl. BMWi 1995, S. 23).

Exportgarantien und -bürgschaften werden schließlich im Rahmen der Ausfuhrgewährleistungshilfen des Bundes bereitgestellt. Als Mandatar der Bundesregierung zur Abwicklung der staatlichen Exportkreditversicherung fungiert dabei die Hermes Kreditversicherungs-AG. Das Ziel ist die Gewährleistung der Forderungen deutscher Exporteure gegen ausländische Besteller, die aufgrund politischer und wirtschaftlicher Unwägbarkeiten auf schwer erschließbaren Auslandsmärkten besondere Risiken bergen, sowie die auf politische Risiken begrenzte Absicherung ausländischer Direktinvestitionen (vgl. dazu auch BMWi o. J., S. 6 ff.).

3.2 Aktivitäten der Bundesländer

Nach dem Subsidiaritätsprinzip sollte die für das Handwerk relevante Mittelstandsförderung in erster Linie bei den Bundesländern angesiedelt sein. Faktisch stellen die entsprechende Programme auf Länderebene allerdings eine Ergänzung der Fördermaßnahmen des Bundes dar (vgl. Klemmer 1996, S. 160 f.). Die Landesregierungen versuchen damit einerseits, die vom Bund nicht abgedeckten Problembereiche zu erfassen, und andererseits, gezielt die landestypische Branchenstruktur und die damit zusammenhängenden Schwierigkeiten der Unternehmen zu berücksichtigen. Es existieren mithin eine Vielzahl von Programmen in den jeweiligen Bundesländern, die hier nicht im einzelnen vorgestellt werden können. In diesem Kapitel sollen vielmehr einige wesentliche Merkmale der Förderaktivitäten der Bundesländer erläutert werden.

Auch die Bundesländer gewähren in der Regel **keine Vollförderung** der von den Unternehmen durchgeführten Maßnahmen, sondern unterstützen sie nur anteilig (häufig 50 %). Es wird also wiederum nur 'Hilfe zur Selbsthilfe' geboten, denn der Handwerker muß bereit sein, einen wesentlichen Teil der Kosten selbst zu tragen (vgl. Müller 1993 b, S. 40).

Im allgemeinen werden durch die Länderprogramme Maßnahmen bezuschußt, die von anderen Institutionen (z. B. HWK, IHK, RKW etc.) angeboten werden. Die von Bundesland zu Bundesland in unterschiedlichem Umfang geförderten Maßnahmen umfassen dabei beispielsweise (vgl. Müller 1993 b, S. 40 f.):

- Exportberatung,
- Markterkundung, Markterschließung, Marktsicherung sowie
- Auslandsmarktanalysen.

Darüber hinaus werden in einigen Bundesländern auch Exportgarantien gewährt, die in ähnlicher Weise wirken wie die Ausfuhrgewährleistungen des Bundes (vgl. Kapitel E.3.1). Des weiteren erhalten die Betriebe teilweise auch Unterstützung bei der Beantragung von öffentlichen Fördergeldern.

Ein Teil der Bundesländer hat weiterhin spezielle Maßnahmen zur Förderung von betrieblichen Kooperationen, die der Erschließung von Auslandsmärkten dienen, aufgelegt. Unterstützt werden in diesem Zusammenhang sowohl Exportkooperationen mehrerer deutscher Unternehmen als auch grenzüberschreitende Partnerschaften. Bei den letzteren werden v. a. Rechtsanwalts-, Übersetzungs- und Reisekosten bezuschußt (vgl. Müller 1993 b, S. 42).

Ein weiterer wichtiger Aspekt der Außenwirtschaftsförderung der Bundesländer sind Programme zur **Unterstützung der Auslandsmessebeteiligung** kleiner und mittlerer Unternehmen. Das Ziel ist dabei, der mittelständischen Wirtschaft den Zugang zu internationalen Märkten zu erleichtern und die größenbedingten Wettbewerbsnachteile abzubauen (vgl. Menke 1994, S. 12). Alle Bundesländer fördern im Rahmen dieser Programme Firmengemeinschaftsausstellungen; die Unterstützung von Einzelbeteiligungen ist nur in wenigen Ländern möglich. Teilweise werden darüber hinaus Zuschüsse für die Durchführung von messevorbereitenden Seminaren gewährt (vgl. Müller 1993 b, S. 40 f.).

In einigen Fällen sind von der Landesregierung eigene Institutionen zur Messebetreuung gegründet worden; zum Teil sind auch Handwerkskammern daran beteiligt. Diese Messedurchführungsgesellschaften bieten den Ausstellern technisch-organisatorische Betreuung an, wie z. B. Vor- und Nachbereitung der Messe, Reinigung und Bewachung des Standes, Müllabfuhr, Feuerschutzdienst, Hallenbeleuchtung etc. (vgl. Menke 1994, S. 14 f.).

Die Zuschüsse für die Messebeteiligung werden entweder indirekt gewährt, d. h. die Unternehmen bezahlen einen ermäßigten Mietpreis für die von ihnen belegte Ausstellungsfläche, oder sie werden direkt gegen Nachweis der Kosten an die Betriebe ausgezahlt (vgl. Menke 1994, S. 24). Die Zuschußhöhe sowie die zuschußfähigen Kosten variieren dabei je nach Bundesland. In der Regel sind Personalkosten nicht in die Unterstützung einbezogen, aber ansonsten werden in verschiedenen Bundesländern u. a. die folgenden Ausgaben subventioniert (vgl. Menke 1994, S. 22):

- Standmiete,
- Standauf- und abbau durch Dritte,
- externer Dolmetscher während der Messeöffnungszeit,
- Hin- und Rücktransport der Ausstellungsgegenstände,
- Transportversicherungen,
- messebezogene Werbungsmaßnahmen,
- Anschluß und Verbrauch von Strom, Wasser und Gas für den Ausstellungsstand.

In Bayern haben die Handwerksorganisationen zur Unterstützun der handwerklichen Internationalisierung mit Hilfe des Landes eine 'Gesellschaft für EG-Binnenmarkt und Außenwirtschaftsbeziehungen des bayerischen Handwerks mbH' gegründet, die in Spanien, Ungarn und der Tschechischen Republik Wirtschaftsbüros eröffnet hat. Die Zielsetzung ist auch hier die Vermittlung grenzüberschreitender Unternehmenskontakte (vgl. Müller 1993 b, S. 33).

Insgesamt läßt sich festhalten, daß die Fördermaßnahmen der Bundesländer denen auf Bundesebene ähneln bzw. diese ergänzen. Neben den nationalen Unterstützungsprogrammen für die handwerkliche Internationalisierung hat auch die Europäische Union eine Reihe von entsprechenden Hilfsmaßnahmen aufgelegt, die im folgenden Kapitel vorgestellt werden.

3.3 Förderung durch die EU

Die EU-Kommission hat angesichts des bedeutenden Stellenwerts kleiner und mittlerer Unternehmen (KMU) in der europäischen Wirtschaft Ende der 80ger Jahre eine eigene Generaldirektion (DG XXIII) geschaffen, die sich schwerpunktmäßig mit der KMU-Politik beschäftigt. Im Rahmen ihrer KMU-Politik verfolgt die EU zwei wesentliche Ziele (vgl. Kayser/Richter 1990, S. 32):

- **Schaffung günstiger Rahmenbedingungen** für mittelständische Unternehmen durch Abbau administrativer, rechtlicher und finanzieller Beschränkungen,
- **Förderung der Anpassungsfähigkeit** der KMU an internationale Entwicklungen, insbesondere im Hinblick auf den EU-Binnenmarkt.

Das zweite Ziel, die Verbesserung der Anpassungsfähigkeit der KMU an internationale Entwicklungen, steht im Mittelpunkt der folgenden Analyse, weil die EU in diesem Zusammenhang einige konkrete Fördermaßnahmen aufgelegt hat, welche auch die Handwerksbetriebe tangieren. Die Unterstützung erfolgt dabei zum einen in Form einer finanziellen Beteiligung an nationalen Fördermaßnahmen und zum anderen durch Programme, die den Betrieben direkte Hilfestellungen anbieten.

Finanzmittel für nationale Förderprogramme stellt die EU im Rahmen eines Kofinanzierungsmodells zur Verfügung, d. h. die EU beteiligt sich finanziell an Maßnahmen, deren konkrete Ausführung bei den nationalen Regierungen liegt. Die EU-Kommission gibt dabei Ziele, Umfang und Kriterien der Förderung vor, und die Länder erarbeiten entsprechende Programme, die jedoch von der Kommission genehmigt werden müssen (vgl. Europäische Kommission 1995, S. I). In Deutschland gibt es hierfür keine bundeseinheitliche Regelung, sondern die einzelnen Bundesländer reichen jeweils eigene Programmvorschläge bei der EU-Kommission ein (vgl. Klemmer 1996, S. 171 f.).

Der Schwerpunkt der direkten Unterstützungsprogramme für kleine und mittlere Unternehmen liegt auf der einen Seite in der Schaffung einer Infrastruktur für die Information der Betriebe zu EU-spezifischen Fragestellungen. Zu diesem Zweck fördert die EU sogenannte **Euro-Info-Centre (EIC)**, die in der Regel bei nationalen Institutionen des öffentlichen Rechts (z. B. Handwerkskammern, vgl. Kapitel E.2.1.1) angesiedelt sind. Auf der anderen Seite stellt die Förderung von grenzüberschreitenden Kooperationen zwischen europäischen KMU einen weiteren Schwerpunkt der EU-Hilfsmaßnahmen dar (vgl. Müller 1993 b, S. 45).

Im Rahmen dessen sind v. a. drei Maßnahmen zur Förderung der europaweiten wirtschaftlichen Zusammenarbeit von KMU zu nennen (vgl. Schmoranz 1996, S. 334):

- das **Business Cooperation Network (BC-Net)** erlaubt als computergestütztes Netzwerk von Unternehmensberatern und Vermittlern eine direkte Kontaktaufnahme potentieller Kooperationspartner; es ist interessierten Betrieben auch über die EIC zugänglich;
- das direkt bei der EU-Kommission eingerichtete **Büro für Unternehmenskooperation (BUK)**, das eine ähnliche Aufgabenstellung wie das BC-Net hat: die Unterstützung bei der Partnersuche unter Zuhilfenahme eines Netzes von privaten und öffentlichen Institutionen;
- die auf die Kontaktvermittlung ausgerichteten Programme **Europartenariat** und **Interprise**. Im Rahmen dieser Maßnahmen können sich die teilnehmenden Firmen u. a. kostenlos in einen Kooperationskatalog eintragen lassen. Das Partenariat-Programm wird in Deutschland über das Kammersystem abgewickelt.

Mit ihren Unterstützungsmaßnahmen ergänzt die Europäische Union das deutsche System der Mittelstandsförderung. Die organisatorische Einbindung einiger Maßnahmen (EIC, Europartenariat) in die bestehenden nationalen Institutionen gewährleistet eine unternehmensnahe Umsetzung. Teilweise taucht aber auch das Problem der Doppelförderung auf, wie z. B. beim BUK, das seine Leistungen zusätzlich zu den gleichgerichteten Maßnahmen der Kammern anbietet (vgl. Klemmer 1996, S. 173 f.).

4. Bewertung der internationalisierungsbezogenen Fördermaßnahmen aus einzelbetrieblicher Sicht

Die Analyse der Fördermaßnahmen hat gezeigt, daß eine Vielzahl von Programmen sowohl von Seiten der Handwerksorganisationen als auch von öffentlichen Stellen initiiert wurden, die den Handwerksbetrieben Unterstüzung bei ihrem Auslandsengagement bieten sollen. Zu untersuchen ist nun, ob diese Maßnahmen zielgerichtete Lösungsansätze für die mit der Internationalisierung zusammenhängenden Probleme darstellen, ob sie den Unternehmen bekannt sind und inwiefern sie in Anspruch genommen werden. Die Bewertung stützt sich dabei im wesentlichen auf die Aussagen der im Rahmen dieser Studie interviewten Handwerker[4].

4.1 Die Unterstützung der Handwerksorganisationen

Die Handwerksorganisationen bieten eine breite Palette von Unterstützungsmaßnahmen für die Internationalisierung der von ihnen vertretenen Unternehmen an. Eine herausgehobene Stellung nehmen hierbei die Handwerkskammern ein, deren enger Kontakt mit den Betrieben vor Ort eine zielgerichtete Umsetzung der Maßnahmen gewährleisten sollte. Mit ihren Dienstleistungen fungieren die Kammern als eine Art Stabsabteilung für ihre Mitgliedsunternehmen, die aufgrund betriebsgrößenbe-

---

[4] Die folgenden Ausführungen sollten jedoch nicht als eine 'Wertung' der von den verschiedenen Institutionen aufgelegten Maßnahmen im Weber'schen Sinne aufgefaßt werden: als „praktische Bewertung einer durch unser Handeln beeinflußbaren Erscheinung als verwerflich oder billigenswert" (Weber 1951, S. 475). Es soll vielmehr versucht werden, auf der Grundlage der empirischen Erkenntnisse den wirtschaftspolitischen Entscheidungsträgern einige Handlungsoptionen aufzuzeigen.

dingter Ressourcenknappheit die entsprechenden Aufgaben nur unzureichend selbst erledigen können.

4.1.1 Die Exportberatung

Insbesondere das Kammerangebot der Exportberatung ist daher für die Unternehmen eine wichtige Hilfestellung: Zum einen beschäftigen die meisten Handwerksbetriebe nur wenige kaufmännische Mitarbeiter, die relevante Informationen (z. B. Zollvorschriften, ausländische Normungsbestimmungen etc.) beschaffen könnten. Zum anderen verfügen die Beschäftigten in der Regel nur über unzureichende auslandsspezifische Qualifikationen (z. B. Sprachkenntnisse etc., vgl. Kapitel D.2.2.2), so daß fremdsprachliche Ausschreibungen, Gesetzestexte usw. in den Handwerksbetrieben meistens nicht adäquat bearbeitet werden können.

Diese Schwierigkeiten haben binnenländische und grenznahe exportierende Betriebe gleichermaßen. Es erscheint aus diesem Grunde nicht gerechtfertigt, daß sich die ‘Grenzkammern’ in diesem Bereich stärker engagieren als die binnenländischen Vertretungsorgane. Denn auch die binnenländischen Handwerksbetriebe verfügen über eine beträchtliches Exportpotential, das teilweise noch unerschlossen ist. Die Exportberatung der Handwerkskammern könnte diesen latent internationalisierungsfähigen Unternehmen entscheidende Impulse für den Schritt ins Auslandsengagement geben. Allerdings muß dabei in Rechnung gestellt werden, daß in binnenländischen Kammern das grundsätzliche Exportpotential der Mitgliedsbetriebe geringer ist als bei den 'Grenzkammern'. Dennoch sollten die Handwerksorganisationen auch die Belange exportierender bzw. exportfähiger Handwerksbetriebe aus dem Binnenland bei ihrem Beratungsangebot berücksichtigen.

Die stärkere Betonung auslandsspezifischer Dienstleistungen durch die grenznahen Handwerkskammern spiegelt sich auch in der Inanspruchnahme von Unterstützungsmaßnahmen durch die im Rahmen der vorliegenden Studie interviewten Betriebe wider. Während nämlich alle 10 in die Befragung einbezogenen grenznahen Unternehmen die Exportberatung ihrer Handwerkskammer genutzt und acht Betriebe sich darüber hinaus auch mit Hilfe der Kammer an einer Auslandsmesse beteiligt haben, gaben nur vier binnenländische Betriebe an, von der Handwerkskammer beraten worden zu sein. Nur ein binnenländisches Unternehmen ist im Rahmen einer Ausstellung auf einer Auslandsmesse von der Handwerkskammer unterstützt worden (vgl. Tabelle 14).

Es zeigt sich, daß die entsprechenden Leistungen der 'Grenzkammern' von den Handwerksbetrieben in Anspruch genommen worden sind. Den meisten binnenländischen Unternehmen war hingegen ein derartiges Angebot der Handwerksorganisationen nicht bekannt, was darauf zurückzuführen ist, daß die zuständigen Kammern in der Regel keine exportrelevanten Leistungen erbrachten (vgl. Kapitel E.2.1.1). Die Betriebe nahmen stattdessen die Beratung einer **Industrie- und Handelskammer (IHK)** in Anspruch, in der viele binnenländische Betriebe ebenfalls Mitglied sind. Diese Unternehmer sprachen in vielen Fällen der IHK in Fragen, die das Auslandsgeschäft betreffen, eine größere Kompetenz zu als der Handwerkskammer (HWK). Daher haben sie sich mit den entsprechenden Probleme auch nicht an ihre Handwerkskammer gewandt.

Tab. 14: Inanspruchnahme von Unterstützungsleistungen

Unterstützende Institution	Grenznah	Binnenland	Summe
Exportberater der HWK	10	4	**14**
Auslandsmessebeteiligung mit Hilfe der HWK	8	1	**9**
IHK	1	10	**11**
Hausbank	-	15	**15**
befreundete Unternehmer	3	10	**13**
RA, Steuerberater, Spedition	2	8	**10**
staatliche Stellen (Zollamt, Botschaften etc.)	1	8	**9**
Fachverband	-	2	**2**
RKW	-	1	**1**

Aber auch die Unternehmen, welche die Beratungsleistungen der Handwerkskammern in Anspruch genommen haben, bemängelten häufig, daß die handwerklichen Exportberatungsstellen zu speziellen Detailfragen in bestimmten Ländern keine hinreichenden Auskünfte geben konnten. Für die bereits im Ausland tätigen Handwerksbetriebe stellt jedoch gerade der Umgang mit diesen abwicklungstechnischen und rechtlichen Einzelheiten eine große Schwierigkeit dar. Die grundsätzliche strategische Ausrichtung des Auslandsengagements oder generelle Marktstudien etc. sind für die bereits exporterfahrenen Unternehmen hingegen nur noch selten ein wesentliches Problem.

Daher ist es auch nicht überraschend, daß **Exportseminare** zu allgemeinen Themen bei den Handwerkern nicht auf große Resonanz stoßen, wie eine andere Untersuchung gezeigt hat (vgl. Müller 1993 b, S. 20). Gefragt sind vielmehr Auskünfte und Lösungsvorschläge zu betriebs- bzw. länderspezifischen Schwierigkeiten. Es ist für binnenländische Handwerkskammern jedoch kaum möglich, ihren Mitgliedsbetrieben durch Beratung oder Seminare länderspezifische Informationen zu bieten, da die binnenländischen Unternehmen in der Regel in verschiedenen Ländern bzw. Regionen tätig sind. Ein detailliertes Beratungsangebot für jeden potentiellen Auslandsmarkt würde die Kammern überfordern. Dies kann eher in Informationsveranstaltungen behandelt werden, die auf branchentypische Problemfelder bzw. auf einzelne Auslandsmärkte ausgerichtet sind. Zu einer Seminarteilnahme bemerkten allerdings einige Unternehmer, daß ihnen die Zeit dazu fehle; sie schicken daher häufig Vertreter aus dem kaufmännischen Bereich zu den relevanten Veranstaltungen.

Die grenznahen Kammern haben im Hinblick auf die Information der Handwerker zu speziellen Auslandsmärkten den Vorteil, daß ihre Mitgliedsbetriebe die grenzüberschreitende Tätigkeit vorwiegend auf den Nachbarmarkt konzentrieren. Sie könne ihr Beratungsangebot daher im wesentlichen auf Informationen beschränken, die mit diesem Land in Verbindung stehen.

Für ihre Probleme im Rahmen des Auslandsgeschäfts suchen viele Unternehmer auch die Hilfe von **Spezialisten** entweder aus der Privatwirtschaft (Banken, Speditionen, Unternehmensberater etc.)[5] oder bei öf-

[5] Eine ausführliche Diskussion der Rolle der Banken im Internationalisierungsprozeß mittelständischer Betriebe findet sich bei Schmidt u. a. 1995, S. 103-182.

fentlichen Stellen (z. B. Zollamt, deutsche Botschaften im Ausland, ausländische Vertretungen im Inland). Im allgemeinen haben sie dabei sehr gute Erfahrungen gemacht, wobei jedoch von einigen Interviewpartnern negative Resultate bei der Inanspruchnahme freier Unternehmensberater herausgestellt wurden.

Ein weiteres bemerkenswertes Ergebnis der Befragung ist in diesem Zusammenhang die Bedeutung des Kontaktes zu **befreundeten Unternehmern** im In- und Ausland. Über ein Drittel der Betriebe nutzt die Möglichkeit, in informellen Gesprächen mit anderen Unternehmern bestimmte Probleme zu erörtern. Die Gesprächspartner verfügen dabei gewöhnlich schon über eine breite Auslandserfahrung, kennen die Schwierigkeiten daher aus eigener Anschauung und können somit relevante Lösungsvorschläge unterbreiten.

Angesichts der begrenzten Beratungskapazitäten der Handwerkskammern könnte dies ein Weg zur Entlastung sein. Vorstellbar wäre in diesem Zusammenhang die Institutionalisierung eines **Erfahrungsaustauschs** zwischen den im Auslandsgeschäft engagierten Unternehmern. Ein solches Forum - idealerweise moderiert von den Handwerkskammern - sollte auch für bislang noch nicht grenzüberschreitend tätige, aber exportwillige Unternehmer offenstehen, deren Hemmschwelle gegenüber dem Auslandsgeschäft durch die Erfahrungsberichte international aktiver Handwerker mit ähnlichem wirtschaftlichen und soziokulturellen Hintergrund gesenkt werden könnte. Diese Unternehmer würden dadurch Anregungen bekommen, wie die mit dem Auslandsengagement verbundene Transaktionskostenbelastung auch von klein- und mittelbetrieblich strukturierten Handwerkern getragen werden kann.

Unter Umständen könnte der Erfahrungsaustausch auch von einem **Mitarbeiteraustausch** ergänzt werden, mit dem Ziel, die Mitarbeiter im Export unerfahrener Unternehmen auf die Anforderungen des Auslandsgeschäfts vorzubereiten (vgl. dazu auch Ogbuehi/Longfellow 1994, S. 45). Gegenüber den herkömmlichen Exportseminaren hätte dieser interaktive Ansatz den Vorteil, daß die einzelbetrieblichen Probleme gezielt angesprochen und entsprechende Lösungsvorschläge direkt umgesetzt werden könnten.

4.1.2 Sonstige Fördermaßnahmen

Die Unterstützung im Rahmen einer Auslandsmessebeteiligung, die ebenfalls in erster Linie von den 'Grenzkammern' angeboten wird, findet bei den grenznahen Betrieben grundsätzlich ein positives Echo. Teilweise wird von den teilnehmenden Handwerkern aber auch Unzufriedenheit mit der Organisation durch die Handwerkskammern geäußert. Die Kritik bezieht sich dabei in erster Linie auf technische Fragen, wie z. B. die Gestaltung und Positionierung des Gemeinschaftsstandes. Hier könnte eine engere Abstimmung zwischen den betreuenden Handwerkskammern und den ausstellenden Betrieben im Vorfeld der Messe sicherlich Abhilfe schaffen.

Positiv hervorgehoben wird hingegen von den meisten Ausstellern der enge Kontakt, der mit den anderen Teilnehmern am **Gemeinschaftsstand** besteht, denn dadurch wird ein intensiver Erfahrungsaustausch mit ebenfalls im Ausland tätigen Kollegen ermöglicht. Einige Kammern bieten darüber hinaus im Vorfeld der Ausstellung vorbereitende Seminare und Treffen an, bei denen schon ein erster Kontakt zwischen den Teilnehmern hergestellt wird, der dann im Verlauf der Messe vertieft werden kann.

Für viele Handwerksbetriebe stellt die Beteiligung an einem Gemeinschaftsstand auf einer Auslandsmesse einen der ersten Schritte in die Internationalisierung dar. Ohne die Unterstützung der Handwerkskammer und ohne die entsprechende öffentliche Förderung hätten einige Unternehmer nach eigenen Angaben eine Messebeteiligung nicht in Betracht gezogen. In diesen Fällen hat also die Kammer wesentliche Anstöße für die Internationalisierung ihrer Mitgliedsbetriebe gegeben.

Allerdings läßt sich das Instrument der Förderung einer Auslandsmessebeteiligung nicht von allen Handwerkskammern gleichermaßen sinnvoll einsetzen. Die 'Grenzkammern' können ihre Maßnahmen auf einen **eng umgrenzten Zielmarkt** ausrichten, da ihre Mitgliedsunternehmen in der Regel ausschließlich im Nachbarland grenzüberschreitend tätig werden. Dies erlaubt eine Konzentration der Fördermaßnahmen auf die Messen in diesem Land.

Die binnenländischen Unternehmen sind hingegen in vielen verschiedenen Auslandsmärkten tätig, so daß die Kammern ihre Unterstützung nicht derart fokussieren können, weil zu wenige Mitgliedsbetriebe auf einem einzelnen Auslandsmarkt tätig sind. Für die binnenländischen

Handwerker wäre daher eine Auslandsmesseförderung auf einer übergeordneten Ebene vorteilhafter, die nach Branchenschwerpunkten wichtige Auslandsmärkte auswählt. Auf diese Weise könnte dann z. B. allen Handwerksbetrieben aus einer Branche in einem bestimmten Bundesland eine Beteiligung an einem Gemeinschaftsstand auf einer Auslandsmesse angeboten werden.

Eine ähnlich Problematik besteht bei den Maßnahmen der Handwerksorganisationen zur Förderung grenzüberschreitender Kooperationen und damit zusammenhängend auch bei den Kammerpartnerschaften. Denn diese Maßnahmen sind nur dann eine sinnvolle Unterstützung für das Auslandsengagement der Handwerksbetriebe, wenn sie sich an deren internationale Zielmärkte orientieren. Eine derartige Schwerpunktsetzung auf wenige ausgewählte Länder ist daher auch in diesem Bereich eher bei den 'Grenzkammern' möglich als bei den binnenländischen Vertretungsorganen. Weitergehende Aussagen zur Akzeptanz dieser Fördermaßnahmen sind hier allerdings nicht möglich, da kein Unternehmen aus dem Befragungspanel die Inanspruchnahme einer entsprechenden Unterstützung erwähnte.

Insgesamt bleibt festzuhalten, daß das Hilfsangebot der Handwerkskammern von grenznahen und binnenländischen Betriebe in unterschiedlichem Ausmaß genutzt wird. Der Akzeptanzgrad der binnenländischen Handwerkskammern als kompetenter Ansprechpartner muß durch geeignete Aktionen erhöht werden. Grundsätzlich ist die Art der Unterstützung mit dem Fokus auf Beratung, Information und Messebeteiligung jedoch positiv zu beurteilen.

4.2 Die öffentliche Förderung

In der Befragung, die für diese Studie durchgeführt wurde, haben nur wenige Unternehmer Angaben zur Inanspruchnahme von öffentlichen Fördermitteln gemacht: Einige Interviewpartner haben ihre Exportforderungen im Rahmen der Ausfuhrgewährleistung des Bundes (Hermes-Deckung) abgesichert, einige haben Zuschüsse für ihre Auslandsmessebeteiligung bekommen. Eine auf diesen wenigen Antworten basierende Beurteilung der staatlichen Förderprogramme ist jedoch nicht möglich. Daher werden im folgenden nur die wesentlichen Kritikpunkte an der KMU-Politik auf Länder-, Bundes- und EU-Ebene aufgeführt, die häufig in der Literatur erwähnt werden. Zwei Aspekten kommt dabei eine herausragende Bedeutung zu: der **Transparenz** und der **Effizienz** der öffentlichen Förderung.

4.2.1 Die Transparenz der öffentlichen Förderpolitik

In einem engen Sinne bezieht sich die Frage der Transparenz der Förderpolitik aus Sicht des einzelnen Unternehmens darauf, ob grundsätzlich bekannt ist, daß bestimmte Vorhaben öffentlich gefördert werden können und daß es für die Einzelberatung kompetente Einrichtungen gibt. Bei einer solchen Betrachtungsweise kann davon ausgegangen werden, daß die Förderpolitik staatlicher Organe relativ transparent ist, denn breit angelegte Informationskampagnen haben hier zumindest für eine Basisinformation der Betriebe gesorgt (vgl. Klemmer 1996, S. 185).

Bei einer weiten Auslegung des Begriffs Transparenz - im Sinne einer vollständigen Information der Unternehmen über alle Programme und deren Konditionen - muß allerdings eine weitgehende **Intransparenz der öffentlichen Förderpolitik** konstatiert werden. Die unterschiedlichen Kriterien der Förderfähigkeit je nach Region, Branche, Lebenszyklusphase des Unternehmens, Betriebsgröße etc. führen dazu, daß das einzelne Unternehmen die wesentlichen Zusammenhänge der Förderung nicht mehr durchschauen kann (vgl. Klemmer 1996, S. 176 f.). Insbesondere die klein- und mittelbetrieblich strukturierten Handwerker verlieren dabei den Überblick, was konkret gefördert werden kann. Aus diesem Grund benötigen sie die Hilfe externer Berater für die Inanspruchnahme der entsprechenden Fördermittel.

Hier besteht für die Unternehmen jedoch das Problem der Auswahl geeigneter Berater. Für die KMU kommen bei der Suche nach möglichen Ansprechpartnern eine Reihe von Einrichtungen in Frage (Kammern, Kreditinstitute, Wirtschaftsfördergesellschaften, Verbände, Technologiezentren, EU-Beratungsagenturen, Forschungseinrichtungen etc.). Studien haben allerdings gezeigt, daß vielen mittelständischen Unternehmen nicht klar ist, welche Institutionen für welche Förderprogramme die geeigneten Ansprechpartner sind (vgl. Klemmer 1996, S. 179).

Hinzu kommt noch, daß auch die Intermediäre bzw. beratenden Institutionen angesichts der häufigen Veränderungen in der Programmstruktur teilweise den Überblick über das Fördersystem verlieren (vgl. Klemmer

1996, S. 181). Dies erschwert die Suche der Handwerksbetriebe nach kompetenten Beratern und Ansprechpartnern zusätzlich.

Insgesamt bleibt festzuhalten, daß das System der für die Handwerksbetriebe relevanten Förderung in mehrfacher Hinsicht durch einen Mangel an Transparenz gekennzeichnet ist: Aufgrund der Komplexität des Fördersystems mit den verschiedenen Förderebenen (EU, Bund, Länder) fehlt vielfach die Übersicht über die konkreten Unterstützungsmöglichkeiten. Die Handwerksbetriebe informieren sich darüber hinaus v. a. aus Mangel an freien Personalressourcen oftmals nicht hinreichend. Schließlich ist den Unternehmen häufig auch die Rolle der beratenden Institutionen nicht klar.

4.2.2 Effizienz der Programmabwicklung

Der Begriff der Effizienz zielt im Rahmen der vorliegenden Fragestellung nicht auf die allokative gesamtwirtschaftliche Effizienz der öffentlichen Förderung ab und auch nicht auf eine auf den öffentlichen Sektor bezogene Produktionseffizienz im Sinne einer Input-Output-Analyse. Die Effizienz bezieht sich in diesem Zusammenhang vielmehr auf die zielgerichtete, einfache und möglichst reibungslose Inanspruchnahme von öffentlichen Förderprogrammen durch das einzelne Unternehmen.

Die Kritik an der Effizienz öffentlicher Förderprogramme stützt sich zum einen auf die teilweise **beträchtliche Zeitspanne**, die zwischen Beantragung und Bewilligung der Fördermitteln liegt (vgl. Frömling 1996, S. 3). Der Grund hierfür ist aber häufig nicht nur bei den Institutionen, welche die Zuschüsse bewilligen, zu suchen, sondern in vielen Fällen bei den antragstellenden Unternehmen selbst, die unvollständige Unterlagen einreichen, oder bei den durchleitenden Hausbanken, die mit den Programmanforderungen nicht ausreichend vertraut sind (vgl. Klemmer 1996, S. 187 ff.).

Teilweise sind die langen Genehmigungsfristen aber auch auf die Programmgestaltung zurückzuführen. So ist beispielsweise bei Inanspruchnahme einer öffentlichen Bürgschaft vor der Genehmigung in manchen Fällen eine aufwendige Prüfung vorgeschrieben (vgl. Klemmer 1996, S. 190). Bei einigen öffentlichen Förderprogrammen müssen außerdem fachliche Gutachten (z. B. von der Handwerkskammer) im Zuge der Antragstellung eingereicht werden. Diese Maßnahmen verlängern die Genehmigungsfristen für öffentliche Fördermittel.

Ein weiteres Problem im Zusammenhang mit der Beantragung öffentlicher Zuschüsse ist, daß die Träger bzw. **Ansprechpartner** häufig je nach Programm **variieren**. So sind z. B. KfW- und DtA-Kredite in der Regel über die Hausbanken zu beantragen, Wagniskapital im Rahmen eines Direktverfahrens jedoch oftmals unmittelbar bei den jeweiligen Hauptleihinstituten, die Förderung der Unternehmensberatung ist hingegen beim RKW angesiedelt (vgl. Klemmer 1996, S. 190 f.). Dies kann zu Ineffizienzen bei der Antragstellung führen, denn das Unterstützung suchende Unternehmen muß sich u. U. erst einen geeigneten Ansprechpartner suchen.

Abgesehen von der abwicklungstechnischen Effizienz ist die Zielrichtung der öffentlichen Förderung des handwerklichen Auslandsengagements aber grundsätzlich positiv zu beurteilen, denn die wesentlichen Probleme der Internationalisierung im Handwerk werden tangiert: es werden sowohl finanzielle Hilfestellungen (z. B. Exportbürgschaften) gewährt als auch Auslandsmessebeteiligungen gefördert, die für die international tätigen Handwerker eine transaktionskostensparende Möglichkeit der Akquisition ausländischer Kunden darstellen (vgl. Kapitel D.3.1.1.1). Besonders hervorzuheben sind darüber hinaus die bei den Außenhandelskammern angesiedelten 'Beauftragten für ostdeutsche Unternehmen und das Handwerk zur Absatzförderung in Europa', denn sie können den Betrieben die von ihnen gewünschten Detailinformationen zu bestimmten Auslandsmärkten geben. Diese Einrichtung sollte daher über die bereits bestehenden Beauftragten hinaus weiter entwickelt werden.

Insgesamt ist die öffentliche Förderpolitik aber durchaus ambivalent zu beurteilen. Auf der einen Seite versuchen die verschiedenen staatlichen und supra-staatlichen Ebenen durch eine Vielzahl von Hilfsprogrammen kleinere und mittlere Unternehmen zu unterstützen. Auf der anderen Seite hat dies jedoch zu einem „Wildwuchs" (Sachverständigenrat 1994, S. 191) der öffentlichen Fördermaßnahmen geführt, den der einzelne Handwerksbetrieb ohne kompetenten Berater nicht mehr bewältigen kann.

Dadurch können einige der bedeutendsten international verwertbaren Wettbewerbsvorteile der Handwerksbetriebe beeinträchtigt werden, wie z. B. die Fähigkeit zur schnellen und flexiblen Reaktion auf Kundenwünsche (vgl. Kapitel D.2.2). Die unflexiblen und zeitaufwendigen Beantragungsverfahren, die viele öffentliche Fördermaßnahmen auszeichnen, spiegeln diese Anpassungsfähigkeit des Handwerks nicht wider. Um die internationale Wettbewerbsfähigkeit der Handwerksbetriebe nicht unnötig zu belasten, ist das **Subsidiaritätsprinzip** bei allen Unterstützungsmaßnahmen soweit wie möglich anzuwenden. Die damit verbundene größere Nähe der Förderinstitutionen zu den Unternehmen dürfte die Anpassungsmöglichkeiten an den jeweiligen individuellen Unterstützungsbedarf zumindest tendenziell erhöhen.

5. Zusammenfassung

Das Ziel einer Förderung des handwerklichen Auslandsengagements besteht grundsätzlich darin, die internationalisierungsfähigen und -willigen Unternehmen bei ihren Schwierigkeiten zu unterstützen. Auf nationaler und supra-nationaler Ebene sowie von Seiten der Handwerksorganisationen sind dazu eine Vielzahl von Maßnahmen aufgelegt worden. Allerdings wurden in den vorherigen Ausführungen einige Problembereiche deutlich, die teilweise zu einer unzureichenden Inanspruchnahme dieser Unterstützungsleistungen führen.

Den öffentlichen Fördermaßnahmen fehlt es dabei v. a. an der notwendigen Transparenz und Effizienz, um eine problem- und zielorientierte Unterstützung gewährleisten zu können. Die Hilfestellungen der Handwerkskammern sind dagegen verhältnismäßig gut auf die mit dem Auslandsengagement zusammenhängenden Schwierigkeiten ihrer Mitgliedsbetriebe ausgerichtet. Hierbei erweist sich der im allgemeinen enge Kontakt der Kammern mit den Unternehmen und ihre Vertrautheit mit den lokalen Gegebenheiten als vorteilhaft.

Bemerkenswert ist jedoch, daß für Handwerksbetriebe der Handwerkskammer häufig nicht die primäre Anlaufstelle darstellt. Dies zeigt sich insbesondere bei binnenländischen Unternehmen, deren Vertretungsorgane entsprechende Leistungen häufig nicht anbieten. Durch die Vernachlässigung des auch für das Handwerk im Rahmen der Globalisierung zunehmend wichtiger werdenden Auslandsgeschäfts versäumen es die Kammern jedoch, das auch bei binnenländischen Betrieben vielfach vorhandene Internationalisierungspotential adäquat zu fördern. Hier sollten Maßnahmen ansetzen, um die Kompetenz der binnenländischen Handwerkskammern zu erhöhen.

Letztendlich kann aber auch eine noch so gut geplante und abgestimmte Förderung der Internationalisierung von Handwerksbetrieben ihr Ziel nicht erreichen, wenn die handwerklichen Unternehmer die im Ausland vorhandenen Vermarktungspotentiale nicht erkennen und nicht den Willen aufbringen, die im Rahmen der grenzüberschreitenden Tätigkeit auftretenden besonderen Schwierigkeiten zu überwinden (vgl. Julien u. a. 1997, S. 46). Das Engagement des einzelnen Unternehmers und seiner Mitarbeiter ist die Voraussetzung dafür, daß die Chancen der Globalisierung auch vom Handwerk wahrgenommen werden.

F Schlußbetrachtung

Das Handwerk ist in den zunehmenden Globalisierungsprozeß der Wirtschaft einbezogen. Insbesondere die überregional tätigen Unternehmen des warenproduzierenden Handwerks werden von dieser Entwicklung tangiert. Sie müssen sich den Herausforderungen der vernetzten Märkte stellen und international verwertbare firmenspezifische Wettbewerbsvorteile aufbauen. Dadurch können sie sich eine günstige Wettbewerbsposition gegenüber der in- und ausländischen Konkurrenz verschaffen.

Im Mittelpunkt dieser Arbeit stand die Frage, welche besonderen Charakteristika die erfolgreich grenzüberschreitend tätigen Handwerksbetriebe auszeichnen. Ein besonderer Schwerpunkt lag dabei auf den innerbetrieblichen Entscheidungsstrukturen, die den handwerklichen Internationalisierungsprozeß wesentlich beeinflussen. Es hat sich gezeigt, daß es *den einen typischen Exporteur* im Handwerk nicht gibt. Im Rahmen der Analyse konnten jedoch drei verschiedene Gruppen international tätiger Handwerker herausgearbeitet werden.

Zum einen vertreiben hochspezialisierte **Nischenproduzenten** ihre technologisch hochwertigen Produkte an Abnehmer in aller Welt. Für sie reicht das Absatzpotential des heimischen Marktes nicht aus, so daß sie aktiv nach Vermarktungsmöglichkeiten im Ausland suchen. Zum anderen konzentrieren sich die **grenznahen Handwerksbetriebe** in der Regel auf die Bedienung eines wohnortnahen Marktes, der bei ihnen zumindest teilweise auch das Nachbarland umfaßt. Hierbei spielt neben der geographischen v. a. auch die 'psychische' Nähe zum benachbarten Ausland eine entscheidende Rolle. Des weiteren konnte eine Gruppe von Handwerkern identifiziert werden, die ihre Produktion auf die **Bedienung individueller Kundenwünsche** ausgerichtet hat. Dieses Unternehmen werden häufig zufällig grenzüberschreitend tätig, nachdem Aufträge aus dem Ausland an sie herangetragen wurden.

Als gemeinsames Charakteristikum eint die im Ausland engagierten Handwerksbetriebe die Fähigkeit zur schnellen und flexiblen Reaktion auf den individuellen Abnehmerbedarf. Sie grenzen sich damit von der industriellen Konkurrenz ab, die in der Regel standardisierte Problemlösungen anbietet. Die Flexibilität handwerklicher Unternehmen und die hohe Qualität ihrer Produkte und Dienstleistungen basieren zum großen Teil auf dem Wissen und Können der Mitarbeiter und der Unternehmensleitung. Den grenzüberschreitend tätigen Handwerkern gelingt es, diese Fähigkeiten zu firmenspezifischen Wettbewerbsvorteilen zu bündeln, mit deren Hilfe sie sich strategisch günstig auf den internationalen Märkten positionieren können.

Die Entscheidungen über die Vorgehensweise werden dabei gewöhnlich vom Unternehmer allein getroffen. Wesentlichen Einfluß auf die Strategiewahl haben die Persönlichkeitsmerkmale des handwerklichen Entscheidungsträgers. Als dominanter Unternehmertyp in den grenzüberschreitend tätigen Handwerksbetrieben konnte der **'Allrounder'** identifiziert werden, der sich durch ein ausgewogenes Verhältnis zwischen administrativ-ausführenden und dynamisch-schöpferischen Fähigkeiten auszeichnet. Das Zusammenspiel kreativer und organisatorischer Begabungen ermöglicht es ihm, Lösungen für die im Zusammenhang mit dem Auslandsengagement auftretenden Probleme zu finden.

Der Handwerker muß im Rahmen der Internationalisierung in erster Linie grundsätzlich betriebsgrößenbedingte Schwierigkeiten überwinden. Aufgrund der geringen Kapital- und Personalressourcen - häufig verbunden mit mangelnden Sprachkenntnissen und fehlender Auslandserfahrung - stellt v. a. die **Informationsbeschaffung** ein bedeutendes Problem dar. Dabei mangelt es den Handwerksbetrieben sowohl an strategischem Wissen, das für die Wahl der geeigneten Art der Auslandsmarktbearbeitung und der optimalen Internationalisierungsform entscheidend ist, als auch an Kenntnissen über die technische Abwicklung des Auslandsgeschäfts, die z. B. bei der Erfüllung gesetzlicher Regelungen (Zollformalitäten, ausländische Normen und Standards etc.) sowie bei der Vertragsgestaltung von Bedeutung sind.

Diese Probleme erweisen sich besonders zu Beginn der Internationalisierung als Hürde für das Auslandsengagement. Im weiteren Verlauf der grenzüberschreitenden Tätigkeit gewinnen die Unternehmer jedoch zunehmend an Erfahrung im Auslandsgeschäft, so daß die daraus resultierenden Lerneffekte zu einer gewissen **Exportroutine** führen. Das internationale Engagement entwickelt sich infolgedessen bei vielen Handwerksbetrieben derart dynamisch, daß der Auslandsabsatz einen beträchtlichen Teil des Gesamtumsatzes ausmacht. Einige Unternehmer vertiefen darüber hinaus ihr Auslandsengagement, indem sie nach internationalen Kooperationspartnern suchen bzw. eine ausländische Vertriebsniederlassung gründen.

Die Analyse des handwerklichen Internationalisierungsverhaltens hat gezeigt, daß auch Handwerksbetriebe unter bestimmten Voraussetzungen zu einer grenzüberschreitenden Tätigkeit befähigt sind. Voraussetzung für den Erfolg auf den ausländischen Märkten ist jedoch der Wille des handwerklichen Unternehmers, die Chancen des Auslandsengagements wahrzunehmen und die damit verbundenen Probleme zu überwinden. Hier können insbesondere die Handwerksorganisationen wichtige Impulse für die Internationalisierung ihrer Mitgliedsbetriebe geben, indem sie jene Unternehmen identifizieren, die über international verwertbare Wettbewerbsvorteile verfügen, und ihnen geeignete Wege aufzeigen, von den ausländischen Vermarktungschancen zu profitieren.

Für die Zukunft ist mit einem verstärkten internationalen Engagement der Handwerksbetriebe zu rechnen, da die Unternehmensleitung von einer jungen Nachfolgegeneration übernommen werden wird, deren Ausbildung und sozio-kultureller Hintergrund von einer tendenziell größeren Offenheit gegenüber dem Ausland geprägt sind als jene der jetzigen Unternehmergeneration. Fördermaßnahmen in Bezug auf das handwerkliche Auslandsengagement sollten daher v. a. auch bei diesen 'Junghandwerkern' ansetzen, um Anstöße für die vermehrte Nutzung des im Handwerk latent vorhandenen Internationalisierungspotentials zu geben.

Anhang

Interview-Leitfaden zur Untersuchung des Internationalisierungsverhaltens von Handwerksbetrieben

0. Angaben zum Interview

0.1 Name des Handwerksbetriebes:

____

0.2 PLZ/Ort:______________________________

0.3 Gesprächspartner:______________________________

0.4 Datum und Uhrzeit:______________________________

0.5 Dauer des Gesprächs:______________________________

1. Unternehmensprofil

1.1 Branche/Handwerksrolleneintragung:______________

____

1.2 Gründungsjahr:_______(Neugründung/Übernahme)

1.3 Produktionsprogramm/-palette:

Produkte

Produktname	Export	Tech-nologie	Klassi-fikation*	Umsatz-anteil	
				Inl.	Ausl.

Dienstleistungen

Dienstlei-stung	Export	In Verbind. mit Produkt	Als eigenständ. Leistungsangeb.

* Klassifikation: Standardprodukt, Nischenprodukt, Sonderanfertigungen

Erläuterungen:______________________________

____

2. Beginn der Internationalisierung

2.1 **Seit wann** sind Sie im Ausland tätig?______________

2.2 Anstoß zur Internationalisierung

2.2.1 Wann und wie kam ein mögliches **Auslandsengagement** zum ersten Mal **in Ihr Bewußtsein**? Wann haben Sie zum ersten Mal darüber nachgedacht?

____

____

____

2.2.2 Wer oder was gab schließlich den **Anstoß** zum konkreten Schritt ins Ausland?

- ❑ Unternehmer selbst
- ❑ Mitarbeiter
- ❑ ausländischer Abnehmer
- ❑ befreundete Unternehmer/Konkurrenten
- ❑ Handwerkskammer
- ❑ sonstige Handwerksorganisation____________
- ❑ Messebesuch im Inland/Ausland
- ❑ sonstige______________________________

Erläuterungen:______________________________

____

____

2.2.3 Aus welchen **Gründen** sind Sie im Ausland tätig geworden? Was waren Ihre **Motive**?

- ❑ Offensive Motive: Umsatzausweitung
  - ❑ Schaffung neuer Märkte
  - ❑ Produktdifferenzierung
  - ❑ Realisierung von 'economies of scale'
- ❑ Defensive Motive: Sicherung des Unternehmens
  - ❑ Verminderung des Absatzrisikos
  - ❑ Wettbewerbsdruck im Inland
  - ❑ Freie betriebliche Kapazitäten
- ❑ Sonstige:____________________________

____

____

2.3 Planung und Vorbereitung des Auslandsengagements

2.3.1 Gab es zuvor konkrete **Planungen** oder kam das Auslandsengagement eher **zufällig** zustande?

- ❑ aktiv
  - ❑ strategisch geplant
  - ❑ spontan eine Chance ergriffen
- ❑ passiv
  - ❑ zufällig
  - ❑ gelenkter Zufall (z.B. Messebesuch)

Erläuterungen:______________________________

____

____

2.3.2 Welche **Strategie** sah die Planung vor? Welche **Ziele** haben Sie sich zu Beginn des Auslandsengagements gesetzt?

____

____

____

____

2.3.3 Haben Sie im Vorfeld **Informationen** über den Auslandsmarkt eingeholt? Welche? Welche **Informationsquellen** hatten Sie?

Informationen über
- ❑ potentielle Kunden
- ❑ Konkurrenten auf dem Auslandsmarkt
- ❑ die Nachfrage im Ausland
- ❑ die technische Abwicklung
- ❑ gesetzliche Regelungen
- ❑ steuerliche Regelungen
- ❑ Sonstige:________________________

____

____

Informationsquellen:
- ❑ Handwerkskammer
- ❑ Unternehmensberater
- ❑ Hausbank
- ❑ Literatur
- ❑ Internet
- ❑ Staatliche Stellen:____________________
- ❑ Euro-Info-Center
- ❑ BfAi
- ❑ Sonstige:________________________

____

2.3.4 Wer war für die **Planungsarbeiten verantwortlich**? Wer hat sie **durchgeführt**?

- ❑ Unternehmer
- ❑ Familienmitglied______________________
- ❑ Mitarbeiter
  - ❑ aus der Produktion
  - ❑ Ingenieure
  - ❑ kaufmännische Angestellte
- ❑ Unterstützung durch externe Berater:________

____

2.4 **Warum** glaubten Sie auf dem ausländischen Markt **erfolgreich** sein zu können? Welche **Eigenschaften Ihrer Produkte bzw. Dienstleistungen** stimmten Sie optimistisch für das internationale Engagement?

____

____

____

____

____

2.5 Internationalisierungsform

2.5.1 Welches **Marktsegment** haben Sie zu Beginn bedient? In welchen **Ländern** wurden Sie am Anfang tätig?

- ❑ Nur einzelne Kunden
- ❑ Nischenmarkt
- ❑ breites Marktsegment

Länder/Regionen:__________________________

____

2.5.2 Nach welchen **Kriterien** haben Sie den **Auslandsmarkt** bzw. die ausländischen **Kunden** ausgesucht?

- ❑ aktiv ❑ passiv

____

____

2.5.3 Welche **Internationalisierungsform** haben Sie zu Beginn gewählt?

- ❑ Produktexport
  - ❑ direkt an private Abnehmer
  - ❑ direkt an gewerbliche Abnehmer
  - ❑ Produktexport über Absatzmittler______

  Welche Produkte?______________________________

- ❑ Dienstleistungen im Ausland
  - ❑ Montage
  - ❑ Reparatur
  - ❑ Wartung
  - ❑ sonstige______________________________
- ❑ Lizenzvergabe

  Welches Know-how?______________________________
- ❑ Kooperation mit ausländischem Partner

  In welchen Bereichen?______________________________
- ❑ Produktion im Ausland

  Welche Produkte?______________________________
- ❑ sonstige:______________________________

2.6 Probleme

2.6.1 Traten in der **Anfangsphase Probleme** auf?

- ❑ Informationsbeschaffung
- ❑ Sprachschwierigkeiten
- ❑ innerbetriebliche Organisation
- ❑ Kapazitätsengpässe
- ❑ Geeignete Mitarbeiter
- ❑ Finanzierungsprobleme
- ❑ Transport
- ❑ sonstige kulturelle Probleme______________________________

- ❑ Suche nach Abnehmern
- ❑ Akzeptanz als ausländischer Anbieter
- ❑ Akzeptanz als zuverlässiger Partner
- ❑ kein zuverlässiger ausländischer Partner

- ❑ administrative Hürden
  - ❑ Normen und Standards
  - ❑ Genehmigungen
  - ❑ Steuern
  - ❑ Zölle
- ❑ sonstige:______________________________

____

____

2.6.2 **Wie** haben Sie diese Probleme **gelöst**?

____

____

____

____

2.7 Bewertung der Anfangsphase der Internationalisierung

2.7.1 Haben sich Ihre **anfänglichen Erwartungen** an das Auslandsgeschäft **erfüllt**? Haben Sie Ihre **Ziele erreicht**?

____

____

____

____

2.7.2 Wie bewerten Sie den **Aufwand** (insb. Such-, Informations-, Vertragsanbahnungskosten) zu Beginn der Internationalisierung **im Vergleich zum Ertrag**?

____

____

____

____

2.7.3 **Was** würden Sie heute beim Start ins Auslandsgeschäft **anders machen**?

____

____

____

____

3. Entwicklung des Auslandsengagements

3.1 Weitere Entwicklung des Auslandsgeschäfts

3.1.1 **Wie** hat sich Ihr Auslandsengagement im weiteren Verlauf **entwickelt**? Haben Sie **später** versucht, **andere Märkte** im Ausland zu bearbeiten? Welche?

- ❑ neue Kunden (gewerblich/privat)
- ❑ zusätzliche Produkte
- ❑ zusätzliche Dienstleistungen
- ❑ andere Länder/Regionen:______________

Erläuterungen:______________________

____

3.1.2 Haben Sie später **weitere Internationalisierungsformen** in Betracht gezogen?

- ❑ Ja
  - ❑ Kooperation mit ausländischem Partner
  - ❑ Lizenzvergabe______________
  - ❑ Direktinvestition
    - ❑ Produktionsstätte
    - ❑ Vertriebsbüro
    - ❑ Vertretung

  Warum haben Sie den Plan nicht realisiert?

  ____

  ____
- ❑ Nein. Warum nicht?______________

  ____

  ____

3.1.3 Haben Sie **Niederlassungen** im Inland oder im Ausland?

- ❑ Inland:______________________
- ❑ Ausland:______________________

3.1.4 **Wieviele Kunden** beliefern Sie zur Zeit **im Ausland**? Welchen **Anteil** hat der **Auslandsumsatz** am Gesamtumsatz? Welchen **Umsatzanteil** haben Ihre **ausländischen Hauptabnehmer**?

Gewerbliche Kunden:_____
Privatkunden:__________
Auslandsumsatz_____% des Gesamtumsatzes
1. ausl. Hauptabnehmer____% des Gesamtumsatzes
2. ausl. Hauptabnehmer____% des Gesamtumsatzes
Erläuterungen:______________________
____

3.2 Intensivierung einer Geschäftsbeziehung

3.2.1 Haben Sie im Verlauf Ihrer Tätigkeit im Ausland einen **Partner gefunden**, mit dem Sie enger zusammenarbeiten? In welcher Phase der Internationalisierung?

- ❑ Ja______________________
- ❑ Nein

Wenn nein, warum nicht?______________________
____
____

3.2.2 **Wie** kam es zu der **Intensivierung** der Geschäftsbeziehung?

____
____
____
____

3.2.3 **Wodurch** äußert sich die **engere Zusammenarbeit**? In **welchen Bereichen** arbeiten Sie zusammen?

____
____
____
____

3.2.4 **Warum** können Sie gerade mit **diesem Partner gut zusammenarbeiten**?

- ❑ Komplementäre Produktpalette
- ❑ Ähnliche Produktionsweise
- ❑ Ähnliche Unternehmenskultur
- ❑ Gutes persönliches Verhältnis
- ❑ Sonstige______________________

____
____

3.2.5 Beruht die Zusammenarbeit auf **mündlichen Vereinbarungen** oder auf einem **schriftlich niedergelegten Vertrag**?

- ❑ mündliche Vereinbarung
- ❑ schriftlicher Vertrag

Warum?______________________

3.2.6 Wie haben sich die **Verhandlungen** gestaltet? Gab es **Probleme**?

____
____
____
____

3.2.7 Wurde ein **Austausch von Know-how** mit dem ausländischen Partner vereinbart/durchgeführt? Tauschen Sie **Mitarbeiter zu Schulungszwecken** aus?

____
____
____
____

3.2.8 Haben Sie **Investitionen** vorgenommen, die **speziell** auf den ausländischen **Geschäftspartner** ausgerichtet sind?

____
____
____
____

3.2.9 **Was bringt** Ihr **Partner** in die Geschäftsbeziehung **ein**?

____
____
____
____

3.2.10 Glauben Sie, daß **beide** Partner **gleichermaßen** von der Zusammenarbeit **profitieren**?

____
____

3.2.11 Gab es im Verlauf der Partnerschaft **Abstimmungsprobleme** mit Ihrem Partner? In welcher Phase Ihrer Partnerschaft? Wie haben Sie die Schwierigkeiten bewältigt?

____
____
____
____

3.2.12 Wie würden Sie Ihr **persönliches Verhältnis** zum ausländischen Geschäftspartner charakterisieren? Gibt es **Schwierigkeiten** im persönlichen Umgang?

- ❑ exzellent
- ❑ gut
- ❑ befriedigend
- ❑ schlecht

Erläuterungen: ______________________________
____
____
____

3.2.13 Unterhalten Sie auch **private Kontakte** mit Ihrem ausländischen Geschäftspartner?

- ❑ Ja
- ❑ Nein

____
____
____

3.3 Zukünftige Entwicklung des Auslandsgeschäfts

3.3.1 **Wie** sehen Sie Ihr **Unternehmen** für das zukünftige Auslandsgeschäft **positioniert**?

____

____

____

3.3.2 Welche **Ziele** haben Sie sich für das weitere Auslandsengagement gesetzt? Wollen Sie Ihre **Auslandsstrategie ändern**? Gibt es schon **konkrete Pläne**?

____

____

____

3.3.3 Wollen Sie in **weitere Auslandsmärkte** vordringen? Planen Sie, mit **weiteren Produkten oder Dienstleistungen** im Ausland präsent zu sein?

____

____

____

3.3.4 Streben Sie eine **engere Zusammenarbeit** mit **weiteren Partnern** an? Gibt es schon konkrete **Pläne**?

- ❑ Ja
- ❑ Nein

Erläuterungen:____________________________

____

____

3.3.5 Ziehen Sie **andere Formen** des Auslandsengagements in Betracht?

- ❑ Niederlassung im Ausland
  - ❑ Produktionsstätte__________________
  - ❑ Vertriebsniederlassung_______________
  - ❑ Repräsentanz_____________________
- ❑ Fiskalvertreter________________________
- ❑ Kooperation__________________________
  - ❑ Gemeinsame Produktion
  - ❑ F&E
  - ❑ Vertrieb
  - ❑ Sonstige_________________________
- ❑ Lizenzvergabe________________________
- ❑ Nein

  Warum nicht?_________________________

____

____

____

3.3.6 Wie bewerten Sie die **Auswirkungen** des **Europäischen Binnenmarktes** und der **Öffnung** der Staaten **Mittel- und Osteuropas** auf Ihr Unternehmen?

- ❑ Positiv
- ❑ Negativ
- ❑ Keine Meinung

Erläuterungen:____________________________

____

____

____

3.4 Probleme und Problembewältigung

3.4.1 Welches sind die **Hauptprobleme** im Rahmen Ihres Auslandsengagements?

____

____

____

____

____

3.4.2 Wie haben Sie diese **Probleme bewältigt**?

____

____

____

____

____

3.4.3 Haben Sie zu irgendeiner Zeit während Ihres Auslandsengagements **Unterstützung** von Dritten in Anspruch genommen? Von wem? Welche Hilfen? **In welcher Phase** der Internationalisierung?

- ❑ Exportberater der Handwerkskammer
- ❑ Delegationsreise mit Handwerkskammer
- ❑ Auslandsmessebeteiligung mit Hilfe der HWK
- ❑ IHK
- ❑ Hausbank
- ❑ Unternehmensberater
- ❑ befreundete Unternehmer

Erläuterungen: ______________________________

____

____

____

3.4.4 Wie **beurteilen** Sie die **Unterstützung**?

____

____

____

____

3.4.5 Falls Sie sowohl in der Handwerkskammer als auch in der IHK Mitglied sind, vergleichen Sie bitte das Leistungsangebot der jeweiligen Kammern im Bereich der Internationalisierung.

____

____

____

____

4. Internationale Wettbewerbsvorteile

4.1 Firmenspezifische Wettbewerbsvorteile

4.1.1 Was sind ihre besonderen **Stärken/Wettbewerbsvorteile** auf dem Auslandsmarkt? **Unterscheiden** sie sich von denen auf dem **Heimatmarkt**?

- ❑ außergewöhnliche Produkte
- ❑ außergewöhnliche Dienstleistungen
- ❑ Kombination von Produkten u. Dienstleistungen
- ❑ Flexibilität
- ❑ Schnelligkeit
- ❑ Qualität
- ❑ Innovationskraft
- ❑ Befriedigung heterogener Kundenbedürfnisse

4.1.2 **Worauf basieren** Ihre **Wettbewerbsvorteile**?

- ❑ Wissen und Können der Mitarbeiter
- ❑ Patente
- ❑ Management
- ❑ Produkttechnologie
- ❑ Prozeßtechnologie

4.1.3 Welche **Maßnahmen** ergreifen Sie, um Ihre **Wettbewerbsvorteile** zu **erhalten**?

- ❑ Mitarbeiterschulung
- ❑ Teamwork
- ❑ Systematische F&E
- ❑ Vorschlagswesen
- ❑ Marktbeobachtung

4.1.4 Haben sich Ihre **Wettbewerbsvorteile durch** das **Auslandsengagement verändert**?

- ❑ Produktbereich
- ❑ Produktionsprozeß

4.1.5 Was haben Sie **durch** das **Auslandsengagement gelernt**?

4.1.6 Hat sich das **Auslandsengagement** auf Ihre **Wettbewerbsvorteile** auf dem **Heimatmarkt** ausgewirkt?

4.1.7 **Wie entstehen** bei Ihnen **Innovationen** bzw. neue Produkte oder Leistungsangebote?

- ❑ Systematische F&E
- ❑ Im Produktionsprozeß
- ❑ Verbesserungsvorschläge
- ❑ Imitation
- ❑ Kein Interesse an Innovation

____

____

____

4.1.8 Haben Sie **durch** die **Zusammenarbeit** mit einem ausländischen Partner **neues Produkt- bzw. Prozeß-Know-how** gewonnen?

____

____

____

____

4.2 Wettbewerbssituation auf dem Auslandsmarkt

4.2.1 **Wieviele direkte Konkurrenten** haben Sie im Inland/Ausland?

____

____

____

4.2.2 Wie würden Sie den **Wettbewerb** im Inland/Ausland **charakterisieren**?

Inland		Ausland
❑	stark	❑
❑	schwach	❑
❑	keine direkten Konkurrenten	❑

Erläuterungen:______________________________

____

____

4.2.3 **Unterscheidet** sich die **Nachfrage** im Inland und im Ausland **qualitativ**?

____

____

____

____

4.2.4 Hat sich Ihre **Wettbewerbsposition** auf dem Heimatmarkt **durch** das **Auslandsengagement verändert**?

____

____

____

____

4.2.5 Ist es heute für Sie ein größeres **Problem**, ein Produkt z.B. nach **Brüssel/Amsterdam/Paris** zu liefern als z.B. nach **München/Hamburg/Berlin**? Warum?

❑ Ja
❑ Nein

____
____
____
____

5. Mitarbeiter

5.1 **Wieviele Mitarbeiter** beschäftigen Sie? Wie ist Ihre **Mitarbeiterstruktur**?

Anzahl der Mitarbeiter:__________
davon Familienangehörige:________
Ingenieure:____
Meister:______
Gesellen:_____
Lehrlinge:_____
kaufmännische Angestellte:____
Erläuterungen:______________________________

5.2 Auslandsqualifikation der Mitarbeiter

5.2.1 Wie beurteilen Sie die **Qualifikation Ihrer Mitarbeiter** bezüglich des **Auslandsengagements**?

____
____
____

5.2.2 Verfügen einige Ihre **Mitarbeiter** über **Sprachkenntnisse/Auslandserfahrung**? In welcher **Position** arbeiten sie?

❑ Ja
❑ Nein

____
____
____
____

5.2.3 **Suchen** Sie gezielt **Mitarbeiter** mit bestimmten **Qualifikationen für das Auslandsgeschäft**?

- ❑ Ja
- ❑ Nein

____

____

5.2.4 Ermöglichen Sie Ihren **Mitarbeitern** die Teilnahme an spezifischen **Fortbildungsmaßnahmen** zur Qualifikation für das **Auslandsgeschäft**?

- ❑ Sprachkurse
- ❑ Exportschulung
- ❑ Auslandspraktika
- ❑ Sonstige____________________________

____

5.2.5 **Entsenden** Sie **Mitarbeiter** ins **Ausland** zur Produktion/Dienstleistungserstellung?

- ❑ Produktion
- ❑ Dienstleistung
- ❑ Montage/Reparatur
- ❑ sonstige:____________________________

____

5.3 Innerbetriebliche Organisation des Auslandsgeschäfts

5.3.1 **Wie** ist der **Export** in Ihrem Betrieb **organisiert**? **Wer** hat damit zu tun?

____

____

____

____

5.3.2 Hat sich die **innerbetriebliche Organisation** nach Aufnahme des Auslandsengagements **verändert**?

- ❑ Ja
- ❑ Nein

____

____

____

____

6. Unternehmerpersönlichkeit

6.1 Welche **Ausbildung** (Schule, Lehre, spezifische Kurse, etc.) haben Sie?

- ❑ Hauptschule
- ❑ Realschule
- ❑ Abitur
- ❑ sonstige Schulform: ____________
- ❑ Fachhochschulabschluß: ____________
- ❑ Universitätsexamen: ____________
- ❑ Lehre: ____________
- ❑ Meisterprüfung: ____________
- ❑ Betriebswirt des Handwerks
- ❑ sonstiges: ____________

6.2 Verfügen Sie über **Sprachkenntnisse/Auslandserfahrung**?

Sprachkenntnisse: ____________

Auslandserfahrung: ____________

____

____

6.3 Haben Sie spezielle **Managementkurse** absolviert?

- ❑ Ja
- ❑ Nein

____

____

6.4 Haben Sie an speziellen **Fortbildungsveranstaltungen** für das **Auslandsgeschäft** teilgenommen?

- ❑ Ja
- ❑ Nein

____

____

6.5 Wie beurteilen Sie langfristig die Position Ihres **Unternehmens als Familienbetrieb**? Wie sehen Sie die **Nachfolge** in Ihrem Unternehmen?

____

____

____

____

6.6 Was bewegt Sie als Unternehmer? Von welchen **persönlichen Zielsetzungen** werden Sie als **Unternehmer** geleitet? **Warum** sind Sie **Unternehmer** geworden?

____

____

____

____

6.7 Arbeiten Sie **aktiv in der Produktion** mit?

- ❑ Ja
- ❑ Nein

6.8 Wie sehen Sie Ihre **Aufgaben als Unternehmer**?

____

____

____

____

6.9 Wo sehen Sie Ihre **Stärken und Schwächen** als Unternehmer?

Stärken: ________________________________

____

____

Schwächen: ________________________________

____

____

6.10 Welche **Ziele** hat Ihre **Unternehmung**? Haben Sie diese Ziele bislang **erreicht**?

____

____

____

____

Tab. A.1: Allgemeine Strukturmerkmale der befragten Handwerksbetriebe

Betrieb-Nr.	HWK[1]	Branche	Betriebsgröße		Technologiegehalt der exportierten Produkte			Unternehmertyp	Ausbildung des Unternehmers		
			Zahl der Beschäftigten	davon ... Ingenieure	hoch	mittel	niedrig		handwerklich	kaufmännisch	Universitäts-/FH-Studium
1	Ol	Masch.-bau	70	6	X			Organisator	X	X	X
2	Ol	Masch.-bau	107	15	X			Routinier			X
3	Tr	Tischler	40	1			X	Organisator	X		
4	Tr	Klavierbau	1	-			X	Allrounder	X		
5	Tr	Metallbau	24	-			X	Allrounder	X		
6	Tr	Tischler	10	1			X	Routinier		X	X
7	Tr	Kfz	15	-		X		Organisator			X
8	Tr	Metallbau	12	-			X	Allrounder	X		
9	Hi	Masch.-bau	15	1	X			Allrounder	X		

[1] Dü = Düsseldorf, Hi = Hildesheim, Ol = Oldenburg, Os = Osnabrück-Emsland, Sa = Saarland, Tr = Trier.

Betrieb-Nr.	HWK	Branche	Betriebsgröße		Technologiegehalt der exportierten Produkte			Unter-nehmertyp	Ausbildung des Unternehmers		
			Zahl der Beschäf-tigten	davon ... Inge-nieure	hoch	mittel	nied-rig		hand-werklich	kaufmän-nisch	Universi-täts-/FH-Studium
10	Os	Masch.-bau	240	25	X			Pionier			X
11	Os	SHK	66	3	X			Pionier	X		
12	Os	Masch.-bau	23	6	X			Allrounder	X		X
13	Hi	Werkzeugbau	150	5		X		-	-	-	-
14	Os	Metallbau	60	2	X			Allrounder		X	
15	Os	Masch.-bau	60	8	X			Allrounder		X	X
16	Os	Masch.-bau	65	1		X		Allrounder		X	
17	Os	Masch.-bau	21	-	X			Routinier		X	
18	Os	Tischler	6	-			X	Organisator	X		

Betrieb-Nr.	HWK	Branche	Betriebsgröße		Technologiegehalt der exportierten Produkte			Unter-nehmertyp	Ausbildung des Unternehmers		
			Zahl der Beschäf-tigten	davon ... Inge-nieure	hoch	mittel	nied-rig		hand-werklich	kaufmän-nisch	Universi-täts-/FH-Studium
19	Dü	Feinmechanik	56	3	X			Organisator		X	
20	Dü	Metallbau	30	1	X			Allrounder	X		
21	Dü	Masch.-bau	25	5		X		Allrounder	X		X
22	Dü	Graveur	7	-		X		Routinier	X		
23	Hi	Masch.-bau	50	4	X			Pionier	X		
24	Hi	Masch.-bau	25	3	X			Allrounder	X		
25	Hi	Masch.-bau	35	-	X			Allrounder	X		
26	Hi	Masch.-bau	65	3	X			Allrounder		X	X
27	Hi	Metallbau	230	4		X		Routinier	X		X

Betrieb-Nr.	HWK	Branche	Betriebsgröße		Technologiegehalt der exportierten Produkte			Unter-nehmertyp	Ausbildung des Unternehmers		
			Zahl der Beschäf-tigten	davon ... Inge-nieure	hoch	mittel	nied-rig		hand-werklich	kaufmän-nisch	Universi-täts-/FH-Studium
28	Hi	Dreher	20	-	X			Allrounder	X		
29	Hi	Masch.-bau	38	6	X			Allrounder	X		X
30	Hi	Metallbau	1	-	X			Pionier	X		X
31	Sa	Metallbau	40	-			X	Allrounder	X		
32	Sa	Dachdecker	60	-			X	Allrounder	X		X
33	Sa	Tischler	23	1			X	Allrounder	X		
34	Sa	Metallbau	35	-		X		Allrounder	X		X

Tab. A.2: Ausgewählte Charakteristika des Internationalisierungsverhaltens der befragten Unternehmen

Betrieb Nr.	Betriebs-gründung	Beginn Auslands-geschäft	Internationalisierungsform					Zielregionen des Absatzes				Auslands-umsatz[2]
			Direkter Export	Absatz-mittler	Koope-ration	Direkt-investition	Lizenz-vergabe	EU	MOE	Resteuropa[1]	Übersee	
1	1945	1945	X					X	X	X	X	60-80%
2	1929	1985		X		X		X	X	X	X	40-50%
3	1956	1985	X	X				X				15%
4	1990	1990	X					X				30%
5	1973	1981	X			X		X				70%
6	1972	1974	X		X			X				40%
7	1981	1981	X	X	X	X		X				25%
8	1968	1976	X					X				15%
9	1986	1986	X					X		X	X	25-30%

1 Alle europäischen Länder, die nicht zu den EU- bzw. MOE-Staaten gehören.
2 In Prozent des Gesamtumsatzes.

Betrieb Nr.	Betriebs-gründung	Beginn Auslands-geschäft	Internationalisierungsform					Zielregionen des Absatzes				Auslands-umsatz
			Direkter Export	Absatz-mittler	Koope-ration	Direkt-investi-tion	Lizenz-vergabe	EU	MOE	Resteu-ropa	Übersee	
10	1955	1985	X	X	X		X	X	X	X	X	70-100%
11	1973	1986	X	X				X	X	X	X	12%
12	1982	1989	X	X				X		X	X	25-40%
13	1946	1988	X					X	X	X	X	12%
14	1979	1983		X				X	X	X	X	20%
15	1980	1990		X				X	X	X	X	10-15%
16	1964	1966		X				X		X	X	30%
17	1810	um 1900		X				X	X	X	X	5%
18	1840	1982		X				X				30%

Betrieb Nr.	Betriebs-gründung	Beginn Auslands-geschäft	Internationalisierungsform					Zielregionen des Absatzes				Auslands-umsatz
			Direkter Export	Absatz-mittler	Kooperation	Direkt-investition	Lizenz-vergabe	EU	MOE	Resteuropa	Übersee	
19	1965	1969		X				X		X		20%
20	1951	1987		X				X		X		5%
21	1984	1984		X				X	X	X	X	50%
22	1945	1950	X					X	X	X	X	40%
23	1983	1983		X		X		X				50%
24	1990	1993		X				X	X	X	X	10-15%
25	1984	1986		X				X	X	X	X	20%
26	1948	1967		X	X			X	X		X	15-20%
27	1939	1965	X					X		X		10%

Betrieb Nr.	Betriebs-grün-dung	Beginn Aus-lands-geschäft	Internationalisierungsform					Zielregionen des Absatzes				Aus-lands-umsatz
			Direkter Export	Absatz-mittler	Koope-ration	Direkt-investi-tion	Lizenz-vergabe	EU	MOE	Resteu-ropa	Übersee	
28	1983	1991		X				X		X		13%
29	1949	1953		X				X	X	X	X	2-10%
30	1992	1992	X				X	X		X		80%
31	1967	1994		X		X		X	X	X		10%
32	1842	k. A.	X			X		X				10%
33	1934	1969	X			X		X				10-15%
34	1981	1991	X			X		X				80%

Literaturverzeichnis

Adams, J./Brachmond, M./Brenner, G. (1991): Transnationale Zusammenarbeit im Handwerk: dargestellt am Beispiel der Handwerkskammern Luxemburg, des Saarlandes und Trier, in: König, W./Kucera, G. (Hrsg.): Auslandskooperationen im Handwerk, Kontaktstudium Wirtschaftswissenschaft 1991, Göttingen 1991, S. 197-206

Agarwal, R. (1997): Survival of Firms over the Product Life Cycle, in: Southern Economic Journal, Vol. 63, No. 3, January 1997, S. 571-584

Albach, H. (1992): Deregulierung des Handwerks, Wiesbaden 1992

Albach, H./Bock, K./Warnke, T. (1985): Kritische Wachstumsschwellen in der Unternehmensentwicklung, Schriften zur Mittelstandsforschung, Nr. 7 NF, Stuttgart 1985

Ali, A./Swiercz, P. M. (1991): Firm Size and Export Behavior: Lessons from the Midwest, in: Journal of Small Business Management, Vol. 29, No. 2, April 1991, S.71-78

Altmann, J. (1993): Außenwirtschaft für Unternehmen: Europäischer Binnenmarkt und Weltmarkt, Stuttgart/Jena 1993

Ansoff, H. I. (1966): Management-Strategie, München 1966

Arrow, K. J. (1969): The Organization of Economic Activity: Issues Pertinent to the Choice of Market versus Nonmarket Allocation, in: the Analysis and Evaluation of Public Expenditure, The PPB System, Joint Economic Committee 1, Washington 1969, S. 47-64

Baird, I. S./Lyles, M. A./Orris, J. B. (1994): The Choice of International Strategies by Small Businesses, in: Journal of Small Business Management, Vol. 32, No. 1, January 1994, S. 48-59

Ballarini, K./Keese, D. (1995): Die Struktur kleiner Familienunternehmen in Baden-Württemberg, Heidelberg 1995

Bates, J. M. (1997): Measuring Predetermined Socioeconomic 'Inputs' when Assessing the Efficiency of Educational Outputs, in: Applied Economics, Vol. 29, No. 1, January 1997, S. 85-93

Beckermann, T. (1980): Das Handwerk in der Bundesrepublik Deutschland, Schriftenreihe des Rheinisch-Westfälischen Instituts für Wirtschaftsforschung, H. 42 NF, Berlin 1980

Berra, L./Piatti, L./Giampaolo, V. (1995): The Internationalization Process in the Small and Medium Sized Firms: A Case Study on the Italian Clothing Industry, in: Small Business Economics, No. 7, 1995, S. 67-75

Bijmolt, T. H. A./Zwart, P. S. (1994): The Impact of Internal Factors on the Export Success of Dutch Small and Medium-Sized Firms, in: Journal of Small Business Management, Vol. 32, No. 2, April 1994, S. 69-83

Bilkey, W. J. (1978): An Attempted Integration of the Literature on the Export Behavior of Firms, in: Journal of International Business Studies, Vol. 9, No. 1, Spring/Summer 1978, S. 33-46

Bilkey, W. J./Tesar, G. (1977): The Export Behavior of Small-Sized Wisconsin Manufacturing Firms, in: Journal of International Business Studies, Vol. 8, No. 8, Spring/Summer 1977, S. 93-98

BMWi [Bundesministerium für Wirtschaft] (Hrsg.) (1994): Initiativen für die Außenwirtschaft: Standortpolitik in einer offenen Weltwirtschaft, BMWi-Dokumentation Nr. 351, Bonn 1994

BMWi [Bundesministerium für Wirtschaft] (Hrsg.) (1995): Die ERP-Programme 1995/96, Bonn 1995

BMWi [Bundesministerium für Wirtschaft] (Hrsg.) (o. J.): Ausfuhrgarantien und Ausfuhrbürgschaften der Bundesrepublik Deutschland: Bericht über das Jahr 1994, BMWi-Dokumentation Nr. 374, Bonn o. J.

Bonus, H./Weiland, R. (1992): Transaktionskosten und Gleichgewicht, in: Das Wirtschaftsstudium, 21. Jg. (1992), S. 340-348

Bormann, A. (1996): Direct Investment in Asia by German Small and Medium-Sized Enterprises, in: Intereconomics, Vol. 31, September/October 1996, S. 241-247

Borner, S. (1984 a): Internationale Wettbewerbsfähigkeit: Fragmente zu einer Theorie internationaler Unternehmenstätigkeit, in: Weltwirtschaftliches Archiv, Bd. 120 (1984), S. 481-498

Borner, S. (1984 b): Drei Grundperspektiven zur Interpretation des weltwirtschaftlichen Strukturwandels, in: Außenwirtschaft, 39. Jg. (1984), H. III, S. 219-240

Borner, S. (1986): Internationalization of Industry: An Assessment in the Light of a Small Open Economy (Switzerland), Berlin u. a. 1986

Briemann, N./Lawson, G. (1984): Ausländische Direktinvestitionen von mittelständischen Unternehmen der verarbeitenden Industrie: Fallstudie von zehn Unternehmen in Großbritannien, in: Albach, H./Held, T. (Hrsg.): Betriebswirtschaftslehre mittelständischer Unternehmen, Stuttgart, 1984, S. 458-473

Brockhoff, K. (1989): Forschung und Entwicklung, 2. Aufl., München 1989

Buckley, P. J./Casson, M. (1988): A Theory of Co-Operation in International Business, in: Management International Review, Special Issue 1988, S. 19-38

Bühren E. (1989): Erlangung der Exportreife und Abwicklung von Auslandsgeschäften, in: König, W./Müller, K./Peters, J. (Hrsg.): Handwerk und Außenwirtschaft, Schriften zu internationalen Wirtschaftsfragen, Bd. 9, Berlin 1989, S. 23-36

Cafferata, R./Riccardo, M. (1995): The Role of Information in the Internationalisation of SMEs: A Typological Approach, in: International Small Business Journal, Vol. 13, No. 3, April-June 1995, S. 35-46

Calof, J. L. (1993): The Impact of Size on Internationalization, in: Journal of Small Business Management, Vol. 31, No. 4, October 1993, S. 60-69

Campbell, A. J. (1996): The Effects of Internal Firm Barriers on the Export Behavior of Small Firms in a Free Trade Environment: Evidence from NAFTA, in: Journal of Small Business Management, Vol. 34, No. 3, July 1996, S. 50-58

Casson, M. (1990): Internalisation Theory and Beyond, Discussion Paper in International Investment and Business Studies, Nr. 148, University of Reading - Department of Economics, November 1990

Cavusgil, S. T./Godiwalla, Y. M. (1982): Decision-Making for International Marketing: A Comparative Review, in: Management Decision, Vol. 20 (1982), No. 4, S. 47-54

Cavusgil, S. T./Naor, J. (1987): Firm Management Characteristics as Discriminators of Export Marketing Activity, in: Journal of Business Research, Vol. 15, No. 3, June 1987, S. 221-235

Chetty, S. (1996): The Case Study Method for Research in Small- and Medium-sized Firms, in: International Small Business Journal, Vol. 15, No. 1, October-December 1996, S. 73-85

Chetty, S. K./Hamilton, R. T. (1993): Firm-level Determinants of Export Performance: A Meta-analysis, in: International Marketing Review, Vol. 10 (1993), No. 3, S. 26-34

Chetty, S. K./Hamilton, R. T. (1996): The Process of Exporting in Owner-controlled Firms, in: International Small Business Journal, Vol. 14, No. 2, January-March 1996, S. 12-25

Cichy, E. U. (1996): Außenwirtschaftsförderung: Kleine Unternehmen auf großen Märkten, in: Wirtschaftsdienst, Nr. 7/1996, S. 359-364

Cleeve, E. (1994): Transnational Corporations and Internalisation: A Critical Review, in: British Review of Economic Issues, Vol. 16, No. 40, October 1994, S. 1-23

Coase, R. H. (1937): The Nature of the Firm, in: Economica, New Series, Vol. IV (1937), Numbers 13-16, S. 386-405

Contractor, F. J./Lorange, P. (1988): Why Should Firms Cooperate? The Strategy and Economic Basis for Cooperative Ventures, in: Contractor, F. J./Lorange, P. (eds.): Cooperative Strategies in International Business, Joint Ventures and Technology Partnership between Firms, Lexington 1988, S. 3-30

Conzelmann, R. (1995): Erfolgsfaktoren der Innovation am Beispiel Pflanzenölmotor, Frankfurt/M. u. a. 1995

Cramer, G. (1991): EG-Projekt „Grenzüberschreitende Zusammenarbeit von Mittel- und Kleinunternehmen“, in: König, W./Kucera, G. (Hrsg.): Auslandskooperationen im Handwerk, Kontaktstudium Wirtschaftswissenschaft 1991, Göttingen 1991, S. 216-217

Crant, J. M. (1996): The Proactive Personality Scale as a Predictor of Entrepreneurial Intentions, in: Journal of Small Business Management, Vol. 34, No. 3, July 1996, S. 42-49

Denzel, E. (1994): Marketing für den Mittelstand: Verkaufschancen nutzen und Erträge sichern, Düsseldorf u. a. 1994

Deutsche Bundesbank (1997): Die deutsche Zahlungsbilanz im Jahr 1996, in: Deutsche Bundesbank (Hrsg.): Monatsbericht März 1997, S. 47-61

Deutsche Handwerks Zeitung (1997): Neue Unternehmer braucht das Zulieferhandwerk, in: Deutsche Handwerks Zeitung, Nr. 5 v. 8.3.1997, S. 19

Dichtl, E. u. a. (1983): Die Entscheidung kleinerer und mittlerer Unternehmen für die Aufnahme einer Exporttätigkeit, in: Zeitschrift für Betriebswirtschaft, 53. Jg. (1983), Heft 5, S. 428-444

Dülfer, E. (1995): Internationales Management in unterschiedlichen Kulturbereichen, München/Wien 1995

Dunning, J. H. (1988): Explaining International Production, London 1988

Economist (1995): The Mittelstand meets the Grim Reaper, in: The Economist v. 16.12.1995, S. 69-70

Economist (1997 a): Governments and Exports: Thoroughly modern mercantilists, in: The Economist v. 1.2.1997, S. 23-25

Economist (1997 b): World Education League: Who's top?, in: The Economist v. 29.3.1997, S. 21-25

Elsner, W. (1986): Ökonomische Institutionenanalyse, Berlin 1986

Elsser, S. (1994): Eine verwirrende Vielfalt von Fördermaßnahmen, in: Handelsblatt, Nr. 77 v. 21.4.1994, Beilage: Investieren und Finanzieren, S. B 2

Endress, R. (1991): Strategie und Taktik der Kooperation: Grundlagen der zwischen- und innerbetrieblichen Zusammenarbeit, 2., überarbeitete Aufl., Berlin 1991

Equihua Zamora, J. A. (1995): Empirische Überprüfung des Technologietransfers in Entwicklungsländer am Beispiel Mexikos, Dissertation, Universität Göttingen, Göttingen 1995

Eßer, K. u. a. (1995): Systemische Wettbewerbsfähigkeit: Neue Anforderungen an Unternehmen und Politik, in: Vierteljahreshefte zur Wirtschaftsforschung, 64. Jg. (1995), H. 2, Schwerpunktheft: Internationale Wettbewerbsfähigkeit, Berlin 1995, S. 186-199

Europäische Kommission (1995): Die Förderung der KMU und die Regionalpolitik der Europäischen Union, in: Europa ohne Grenzen, Nr. 2/1995, Beilage, S. I-II

European Network for SME Research (1994): The European Observatory for SMEs, Second Annual Report, o. O. 1994

Fayissa, B. (1996): Human Capital, Research & Development, Trade and Economic Growth, in: Economia Internazionale, Rivista dell'Istituto di Economia Internazionale, Vol. 49, Num. 3, Agosto 1996, S. 373-384

FAZ (1996): „Die Schulbildung verliert kontinuierlich an Qualität", in: Frankfurter Allgemeine Zeitung, Nr. 33/6 D v. 8.2.1996, S. 1

Felli, E./Tria, G. (1997): Externalities, Cross-Sectoral Spillovers and Productivity Growth, in: Open Economies Review, Vol. 8, No. 2, April 1997, S. 171-188

Fiegener, M. K. u. a. (1996): Passing on Strategic Vision: Favored Modes of Successor Preparation by CEOs of Family and Nonfamily Firms, in: Journal of Small Business Management, Vol. 34, No. 3, July 1996, S. 15-26

Fieten, R./Friedrich, W./Lagemann, B. (1997): Globalisierung der Märkte: Herausforderung und Optionen für kleine und mittlere Unternehmen, insbesondere Zulieferer, Schriften zur Mittelstandsforschung, Nr. 73 NF, Stuttgart 1997

Fischer, M. (1994): Die Theorie der Transaktionskosten, in: WiSt, Heft 11, November 1994, S. 582-584

Franz, W./Zimmermann, V. (1996): Das duale System der Berufsausbildung: Noch ein deutscher Standortvorteil?, in: Wirtschaftsdienst, H. 8/1996, S. 398-401

Fröhlich, E./Pichler, J. H. (1988): Werte und Typen mittelständischer Unternehmer, Berlin 1988

Frömling, I. (1996): „Da wird nur wieder Aktionismus vorgegaukelt", in: Norddeutsches Handwerk, Nr. 11/1996 v. 13.6.1996, S. 3

Gemünden, G./Helfert, G./Walter, A. (1996): Geschäftsbeziehungen in Europa, in: Absatzwirtschaft, Oktober 1996, S. 104-114

Gergen, R. (1993): Der Baumarkt in Frankreich, in: König, W./Kucera, G. (Hrsg.): Auslandsmärkte für deutsche Handwerksunternehmen, Kontaktstudium Wirtschaftswissenschaft 1993, Göttingen 1993, S. 107-117

Gilroy, B. M. (1992): Firmeninterner Handel, in: WiSt, Heft 9, September 1992, S. 467-471

Gonschorek, D. (1996): Wirkungen der Subventionierung ostdeutscher Firmen, in: Die Bank, H. 3/1996, S. 170-174

Gordon, R. H./Bovenberg, A. L. (1996): Why is Capital so Immobile Internationally? Possible Explanations and Implications for Capital Income Taxation, in: The American Economic Review, Vol. 86, No. 5, December 1996, S. 1057-1075

Gries, T./Hentschel, C. (1994): Internationale Wettbewerbsfähigkeit - was ist das?, in: Wirtschaftsdienst, H. 8/1994, S. 416-422

Groeger, H. (1987): Vom Export zur eigenen Produktionsstätte im Ausland, in: König, W./Kucera, G. (Hrsg.): Export und Direktinvestition, Kontaktstudium Wirtschaftswissenschaft 1987, Göttingen 1987, S. 31-48

Gujarati, D. N. (1995): Basic Econometrics, 3. Aufl., New York u. a. 1995

Gutersohn, A. (1977): Das Gewerbe in der freien Marktwirtschaft, Band I: Das Wesen des Gewerbes und die Eigenart seiner Leistungen, 2., überarbeitete Aufl., Berlin/München/St. Gallen 1977

Haahti, A. J. (Hrsg.) (1995): INTERSTRATOS: Internationalization of Strategic Orientations of European Small and Medium Enterprises, Institute Report 95-01, July 1995, European Institute for Advanced Studies in Management, Brüssel 1995

Haahti, A. J./Bagozzi, R. P. (1994): Die strategische Orientierung von Klein- und Mittelunternehmen: Die Auswirkungen von Manager-Werthaltungen auf Strategie und Leistung, in: Internationales Gewerbearchiv, Nr. 3/1994, S. 158-174

Handwerksordnung [Gesetz zur Ordnung des Handwerks] in der Fassung vom 28.12.1993 [BGBL I S. 2256]

Hanushek, E. A. (1996): Measuring Investment in Education, in: Journal of Economic Perspectives, Vol. 10, No. 2, Fall 1996, S. 9-30

Hayek, F. A. (1952): Individualismus und wirtschaftliche Ordnung, Erlenbach-Zürich 1952

Heinrich, D. (1985): Die Finanzierungsproblematik im Produzierenden Handwerk, Göttinger Handwerkswirtschaftliche Studien, Bd. 35, Göttingen 1985

Hennicke, M./Pay, D. de (1986): Zum Fördersystem für kleine und mittlere Unternehmen: Analyse des Koordinations- und Harmonisierungsbedarfs der Förderprogramme des Bundes und der Bundesländer, Schriften zur Mittelstandsforschung, Nr. 12 NF, Stuttgart 1986

Hesse, H. (1977): Außenhandel I: Determinanten, in: Albers, W. u. a. (Hrsg.): Handwörterbuch der Wirtschaftswissenschaft (HdWW), Bd. I, Stuttgart u. a. 1977, S. 364-388

Hewitt-Dundas, N./McFerran, B./Roper, S. (1997): Competitor Knowledge Among Small Firms: A Pilot Examination of Fast Growing Northern Ireland Companies, in: International Small Business Journal, Vol. 15, No. 2, January-March 1997, S. 76-82

Hunziker, E. (1983): Auslandsmarkt-Strategien: Ein Leitfaden zur Wahl des optimalen Auslandsengagements, Zürich 1983

HWK [Handwerkskammer] Trier (Hrsg.) (o. J.): Exportbeauftragter im Handwerk: Teilnehmerunterlagen, Trier o. J.

HWWA [HWWA-Institut für Wirtschaftsforschung] (1995): Rapid Expansion in World Trade, in: Intereconomics, Vol. 30, July/August 1995, S. 207-208

Hymer, S. H. (1976): The International Operations of National Firms: A Study of Direct Foreign Investment, Cambridge 1976

Institut der Deutschen Wirtschaft (1996): Beteiligungskapital: Meist nur Ehen auf Zeit, in: iwd - Informationsdienst des Instituts der Deutschen Wirtschaft, 22. Jg. (1996), Nr. 23 v. 6.6.1996, S. 2

Institut der Deutschen Wirtschaft (1997): Berufsstart mit Handikap, in: iwd - Informationsdienst des Instituts der Deutschen Wirtschaft, 23. Jg. (1997), Nr. 9 v. 27.2.1997, S. 2

Jennings, P./Beaver, G. (1997): The Performance and Competitive Advantage of Small Firms: A Management Perspective, in: International Small Business Journal, Vol. 15, No. 2, January-March 1997, S. 63-75

Johanson, J./Vahlne, J.-E. (1977): The Internationalization Process of a Firm - A Modell of Knowledge Development and Increasing Market Commitments, in: Journal of International Business Studies, Vol. 8 (1977), No. 1, S. 23-32

Johanson, J./Wiedersheim-Paul, F. (1975): The Internationalization of the Firm - Four Swedish Case Studies, in: The Journal of Management Studies, Vol. 12, No. 4, October 1975, S. 305-322

Julien, P.-A./Joyal, A./Laurent, D. (1994): SMEs and International Competition: Free Trade Agreement or Globalization?, in: Journal of Small Business Management, Vol. 32, No. 3, July 1994, S. 52-64

Kahle, E. (1989): Unternehmenskultur als Erfolgsfaktor in mittelständischen Unternehmen, in: Albers, S. u. a. (Hrsg.): Elemente erfolgreicher Unternehmenspolitik in mittelständischen Unternehmen, Stuttgart 1989, S. 85-93

Kantzenbach, E. (1967): Die Funktionsfähigkeit des Wettbewerbs, 2., durchgesehene Aufl., Göttingen 1967

Kappich, L. (1989): Theorie der internationalen Unternehmenstätigkeit: Betrachtung der Grundformen des internationalen Engagements aus koordinationskostentheoretischer Perspektive, München 1989

Karunaratne, N. D. (1997): High-Tech Innovation, Growth and Trade Dynamics in Australia, in: Open Economies Review, Vol. 8, No. 2, April 1997, S. 151-170

Kaufmann, F. (1993): Internationalisierung durch Kooperation: Strategien für mittelständische Unternehmen, Wiesbaden 1993

Kaufmann, F. (1994): Strategie der Auslandskooperation mittelständischer Unternehmen, in: Internationales Gewerbearchiv, Nr. 3/1994, S. 175-188

Kaufmann, F./Kokalj, L./May-Strobl, E. (1990): EG-Binnenmarkt: Die grenzüberschreitenden Kooperationen mittelständischer Unternehmen, Schriften zur Mittelstandsforschung, Nr. 34 NF, Stuttgart 1990

Kaufmann, F./Menke, A. (1997): Standortverlagerungen mittelständischer Unternehmen nach Mittel- und Osteuropa: Eine empirische Untersuchung am Beispiel der vier Visegrád-Staaten, Schriften zur Mittelstandsforschung, Nr. 74 NF, Stuttgart 1997

Kauranen, I. (1994): Charakterzüge der Unternehmerpersönlichkeit im alltäglichen persönlichen Verhalten, in: Internationales Gewerbearchiv, Nr. 4/1994, S. 217-231

Kay, N. M. (1992): Markets, false hierarchies and the evolution of the modern corporation, in: Journal of Economic Behavior and Organization, Vol. 17 (1992), S. 315-333

Kayser, G./Richter, W. (1990): Mittelstand und Mittelstandspolitik im Europäischen Binnenmarkt, Schriften zur Mittelstandsforschung, Nr. 33 NF, Stuttgart 1990

KfW [Kreditanstalt für Wiederaufbau] (Hrsg.) (1996): Dem Mittelstand verpflichtet: 25 Jahre KfW-Mittelstandsprogramm, Frankfurt/M. 1996

Kirsch, W. (1983): Fingerspitzengefühl und Hemdsärmeligkeit bei der Planung im Mittelstand, in: Gabele, E. (Hrsg.): Märkte, Mitarbeiter, Management - Erfolgreiche Führung kleiner und mittlerer Unternehmen I, Bamberg 1983, S. 150-176

Kleine, D. (1976): Wachstumsdifferenzen im Dienstleistungsgewerbe: Bestimmungsgründe, Marktposition und Zukunftsperspektiven, Göttinger Handwerkswirtschaftliche Studien, Bd. 27, Göttingen 1976

Klemmer, P. u. a. (1996): Mittelstandsförderung in Deutschland: Konsistenz, Transparenz und Ansatzpunkte für Verbesserungen, Untersuchungen des Rheinisch-Westfälischen Instituts für Wirtschaftsforschung, H. 21, Essen 1996

Kogut, B. (1988): Joint Ventures: Theoretical and Empirical Perspectives, in: Strategic Management Journal, Vol. 9 (1988), S. 319-332

König, W. (1987): Bereiche des Auslandsengagements von Handwerksbetrieben - ein Überblick, in: König, W./Kucera, G. (Hrsg.): Export und Direktinvestition, Kontaktstudium Wirtschaftswissenschaft 1987, Göttingen 1987, S. 1-17

König, W. (1989): Perspektiven für das Auslandsgeschäft von Handwerksbetrieben, in: König, W./Müller, K./Peters, J. (Hrsg.): Handwerk und Außenwirtschaft, Schriften zu internationalen Wirtschaftsfragen, Bd. 9, Berlin 1989, S. 3-12

König, W. (1994): Das deutsche Handwerk im internationalen Kontext, in: König, W./Müller, K. (Hrsg.): Handwerk in Europa, Beiträge zur Konferenz europäischer Handwerksforschungsinstitute, Göttingen 1994, S. 45-51

König, W./Müller, K. (1990): Der Europäische Binnenmarkt als Herausforderung für das deutsche Handwerk, Göttinger Handwerkswirtschaftliche Studien, Bd. 43, Göttingen 1990

König, W./Müller, K./Lüttgens, A. (1994): Grenzüberschreitende Handwerkskooperationen: Fallstudien im Kontext des Europäischen Binnenmarktes, Göttinger Handwerkswirtschaftliche Studien, Bd. 48, Göttingen 1994

Kornhardt, U. (1991): Die Entwicklung des Marktes für Umweltschutzgüter und -dienstleistungen in der Bundesrepublik Deutschland und seine ökonomische Bedeutung für das Handwerk, in: König, W./Kucera, G. (Hrsg.): Ökonomie und Ökologie im Handwerk, Kontaktstudium Wirtschaftswissenschaft 1990, Göttingen 1991, S. 39-79

Krugman, P. R./Obstfeld, M. (1991): International Economics: Theory and Policy, 2. Aufl., New York 1991

Kucera, G. (1989): Auswirkungen der anhaltenden Konzentrationsentwicklung in der Wirtschaft auf die Existenz- und Wettbewerbsfähigkeit der Handwerksbetriebe, in: König, W./Kucera, G. (Hrsg.): Die volkswirtschaftlichen Rahmenbedingungen des Handwerks in den 90er Jahren, Kontaktstudium Wirtschaftswissenschaft 1988, Göttingen 1989, S. 203-234

Kucera, G. (1996 a): Wirtschaftstheoretische Grundlagen der gegenwärtigen Standortdebatte, in: König, W./Kucera, G. (Hrsg.): Standort Deutschland: Handwerksrelevante Aspekte und Standortprobleme des Handwerks, Kontaktstudium Wirtschaftswissenschaft 1994, Göttingen 1996, S. 25-42

Kucera, G. (1996 b): Der Beitrag des Mittelstandes zur volkswirtschaftlichen Humankapitalbildung unter besonderer Berücksichtigung des Handwerks, in: König, W./Kucera, G. (Hrsg.): Standort Deutschland: Handwerksrelevante Aspekte und Standortprobleme des Handwerks, Kontaktstudium Wirtschaftswissenschaft 1994, Göttingen 1996, S. 169-189

Kucera, G./Stratenwerth, W. (1990): Deregulierung des Handwerks - Gesamtwirtschaftliche Risiken und Gefahren, Göttingen 1990

Kußmaul, H. u. a. (Hrsg.) (1990): Aktuelle Aspekte mittelständischer Unternehmen: Finanzen, Steuern, Management, Bad Homburg v. d. H. 1990

Lagemann, B. u. a. (1994): Aufbau mittelständischer Strukturen in Polen, Ungarn, der Tschechischen Republik und der Slowakischen Republik, Untersuchungen des Rheinisch-Westfälischen Instituts für Wirtschaftsforschung, H. 11, Essen 1994

Lamnek, S. (1988): Qualitative Sozialforschung, Bd. 1: Methodologie, München/Weinheim 1988

Lamnek, S. (1989): Qualitative Sozialforschung, Bd. 2: Methoden und Techniken, München 1989

LeCornu, M. R. u. a. (1996): The Small Enterprise Financial Objective Function: An Exploratory Study, in: Journal of Small Business Management, Vol. 34, No. 3, July 1996, S. 1-14

Lingenfelder, M. (1996): Die Internationalisierung im europäischen Einzelhandel: Ursachen, Formen und Wirkungen im Lichte einer theoretischen Analyse und empirischen Bestandsaufnahme, Berlin 1996

Löbbe, K. u. a. (1993): Strukturwandel in der Krise, Untersuchungen des Rheinisch-Westfälischen Instituts für Wirtschaftsforschung, H. 9, Essen 1993

Louter, P./Ouwerkerk, C./Bakker, B. (1991): An Inquiry into Successful Exporting, in: European Journal of Marketing, Vol. 25 (1991), No. 6, S. 7-23

Lüttgens, A. (1991): Deutsch-Niederländische Zusammenarbeit im grenznahen Tischlerhandwerk, in: König, W./Kucera, G. (Hrsg.): Auslandskooperationen im Handwerk, Kontaktstudium Wirtschaftswissenschaft 1991, Göttingen 1991, S. 85-98

Mankiw, N. G./Romer, D./Weil, D. N. (1992): A Contribution to the Empirics of Economic Growth, in: Quaterly Journal of Economics, Vol. 107 (1992), No. 2, S. 407-437

McClelland, D. C. (1989): Human Motivation, Cambridge u. a. 1989

Meckl, R./Rosenberg, C. (1995): Neue Ansätze zur Erklärung internationaler Wettbewerbsfähigkeit: Versuch einer Synthese zwischen volks- und betriebswirtschaftlicher Sichtweise, in: Zeitschrift für Wirtschafts- u. Sozialwissenschaften (ZWS), Nr. 115 (1995), S. 211-230

Meffert, H. (1986): Marketing: Grundlagen der Absatzpolitik, 7., überarb. u. erw. Aufl., Wiesbaden 1986

Meier, R. (1997): Kammern und Verbände in der Dritten Welt: Funktionsfähigkeit und Entwicklungspotential für Handwerk und Kleinunternehmen, Göttinger Handwerkswirtschaftliche Studien, Bd. 49, Göttingen 1997

Meissner, G./Gerber, S. (1980): Die Auslandsinvestition als Entscheidungsproblem, in: Betriebswirtschaftliche Forschung und Praxis (BFuP), 32. Jg. (1980), Nr. 3, S. 217-228

Menke, A. (1994): Die Bedeutung von Auslandsmessen für mittelständische Unternehmen, Schriften zur Mittelstandsforschung, Nr. 63 NF, Stuttgart 1994

Miesenböck, K. (1988): Small Business and Exporting: A Literature Review, in: International Small Business Journal, Vol. 6, No. 2, January-March 1988, S. 42-61

Miesenböck, K. (1989): Der Weg zum Export: Chancen für Klein- und Mittelbetriebe, Schriftenreihe des Instituts für Betriebswirtschaftslehre der Klein- u. Mittelbetriebe an der Wirtschaftsuniversität Wien, Bd. 8, Wien 1989

Miller, R. u. a. (1997): Internationale Joint-ventures in Entwicklungsländern, in: Finanzierung & Entwicklung - Vierteljahresheft des Internationalen Währungsfonds und der Weltbank in Zusammenarbeit mit dem HWWA-Institut für Wirtschaftsforschung-Hamburg, März 1997, S. 24-27

Mohr, R. (1997): Wie durch eine lange Leine anstatt der Peitsche die Leistung zu steigern ist, in: Frankfurter Allgemeine Zeitung v. 01.03.1997, S. 49

Moorhead, G./Griffin, R. W. (1989): Organizational Behavior, 2. Aufl., Boston u. a. 1989

Mugler, J. (1993): Betriebswirtschaftslehre der Klein- und Mittelbetriebe, Wien/New York 1993

Müller, K. (1985): Die Messepolitik im Marketing der handwerklichen Zulieferer, Göttinger Handwerkswirtschaftliche Studien, Bd. 36, Göttingen 1985

Müller, K. (1987): Das Messebuch für das Handwerk, Göttinger Handwerkswirtschaftliche Studien, Bd. 39, Göttingen 1987

Müller, K. (1989): Der erweiterte Markt als Chance des Handwerks, in: König, W./Kucera, G. (Hrsg.): Das deutsche Handwerk im EG-Binnenmarkt, Kontaktstudium Wirtschaftswissenschaften 1989, Göttingen 1989, S. 19-38

Müller, K. (1991): Das Handwerk als Kooperationspartner im Auslandsgeschäft, in: König, W./Kucera, G. (Hrsg.): Auslandskooperationen im Handwerk, Kontaktstudium Wirtschaftswissenschaft 1991, Göttingen 1991, S. 1-30

Müller, K. (1993 a): Grenzüberschreitende Kooperationen im Handwerk als eine Möglichkeit zur Bearbeitung von Auslandsmärkten, in: König, W./Kucera, G. (Hrsg.): Auslandsmärkte für deutsche Handwerksunternehmen, Kontaktstudium Wirtschaftswissenschaft 1993, Göttingen 1993, S. 133-158

Müller, K. (1993 b): Handwerkspolitik für den EG-Binnenmarkt: Aktivitäten der Handwerksorganisationen zur Vorbereitung ihrer Betriebe auf den EG-Binnenmarkt, Göttinger Handwerkswirtschaftliche Arbeitshefte, Nr. 28, Göttingen 1993

Müller, K. (1997): Generationswechsel im Handwerk: Eine Untersuchung über das niedersächsische Handwerk, Göttinger Handwerkswirtschaftliche Studien, Bd. 50, Göttingen 1997

Müller, K./Pilgrim, M. (1991): Grenzüberschreitende Kooperationen der deutschen Handwerkskammern, in: König, W./Kucera, G. (Hrsg.): Auslandskooperationen im Handwerk, Kontaktstudium Wirtschaftswissenschaft 1991, Göttingen 1991, S. 145-169

Müller, S./Köglmayr, H.-G. (1986): Die psychische Distanz zu Auslandsmärkten: Ein verkanntes Exporthemmnis, in: Schmalenbachs Zeitschrift für betriebswirtschaftliche Forschung (zfbf), Jg. 38, Nr. 9, September 1986, S. 788-804

Neulinger, G. (1992): Das Informationsverhalten von Klein- und Mittelbetrieben im Internationalisierungsprozeß, Schriftenreihe des Instituts für Betriebswirtschaftslehre der Klein- und Mittelbetriebe an der Wirtschaftsuniversität Wien, Bd. 12, Wien 1992

Neven, P. (1989): Exportbezogene handwerkliche Gewerbeförderung, in: König, W./Müller, K./Peters, J. (Hrsg.): Handwerk und Außenwirtschaft, Schriften zu internationalen Wirtschaftsfragen, Bd. 9, Berlin 1989, S. 45-57

Norddeutsches Handwerk (1995): Gute Mitarbeiter-Vorschläge sind ein wertvolles Kapital, in: Norddeutsches Handwerk, Nr. 19/1995 v. 5.10.1995, S. 10

Ogbuehi, A. O./Longfellow, T. A. (1994): Perceptions of U.S. Manufacturing SMEs concerning Exporting: A Comparison based on Export Experience, in: Journal of Small Business Management, Vol. 32, No. 4, October 1994, S. 37-47

Ott, A. E. (1980): Marktformen, in: Albers, W. u. a. (Hrsg.): Handwörterbuch der Wirtschaftswissenschaften (HdWW), Bd. 5, Stuttgart/Tübingen/Göttingen 1980, S. 104-113

Payson, S. (1997): Regardless of philosophy, economics will not be a science until it is *based* on science, in: Journal of Post Keynesian Economics, Vol. 19, No. 2, Winter 1996-97, S. 257-274

Peters, J. (1987): Der Technologietransfer im Verhältnis zu anderen Kooperationsarten, in: König, W./Peters, J./Ullrich, W. (Hrsg.): Betriebliche Kooperation mit den Entwicklungsländern: Möglichkeiten und Grenzen des Mittelstandes, Tübingen 1987, S. 140-150

Peters, J. (1988): Entwicklungsländerorientierte Internationalisierung von Industrieunternehmen: Eine theoretische und empirische Analyse des Entscheidungsverhaltens am Beispiel der deutschen elektrotechnischen Industrie, Heidelberg 1988

Peters, T. J./Waterman, R. H. (1982): In Search of Excellence, New York 1982

Pfaffermayr, M. (1995): Die Determinanten der Direktinvestition im Ausland und ihre Wirkung auf die Exporttätigkeit: Ein kurzer Überblick über die theoretischen Erklärungsansätze, Teil 1, in: Wirtschaftspolitische Blätter, Nr. 2/1995, S. 131-142

Pichler, J. H. (1995): Internationalisierung als Erfolgspotential: Österreichische Klein- und Mittelbetriebe im Anblick des EU-Binnenmarktes, in: Kemmetmüller, W. u. a. (Hrsg.): Erfolgspotentiale für Klein- und Mittelbetriebe, Linz 1995, S. 503-523

Picot, A. (1986): Transaktionskosten im Handel, in: Betriebs-Berater, 41. Jg. (1986), Beilage 13, S. 1-16

Piëst, B. (1994): Planning Comprehensiveness and Strategy in SMEs, in: Small Business Economics, Vol. 6, No. 5, October 1994, S. 387-395

Pilgrim, M. (1991): Institutional Representation of Small Business in Industrialized Countries, International Small Business Series, H. 8, Göttingen 1991

Pleitner, H.-J. (1995): Internationalisierung schweizerischer Klein- und Mittelunternehmen: Wettbewerbsbedingungen und Unternehmungspolitik im Internationalisierungsprozeß, in: Kemmetmüller, W. u. a. (Hrsg.): Erfolgspotentiale für Klein- und Mittelbetriebe, Linz 1995, S. 525-554

Pleitner, H.-J. (1996): Unternehmerpersönlichkeit und Unternehmensentwicklung, in: Mugler, J./Belak, J./Kajzer, Š. (Hrsg.): Theorie und Praxis der Unternehmensentwicklung: Mit Besonderheiten der Klein- und Mittelbetriebe, Internationales Wissenschaftliches Symposium: Management und Entwicklung - MER 96, Maribor 1996, S. 258-260

Popper, K. R. (1963): Conjectures and Refutations: The Growth of Scientific Knowledge, Frome/London 1963

Porter, M. E. (1983): Wettbewerbsstrategie: Methoden zur Analyse von Branchen und Konkurrenten, Frankfurt/M. 1983

Porter, M. E. (1986): Wettbewerbsvorteile: Spitzenleistungen erreichen und behaupten, Frankfurt/M. 1986

Porter, M. E. (1991): Nationale Wettbewerbsvorteile: Erfolgreich konkurrieren auf dem Weltmarkt, München 1991

Prahalad, C. K./Hamel, G. (1990): The Core Competence of the Corporation, in: Havard Business Review, May-June 1990, S. 79-91

Preusse, H. G. (1990): Ist die Frage nach der internationalen Wettbewerbsfähigkeit einer Volkswirtschaft überholt?, in: Außenwirtschaft, 45. Jg. (1990), H. 1, S. 81-103

Richter, W. (1992): Die kombinierte Auslagerungs- und Verbundstrategie im industriellen Zulieferwesen, Köln 1992

Rose, K./Sauernheimer, K. (1992): Theorie der Außenwirtschaft, 11., völlig überarb. u. erw. Aufl., München 1992

Roth, M. (1994): Binnenmarkt - welcher Binnenmarkt?, in: EU-magazin, Mai 1994, S. 34-36

Roux, E. (1984): Explaining Small Business Export Involvement: The French Case, in: Albach, H./Held, T. (Hrsg.): Betriebswirtschaftslehre mittelständischer Unternehmen, Stuttgart 1984, S. 444-457

Rudhardt, K. J. (1987): Kapitalbeteiligungen von Handwerksbetrieben in Entwicklungsländern, in: König, W./Kucera, G. (Hrsg.): Export und Direktinvestition, Kontaktstudium Wirtschaftswissenschaft 1987, Göttingen 1987, S. 49-65

Rudolph, A. (1997): Die Bedeutung von Handwerk und Kleinunternehmen für die Regionalpolitik: Eine theoretische und empirische Betrachtung, Göttinger Handwerkswirtschaftliche Studien, Bd. 51, Duderstadt 1997

Rugman, A. M. (1986): New Theories of the Multinational Enterprise: An Assessment of Internalization Theory, in: Bulletin of Economic Research, Vol. 38 (1986), No. 2, S. 101-118

Sachverständigenrat zur Begutachtung der gesamtwirtschaftlichen Entwicklung (1994): Den Aufschwung sichern: Arbeitsplätze schaffen, Jahresgutachten 1994/95, Stuttgart 1994

Sahm, J. (1986): Erfolg von Kooperationen im Handwerk, Göttinger Handwerkswirtschaftliche Studien, Bd. 38, Göttingen 1986

Samuelson, P. A./Nordhaus, W. D. (1989): Economics, 13. Aufl., New York u. a. 1989

Sauer, J. (1991): Das Exportverhalten von Handwerksbetrieben: Erkenntnisse aus empirischen Untersuchungen in Niedersachsen, Göttinger Handwerkswirtschaftliche Studien, Bd. 44, Göttingen 1991

Schiller, R. (1996): Kooperation als Erfolgsfaktor für Klein- und Mittelunternehmen: Panelbefragung von Existenzgründern in Ostdeutschland, in: Internationales Gewerbearchiv, Nr. 4/1996, S. 235-249

Schmidt, A./Menke, A./Hespe, A./Künzel, T. (1995): Die Internationalisierung mittelständischer Industrieunternehmen unter besonderer Berücksichtigung der Rolle der Banken, ifm-Materialien Nr. 113, Bonn 1995

Schmidt, K.-H. (1995): Ansätze einer ökonomischen Theorie des Erfolgspotentials von Klein- und Mittelbetrieben, in: Kemmetmüller, W. u. a. (Hrsg.): Erfolgspotentiale für Klein- und Mittelbetriebe, Linz 1995, S. 607-623

Schmoranz, I. (1996): KMU-Förderungen in der EU, in: Wirtschaftspolitische Blätter, Nr. 3-4/1996, S. 330-336

Schumpeter, J. A. (1950): Kapitalismus, Sozialismus und Demokratie, 2., erw. Aufl., München 1950

Shelanski, H. A./Klein, P. G. (1995): Empirical Research in Transaction Cost Economics: A Review and Assessment, in: The Journal of Law, Economics, & Organisation, Vol. 11, No. 2, October 1995, S. 335-361

Siebert, H. (1996): Die industrielle Basis erodiert, in: Wirtschaftswoche, Nr. 52 v. 19.12.1996, S. 22

Simon, H. A. (1961): Administrative Behavior, 2. Aufl., New York 1961

Siu, W. (1995): Entrepreneurial Typology: The Case of Owner-managers in China, in: International Small Business Journal, Vol. 14, No. 1, October-December 1995, S. 53-64

Smith, A. (1796): An Inquiry into the Nature and Causes of the Wealth of Nations, Vol. II, 8. Aufl., London 1796

Smith, N. R./Miner, J. B. (1983): Type of Entrepreneur, Type of Firm and Managerial Motivation: Implications for Organizational Life Cycle Theory, in: Strategic Management Journal, Vol. 4 (1983), S. 325-340

Sohn, K. H. (1984): Betriebswirtschaftliche Voraussetzungen für ein Auslandsengagement mittlerer Unternehmen, in: Albach, H./Held, T. (Hrsg.): Betriebswirtschaftslehre mittelständischer Unternehmen, Stuttgart 1984, S. 491-507

Straubhaar, T. (1994): Internationale Wettbewerbsfähigkeit einer Volkswirtschaft - was ist das?, in: Wirtschaftsdienst, H. 10/1994, S. 534-540

Theile, K./Müller, C. A. (1995): Optionen und Beurteilung internationaler Vertriebsformen für Klein- und Mittelunternehmen, in: Internationales Gewerbearchiv, Nr. 4/1995, S. 252-266

Thelen, E. M. (1993): Die zwischenbetriebliche Kooperation: Ein Weg zur Internationalisierung von Klein- und Mittelbetrieben?, Frankfurt/M. u. a. 1993

Thurow, L. (1992): Head to Head: The Coming Economic Battle among Japan, Europe and America, London 1992

Trabold, H. (1995 a): Die internationale Wettbewerbsfähigkeit einer Volkswirtschaft, in: Vierteljahreshefte zur Wirtschaftsforschung, 64. Jg. (1995), H. 2, Schwerpunktheft: Internationale Wettbewerbsfähigkeit, Berlin 1995, S. 169-185

Trabold, H. (1995 b): Market Spreading versus Market Concentration: The Choice of Export Marketing Strategies Reconsidered, in: Vierteljahreshefte zur Wirtschaftsforschung, 64. Jg. (1995), H. 4, Berlin 1995, S. 573-589

Varian, H. R. (1984): Microeconomic Analysis, 2. Aufl., New York/London 1984

Veldhues, B. (1996): Ausgewählte Ergebnisse der Handwerkszählung vom 31. März 1995, in: Wirtschaft und Statistik, H. 8, August 1996, S. 487-497

Vernon, R. (1966): International Investment and International Trade in the Product Cycle, in: Quaterly Journal of Economics, Vol. 80 (1966), S. 190-207

Vernon, R. (1979): The Product-Cycle Hypotheses in a New International Environment, in: Oxford Bulletin of Economics and Statistics, Vol. 41 (1979), S. 255-267

Voléry, T. (1996): Kritische Erfolgsfaktoren der Unternehmenskooperation am Beispiel schweizerischer Klein- und Mittelunternehmen, in: Internationales Gewerbearchiv, Nr. 4/1996, S. 217-234

Wagner, J. (1995): Exports, Firm Size, and Firm Dynamics, in: Small Business Economics, Vol. 7, No. 1, February 1995, S. 29-39

Walldorf, E. G. (1987): Auslandsmarketing: Theorie und Praxis des Auslandsgeschäfts, Wiesbaden 1987

Weber, M. (1951): Der Sinn der „Wertfreiheit" der soziologischen und ökonomischen Wissenschaften, in: Weber, M.: Gesammelte Aufsätze zur Wissenschaftslehre, 2., durchgesehene und ergänzte Aufl., besorgt von J. Winckelmann, S. 475-526 (Erstveröffentlichung in: Logos, Bd. 7, 1917-18)

Webers, G. (1995): Auswirkungen des Entsendegesetzes auf die Beschäftigung von handwerklichen Arbeitskräften aus Mittel- und Osteuropa, in: König, W./Kucera, G. (Hrsg.): Perspektiven des deutschen Handwerks im Zeichen der Öffnung östlicher Nachbarstaaten, Kontaktstudium Wirtschaftswissenschaft 1995, Göttingen 1995, S. 173-179

Weder, R. (1989): Joint Venture: Theoretische und empirische Analyse unter besonderer Berücksichtigung der chemischen Industrie der Schweiz, Grüsch 1989

Weinland, L. (1996): Wirkungen der Exportförderung in Deutschland, in: Niedersächsisches Institut für Wirtschaftsförderung e.V. (Hrsg.): Außenwirtschaft Niedersachsen: Makro- und mikroökonomische Diagnosen, Länderperspektiven und Außenwirtschaftsförderung, NIW-Workshop 1996, Hannover 1996, S. 137-171

Welch, L. S./Luostarinen, R. (1988): Internationalization: Evolution of a Concept, in: Journal of General Management, Vol. 14, No. 2, Winter 1988, S. 34-55

Williamson, O. E. (1975): Markets and Hierarchies, New York u. a. 1975

Williamson, O. E. (1979): Transaction-Cost Economics: The Governance of Contractual Relations, in: The Journal of Law and Economics, Vol. 22 (1979), No. 2, S. 233-261

Williamson, O. E. (1990): Die ökonomischen Institutionen des Kapitalismus: Unternehmen, Märkte, Kooperationen, Tübingen 1990

Williamson, O. E. (1991): Comparative Economic Organization. Vergleichende ökonomische Organisationstheorie: Die Analyse diskreter Strukturalternativen, in: Ordelheide, D./Rudolph, B./Büsselmann, E. (Hrsg.): Betriebswirtschaftslehre und Ökonomische Theorie, Stuttgart 1991, S. 13-49

Williamson, O. E. (1996): Transaktionskostenökonomik, 2. Aufl., Hamburg 1996

Winkelmann, T. (1997): Internationalisierung mittelständischer Zulieferunternehmen: Entscheidungen im Strukturwandel, Wiesbaden 1997

Wöhe, G. (1993): Einführung in die Allgemeine Betriebswirtschaftslehre, 18. Aufl., München 1993

You, J.-I. (1995): Small Firms in Economic Theory, in: Cambridge Journal of Economics, Vol. 19 (1995), S. 441-462

Zanzig, K. (1989): Hilfen des Handwerks zur Vorbereitung der Betriebe auf den EG-Binnenmarkt, in: König, W./Kucera, G. (Hrsg.): Das deutsche Handwerk im EG-Binnenmarkt, Kontaktstudium Wirtschaftswissenschaft 1989, Göttingen 1989, S. 125-146

ZDH [Zentralverband des Deutschen Handwerks] (Hrsg.) (1995): Die Betriebsberatung im Handwerk, Schriftenreihe des Zentralverbandes des Deutschen Handwerks, H. 47, Bonn 1995

ZDH [Zentralverband des Deutschen Handwerks] (Hrsg.) (o. J.): Handwerk '96, Bonn o. J.

GÖTTINGER HANDWERKSWIRTSCHAFTLICHE STUDIEN

Band 1: **Operations Research als modernes Führungsinstrument und Hilfe handwerklichen Wirtschaftens** von Bernd Peters. 1962. VIII/64 Seiten. Kart. DM 14,-

Band 2: **Das Handwerk im Haushalt der Sozialversicherung** von Friedrich-Bernhard Hausmann. 1962. VIII/200 Seiten. Kart. DM 19,80

Band 3: **Handwerksbetriebe im Urteil ihrer Kunden** von Hermann-Adolf Ihle. 1963. VIII/72 Seiten. Kart. DM 11,80

Band 4: **Standorttypen des Handwerks** von Gerhard Stavenhagen. 1963. X/204 Seiten. Kart. DM 19,80

Band 5: **Handwerksbetriebe als Lieferanten von Industrieunternehmungen** von Edmund Sundhoff unter Mitarbeit von Hermann-Adolf Ihle. 1964. VI/120 Seiten. 12 Tab. im Anh. Kart. DM 19,50

Band 6: **Landhandwerk und Landwirtschaft** von Wilhelm Abel mit Beiträgen von Friedrich-Bernhard Hausmann, Reinhard Adelhelm, Christian Behrends, Hermann-Adolf Ihle und Gerhard Stavenhagen. 1964. VIII/104 Seiten. Kart. DM 13,60

Band 7: **Die Fluktuation handwerklicher Arbeitnehmer** von Friedrich-Bernhard Hausmann. 1964. 48 Seiten. Kart. DM 7,60

Band 8: **Strukturwandlungen im Huf- und Wagenschmiedehandwerk** von Hermann Göring. 1965. VIII/128 Seiten. Kart. DM 14,80

Band 9: **Die regionale Verteilung des Handwerks im Ballungsraum** von Karl-Heinz Schmidt. 1966. XII/243 Seiten. Kart. DM 25,80

Band 10: **Das Handwerk im Zonenrandgebiet** von Karl-Heinz Schmidt. 1966. 122 Seiten. Kart. DM 6,50

Band 11: **Regionales Wirtschaftswachstum und Handwerksentwicklung im Zonenrandgebiet der Bundesrepublik Deutschland** von Karl-Heinz Schmidt. 1967. X/222 Seiten. Kart. DM 9,20

Band 12: **Der selbständige gewerbliche Mittelstand in Niedersachsen** von Gerhard Stavenhagen und Karl-Heinz Schmidt. 1967. 250 Seiten. Kart. DM 10,30

Band 13: **Das Handwerk der Stadt Hildesheim im 18. Jahrhundert** von Heinrich Kaufhold. *Vergriffen*

Band 14: **Das Handwerk 1975** von Karl-Heinz Schmidt. *Vergriffen*

Band 15: **Handwerkereinkommen am Vorabend der industriellen Revolution** von Klaus Aßmann und Gerhard Stavenhagen. 1969. XIII/143 Seiten. Kart. DM 8,50

Band 16: **Handwerksgeschichte in neuer Sicht** von Wilhelm Abel und Mitarbeitern. *Vergriffen*

Band 17: **Regionalpolitik und Betriebsgrößenstruktur unter besonderer Berücksichtigung des Handwerks** von Karl-Heinz Schmidt. 1970. X/365 Seiten. Kart. DM 14,50

Band 18: **Zustand und Entwicklung des städtischen Handwerks in der ersten Hälfte des 19. Jahrhunderts - dargestellt am Beispiel der Städte Lüneburg, Celle, Göttingen und Duderstadt -** von Klaus Aßmann. 1971. XII/320 Seiten. Kart. DM 14,40

Band 19: **Struktur und Entwicklungsmöglichkeiten der Industrielieferungen des Handwerks - dargestellt am Beispiel des Raumes Lübeck -** von Siegfried Hoffmann. 1971. VIII/196 Seiten. Kart. DM 10,80

Band 20: **Kooperation im Handwerk - dargestellt an Beispielen aus Niedersachsen -** von Ludolf von Wartenberg. 1972. XVI/214 Seiten mit 28 Übersichten und 2 Schaubildern. Kart. DM 12,50

Band 21: **Klein- und Mittelbetriebe in der wachsenden Wirtschaft** bearbeitet von Klaus Aßmann, Rüdiger Flick, Siegfried Hoffmann, Dieter Kleine, Norbert Marahrens, Karl-Heinz Schmidt und Ludolf von Wartenberg. 1972. VIII/129 Seiten. Kart. DM 15,-

Band 22: **Struktur und Angebot von Klein- und Mittelbetrieben im Zulieferbereich** von Norbert Marahrens. 1973. VIII/305 Seiten. Kart. DM 15,50

Band 23: **Gewerbeentwicklung und Gewerbepolitik** von Karl-Heinz Schmidt. 1974. X/248 Seiten. Kart. DM 15,-

Band 24: **Die Fluktuation im Handwerk** von Rüdiger Flick. 1974. X/322 Seiten. Kart. DM 18,-

Band 25: **Handwerkliche Versorgungsstruktur in Stadt und Land** von Norbert Marahrens. 1975. XII/144 Seiten. Kart. DM 18,-

Band 26: **Die Konjunkturabhängigkeit der Klein- und Mittelbetriebe** von Klaus Aßmann und Karl-Heinz Schmidt. 1975. XVIII/236 Seiten. Kart. DM 19,-

Band 27: **Wachstumsdifferenzierungen im Dienstleistungsgewerbe - Bestimmungsgründe, Marktposition und Zukunftsperspektiven -** von Dieter Kleine. 1976. XVI/386 Seiten. Kart. DM 19,50

Band 28: **Die Sozialabgaben von Klein- und Mittelbetrieben - ein Beitrag zur Analyse der Sozialbelastung in der Bundesrepublik Deutschland** von Karl-Heinz Schmidt. 1976. XVI/309 Seiten. Kart. DM 19,50

Band 29: **Strukturwandel und Wachstumsdifferenzierungen im Produzierenden Handwerk - Entwicklung, Einflußfaktoren und Zukunftsaussichten** von Norbert Marahrens. *Vergriffen*

Band 30: **Existenzbedingungen der Betriebe und Arbeitnehmer im Verarbeitenden Gewerbe** von Dieter Kleine. 1978. 268 Seiten. Kart. DM 21,-

Band 31: **Wirtschafts- und Konjunkturbeobachtung im Handwerk - Zusammenstellung und Analyse aller Maßnahmen mit Unterlagen und Quellenangaben** von Klaus Müller. 1981. 190 Seiten. Kart. DM 21,-

Band 32: **Konjunkturprognosen im Handwerk. Probleme der Konjunkturabhängigkeit und kurzfristigen Wirtschaftsbeobachtung im Handwerk** von Hans-Joachim Momm. 1983. 292 Seiten. Kart. DM 29,-

Band 33: **Die Mobilität von Facharbeitskräften kleiner und mittlerer Unternehmen** von Karl-Heinz Schmidt. 1984. 137 Seiten. Kart. DM 18,50

Band 34: **Die Bedeutung des Gebrauchtwagenhandels für das Kfz-Handwerk** von Ullrich Kornhardt. 1984. 134 Seiten, DM 19,50

Band 35: **Die Finanzierungsproblematik im Produzierenden Handwerk** von Detlef Heinrich. 1985. 374 Seiten. Kart. DM 36,-

Band 36: **Die Messepolitik im Marketing der handwerklichen Zulieferer** von Klaus Müller, Göttingen 1985. 295 Seiten, Kart. DM 32,-

Band 37: **Entwicklungstendenzen im Konsumgüterhandwerk** von Ullrich Kornhardt, Göttingen 1986. 385 Seiten, Kart. DM 39,-

Band 38: **Erfolg von Kooperationen im Handwerk** von Joachim Sahm, Göttingen 1986. 277 Seiten. Kart. DM 34,-

Band 39: **Das Messebuch für das Handwerk** von Klaus Müller. 1987. 155 Seiten. Kart. DM 28,-

Band 40: **Die wirtschaftliche Lage des Kunsthandwerks in der Bundesrepublik Deutschland - Eine empirische Analyse -** von Ullrich Kornhardt und Joachim Sahm. Göttingen 1988. 171 Seiten. Kart. DM 27,60

Band 41: **Neue Technologien in kleinen und mittleren Unternehmungen - Auswirkungen neuer Technologien auf die Berufsausübung und Beschäftigung -** von Karl-Heinz Schmidt. 134 Seiten. Kart. DM 28,-

Band 42: **Strukturuntersuchung im Raumausstatterhandwerk - Eine empirische Analyse -**, von Barbara Günther. Göttingen 1989, 143 Seiten. Kart. DM 29,50

Band 43: **Der Europäische Binnenmarkt als Herausforderung für das deutsche Handwerk** von Wolfgang König und Klaus Müller. Göttingen 1990, 96 Seiten. Kart. DM 24,50

Band 44: **Das Exportverhalten von Handwerksbetrieben - Erkenntnisse aus empirischen Untersuchungen in Niedersachsen** - von Jörg Dieter Sauer. Göttingen 1990, 351 Seiten. Kart. DM 54,-

Band 45: **Entwicklung und Perspektiven des Handwerks in Mecklenburg-Vorpommern**, von Ullrich Kornhardt und Annette Rudolph, Göttingen 1994, 344 Seiten, Kart. DM 59,-

Band 46: **Handwerksgenossenschaften im Systemwandel - Zur Transformation der Produktionsgenossenschaften des Handwerks in den neuen Bundesländern -**, von Hildegard Sander, Göttingen 1994, 302 Seiten, Kart. DM 55,-

Band 47: **Auswirkungen des EG-Binnenmarktes auf das niedersächsische Handwerk**, von Reinhard Reck, Göttingen 1994, 353 Seiten, DM 59,-

Band 48: **Grenzüberschreitende Handwerkskooperationen - Fallstudien im Kontext des Europäischen Binnenmarktes** -, von Wolfgang König, Klaus Müller und Angela Lüttgens, Göttingen 1994, 158 Seiten, Kart. DM 32,50

Band 49: **Kammern und Verbände in der Dritten Welt - Funktionsfähigkeit und Entwicklungspotential für Handwerk und Kleinunternehmen -**, von Ralf Meier, Göttingen 1997, 272 Seiten. DM 54,-

Band 50: **Generationswechsel im Handwerk - eine Untersuchung über das niedersächsische Handwerk,** von Klaus Müller, Göttingen 1997, 369 Seiten. DM 65,-

Fortsetzung der Reihe im VERLAG MECKE DRUCK · 37115 DUDERSTADT

Band 51: **Die Bedeutung von Handwerk und Kleinunternehmen für die Regionalpolitik – Eine theoretische und empirische Betrachtung –,** von Annette Rudolph, Duderstadt 1997, 336 Seiten, DM 59,- ISBN 3-932752-01-5

Band 52: **Handwerk in Sachsen-Anhalt,** von Klaus Müller u. Ingo Mecke, Duderstadt 1997, 480 Seiten, DM 72,- ISBN 3-932752-02-3

Band 53 **Handwerk in Wolfsburg,** von Klaus Müller u. Ingo Mecke, Duderstadt 1997, 204 Seiten, DM 36,- ISBN 3-932752-03-1

Band 54 **Das Internationalisierungsverhalten von Handwerksbetrieben - Entscheidungsprozesse und Strategien,** von Thomas Ostendorf, Duderstadt 1997, 300 Seiten, DM 52,- ISBN 3-932752-05-8

Band 55 **Nachwuchssituation und Nachwuchsprobleme im niedersächsischen Handwerk - unter besonderer Berücksichtigung von Frauen,** von Ullrich Kornhardt, Duderstadt 1997, 213 Seiten, DM 38,- ISBN 3-932752-06-6

Kontaktstudium Wirtschaftswissenschaft

Kontaktstudium Volkswirtschaft 1978. **„Arbeitsmarktpolitik und Mittelstandsförderungspolitik in der Bundesrepublik Deutschland und ihre Auswirkungen auf die Klein- und Mittelbetriebe“**, Göttingen 1979, 119 Seiten. Kart. DM 22,-

Kontaktstudium Volkswirtschaft 1979. **„Die Auswirkungen der Verteilungspolitik auf die Klein- und Mittelbetriebe in der Bundesrepublik Deutschland“**, Göttingen 1980, 178 Seiten. Kart. DM 24,80

Kontaktstudium Volkswirtschaft 1980. **„Wettbewerbspolitik. Chancen und Risiken des Handwerks im Wettbewerb der achtziger Jahre“**, Göttingen 1980, 100 Seiten. Kart. DM 22,-

Kontaktstudium Wirtschaftswissenschaft 1981. **„Auseinandersetzung mit der Zukunft. Die volkswirtschaftlichen Bedingungen des deutschen Handwerks in den achtziger Jahren“**, Göttingen 1982, 137 Seiten. Kart. DM 26,20

Kontaktstudium Wirtschaftswissenschaft 1987. **„Export und Direktinvestitionen. Möglichkeiten und Grenzen des Auslandsengagements von Handwerksbetrieben“**, Göttingen 1987, 138 Seiten. Kart. DM 29,50

Kontaktstudium Wirtschaftswissenschaft 1988. **„Die volkswirtschaftlichen Rahmenbedingungen des Handwerks in den 90er Jahren - Chancen und Risiken des Handwerks vor dem Hintergrund veränderter Markt- und Rahmenbedingungen -“**, Göttingen 1989, 284 Seiten. Kart. DM 48,50

Kontaktstudium Wirtschaftswissenschaft 1989. **„Das deutsche Handwerk im EG-Binnenmarkt - Chancen und Risiken -“**, Göttingen 1989, 172 Seiten. Kart. DM 35,-

Kontaktstudium Wirtschaftswissenschaft 1990. **„Ökonomie und Ökologie im Handwerk“**, Göttingen 1991, 209 Seiten. Kart. DM 43,-

Kontaktstudium Wirtschaftswissenschaft 1991. **„Auslandskooperationen im Handwerk“**, Göttingen 1991, 228 Seiten. Kart. DM 44, -

Kontaktstudium Wirtschaftswissenschaft 1992. **„Wirtschaftliche Lage und Entwicklungsperspektiven des Handwerks in den neuen Bundesländern“**, Göttingen 1993, 238 Seiten. Kart. DM 48,-

Kontaktstudium Wirtschaftswissenschaft 1993, **„Auslandsmärkte für deutsche Handwerksunternehmen“**, Göttingen 1993, 246 Seiten. Kart. DM 49,-

Kontaktstudium Wirtschaftswissenschaft 1994, **„Standort Deutschland - Handwerksrelevante Aspekte und Standortprobleme des Handwerks -“**, Göttingen 1996, 204 Seiten, Kart. DM 46,-

Kontaktstudium Wirtschaftswissenschaft 1995, **„Perspektiven des deutschen Handwerks im Zeichen der Öffnung östlicher Nachbarstaaten,** Göttingen 1995, 190 Seiten, Kart. DM 44,-

Bibliographie des Handwerks und Gewerbes (Einschl. Small Business)

Jahresverzeichnis der Neuerscheinungen **1984**. Göttingen 1987.
158 Seiten. Kart. DM 16,30

Jahresverzeichnis der Neuerscheinungen **1985**. Göttingen 1987.
67 Seiten. Kart. DM 11,20

Jahresverzeichnis der Neuerscheinungen **1986**. Göttingen 1988.
75 Seiten. Kart. DM 12,80

Jahresverzeichnis der Neuerscheinungen **1987**. Göttingen 1989.
65 Seiten. Kart. DM 12,80

Jahresverzeichnis der Neuerscheinungen **1988**. Göttingen 1989.
67 Seiten. Kart. DM 12,80

Jahresverzeichnis der Neuerscheinungen **1989**. Göttingen 1991.
72 Seiten. Kart. DM 13,50

Jahresverzeichnis der Neuerscheinungen **1990**. Göttingen 1992.
65 Seiten. Kart. DM 13,50

Jahresverzeichnis der Neuerscheinungen **1991**. Göttingen 1992.
90 Seiten. Kart. DM 19,00

Jahresverzeichnis der Neuerscheinungen **1992**. Göttingen 1993.
66 Seiten. Kart. DM 18,20

Jahresverzeichnis der Neuerscheinungen **1993.** Göttingen 1994,
69 Seiten. Kart. DM 18,20

Jahresverzeichnis der Neuerscheinungen **1994.** Göttingen 1995,
75 Seiten. Kart. DM 18,90

Jahresverzeichnis der Neuerscheinungen **1995.** Göttingen 1996
70 Seiten. Kart. DM 18,90

Sonstige

Die Handwerkspresse in der Bundesrepublik Deutschland, v. Joachim Dittmer, empirische Untersuchung i. Auftrag der Journalisten-Vereinigung der Deutschen Handwerkspresse, Düsseldorf 1990, 213 Seiten

Handwerk 2000. Abschlußbericht über die Ergebnisse der Arbeitskreise des Expertenforums „Handwerk 2000“ v. Bayerischen Staatsministerium für Wirtschaft und Verkehr, München 1993, 105 Seiten

Handwerk in Europa. Beiträge anläßlich der 1. Konferenz europäischer Handwerksforschungsinstitute, hrsg. v. W. König und K. Müller, Göttingen 1994, 200 Seiten (erschienen in deutsch [*vergriffen*] und englisch).